반성된 미래

반성된 미래

무한 경쟁 시대 이후의 한국 사회

1판1쇄 | 2014년 9월 15일
1판2쇄 | 2014년 12월 20일

기획 | 참여연대
엮은이 | 김균

펴낸이 | 박상훈
주간 | 정민용
편집장 | 안중철
책임편집 | 윤상훈
편집 | 이진실, 최미정, 장윤미(영업 담당)

펴낸 곳 | 후마니타스(주)
등록 | 2002년 2월 19일 제300-2003-108호
주소 | 서울 마포구 독막로 23(합정동) 1층 (121-883)
전화 | 편집_02.739.9929/9930 제작·영업_02.722.9960 팩스_0505.333.9960
홈페이지 | www.humanitasbook.co.kr

인쇄 | 천일_031.955.8100   제본 | 일진_031.908.1407

값 20,000원

ⓒ 참여연대, 2014
ISBN 978-89-6437-213-5 03300

이 도서의 국립중앙도서관 출판시도서목록(CIP)은 e-CIP홈페이지(http://www.nl.go.kr/ecip)와
국가자료공동목록시스템(http://www.nl.go.kr/kolisnet)에서 이용하실 수 있습니다.
(CIP제어번호: CIP2014025876)

반성된 미래

참여연대 기획 / 김균 엮음

무한 경쟁 시대 이후의
한국 사회

후마니타스

한국 사회가 가보지 않은 길을 상상하며

김균

1

참여연대는 1994년에 창립되었으니 올해로 스무 살이 되었다. 20주년을 맞이해 참여연대의 지난 활동을 되돌아보고 미래의 활동 방향을 숙고·탐색하는 여러 기념사업을 기획했다. 그 일환으로 우리는, '한국 사회의 미래를 어떤 가치와 지향으로, 어떻게 만들어 가야 하는가'를 성찰하는 책자 간행을 기획했다. 과거에도 참여연대는 우리 사회가 지향해야 할 가치나 제도 개혁에 대한 큰 그림을 그리는 책들을 몇 차례 출간하곤 했다. 『참여민주주의와 한국사회』(창비 1997), 『한국재벌개혁론』(나남 1999), 『고장 난 나라 수선합니다』(이매진 2012), 『평화복지국가』(이매진 2013) 등이 그러한데, 이번에도 그 전통에 따라 비교적 큰 틀에서 한국 사회의 미래 지향점을 논해 보자는 의도였다. 더구나 언제부턴가 우리 사회가 장기보다는 단기, 전체보다는 부분, 깊이보다는 넓이에 갇힌 사회가 되었다는 반성이 이 책을 기획하게 했다. 이런 의도에 맞춰 세부 주제와 집필진을 정했다. 특히 우리는 이 기획을 참여연대에 직접 참여하거나 참여연대의 입장과 활동에 기본적으로 동조하는 전문가 집단의 생각을 중심으로 짰다. 오늘날 같은 진영 논리의 시대에 누구나 이의 없이 이 책의 주장에 공감하리라고 기대하지 않는다. 그러나 독립적이고 이성적 사고를 하고자 애쓰는 많은 사람들에게 필자들이 제시하는 문제 제기와 새로운 가치들이 그들의 사회적 상상력을 다소나마 자극할 수 있기를 희망한다. 그러면 이 책은 그 몫을 다한 셈이다.

2

지금까지 한국 사회를 움직여 온 힘은 경제였다. 경제성장에 사회의 모든 힘을 집중했고 그래서 대단한 성과를 거두었다. 경제 규모나 1인당 소득수준으로 보더라도 이제 우리나라는 잘사는 나라에 속한다. 우리 사회에서는 경제성장이라는 가치가 모든 것을 우선했다. 민주주의, 분배, 정의, 노동 인권, 환경, 안전 등을 넘어서는 유일한 가치가 경제였다. 경제문제만 풀리면 모든 게 순조롭게 넘어가는 사회가 한국이었다. 개인의 삶에서도 돈이 유일한 삶의 척도였다. 예컨대 부자가 되면 성공한 삶이고 가난하면 실패한 삶이었다. 돈이 만복의 근원이자, 출세이고, 명성이었다. 가난하면서 아름다운 삶은 없었다.

그러나 시대의 흐름이 바뀌고 있다. 또 바뀌어야 한다. 우선 경제성장이 이제는 순조롭지 않다. 1997년 IMF 외환 위기 이후 시장주의(신자유주의) 경제체제로 바뀌면서, 그 전까지 한국 경제의 특징이었던 높은 저축률, 높은 투자율, 고도성장이라는 방정식이 낮은 저축률과 투자, 저성장의 패턴으로 바뀌었다. 그러면서 지난 10여 년간은 몇몇 재벌의 경쟁력에 의존해 나라 전체의 성장을 근근이 유지해 왔다. 그나마 이 성장 공식도 먹히지 않게 되었다. 경쟁력이 한계에 다다랐을 뿐만 아니라, 빠른 고령화사회 진입, 복지 수요의 증가, 중국 경제의 도전 등과 같은 근본적 장애물을 어떻게 풀어야 할지 아무도 모른다. 그래서 한국 사회가 일본이 앞서 겪었던 장기 침체 사회에 이미 들어서지 않았느냐는 우울한 전망도 나름의 설득력이 있다. 경제의 장기 전망이 비관적인 데 더해서, 그동안 돈과 성장 때문에 눈길을 주지 않았거나 애써 무시해 온 것들이 터져 나오기 시작했다. 돈에 매달린 무한 경쟁에 지친 사람들은 다른 형태의 삶을 모색하고 있으며, 또한 경제 효율성을 위해 민주주의, 노동, 환경, 안전 등을 희생할 수 없는 사회가 되었다.

예를 하나 들어 보자. 우리의 주된 주거 형태인 아파트에는 효율성 논리가 그대로 드러난다. 이미 전 가구의 절반 이상이 아파트에 살고 있다. 그런데 이 아파트가 추방한 것들을 보라. 여러 세대가 함께 거주할 수 없으니 전통적 방식처럼 부모를 모시고 사는 사람이 없다. 또 아파트가 공동 주거 형태이다 보니 손님을 청하기가 어렵다. 탄생과 혼례와 운명殞命과 장례를 제 집에서 할 수 없는 나라는 흔치 않다. 아이를 낳아도 나이 든 세대와 함께 살지 않으니 집에서 키우기 어려워졌다. 그래서 산후조리원이라는, 전 세계에서 찾아보기 힘든 이상한 업종도 생겨났다. 요양원도 그렇다. 독립적 활동이 불가능해진 노인들은 요양원으로 갈 수밖에 없다. 이는 성장과 효율성에만 매몰되어 사물의 다른 측면을 들여다볼 여유와 지혜가 없다 보니 주거 문제를 손쉽게 해결할 방식으로 아파트를 택한 결말이기도 하다. 이제 사람들은 아파트가 얼마나 사람다운 삶을 가로막는 나쁜 주거 형태인지를 깨닫기 시작했다. 그래서 다시 마당 있는 집으로, 시골로 떠나는 사람들이 늘고 있다. 인간다운 삶을 위해.

경제도 마찬가지다. 이제 사람들은 경제가 전부가 아님을 피부로 느끼기 시작했다. 물론 누군가가 당신에게 제일 중요한 문제가 무엇인지를 물으면 대부분 '돈 문제'라고 답하겠지만, 그래도 이제는 다른 꿈들을 꾸기도 한다. 이런 맥락에서 지난 시절 우리 사회를 움직여 왔던 경제 일변도의 가치 체계도 꿈틀거리기 시작했다. 이 책은 그동안 경제가치에 억압되어 왔던, 그러나 '좋은 사회'good society를 만들기 위해서는 반드시 갖추어야 할 여러 가치를 숙고하고 있다. 그 가치들은 우리 사회에서는 낯설다. 가보지 않은 길이다. 경제가치 때문에 전면에 내놓지 못한 일종의 모순과도 같은 가치들이다. '좋은 사회'를 만들려면 경제적 가치의 일방적 질주를 넘어서야 한다. 그렇다면 어떤 가치 지향을 통해 좋은 사회를 새롭게 만들어 갈 수 있을까? 이 책은 민주주의, 평화, 차이와 공존, 경제민주주의라는 네 개의 큰 범주를 놓고 논의를 출발한다.

3

제1부의 큰 주제는 민주주의다. 1987년 민주화 이후 우리 민주주의는 크게 발전했다. 선거, 정치제도 등의 절차적 민주주의는 정부, 의회 및 사회 전반에 걸쳐 확산되었다. 시민들의 민주주의적 평등 의식도 꽤나 성숙했다. 그러나 민주주의의 심화는 여전히 미해결 과제다. 경제 차원의 민주주의, 즉 경제민주회도 이제 겨우 사회적 과제로 문제 제기된 데 불과하다. 민주주의가 깊어져서 우리의 공동체적 삶 전반이 민주주의의 보편 원리에 의해 질서화되고 내면화된다면 그것만으로도 '좋은 사회'일 것이다. 제1부

에서는 절차적 민주주의를 넘어설 때 새롭게 펼쳐질 민주주의적 가치 지평을 보여 주는 네 편의 글을 실었다. 장은주는 삶의 양식으로서 민주주의, 이국운은 법과 정의의 문제, 이양수는 공공성과 참여 민주주의, 하승우는 자치와 연방주의에 대해 논의한다.

　장은주는 민주주의를 단순한 거시적·정치적 제도의 문제로 접근하지 않고 좀 더 근원적인 철학적 차원에서 출발한다. 그는 "민주주의는 하나의 인간적 삶의 양식, 곧 모든 성원이 자신들의 인간적 잠재력을 실현하는 방식으로 존엄의 평등이 보장될 수 있도록 해야 한다는 도덕적 목적을 그 중심에 둔 삶의 양식 그 자체"라고 정의한다. 그러므로 우리 민주주의 위기의 극복을 "좀 더 완전한 정부 형식이나 대의 민주주의 체제의 확립" 같은 데서만 찾아서는 안 되며, 한 걸음 더 나아가 구성원들의 자아실현이라는 인간적 이상 내지는 도덕률을 목표로 삼아야 한다. 이렇게 자아실현이라는 이상을 목표로 할 때, 민주주의 정치는 자유권을 넘어서는 사회권까지 포섭하는 인권의 정치를 뜻하게 된다. 또 정부 또는 지배 형식으로서의 민주주의는 일상적 인간관계와 삶의 인간화를 전제해야 하며, 달리 말해 "일상적·사회적으로 뿌리를 박은 인간적·도덕적 주춧돌 위에 서야" 하는 것이다. 그러므로 그는 시민사회적 생활 세계가 이런 인간적 이상에 맞게끔 차이의 인정, 관용, 연대 같은 민주적 가치를 몸에 익히는 토양이 되어야 한다고 주장한다.

　이국운의 글은 법과 정의의 문제를 다룬다. 그는 한국 사회에서 법과 정의는 단절되어 있다고 진단한다. "한국 사회에서 법의 힘은 폭압적이라고 할 만큼 압도적이며, 일반 시민들의 정의에 대한 열망은 축적되다 못해 폭발 직전에 이르고 있다." 그래서 "한국 사회는 법과 정의의 단절을 당연시하고, 법을 아예 정의와 상관없다고 간주하며, 법을 무한 경쟁의 상대방을 제압할 전략적 게임의 도구로만 바라보는 것이 당연시되는 최악의 상황으로 치닫고 있다.”는 것이다. 이런 현실을 뚫고 나갈 방법은 있는가? 그는 자치의 이념에 기초한 시민의 사법 참여(일종의 참여 민주주의)를 통해 법과 정의의 단절을 극복하자고 제안하면서, 시민의 사법 참여를 구현할 수 있는 구체적 방책들을 제시하고 있다.

이양수는 공공성을 넓은 의미에서 접근한다. 그는 공공성을 좁은 의미의 “공익公益이 아니라, 공통성이 강조된 공익共益”으로 정의한다. 공동체 모두가 공통으로 요청하는 공공성이 무엇인지를 둘러싼 사회적 선택은 민주주의적 과정에 의해 확인되어야 하고, 또 그런 공공재 부문의 운영과 관련된 의사 결정은 이른바 민주적 통제에 의해 이루어져야 한다고 주장한다. 이런 관점에서 이양수는 한국 사회에서 공공성이 현실화되는 과정은 곧 민주주의적 과정, 그것도 시민들의 적극적 참여와 숙고가 전제되는 참여 민주주의의 진전에 해당한다고 이해한다. 민주주의를 정치적 민주주의에 국한하지 않고, 더 좋은 사회 만들기의 전제 가운데 하나로서 공공성을 확립할 방식으로 보는 점에서 이 글은 앞선 장은주의 글과 연관성이 적지 않다.

하승우는 자치란 “남의 힘을 빌리지 않고 스스로 다스리며 사는 삶”이라고 정의한다. 자신의 삶을 기획하고 통제하는 것은 인간 본성에 맞는 활동이지만, 대의(민주주의)의 방식에 의해 움직이는 현대사회에서 자치의 삶을 살아가기는 쉽지 않다. 혼자만의 힘으로 자치가 불가능하기에, 그는 자치를 개인의 경계를 넘어 삶을 확장하고 타인과 연대하는 능동적 삶으로 이해할 것을 제안한다. 그는 우리 현실에서 지방자치는 단적으로 말해 “내부 난민의 삶”에 불과하다고 비유한다. 그러면서 대안적 구상으로 지금의 중앙집권적 국가를 연방주의 국가로 전환할 것을 제안한다. 지역의 구체적 사정과 문화를 무시하고 중앙정부의 정책이 일방적으로 집행되는 현실을 개혁할 근본적 방도는, 지역이 주권을 갖고, 또 그런 지역들이 공동의 정치, 연대의 정치를 펼칠 수 있는 연방주의 국가의 구현이라는 것이다. 아울러 그런 제도적 노력과 함께 주체인 주민·시민의 역량을 강화하는 과정이 함께 필요하다. 하승우는 이런 과정을 거쳐 시민이 정치의 중심이 되고, 시민이 스스로를 다스리는 자치의 원리가 완성된다고 본다.

한국에서 우리 삶의 평화는 환경, 남북 관계, 동북아 지역 평화 등의 요소에 의해 크게 규정된다. 평화를 주제로 한 제2부에는 네 편의 글을 실었다. 홍성태의 "생태 복지국가를 향하여"는 지구적 차원의 생태 위기 극복 방식의 하나로 생태 복지를 제안한다. 생태 복지는 생태 위기의 현실 속에서 자연의 보존을 전제로 물질적 복지를 추구한다는 개념이다. 자연을 무시한 물질적 복지는 잘못이다. 엄격한 도덕주의로 무장해 규범적으로 자연을 보존하라고 강요하는 것이 아니라, 자연 보존과 복지를 함께 고려하자는 주장이라는 점에서 그의 생태 복지론은 매우 실용적·실천적이다. 그는 우리나라에서 생태 복지를 이루기 위해 넘어야 할 장애물로 신자유주의, 재벌 경제, 토건 국가 등 세 가지를 열거하며, 특히 토건 국가를 강도 높게 비판한다. 그리고 그 이유를 첫째, 복지에 투자할 자금을 토건 사업에 소모해 복지의 축소와 왜곡을 초래하며, 둘째, 토건 국가는 4대강 사업에서 보듯이 막대한 재정을 탕진하면서 대대적으로 자연을 파괴한다는 데서 발견한다. 또 이 폐해는 토건 세력과 정치 간의 음성적 이권 관계 속에서 작동한다. 토건 국가는 복지 축소와 자연 파괴, 금권 유착 등의 폐해를 낳는다는 것이다. 그리고 홍성태의 토건 국가 논리를 확장할 때 탈토건 비전이 탈핵 비전과 연결됨을 쉽게 알 수 있다.

박순성의 "통일논쟁과 탈-통일론"은 통일 논의에 대한 포괄적이고도 잘 숙성된 통찰이다. 그는 지금까지 진행된 통일 논의의 역사와 쟁점들을 신중하게 검토한 뒤, 아직 우리 사회는 통일 담론과 정책에 대한 논의가 충분하지 않으며, 통일 방안, 한미 동맹과 통일 외교, 남·남 갈등과 같은 관련 쟁점에 대해서도 명쾌하게 결론 내리지 못하는 실정임을 지적한다. 그러면서 그는 한반도 정세가 통일과 멀리 떨어져 있는 시기에는 어떤 형태의 통일론이든지 간에 분단 체제를 고착화하는 이데올로기로 활용될 가능성이 크다는 점을 이야기한다. 그러면서 통일 자체를 지배 수단으로 활용할 때에는 통일을 정책 목표로 내세우지 않는 '새로운 통일론'(탈-통일론)이 필요하다고 조심스럽게 제안한다. 그의 생각은 통일에 대한 구상보다는 분단에 대한 문제 제기를 더욱 명확히 하자는 것이다. 한반도 분단 문제에 천착할수록 통일과 평화라는 문제가 둘이 아니라 하나임을, 민중의 분단 체제 극복 운동과 시민사회의 평화운동이 함께 나아가야 될 필요성을 확인하게 된다는 것이다.

이남주의 "다자 안보 협력으로 동북아 평화 질서를 구축하자"는 우리에게 다소 낯선 주제를 다루고 있다. 최근까지 동북아 차원의 경제협력이나 경제 공동체 관련 논의는 간간이 있었지만 동북아 안보 협력에 관한 논의는 상대적으로 낯설다. 이남주는 동북아 "역내 국가들이 상호 신뢰에 기반을 둔 안보 협력 체계를 구축하고 지역 평화를 위협하는 요인에 공동으로 대응하는 다자 안보 협력이 미·중 간 힘의 정치에 의존하는 것보다" 더 효율적으로 동북아 평화를 보장한다는 이상주의적 방안을 제시한다. 다자 안보 협력을 발전시키려면 북핵 문제 처리, 미국과 동북아 국가 간 양자 동맹 관계와 다자 안보 협력의 공존 등이 선결되어야 하지만, 이때 무엇보다 중요한 것은 상호 신뢰 구축이다. 그는 민간 협력이 신뢰를 구축할 돌파구가 될 수 있다고 지적한다. 현재 동북아 지역의 시민사회 발전 수준이 그다지 높지는 않지만, 미래 지향적으로 전망할 때 민간 교류는 지역의 공동 이익에 대한 인식의 공유를 확산해 지역 통합의 한 층위를 제공할 수 있다는 것이다.

하승수의 "탈핵, 우리가 선택하자"는 아직 우리 사회에서 제대로 문제 제기조차 되지 않은 탈핵 문제를 정면으로 거론한다. 그는 후쿠시마를 비롯한 외국의 원전 사고 사례를 들면서 원전의 근본적 위험성과 비윤리성을 지적한다. 우리나라도 이미 원전이 노후화되어 수명을 연장하는 등 원전 사고가 발생할 개연성이 높아지고 있다. 그는 '값싼 전기' 공급으로 대표되는, 우리나라의 원전 찬성 논리의 배후에 성장 제일주의 이데올로기가 놓여 있다고 비판한다. 그러면서 전기요금(특히 산업용)의 인상을 통한 전기 소비 억제, 대체에너지 개발 등을 활용하면 탈원전이 현실적으로 불가능한 목표가 아니라고 주장한다. 이미 세계적으로도 탈원전을 하는 추세가 된 지 오래되었고, 특히 2022년까지 핵발전을 폐기하기로 계획한 뒤 이를 단계적으로 추진하고 있는 독일의 경험은 '우리도 탈핵을 할 수 있다'는 하승수의 주장에 신뢰를 더해 주고 있다.

우리 사회는 성·지역·입장·민족·권위 등에 갇혀 있는 사회이다. 우리는 차이와 다름에 익숙하지 않다. 문화나 생각, 가치관이 탄력적이지 못한 사회여서인지 일탈과 예외에 관용적이지 않다. 현재 우리 사회에서 진행되고 있는 여러 사회경제적 변화들을 고려할 때 지금 같은 폐쇄성을 더는 유지할 수 없다. 변화는 새로운 가치와 문화, 규범을 갖출 것을 요청할 것이다. '차이와 공존'을 다루는 제3부에서는 이에 대해 논의하고 있다. 네 편의 글은 각각 다양성, 성 평등, 소통, 세계시민을 주제로 한다. 서동진의 "다문화주의와 정체성의 정치를 넘어 새로운 정치의 문법을 생각한다"는 다문화주의를 이 시대의 주요 이데올로기 가운데 하나로 접근한다. 그는 이데올로기를 "왜곡되거나 허위적인 관념이나 의식을 가리키는 말이 아니라, 우리가 생활하기 위해 불가피하게 의존해야 하는 믿음"으로 정의한다. 또 이데올로기는 "현실을 인식하는 틀을 마련하면서, 더불어 그로부터 현실을 관리하고 변화시킬 수 있는 원리로 작동"한다. 이는 알튀세르Louis Althusser의 정의를 원용한 것이 아닌가 싶다. 다문화 이데올로기는 "서로 다른 생활 양식을 가진 문화 집단이 함께 살아가는 공동체"를 상상하고, 이에 근거해 "다름의 인정, 차이를 가질 수 있는 권리"라는 생각을 앞세운다. 동시에 이 같은 탈근대 이상에 비춰 정치를 변형시키려는 기획이기도 하다. 그러면 다문화 이데올로기는, 근대의 국민국가 공동체의 성원이라는 정체성이 탈근대의 관용적 다문화 공동체에서의 정체성으로 전환된다는 윤리적 가치를 획득하게 된다. 또 그 연장선상에서 국민국가를 비판하게 된다. 그러나 서동진에 따르면, 한국 현실을 봤을 때 국민국가 비판으로 다문화를 인식해서는 곤란하다. 여전히 국민국가가 전제될 수밖에 없으며, 이 경우 다문화 정치는 정체성의 정치가 아니라 권리의 정치가 되어야 한다. 다문화주의 정치도 노동운동처럼 소수자들이 보편적 권리를 추구해야 한다는 것이다.

권인숙의 "여성 혐오의 대중화 시대, 약자 보호 의식의 전환이 필요하다"는 근년 들어 점점 뚜렷해지고 있는 여성 혐오의 대중화에 대한 우려를 심각한 어투로 검토한다. 그는 여성 혐오라는 사회현상이 성 평등 추구에 커다란 장애물 가운데 하나로 등장했다고 진단하면서, 여성운동 및 제도의 어떤 측면들이 이런 여성 혐오 현상을 초래했는지를 우리 모두에게 반성적으로 묻고 있다.

서병훈의 "진영 논리는 민주주의의 적이다"에서는 소통을 논의한다. 우리는 차이와 다름이 공존하는 다원주의 사회에 살고 있다. 그리고 소통이야말로 다원주의의 중요한 덕목이다. 그러나 우리 현실을 되돌아보면 모든 것이 적과 아군 또는 진보와 보수라는 이분법적 진영 논리에 함몰되어 진영 간의 소통이 아예 차단된다. 그 결과 합리적 토론이 없는 사회가 되어 버렸다. 진영 논리는 필연적으로 반논리적 성향을 띠고, 논리가 서지 않으면 합리적 토론이 불가능하다는 점에서 "논리가 힘을 못 쓰면 민주주의도 살지 못한다." 서병훈은 이 같은 진영 다툼의 현실을 넘어서기 위한 제안으로 지극히 상식적인 덕목들을 제안한다. 상대방의 권리를 존중하고, 남의 생각을 존중하며, 남의 말을 경청하는 관용과 배려의 덕목을 권유하는 한편, 논점을 국지화하고, 힘들더라도 공론의 장을 만들고, 극단 세력을 무력화할 것을 제안한다. 흥미롭게도 서병훈의 이런 제안은 모두 '합리주의의 성인'the Saint of Rationalism이라 불렸던 밀J. S. Mill이 가졌던, 또는 가졌을 성싶은 덕목들이다.

이성훈의 "세계시민 연대, 어떻게 실천할 것인가?"는 우리에게 꽤 낯선 주제를 던진다. 우리 사회는 지금껏 한국이라는 일국 차원의 국민국가 틀에 갇혀 사고해 왔기에 다른 나라의 일과 사정에 둔감하다. 최근 예로는 팔레스타인 사태에 대한 한국 사회의 무관심을 들 수 있다. 그런 맥락에서 '세계시민'은 우리에게 낯설다. 이성훈은 여러 차원에서 세계시민을 정의할 수 있지만, 대체로 "일국적 차원의 시민 의식이 국경을 넘어 전 세계로 확산되는 것"을 의미하고 또 "세계국가 또는 세계정부가 없는 상황에서 세계시민은 지구적 차원의 참여 민주주의를 의미한다."고 정의한다. 그럼으로써 "일국적 차원의 민주주의로 해결할 수 없는 글로벌 문제를 해결하려 하는 시도"라는 것이다. 그는 한국의 시민사회에서는 세계시민 연대 활동이 초보적 단계에 머물러 있지만 국제 연대 활동은 빠르게 늘어나고 있는 추세라고 평가하면서, 앞으로 그 실천 활동이 적극적으로 전개되고 또 확대되어야 한다고 주장한다.

경제민주주의를 다룬 제4부에는 박종현의 "경제민주화에 관한 몇 가지 생각," 장원봉의 "선택 가능한 대안 경제로서 사회적 경제의 가능성과 과제," 김진욱의 "민주주의와 복지 확대가 동행하는 길" 등 세 편을 실었다. 박종현은 경제민주화를 "시장에 대한 사회의 개입이자, 이해 당사자의 권리와 공동선의 가치를 시장의 문턱을 넘어 기업 내부에까지 관철하려는 공동체의 의지"라고 정의한다. 신고전파 경제학자는 경제민주화가 자유 시장의 효율성을 해치고, 시장의 절차적 공정성을 훼손하며, 무엇보다 인위적 시장 개입이 자유주의를 저해한다고 비판한다. 그는 이 같은 주류 경제학의 주장을 같은 경제학자의 입장에서 하나하나 차분하게 반박한 뒤, 경제민주화를 '좋은 삶'good life의 입장에서 옹호한다. '좋은 삶'은 아리스토텔레스의 에우다이모니아Eudaimonia로 표현되기도 하는데, "주관적 만족 같은 심리적 상태가 아니라 인간성이 한껏 발휘되고 충족되어 사람들이 다들 찬양하고 바랄 만한 객관적 상태"를 말한다. 경제민주화에 대한 이론적·철학적 깊이를 더해 주는 글이다.

장원봉은 사회적 경제로 논의를 확장한다. 그는 시장경제에 대한 사회적 통제력을 강화한 대안 경제로서 사회적 경제를 정의하면서, 시장과 정부 사이에서 독자적 자율성을 지닌 영역으로 본다. 최근 한국 사회에서 사회적 기업, 사회적 협동조합 등 사회적 경제 영역이 확대되는 것은 고무적 현상이다. 특히 그는 사회적 경제가 지역사회의 필요에 대응하는 분명한 자기 목적을 가지고 시민사회의 주도권과 결속을 보장하는 방식으로 성장해 가야 한다는 점을 강조한다.

김진욱은 한국 사회에서 사회경제적 삶의 문제는 전통적으로 개인과 국가권력이라는 두 축에 의해 해결되어 왔다고 본다. 이는 양자를 매개할 중간 영역이 없었다는 데에 기인한다. 그는 유럽에서 실업보험, 고용 보험 등 각종 사회복지 제도가 '연대·협동으로 만드는 자주 복지'의 방식으로 달성되었다고 말한다. 노동조합, 상호 금고 등의 자립적 결사체는 사회경제적 삶의 문제를 해결하는 동시에, 자율적 결사체가 발전하면서 민주주의가 확대·발전하는 데도 기여했다고 설명한다. 이런 맥락에서 김진욱은 우리 사회의 여러 사회현상과 복지를 기획할 때 서구의 경험을 고려할 필요가 있다고 본다. 특히 이 가운데 실현 가능성이 비교적 큰 노동금고를 '연대·협동으로 만드는 자주 복지' 차원에서 좀 더 상세히 소개한다.

제5부 '논쟁'에는 세 편의 글을 실었다. 우선 이 글들이 모두 진보적 입장에서 해당 논쟁을 풀이하고 있다는 점에서 기계적 중립성을 확보하고 있지는 않다. 그러나 필자들이 상대 진영의 논리를 부당하게 뒤튼다거나 비난하는 것은 결코 아니다. 상대 논리를 되도록 정당하게 소개하고, 이를 자기 입장에서 공정하게 비판하고 설득하려는 노력을 견지하고 있다. 이런 방식은 중립성으로 위장된 편파성보다는 훨씬 정직한 태도라고 생각된다. 이병천은 시장과 공공성 간의 관계를 폴라니Karl Polanyi의 이중 운동 관점에서 접근한다. 즉 1997년 IMF 외환 위기 이후 한국식 신자유주의의 확산은 공공성 의제에 대한 사회적 지지의 강화로 이어져야 마땅했다. 그러나 공

공성 강화는 예상보다 미약했다. 그는 이를 두고 "한국식 이중 운동의 역설"로 명명하면서, 한국 사회운동의 취약성, 그전까지의 기득권과 특권을 나름대로 허물었던 '신자유주의의 (한국적) 해방적 효과' 등에서 그 원인을 찾고 있다. 미약하나마 한국 사회의 공공성 논의와 관련 운동은 노동운동권의 사회 공공성론, 시민사회의 민주적 공공성론, 자율적 사회화론 등으로 이어지는데, 이병천은 자율적 사회화론의 가능성에 특히 주목한다. 그는 "아래로부터 자율적 사회화를 실험하며 대중의 자치 능력을 키운다는 생각"을 높이 평가한다.

김정인의 "역사 전쟁의 전선'들'"은 최근 역사 교과서를 둘러싼 논쟁을 입체적 맥락에서 다루고 있다. 그는 "20세기 이후 역사학에서는 강자보다는 약자, 가해자보다는 피해자의 눈으로 역사를 재구성하는 진보적 경향이 주류를 형성"하고 있고, 그러다 보니 애국주의적 보수 권력과 진보 역사가 충돌할 수밖에 없다고 본다. 영국과 미국의 예를 보더라도 보수 권력과 진보적 역사학자들 간의 갈등이 반복되었고, 서독에서도 과거 청산을 둘러싼 갈등이 적지 않았다. 그런 점에서 "역사 전쟁은 세계 보편 현상"이며 한국만의 현상은 아니다. 한국의 역사 전쟁은 김대중·노무현 정부에서 실시한 과거사 청산을 뉴라이트들이 반격하면서 시작되었는데, 그들은 한국 근현대사 교과서가 대한민국 정체성을 부정하는 친북 좌파적 교과서라고 비판했다. 한국 근현대사 해석을 둘러싸고 쟁점이 된 것들은 8·15를 건국절로 제정하자는 논쟁, 친북 프레임과 친일 프레임이 대립한 민족 대 반민족 논쟁, 민중 사관 대 자유주의 문명 사관 논쟁, 2011년의 민주주의 대 자유민주주의 논쟁 등이었다. 김정인은 여기서 민주주의 논쟁이 이념 논쟁을 넘어서 학문적 공론장의 담론 투쟁으로 전화하기를 기대한다.

윤홍식의 글은 복지국가의 재원 마련을 둘러싼 논쟁을 소개한다. 그는 재원에 대한 논의의 본질은 "단순히 복지 재원의 양적 확대가 아니라, 한국 사회가 지향하는 복지국가의 상과 조응하는 조세체계의 구축"이라고 전제하면서, 세입과 세출 정책을 활용해 어떻게 불평등을 완화할지, 그리고 재원 확대에서 어떤 세목을 확대할지 등 두 가지를 중요 쟁점으로 든다. 윤홍식은 어떤 추론을 하더라도 보편 증세는 불가피하며, 그중에서도 누진적 보편 증세가 목적세 방식인 사회복지세보다 재원 조달 규모면에서 우월할 뿐만 아니라 소득 불평등을 완화하는 데에도 효과적이라고 주장하면서 누진적 보편 증세를 단계적으로 도입할 것을 제안한다.

4

이 책을 발간하면서 많은 분들의 도움을 받았다. 참여연대 식구로는 이태호(사무처장), 김정인(운영위 부위원장, 춘천교대 교수), 박영선(참여사회연구소 연구실장), 이승희(협동처장), 박정은(협동처장), 이재근(정책기획팀장)이 책의 큰 방향과 꼴을 잡는 기획 단계에 참여했고, 특히 박정은과 이재근은 출간 전 과정을 맡았다. 엮은이로서 진심으로 감사드린다.

후마니타스를 만난 것은 또 다른 행운이었다. 책 제목 『반성된 미래』는 박상훈 대표의 제안이었다. 편집진이 기획 차원에서 건넨 도움말과 수차례에 걸친 내용 교열은 실린 글들의 질과 격을 크게 향상시켰다. 감사드린다.

제 1 부

민주주의

1

민주주의

민주주의라는 삶의 양식과 그 인간적 이상

장은주

한국 사회 민주주의의 위기

1987년 민주화 이후 거의 30년이 다 되어 가지만 우리 사회의 민주주의는 제대로 자리 잡기는커녕 날이 갈수록 외려 퇴행하고 일그러지기만 하는 듯하다. 문제를 지적하자면 셀 수 없을 정도다.

선거 등에서 절차적 공정성에 대한 시비가 여전히 불거지고 있을 뿐만 아니라, 5년 단임의 대통령제, 단원제, 약한 비례대표제와 소선거구제 중심의 불충분한 대의제도를 개혁하라는 압박을 받는 등 숱한 제도적 결함이 지적되고 있다. 나아가 민주적 정치 문화도 박약하다. 선거 때마다 확인되는 지역주의도 난감한 문제지만, 이른바 '진보'와 '보수' 두 진영 사이의 대결은 지나치게 격렬해서 많은 중요한 정치적 사안들이 대화와 토론보다는 적대적 진영 논리를 따라 '정치 공학'의 차원에서만 처리되기 일쑤다. 정당 정치가 충분히 잘 작동하고 있다고 보기도 힘들고, 정치에 대한 시민들의 불신과 혐오도 심하다. 게다가 재벌이나 일부 주류 언론 등과 같은 과두 특권 세력이 정치에 미치는 영향력은 다른 사회 성원들에 비해 비대칭적으로 크다.

이런 상황에서 과연 우리 사회가 앞으로라도 제대로 작동하는 민주주의를 발전시킬 수 있을지 의심스럽다. 여러 면에서 결함을 보이고 있는 이 민주주의를 제대로 민주주의답게 만드는 일, 말하자면 '민주주의의 민주화'가 정말 시급해 보인다. 어떻게 가능할까?

그동안 한국 민주주의의 한계와 미숙함에 대해서는 다양한 시각과 차원에서 많은 분석들이 제시되었다. 군부독재 세력과 민주화 세력 사이의 어정쩡한 타협의 산물이라 할 수 있는 이른바 '87년 체제' 그 자체가 지닌 불완전한 헌정 구조의 문제가 있고, 그동안 (좁은 의미의) 진보 진영이 줄곧 제기해 온 대로 '노동 없는 민주주의'의 근본적 한계도 있으며, 이른바 '분단 체제'가 구조적으로 설정해 놓은 제약도 있다.

그러나 나는 우리 민주주의의 문제를 진단하고 그 치유의 방향을 모색해 왔던 많은 접근법들이 민주주의를 일차적으로 특정한 지배의 형식이나 정치적 제도라는 차원에서만 협소하게 이해하고 출발한 것 같아 커다란 불만을 갖고 있다. 민주주의는 단순히 정부의 형식일 뿐만 아니라 하나의 삶의 양식form of life이기도 하다. 그래서 나는 이런 차원을 포함하는, 민주주의에 대한 전체론적holistic 접근을 통해 문제를 다루어 보자고 제안하려 한다. 민주주의를 단순히 정치적·경제적 차원뿐만 아니라 개인들의 정체성이나 인성, 사람들 사이의 다양한 사회적 관계 방식이나 교통 형식, 심지어 사람들의 삶을 이끄는 문화적·도덕적 가치의 문제와도 연결시켜 이해함으로써, 우리 민주주의 위기와 혼란을 좀 더 근본적인 수준에서 이해해 보자는 것이다. 이런 접근법을 통해 우리 사회의 민주주의를 민주화할 기획도 지금까지와는 얼마간 다른 방식으로 세워져야 할 필요를 확인할 수 있을 것이다.

이 접근법에서 민주주의는 하나의 인간적 삶의 양식, 곧 모든 성원이 자신들의 인간적 잠재력을 실현하는 방식으로 존엄의 평등이 보장될 수 있도록 해야 한다는 도덕적 목적을 그 중심에 둔 삶의 양식 그 자체다. 그리고 이때 민주주의는 근본적인 수준에서 하나의 '인간적 이상'에 비추어 이해된다. 이런 관점에서 보면 지금 우리 민주주의가 처한 위기는 바로 그와 같은 이상의 사회적 실현의 실패에 따른 귀결이며, 이를 극복할 기획 역시 단순히 좀 더 완전한 정부 형식이나 대의 민주주의 체제의 확립 같은 데서만 찾아서는 안 된다. 그 위기는 좁은 의미의 정치적·제도적 차원의 개혁을 넘어 전체로서의 삶의 양식 그 자체를 '인간화'할 수 있을 때에만 제대로 극복될 수 있다.

한국의 유교적·정치적 근대성의 도덕적 지평

우리 사회에 민주주의는 말하자면 도둑처럼 찾아 왔다. 비록 일본 제국주의에 의해 강요되기는 했지만 조선 왕조의 마지막 군주였던 순종의 군권君權 포기 선언은 '인민의 지배 체제'로서의 민주주의를 이 땅에 가져왔다. 식민 지배 아래라 하더라도, 조선의 인민들에게 가능한 조국은 왕이 다스리지 않는 나라, 곧 '공화국'일 수밖에 없었던 것이다. 이미 삼일운동의 "기미 독립 선언서"가 분명히 한 대로, 군주가 (참칭된) 주권을 포기한 조국은 결국 인민들이 스스로 주권자가 되어 스스로를 지배하는 민주주의 말고는 다른 어떤 정체를 가질 수가 없었던 것이다. 이런 점에서 '민주공화국'에 대한 지향은 구한말 이래 일제강점기를 거쳐 지금에 이르기까지, 심지어 군사 쿠데타로 집권했던 박정희나 전두환조차도 부정할 수 없었을 정도로, 우리 근현대사의 자명한 역사적 진리 같은 것이었다.

그러나 해방과 함께 외부로부터 주어진 역사의 선물인 민주공화국은 엄청난 수의 조각들을 가진 퍼즐이었고, 우리 인민들은 그 조각들을 어떻게 맞춰 가야 할지 처음부터 잘 알지는 못했다. 외세의 개입이라는 거대한 장벽이 있기는 했지만, 분단과 뒤이은 전쟁 및 혼란은 궁극적으로는 그와 같은 내적 혼란의 결과였다. 이런 상황에서 민주주의는, 군부독재 시절뿐만 아니라 민주화 이후에도, 여러 방식으로 일그러졌고 특별히 한국적인 방식으로 왜곡되어 정착되어 왔다. 꼭 서구의 민주주의를 준거로 삼지 않더라도, 한국의 민주주의는 기껏해야 어떤 '결손 민주주의'로서 여러 면에서 커다란 결점들을 드러내며 삐걱거리고 있다. 왜 우리는 이 정도의 민주주의밖에 누리지 못하는 것일까?

나는 이 질문에 대해 어떤 완벽한 인과론적 설명을 하려 하기보다는 우리의 결손 민주주의가, 그동안 우리 사회의 근대적 삶의 양식과 (나름대로는 성공적이기도 했던) 이를 실현하는 과정의 고유한 특성을 배경으로 형성되었음을 지적해 두고자 한다. 이를 통해 문제를 좀 더 근원적이면서도 전방위적으로 살펴볼 수 있을 것이다.

우리 사회에서 진행된 근대화 프로젝트는 그 근본 프레임 자체가 유교적 문화 지평과 전통 위에서 세워졌다고 할 수 있다. 그래서 우리의 근대성은 서구적 근대성과는 여러 면에서 다른 고유한 '유교적 근대성'이다. 유교적 문화 지평은 우리 사회가 아주 빠르게 근대화하는 데서뿐만 아니라 민주화를 이루어 내는 데서도 기여한 바가 크다(이에 대해서는 나중에 좀 더 살펴볼 것이다). 그러나 이는 동시에 정치적 근대성으로서의 민주주의가 발전하는 데 커다란 장애이기도 했다. 환원주의에 빠져서는 안 되겠지만, 특히 유교적 문화 지평이 근대화 과정을 이끌었던 주체들의 사고와 실천에 부정적으로 작용한 측면을 볼 필요가 있다.

개화기 이래 근대화의 주도 세력은 늘 근대화 과제를 유교적 가치 질서를 바탕으로 하는 '동도서기'와 같은 틀 속에서 이해했다. 이때 유교 전통은 후발 근대화 과정에 필요한 문화적 동기와 그 프로젝트 자체를 이해하는 문화적·이데올로기적 지평을 제공했다. 우리의 근대화 프로젝트는 서구적 근대성의 규범적 이념과 기획을 그대로 이해해 수용했다기보다는 이를 끊임없이 유교적 이상 사회의 이념이나 지향, 좋은 삶에 대한 유교적 이해나 인간관 위에서 우리의 방식으로 변형시켜 이해하고 수용하려 해온 것이다.

그런데 이는 주로, 니체의 철학 개념을 빌리자면, 일종의 집단적 '르상티망'ressentiment의 방식으로 나타났다. 서구를 경외하며 모방하고 따라잡으려 하면서도, 다른 한편에서는 서구적인 것을 거부하고 배척함으로써 어떻게든 스스로의 우월성을 확인받고 싶어 하는 방식으로 말이다. 박정희가 주창한 이른바 '한국적 민주주의론'이나 우리나라에서도 최근까지 폭넓은 지지를 받았던 '아시아적 가치론' 같은 것은 정확히 그런 시도의 연장선에서 이해될 수 있다. 그러나 이는 인권과 민주주의 같은 보편적 가치에 대한 근거 없는 폄훼, 전근대적 가치와 전통에 대한 일그러진 보호를 낳았다.

그와 같은 근대화 프레임은 단순한 이데올로기에 머문 것이 아니라, 근대화 과정에서 사회 성원들의 삶의 양식을 가장 중요하고 근본적인 측면에서 규정했다. 우리의 후발 근대화 과정은 서구적 근대성의 영향과 압박 속에서 일차적으로는 그 기술적·제도적 측면을 추격하고 모방하는 과정이었다고 할 수 있다. 그러나 이런 추격과 모방은 서구적 근대성을 가능하게 한 문화적·도덕적 전제들이 대부분 결여된 상태에서, 다시 말해 다른 문화적·도덕적 전제들 위에서, 심지어 이 다름이 오히려 더 낫다는 믿음과 함께 진행되었다. 시장경제 및 국민국가와 같은 제도적 형식들은 근대화를 위해 꼭 필요한 것으로 여겨졌지만, 그것들은 일제에 의한 식민지화와 분단 및 전쟁이 가져온 생존의 위협 앞에서 억지스럽게라도 모방하고 어떻게든 적응해야만 하는 대상들일 뿐이었다.

그런 맥락에서 대다수 인민들에 대한 유교적·권위주의적 '길들이기'가 이루어졌고 인민들도 이를 자연스럽고 불가피한 것으로 받아들였다. 이를 평가할 다른 문화적·도덕적 지평을 알지 못했던 탓이다. 예컨대 일제의 '교육칙어'(교육에 관한 칙어)나 박정희의 '국민교육헌장'은 바로 근대화의 맥락에서도 타당하다고 주장된 삼강오륜의 정신과 충효 사상을 근간으로 그와 같은 규율화의 과제를 수행했다. 개인의 절대적 자기희생과 가족이나 조직 및 국가에 대한 헌신, 갈등의 회피, 단결과 질서와 규율 등이 강조되었고, 충효의 도덕이 지시하는 것과 같은 '위계의 존중과 권위에 대한 순응'의 태도나 규칙 등이 도덕으로 자리 잡았다. 우리의 근대인들은 바로 이런 문화적·도덕적 지평 위에서 새로운 종류의 근대적 인간으로 주조되어 가족을 꾸리고 직장 생활을 하며 경제를 경영하고 정치제도와 조직을 운영했던 것이다.

이 바탕 위에서 식민지화의 경험, 뒤이은 분단과 전쟁, 가난 등과 같은 현대사의 조건들은 우리의 근대적 삶의 양식이 아주 기묘하고 특징적인 삶의 문법을 창조해 내고 확산시키도록 만들었다. 그것은 한마디로 '항시적 비상 상황'의 삶의 문법이라 할 수 있다. 항시적 비상 상황에서 사람들의 삶은 "영원한 피난민"의 삶이 되고, 그리하여 "무슨 짓을 하더라도 살아남는 게 최고"라는 "걸인의 철학"(백낙청)이 지배적인 사회철학이 된다. 여기서는 개인들에게 사회적 삶 전체가 맹목적 생존경쟁과 엄격한 (자기) 규율의 필요라는 프레임 속에서 인지된다. 여기서 '힘 숭배'나 약육강식의 논리와 권위주의의 내면화는 생존을 위해 절대적으로 필요하다. 공적인 삶은 공동화空洞化되고 도구화되며 근본적으로 사사화私事化된다. 당연히 동료 시민들에 대한 상호 존중과 협동 또는 연대의 문화는 제대로 설 자리를 갖지 못한다.

내 생각에 이와 같은 한국 근대성의 도덕적·문화적 지평과 그 삶의 문법이 우리의 근대인들에게 심어 놓은 '체화된 이성'embodied reason은 서구에서와 같은 방식의 발전 과정과 내용을 갖는 공론장이나 인민주권 개념 등에 대해 적대적이거나 최소한 그것들을 낯설어할 수밖에 없다. 도덕적 개인주의를 전제해야만 온전히 수용될 수 있을 인권 이념 등도 마찬가지다. 우리의 유교적 근대화 과정은 연고주의, 가족주의적 특수주의('패거리주의'), 다양성에 대한 불관용, 권위주의 및 전체주의적 동원 문화, 국가주의 등과 같은 전근대적 문화 요소들을 강력하게 온존시킨, 심지어 그것들이 성공의 비밀이 되는 특징을 지닌 근대성을 만들어 냈던 것이다.

흔히들 지적하는 '우리 안의 파시즘'이나 '대중 독재' 같은 현상과, 오늘날 우리 사회를 지배하는 (단순히 기득권에 대한 집착만으로는 설명하기 힘든) 강건한 생활 보수주의와 영남의 지역주의적 보수주의는 바로 이런 배경 위에서만 온전히 이해될 수 있을 것이다. 그리고 최근 '독재자의 딸'이 민주적 선거를 통해 대통령으로 선출된 사건의 비밀도 바로 여기에 있을 것이다.

한마디로 우리가 서구에서 확인하는 바와 같은 민주주의적 가치와 이념은 우리의 유교적 근대성에서 온전하게 내재적인 것이 아니다. 그것들은 우리 근대성의 삶의 조건과 경험에 충분히 부합하지 않을 뿐만 아니라 우리가 자연스럽게 여길 바람직한 사회에 대한 기대와도 잘 조화하지 못한다. 민족주의적이고 물질주의적인 부국강병의 이상 같은 것들이 지배적이기 때문이다. 이런 문화적·도덕적 지평 위에서 민주주의가 제대로 형성되고 작동할 수는 없다.

이처럼 우리의 민주주의는 그야말로 (규범적 개념으로서가 아니라 사실적 개념으로서) '한국적 민주주의'다. 헌정 체제, 공정한 선거, 평화적 정권 교체의 정착, 삼권분립, 활성화된 공론장 등만 보면 우리 사회도 비교적 성숙한 민주주의 체제인 것처럼 보이지만, 그 체제를 움직이는 도덕적 지형은 민주주의와 쉽게 조화하기 힘든 방식으로 형성되어 있다. 우리의 민주주의는 기껏해야 유사 민주주의다.

삶의 양식으로서 민주주의와 한국적 민주주의를 극복하는 과제

우리의 한국적 민주주의는 극복될 수 있을까? 한국에서도 제대로 된 민주주의가 형성되고 작동할 수 있을까? 물론 가능하기는 할 것이다. 우리의 민주주의는 비록 초라하고 일그러져 있기는 해도 단순히 외부에서 주어진 선물인 것만은 아니며 오랜 역사적 투쟁을 통해 쟁취해 낸 것이기도 하다. 우리 역사 내부에 나름의 민주적 전통이 없었다면, 그동안의 비민주적이고 반인권적인 삶의 문법을 거부하고 민주적이고 인간적인 사회를 만들어 보려는 숱한 노력이 없었다면, 우리 사회가 누리는 지금 수준의 민주주의도 불가능했을 것이다. 그리고 우리는 민주주의 말고는, 우리 사회의 문제를 해결할 다른 어떤 대안도 알지 못한다. 문제는 앞서 살펴본 바와 같은 식의 문화적·도덕적 지평과 그 삶의 문법을 어떻게 극복할지다.

그런데 나는 여기서 단순히 서구 민주주의를 더 잘 모방하는 것이 우리 민주주의의 과제라는 식으로 접근해서는 안 된다는 점을 우선 강조하고자 한다. 우리 민주주의의 문제는 단순히 서구를 모범이나 준거로 삼았을 때의 '지체'나 '저발전'의 문제가 아니다. '선진화' 담론 같은 보수적 담론은 물론, 진보적이라고 내세우는 담론에서도 "발전주의의 오류"(엔리케 두셀Enrique Dussel)를 저지르곤 한다. 우리 사회도 언젠가는 서구 사회들과 같은 발전의 궤적을 따라 앞으로 나아갈 것이며, 또 그런 식의 모방 또는 추적이 가능하다는 것, 그래서 이를 바람직한 실천적 과제로 여기는 것 등이 발전주의의 오류인데, 이는 민주주의 문제에 접근하는 데서도 반드시 피해야 할 잘못이다.

물론 때때로 정치적 근대성 그 자체와 동일시되곤 하는, 오늘날과 같은 형식의 민주주의는 서구적 근대성이라는 배경 없이는 발생하지도, 발전하지도 못했다. 실제로 우리의 민주주의도 그동안의 서구 모방적 근대화 과정에서 발전했다. 그래서 우리가 우리 민주주의의 불완전성과 일그러짐을 평가할 때, 얼마간 서구의 민주주의를 준거로 삼는 것은 불가피할 수도 있다. 그러나 자본주의적 시장경제와 국민국가라는 근대 제도들을 수입·모방했음에도 이를 가능하게 했던 서구의 문화적·도덕적 전제들이 우리의 유교적 근대성의 토양에 충분히 착근될 수 없었다는 사정이야말로 한국적 민주주의의 결함과 관련이 있음을 앞서 살펴보았다.

그런 식의 단선적인 착근 자체가 사실은 원천적으로 불가능하거나 매우 힘든 일이다. 나아가 이런 착근이 반드시 바람직한지도 의심해야 한다. 서구의 근대적 정체성 가운데 원자주의 같은 것은 우리의 것일 수도 없고 모방할 가치도 없다. 그것들이 민주주의와 충분히 친화적인지도 의심스럽다. 가령 근대 민주주의의 원조 격인 미국에서도 민주주의는 심각한 위기에 빠져 있는 것처럼 보이는데, 이런 위기가 그와 같은 문화적·도덕적 전제들과 무관하지는 않을 것이다.

그렇다면 우리의 참된 과제는, 서구의 민주주의 모델 및 제도를 단선적으로 모방하려는 시도를 넘어서서, 그리고 지금까지의 우리 근대성을 주도적으로 규정했던 도덕적·문화적 지평과 그 삶의 문법 전체를 건드리면서, 우리의 역사적 맥락에 착근될 수 있고 '지금, 여기'의 사회적·문화적 조건과 환경에 맞는 나름의 고유한 민주적 삶의 양식을 건설하는 것이어야 한다. 존 듀이John Dewey가 늘 강조하던 통찰을 따르자면, 민주주의가 인간적 공동생활의 양식 그 자체라는 사실이야말로 서구에서 발전된 민주주의의 참된 본성이고 또 우리가 서구에서 배워야 하는 것이다.

거듭 말하지만 민주주의는 단순히 정부 또는 지배의 형식이 아니다. 이를테면 삼권분립·선거·의회·정당 등을 그 자체로 민주주의의 본질로 절대화하거나 민주주의의 전부라고 이해해서는 안 된다. 민주주의는 사회의 형식이기도 하며, 근본적인 수준에서 사람들이 함께 살아가는 삶의 양식이다. 사람들이 공동의 틀 안에서 서로 관계를 맺고 협력하며 공동의 문제들을 함께 처리하면서 살아가는 모습과 방식 그 자체다. 정부 또는 지배 형식으로서 민주주의 또한 이런 민주적 삶의 양식에 뿌리를 둔다.

그렇다면 우리 삶의 맥락과 토대 위에서 우리 사회의 인간적 삶의 문제들을 제대로 해결할 수 있는 도덕적·실천적 능력을 갖춘 고유한 민주적 삶의 양식을 발전시키는 것이 중요하다. 다시 말해 우리는 이 땅의 삶과 역사에 뿌리내리고 '지금, 여기'의 요구에 부합하는 온전하고 건강한 민주적 삶의 양식을 건설해야 한다. 무엇보다도 우리 사회의 다차원적 삶의 모습 전체와 내적으로 긴밀하게 결합해 작동할 수 있고, 더 나아가 가장 자연스러운 삶의 모습이 되는 민주주의를 만들어 내야 한다.

이것은 우리의 민주주의가 '창조적으로' 모색되어야 한다는 것을 의미한다. 민주주의는 본성상 창조적이며, 그래서 "창조적 민주주의"(이 역시 듀이의 표현이다)여야 하지만, 창조적 민주주의도 창조적으로 모색되어야 한다. 도덕적 지평과 전통이 서구와 다른, 이 땅의 구체적인 삶의 조건 및 역사적 맥락과 조화하면서 사람들의 일상적 삶과 의식에 녹아들 수 있는 민주적 관행들과 제도들을 발전시켜 가는 것이 중요하다.

물론 민주주의에 대한 지향은 인간적이고자 하는 삶의 양식을 위한 보편적이고 필연적인 요청일 것이다. 그러므로 우리는 민주주의에 대한 지향들이나 제도들의 발생 기원이 단지 서구적이라는 이유로 배척해서도 안 되겠지만, 동시에 서구적인 것과 다른 우리만의 전통 위에서 고유한 민주주의 모델을 발견하고 발전시켜야 한다는 억지스러운 접근법에 유혹되지도 말아야 한다. 충분히 보편적이면서 적절하게 국지적인 민주주의 모델을 모색해야 한다.

이때 서구의 정치철학 전통이나 민주주의 모델에서 이런저런 장점들만 취해 이상적 민주주의 모델을 만들어 낼 수 있으리라는 식의 절충주의적 환상을 품어서는 안 된다. 민주주의의 참된 도덕적 토대를 제대로 이해하고 이를 공고화하는 것이 긴요하다. 그래야만 비로소 몇몇 제도적 외피를 모방하는 것을 넘어, 심지어 그 제도적 형태는 서구의 여러 경우와 심각하게 다르더라도, 우리의 전통과 삶의 맥락 및 조건에 깊숙이 뿌리 내려 건강하게 작동하는 민주적 습속과 제도 들의 생명체를 발전시킬 수 있을 것이기 때문이다.

민주주의는 정의롭기를 원하는 모든 인간적·공동체적 삶의 양식의 필연적 발전의 산물, 즉 '보편적' 타당성을 지닌 것으로 이해되어야 한다. 우리의 정치적 근현대사 또한 숱한 퇴행을 겪었음에도 언제나 좀 더 많은 민주주의를 자명한 지향점으로 삼아 나아져 왔다. 바로 그런 관점에서 서구적 민주주의 모델들을 깊이 참조하되 우리 삶의 맥락과 조건에서 당면 과제를 해결할 해법을 창조적으로 모색함으로써 우리 내부의 관점에서도 그 보편성을 확인할 수 있는 민주주의 모델을 발전시킬 수 있어야 한다.

그래서 이런 접근법에서는, 한편으로는 끈질긴 생명력을 보이며 우리 민주주의의 발전을 가로막았던 유교 전통도 특별한 방식으로 비판적으로 전유될 수 있다. 얼핏 많은 점에서 민주주의에 어울리지 않는 것처럼 보인다고 해도, 여러 전통적 요소들을 외면할 수는 없다. 전통들은 우리의 불가피한 출발점이다. 그것이 그저 고루한 것만도 아니다. 유교에도 나름의 민주적 전통이 있다. 서구의 민주적 전통과 비견될 수는 없더라도, 우리가 제대로 찾아내고 발전적으로 재구성해 낼 수만 있다면, 우리의 민주주의를 더욱더 풍부하고 튼실하게 만들 수 있고, 서구적 민주주의 모델의 결점을 보완하거나 넘어서는 데 도움이 될 민주적 전통도 발견할 수 있을 것이다.

가령 흔히 부정적으로 평가되는 조선 시대의 '당쟁'은 민주적 공론 정치나 심의 민주주의의 관점에서 적극적으로 재해석될 수도 있다. 우리 현대사에서 민주화 운동에 참여한 숱한 주체들의 문화적 배경이 일정 정도 유교적이었음도 부인할 수 없다. 그들이 불의에 분노하고 민주화를 위해 헌신해야 한다는 지사적 사명감이나 지식인으로서의 책무를 느낀 것은 틀림없이 유교 전통의 영향일 것이다.

물론 단순히 유교 전통의 비판적 계승 그 자체가 초점인 것은 아니다. 민주주의는 기본적으로 거대한 사회적 실천의 조직 형식이다. 그것은 한 사회가 마주한 다양한 실천적 과제들을, 서로를 자유롭고 평등하게 여기는 모든 성원의 연대를 통해 함께 창조적으로 해결해 가려는 '창조적 협동의 공동체'의 삶의 양식으로 이해되어야 한다. 이때 결정적으로 중요한 것은 그 삶의 양식의 인간적·도덕적 본성이다.

민주주의의 인간적 이상과 삶의 인간화라는 과제

모든 사회, 모든 공동체는 언제나 크고 작은 공동의 문제들을 갖기 마련이다. 그것은 외부, 곧 외적 자연이나 다른 사회, 공동체에서 주어지는 것일 수도 있고, 내적인 차원에서 성원들의 관계가 만들어 내는 것일 수도 있다. 또 어떤 종류의 인간적 삶의 양식이든 반드시 해결하지 않으면 안 되는, 인간적 삶의 물질적 재생산이라는 근본적 문제도 있다. 이런 다양한 수준의 문제들은 결국 인간적 삶의 공동체적 양식을 조직화함으로써 해결할 수밖에 없다. 민주주의는 그와 같은 조직화의 특별한 형식, 즉 가장 도덕적일 뿐만 아니라 효율적이며 창조적이기도 한 형식이다. 왜냐하면 민주주의는 존엄의 평등이라는 원칙에 따라 모든 성원의 자기실현과 참여적·실천적 잠재력의 해방과 역량 강화에 기초하기 때문이다.

그러니까 민주주의는 인간적·도덕적이고자 하는 모든 사회적 삶의 가장 진화된 양식이라고 할 수 있다. 어떤 사회, 어떤 공동체이든 언제나 아주 다양한 방식으로 위협받고 상처 입을 수 있는 인간적 삶의 가능성을, (적자생존이나 약육강식 같은 논리가 아니라) 스스로 세운 도덕적 장치들과 정치적·법적 제도들을 통해 보호할 수 있는 삶의 양식을 원한다면, 바로 그런 열망 자체가 필연적으로 민주주의를 요구하고 낳을 수밖에 없다는 것이다.

여기서 우리는 민주주의가, 근본적 차원에서 같은 정치 공동체에 속하는 모든 시민의 존엄의 평등을 보장하고 실현해야 한다는 도덕적 목적을 지향하는 연대적 삶의 형식임을 알 수 있다. 민주주의란 결국 시민 개개인의 자기실현과 참된 인간적 번영을 가능하게 하는 조건을 집합적·연대적으로 창조하는 과정이다. 본질적으로 사회적 존재인 인간이 다른 사람들과 함께하는 삶을 조직화해 내는 특별한 방식으로 말이다. 이때 공동체적 삶의 양식이 모든 성원의 존엄의 평등이라는 토대 위에서 모두가 자기실현을 이룰 수 있게끔 하는 것이 그 특별함의 핵심이다.

민주주의에서 결정적인 것은 바로 이런 윤리적 이상이지, 단순히 다수결 원칙 같은 것에 따른 선거나 절차 등이 아니다. 통상적으로 민주주의라고 부르는 통치 형식이나 정치제도는 단지 그와 같은 이상을 실현할, 공동체적 삶의 양식의 특별한 정치적 차원일 뿐이다. 다르게 표현하면, 우리의 일상적이고 구체적인 삶의 모습 하나하나가 얼마나 그와 같은 윤리적 이상을 담아내고 표현하고 있는지가 좁은 의미의 정치적 지배 형식으로서 민주주의의 건강함도 조건 짓는다.

나는 이 같은 윤리적 이상을 '인간적 이상'이라고 이름 붙이고 싶다. 민주주의는 물질적 이해관계를 더 나은 방식으로 충족시키기 위해서가 아니라, 더불어 살아감으로써 서로의 평등한 인간적 위엄과 존엄성을 보호하고 실현하려는 사람들의 공동의 삶의 양식이기 때문이다. 그리하여 그런 이상에 따른 정치 공동체, 곧 민주공화국은 모두가 참여하는 스스로의 입법적 실천 행위를 통해 만들어 내는 공동의 삶의 양식으로 이해되어야 한다. 이 때 민주공화국은 인간 존엄성을 훼손하고 모욕할 가능성으로부터 모든 사회 성원을 보호하고 그들이 평등한 자유의 기초 위에서 존엄한 존재로서 존중받으면서 살 수 있어야 한다는 기본적인 도덕적 목적을 따른다. 이런 접근법은 민주주의에 대한 우리의 통상적인 이해를 여러 차원에서 교정할 것을 요구한다.

무엇보다도 이런 접근은 민주주의에서 인권의 가치와 의미에 대해 새롭게 접근하도록 한다. 민주주의 정치는 '인권의 정치'로 시작해서 인권의 정치로 끝나야 한다. 인권의 정치는 한갓된 자유주의적 정치가 아니다. 인권의 정치와 자유주의적 정치의 역사적 발생 맥락의 동근원성을, 양자의 본질적 동일성으로 오해해서는 안 된다. 오히려 우리는 보존할 가치가 있다고 여겨지는 일반적인 자유주의적 지향을 인권에 대한 보편적·필연적 지향의 부분적인 계기 정도로 이해해야 한다. 이때 인권의 정치는 기본적으로 끊임없이 이루어지는, "몫 없는 자들"(자크 랑시에르Jacques Rancière) 또는 '배제된 자들'의 참여와 포괄을 지향하는 차원에서 이해되어야 한다. 또 단순히 좁은 범위의 이른바 '자유권'에 대한 지향을 넘어, 인간적 삶을 위한 기본적인 물질적 조건을 보장할 것을 요구하는 '사회권'에 대한 지향도 함께 중심적인 위상을 가지는 것으로 이해되어야 한다.

민주주의를 이렇게 이해했을 때, 우리 사회가 놓치고 있던 중요한 지점을 확인할 수 있다. 민주주의의 인간적 이상은 우리 사회의 바람직한 민주화가 단순히 거시적·정치적 제도 개혁의 수준에만 머물러서는 안 된다는 점을 분명히 한다. 여기서 민주주의란 더 근본적으로는 사회 성원들의 삶의 전반적인 차원에서 자유롭고 주인다운 존엄한 삶과 자기실현을 이루는 구체적인 방식 전부와 관련된 것으로 이해되기 때문이다.

결국 민주주의란 가족 관계나 연애 및 교우 관계에서부터 문화적 향유나 경제생활을 거쳐 정치적 자율성의 표현에 이르는 인간의 사회적 삶에서 중요한 사회적 제도와 관행 들이 개개인의 인간적 가능성을 실현하고 풍부히 함으로써 경험되는 사회적 삶의 조직체인 것이다. 그렇다면 가족이나 학교나 직장 등에서 이루어지는 사회 성원들 사이의 일상적 인간관계와 삶의 인간화, 사람다운 삶을 이해하고 꾸려 가는 방식을 조직하는 문화의 인간화가 이루어지지 않고는 정치적 민주주의도 있을 수 없다. 정부 또는 지배 형식으로서 민주주의는 일상적·사회적으로 뿌리를 박은 인간적·도덕적 주춧돌 위에 서야 한다.

위계적인 가부장제 질서가 일반화된 사회, 불평등한 젠더 관계가 당연시되는 사회, 학교가 권위주의적인 훈육 장소로만 받아들여지는 사회가 올바른 민주적 절차를 필요로 하는 문화적 전제나 이를 운용할 수 있는 인격적 전제를 만들어 낼 리가 만무하다. 가장 기본적인 경제생활이 이루어지는 직장 안에서 상사와 부하의 관계가 일방적인 지배·종속 관계로 변질되도록 허용하는 사회, '갑을 관계'처럼 경제적 관계에서의 힘의 우위에 따라 인간적 모욕과 굴욕을 감수하도록 강요받는 사회에서 민주주의가 필요로 하는, 시민들 사이의 평등한 관계가 형성될 수는 없다.

그러므로 민주주의의 일차적인 존재 장소는 좁은 의미의 국가가 아니다. 민주주의는 가족이나 학교 및 회사, 각종 동호회나 동문회 등의 일상적 모임, 종교 생활 조직 같은 가장 기초적인 일상적 삶의 단위 전체, 즉 '시민사회'에서부터 존재한다. 가족, 학교, 회사, 일상적 모임, 종교 조직 등이 특정한 방식으로 정치화되어야만 민주주의가 가능하다는 것이 아니라, 바로 이 같은 시민사회적 삶의 지반들이 민주주의의 일상적 저수지라는 것이다.

달리 말해 바로 그런 시민사회적 생활세계가 시민들이 차이의 인정, 관용, 연대 같은 민주적 가치 및 '시민적 예의'civility나 상호 존중 같은 민주적 태도, 그리고 갈등을 비폭력적으로 해결할 수 있는 습관 등을 몸에 익히는 토양이 되어야 한다는 것이다. 지금까지 우리의 근대성에서처럼 지위와 서열, 시장 관계에서의 우위, 나이나 선후배 관계 등이 다른 사람들에게 지배와 굴종을 강요하는 근거가 되는 사회에서 존엄의 평등에 기초한 민주적 절차들이 제대로 작동할 리 없다. 그리고 그런 사회에서는 평등한 인격적 관계가 전제되어야만 가능한 합리적 대화나 타협의 문화도 제대로 발전할 수 없다.

물론 시민사회의 인간화는 다른 한편으로 우리 사회의 일상적 문화의 인간화, 곧 시민들이 자신들의 의미 있고 가치 있는 삶을 이해하는 도덕적 지평의 인간화와도 연결되어야 한다. 돈 말고는 가치 있는 것이 아무것도 없다고 여기는 가치 허무주의가 지배하는 사회, 외형적 성공과 출세가 삶을 평가하는 유일한 잣대인 사회는 결국 그런 가치들을 추구하는 과정에서 자신의 인간적 품위와 위엄을 헌신짝처럼 여기거나, 타인들에 대한 지배와 억압을 불가피하다고 여기는 사람들의 사회이다. 이런 사회가 제대로 된 민주적 사회가 될 수 없음은 명백하다. 인문적 문화가 제대로 꽃핀 사회에서만 제대로 된 민주주의도 가능한 것이다.

이런 관점에서 보면, 제도적 차원의 개혁에 대한 필요를 무시하자는 이야기로 오해되어서는 결코 안 되겠지만, 지금 우리에게 민주주의의 민주화를 위해 절실한 것은 그동안 우리 시민들에게 강요된 삶의 문법과 육화된 이성을 넘어서고 대체할 새로운 민주적·인간적·사회적 상상을 일상에서 체화하려는 노력이다.

그러기 위해서는 우선 학교교육에서부터 민주적 삶의 양식을 훈련하고 습성화할 '(민주)시민교육' 체제를 확립해야 한다. 노동조합도 단순히 노동계급의 이해관계를 보호하고 확장한다는 관점을 넘어, 시민이기도 한 노동자의 '민주주의 학교' 역할까지 할 수 있어야 한다. 최근 다양하게 모색되고 있는 '협동조합'은 삶의 경제적 기반 그 자체를 민주적으로 조직하고 운용하는 경험을 체화할 수 있다는 점에서 주목할 만하다.

결국 '먹고사는' 차원을 포함해 시민들의 일상적 삶 전체가 충분히 인간화·민주화되지 않고서는 제대로 된 정치적 민주주의도 불가능하다. 이런 문화 개혁이 이루어지는 구체적인 방식으로서만 필수적 제도 개혁도 이루어질 수 있을 것이다.

2

사 법 정 의

법과 정의의 단절을 어떻게 극복할 것인가?
시민의 사법 참여를 중심으로

이국운

법과 정의가 단절된 한국 사회

미국인들은 그들의 연방 대법관을 '저스티스'justice라고 부른다. 우리말로 하면 '정의'라고 부르는 셈이다. 연방 정부를 세우고 만든 첫 법원조직법(1790)에서부터 일반 판사judge와 구분해 그렇게 불러 왔다. 나중에 만들어진 행정부의 관련 조직도 '정의부'department of justice라고 부르고 있다.

이런 언어 관행 속에 담긴 의미가 무엇인지는 분명하다. 첫째, 법은 정의여야 한다는 것이다. 특히 최고 법원인 연방 대법원은 반드시 '있는 법'이 아니라 '있어야 할 법', 즉 정의를 선포해야 한다는 것이다. 둘째, 법이 정의가 되는 것은 사람을 통해서라는 것이다. 따라서 무엇이 법인지를 선언하고 수호할 최후의 재판관은 반드시 정의의 화신이 되어야 한다는 것이다.

미국 연방 대법관 이름을 우리말로 번역할 때 우리는 무심코 '정의'를

'대법관' 또는 '헌법재판관'으로 바꾸어 놓곤 한다. 예를 들어 '브랜다이스 대법관', '오코너 대법관' 하는 식이다. 하지만 이는 본뜻을 무시한 채, 최고 법원과 그 구성원을 바라보는 우리 식 용례를 무심코 앞세운 꼴이다. 원래 대로는 '정의 브랜다이스', '정의 오코너'이기 때문이다.

호칭을 번역하는 데서 드러나는 이 같은 차이는 법과 정의의 관계를 어떻게 이해하는지와 깊이 관련된다. 미국인들이 법과 정의의 연결 또는 일체성에 집착한다면, 우리는 관직의 크기와 서열에 집착하고 있음이 명백하다. 그럼에도 우리는 방향을 돌려 우리말의 대법관이나 법무부를 영어로 번역할 때, 대법관을 'supreme court justice'로 번역하고 법무부를 'ministry of justice'로 번역한다. 우리말로는 법과 정의가 별개인데, 영어로는 일체인 양 바꾸는 셈이다.

이상의 상념들은 한국 사회에서 정의를 논의할 때 그동안 제기되지 않았던, 법과 정의의 관계에 관한 논점 하나를 제기한다. 단도직입적으로 말해 나는 작금의 한국 사회에서 법의 차원과 정의의 차원이 기본적으로 단절되어 있다고 생각한다. 법은 법대로 집행되고 있으며, 정의는 정의대로 추구되고 있을 뿐, 양자는 서로 제대로 연결되지 않고 있다. 법치주의를 체제의 근본으로 내세우는 사회에서 이런 단절은 치명적인 문제이다. 이 글에서는 한국 사회가 이 문제를 어떻게 극복할 수 있을지에 관해 생각해 보고자 한다.

이런 논의는 종래 한국 사회에서 법 시스템의 개혁이나 사회정의의 실현과 관련해 진행되어 온 토론과는 사뭇 초점을 달리하는 것이다. 기왕의 논의가 법과 정의를 별개로 다루어 왔다면, 나는 오히려 양자의 관계를 중심으로 논의를 전개해 보려고 한다. 한국 사회에서 법과 정의가 단절된 원인은 무엇인지, 양자의 연결을 위해 필요한 조건은 무엇인지, 법을 통한 정의 실현을 효과적으로 보장하는 방식은 무엇인지 등이 주된 논점이 될 것이다. 논의의 마무리 부분에서는 자치의 이념에 기초한 시민의 사법 참여가 작금의 한국 사회에서 법과 정의의 단절을 극복하는 데 특별히 중요하다는 점을 강조하고자 한다.

출구를 찾지 못한, 한국 사회의 정의에 대한 열망

논의의 편의를 위해 법과 정의의 단절 테제를 간명하게 정리해 보자. 우선 단절 테제는 한국 사회에서 법과 정의가 모두 미약하다거나, 둘 중 어느 한쪽이 비대칭적으로 강력해 양자의 균형이 깨져 있음을 의미하지 않는다. 한국 사회에서 법의 힘은 폭압적이라고 할 만큼 압도적이며, 정의에 대한 일반 시민들의 열망은 축적되다 못해 폭발 직전에 이르고 있다. 단절 테제는 한국 사회에서 압도적인 법의 힘과 정의에 대한 축적된 열망이 기본적으로 단절되어 있다는 데에 주목한다.

다음으로 단절 테제는 한국 사회에서 법을 만들고 집행하고 해석하는 시스템 전체(이하 '법 시스템')를 운용하는 징치적 기예의 핵심이 법과 정의의 단절을 관리하는 역량임을 암시한다. 법 시스템을 운용하는 엘리트 집단, 즉 정치인들과 관료들과 법률가들의 입장에서 이런 단절은 체제의 정당성이 언제든 위협받을 수 있다는 뜻이다. 이를 방지하기 위해서는 결핍된 정당성을 보충하거나 대체할 다른 수단을 마련해야 하며, 때로는 법의 차원과 정의의 차원을 일시적이나마 연결할 필요도 있다. 예를 들어 일반 시민들의 집단적 정의감이 '민심'이라는 형태로 분출할 때는 과감하게 양자의 예외적 연결을 추진해야만 한다. 법과 정의를 연결하고 단절할 시점을 판단해 실행하는 역량을 갖추지 못한다면, 엘리트 집단의 지배권은 유지되기 힘들다.

마지막으로 단절 테제는 한국 사회의 일반 시민들이 보이는, 법에 대한 불신과 정의에 대한 체념의 의미를 드러낸다. 법치주의를 체제의 근간으로 내세운 사회에서, 법과 연결되지 못한 정의는 현실성을 가지기 어렵다. 따라서 법과 연결되지 못한 채로 정의에 대한 열망이 축적되면, 어느 순간 그것은 법에 대한 불신을 경유해 정의에 대한 체념으로 바뀌게 된다. 체념을 극복하기 위해서는 더 큰 열망이 필요하지만, 법과 정의가 단절되어 있는 까닭에, 이는 결국 더 큰 체념으로 되돌아올 뿐이다.

법과 정의의 단절 테제와 관련해 최근 한국 사회에서 나타난 『정의란 무엇인가』 열풍을 검토할 만하다. 하버드 대학의 마이클 샌델Michael Sandel 교수가 쓴 이 책은 2010년 번역 출간되자마자 베스트셀러가 되었고, 단기간에 1백만 부를 훨씬 뛰어넘는 판매량을 기록했다. 공중파 텔레비전 방송을 통해 저자의 하버드 대학 강의가 시리즈로 방영되기도 했고, 저자의 내한 강연에는 청중이 구름처럼 몰려들었으며, 출판계에서는 저자의 다른 책들이나 유사한 정치철학 서적을 번역 출간하려는 경쟁이 이어졌다.

『정의란 무엇인가』의 상업적 성공을 여러 각도에서 분석할 수 있다. 하지만 가장 중요한 원인은 역시 한국 사회의 일반 시민들 사이에 정의에 대한 축적된 열망이 존재한다는 점을 꼽아야 할 것이다. 그런데 이 지점에 흥미로운 역설이 존재한다. 정의에 대한 축적된 열망의 대상이 된 이 책이 실제로는 '정의란 무엇인가?'에 대해 손에 잡히는 산뜻한 답변을 제공해 주지 않기 때문이다.

기실 이 책은 사회정의를 정당화하는 궁극적 논변을 찾아 저자가 수십 년간 겪어 온 사유의 여정을, 수많은 사례를 담아 강의 형식으로 풀어낸 것에 가깝다. 따라서 이 문제에 관심을 가진 대학 초년생들에게는 공리주의에서 자유주의적 평등주의를 거쳐 공화주의에 이르는 지적 여행이 상당한 도움을 주지만, 한국 사회의 일반 시민이 가진 정의에 대한 축적된 열망에 답하기에는 복잡하고 사변적이다. 어떤 의미에서 이 책은 사회정의에 대한 명쾌한 답변을 제공하기보다는 오히려 그와 같은 답변이 왜 어려우며 정치철학적 입장에 따라 얼마나 다양해질 수 있는지, 그럼에도 왜 그 질문에 답하려고 해야 하는지를 보여 준다.

그렇다면 한국 사회에서 이 책이 그와 같은 열풍을 불러일으킨 까닭은 무엇일까? 나는 한국 사회의 일반 시민들이 사회정의에 대한 철학적 답변을 구하려 이 책을 찾았다고 생각하지 않는다. 오히려 그들이 얻으려던 것은 이 책의 제목인 '정의란 무엇인가?'라는 질문 그 자체였다고 생각한다. 아마도 저자는 독자들이 스스로에게 이 질문을 던질 것을 바랐을지 모른다. 하지만 한국 사회의 일반 시민들은 자기 자신이 아니라 엘리트 집단에게 '정의란 무엇인가?'라는 질문을 제기했다.

앞서 언급했듯이 그럼에도 이 책을 통해서는 그런 질문에 실제적인 답변을 구하기 어렵다. 이 책에 등장하는 수많은 사례는 정치철학적 사유를 훈련하는 데는 유용하지만 역사적 맥락이 빠져 있기에, 한국 사회를 전제로 한 정의에 대한 실제적인 답변을 얻을 수는 없다. 이런 맥락에서 이 책이 1백만 부 넘게 책이 팔렸고 수많은 이벤트가 진행되었음에도 한국 사회 내부에 정의에 관한 논쟁이 촉발되지 않았다는 사실은 의미심장하다. 혹시 한국 사회의 엘리트 집단은 처음부터 열화와 같은 구매 행위를 통해 '정의란 무엇인가?'라는 질문이 제기되더라도 그에 실제적인 답변이 불가능하다는 사실을 알고 있었던 것이 아닐까?

나는 『정의란 무엇인가』 열풍이 법과 정의의 단절 테제와 깊이 관련된다고 생각한다. 하지만 일반 시민들의 정의에 대한 축적된 열망이 분출되었음에도 정의에 대한 실제적인 답변은 그 책에 관한 수많은 이벤트들 속에서 갈피를 잃고 만다. 이 과정에서 한국 사회를 지배하는 엘리트 집단은 '사회정의가 중요하다'는 추상적 명제에 동의를 표함으로써 민심의 정치적 에너지를 거두어들인다. 결국 정의에 대한 열망은 법에 대한 불신을 경유해 다시 정의에 대한 체념으로 바뀌고 만다. 그렇게 한바탕 소동이 끝난 지금, 도대체 누가 다시 진지하게 그 질문을 제기할 수 있을 것인가?

법과 정의는 왜 단절되었는가?

이제 한국 사회에서 법과 정의의 차원이 단절된 원인에 대해 생각해 보자. 일각에서는 이 문제를 한국 사회의 법의식이나 정의 관념이 다른 사회에 비해 특수하다는 식으로 설명하지만 이를 받아들이기는 어렵다. 한국 사회의 특수성을 내세우다가 자칫 법과 정의의 보편성을 망각할 위험이 있는 탓이다. 또한 압축 근대화로 표현되는 급속한 사회변동의 와중에서 제도와 의식 사이에 '괴리' 또는 '지체'가 발생했다는 식의 설명도 불충분하다. 이는 법과 정의의 단절을 언젠가는 극복될 과도기적 현상으로 간주하면서도 정작 극복 방향에 관해서는 별다른 지침을 제시하지 못하기 때문이다. 문제의 핵심은 의식이나 제도가 아니라 한국 사회의 구성원들 그 자체이다. 엘리트 집단과 일반 시민들로 나누어서 이 문제를 검토해 보자.

우선 법 시스템을 운용하는 엘리트 집단, 즉 정치인들과 관료들과 법률가들의 입장에 대해서는 두 가지를 지적할 수 있다. 하나는 식민 지배와 분단, 그리고 한국 전쟁의 와중에서 법 시스템 자체가 처음부터 과대 성장 기구로 조직되었고, 개발독재와 민주화 과정에서 그 경향이 더욱 강력해졌다는 점이다. 그중에도 법의 집행을 담당하는 관료 집단은 조직의 규모와 권력의 크기에서 추종을 불허했다. 민주화 이후 입법 과정을 중심으로 정당들이 체계화되었고, '정치의 사법화' 경향에 따라 법률가 집단의 권력도 강화되었지만, 이는 어디까지나 관료 집단의 강고한 권력을 전제한 현상이었을 뿐 그 권력을 대체한 것은 아니었다. 요컨대 한국 사회의 구성원들은 원래부터 강력했던 관료 집단이 지속적으로 더욱 강력해지는 과정만을 경험해 왔던 것이다.

다른 하나는 관료 집단이 법 시스템 자체를 신분적 이익의 관점에서 조직하고 변형시켜 왔다는 점이다. 지난 60여 년 동안 수많은 산하 기관과 공기업을 만들어 내면서 끊임없이 확장해 온 관료 기구의 역사가 이를 단적으로 보여 준다. 관료 집단은 고시의 신화에 입각한 순혈주의를 통해 각종 규제 권한에 대한 신분적 독점력을 행사하면서, 심지어 퇴직 이후에도 여러 이익집단들 위에 지속적으로 군림할 수 있는 자신들만의 네트워크를 만들어 냈다. 지금도 대한민국 정부의 관료 기구 주변이라면 어디서든 쉽사리 찾아볼 수 있는 속칭 '관피아'의 존재가 이를 증명한다.

한국 사회에서 관료 집단의 행태를 뒷받침한 핵심 논리는 정치적 보스의 수중에 결정 권한을 집중시키는 제왕적 중앙집권주의였다. 군사 쿠데타로 집권한 정치군인들은 경제개발을 명분으로 내세우며 독재로 치달았고, 이에 맞서 민주화 투쟁을 전개한 정치인들은 지역감정에 기초한 과두 정당

체제를 구축했다. '정치의 사법화'를 통해 최종적 결정 권한을 넘겨받은 법률가들은 사법 권력의 제도적 우위를 보장할 논리적 기반으로 제왕적 중앙집권주의를 활용했다. 관료 집단의 입장에서 제왕적 중앙집권주의는 제왕적 보스에 복종해 최대의 신분적 이익을 확보한 뒤, 상황이 바뀌면 모든 책임을 그에게 미룰 수 있는 편리한 논리였다.

그렇다면 한국 사회에서 엘리트 집단은 일반 시민들이 제기하는 정의 실현의 요구에 어떻게 대응해 왔을까? 이 질문에 답하기 전에 우리는 먼저 정의 실현의 요구 그 자체를 세심하게 살펴봐야 한다. 일반 시민들은 아무 때나 정의의 실현을 요구하지 않는다. 그들은 문제가 있을 때, 더 정확히 말해 자신의 삶과 관련해 구체적인 문제가 발생했을 때 정의를 실현하라고 요구한다. 이는 보편적이라기보다는 특수한 정의를 요구하는 것이며, 따라서 욕망이나 이익의 추구로부터 자유롭지 못한 경우가 많다. 정의를 실현하라는 일반 시민들의 요구가 갈등과 분쟁을 동반하는 것은 그래서다.

법을 통한 정의 실현이 체계화된 사회라면, 엘리트 집단은 당연히 일반 시민들이 제기하는 특수한 정의의 요구를 보편적 정의가 지배하는 공론장 속에 받아들여 합리적으로 해결하려고 노력할 것이다. 이 점에서 흔히 '같은 것은 같게, 다른 것은 다르게'라는 격언으로 요약되는 보편적 정의는 법 시스템의 규범적 토대를 이룬다고 말할 수 있다. 그러나 한국 사회에서 법 시스템을 운용하는 엘리트 집단은 이와는 전혀 다르게 일반 시민들의 특수한 정의에 대응하는 그들만의 독특한 요령을 발전시켜 왔다. 그 핵심은 일반 시민들의 특수한 정의 요구 뒤에 존재하는 욕망 또는 이익의 추구를 전면에 끌어내는 것이다. 이렇게 되면 특수한 정의의 요구는 보편적 정의와 연결될 기회를 잃어버리고 순식간에 욕망의 경쟁이나 이익의 경쟁으로 변모하게 된다. 전쟁과 가난의 공포가 지배하던 시대에는 정의 실현의 요구가 생존경쟁으로 바뀌었고, 경제성장과 민주화가 시대정신이 되었을 때는 그것이 성장 경쟁으로 바뀌었다. 정의 실현의 요구가 강해질수록 일반 시민들 사이의 갈등과 분쟁은 더욱 증폭된다.

이와 같이 특수한 정의의 요구가 욕망 경쟁이나 이익 경쟁으로 바뀌고 그로 인한 갈등과 분쟁이 증폭되면 정의 실현 자체가 무의미해진다. 왜냐하면 보편적 정의를 대신해 이제는 한국 사회를 지배하는 현실적인 법칙인 제왕적 중앙집권주의가 욕망 경쟁이나 이익 경쟁을 관리하기 때문이다. 그 결과 한국 사회의 일반 시민들은 특수한 정의의 요구에서 출발해 생존과 성장을 향한 끝없는 경쟁에 끊임없이 내몰리는 신세가 될 수밖에 없다. 이런 무한 경쟁에서 전략적으로 가장 유리한 선택은 당연히 엘리트 집단의 일원이 되어 어떻게든 제왕적 중심에 더 가까이 가는 것이다. 일찍이 그레고리 핸더슨Gregory Henderson이 '소용돌이의 정치'the politics of vortex로 지칭했던, 한국 사회 특유의 구심적 정치 패턴은 이처럼 일반 시민들이 제기하는 특수한 정의의 요구를 제왕적 중심을 향한 무한 경쟁의 동력으로 바꿔치기하는, 엘리트 집단의 독특한 대응 방식에서 비롯된 것이다.

여기서 우리는 한 가지 의문을 제기할 수 있다. 그렇다면 한국 사회의 일반 시민들은 도대체 보편적 정의의 실현을 요구하지 않는다는 말인가? 한국 사회에서 보편적 정의는 대체로 방금 언급한 무한 경쟁이 모든 이의 패배로 끝났을 때에야 비로소 환기되는 경향이 있다. 예를 들어 2014년 4월 16일 발생한 '세월호 참사'처럼 침몰하는 여객선을 보면서도 어떤 구조도 시도하지 못한 무능한 정부 앞에서 수백 명의 어린 학생들이 죽음을 당했을 때 우리 모두가 목격한 현실이 그러하다. 죄책감에 사로잡혀 '미안하다'고 '잘못했다'고 말하면서, 그제야 모두가 '이런 일이 다시는 일어나지 않도록 결코 잊지 말자.'고 다짐하지 않았던가? 이처럼 한국 사회에서 보편적 정의에 대한 요구는 무고한 죽음들 앞에서 이루어지는 집단적인 애도와 함께 뒤늦게 도래한다. 하지만 아무리 욕망 경쟁과 이익 경쟁의 부질없음을 집단적으로 뉘우쳐 본들 뒤늦게 도래한 보편적 정의의 요구는 무력할 수밖에 없다. 보편적 정의는 아무것도 바꾸어 놓지 못한 채, 억울한 죽음들 앞에서 떠돌게 될 뿐이다.

지난 60여 년 동안 이와 같은 상황이 누적되면서 한국 사회의 구성원들은 법을 통해 정의를 실현할 가능성이 점점 더 희박해지는 사태를 경험해 왔다. 이 과정에서 한국 사회의 저변에는 법을 정의와 관련시키려는 시도 자체를 포기하고 아예 무한 경쟁의 상대방을 제압하기 위한 전략적 게임의 도구로만 받아들이려는 태도가 생겨났다. 1990년대 중반 이후 한국 사회가 유례없이 빠른 속도로 최악의 소송 사회litigious society가 된 현상은 법의 전략적 게임 도구화가 급속도로 일반화된 것과 무관하지 않다. 그러면 이와 같은 변화는 또 어디서 유래한 것일까?

나는 한국 사회에서 일반 시민들이 제기하는 정의 실현의 요구에 엘리트 집단이 대응해 왔던 독특한 방식이 전 사회적으로 전염되었을 가능성에 무게를 둔다. 기실 특수한 정의의 요구를 욕망 경쟁이나 이익 경쟁으로 바꿔치기하는 요령 그 자체를 모방하기는 어렵지 않다. 더구나 기술적인 법규들의 빈틈을 노려 전관예우를 합법화하고, 대통령의 특별사면을 줄곧 합법적인 면죄부로 악용해 온 엘리트 집단은 이미 그런 모방을 나무랄 자격조차 상실했다고 볼 수 있다. 그러면 과연 무슨 도덕적 방벽이 있어서 일반 시민들이 엘리트 집단의 태도를 모방하는 것을 막을 수 있단 말인가? 지금이 순간에도 한국 사회는 법과 정의의 단절을 당연시하고, 법을 아예 정의와 상관없다고 간주하며, 법을 무한 경쟁의 상대방을 제압할 전략적 게임의 도구로만 바라보는 것이 당연시되는 최악의 상황으로 치닫고 있다.

법과 정의의 단절을 어떻게 극복할 것인가?

그러면 우리는 어떻게 법과 정의의 기본적인 단절을 극복하고 한국 사회를 갱신할 계기를 만들 수 있을까? 예나 지금이나 시민혁명이 필요하다고 말하는 사람들이 많다. 법과 정의의 단절은 한국 사회가 시민혁명을 경험하지 못했기 때문이므로 양자를 연결시키려면 이제라도 시민혁명을 완수해야 한다는 것이다. 이는 분명 반대하기 어려운 주장이지만 여전히 불명확한 점이 있다. 도대체 시민혁명이 무엇이기에 그것이 완수되면 한국 사회에서 법과 정의가 연결될 수 있다는 것인가?

한국 사회에 널리 퍼진 시민혁명의 이미지는 광장을 가득 메운 시민들이 피켓을 들고 무어라 소리치며 열광하는 모습이다. 하지만 앞의 질문에 답하기 위해서는 그런 이미지를 뚫고 들어가 광장을 가득 메운 시민들이 무엇을 외치고 무엇을 선언하는지를 살펴봐야 한다. 시민혁명이란 모든 시민이 원래부터 자유의 존재이며 그렇기 때문에 평등하게 대우받아야 한다는 명제를, 모든 시민이 함께 되돌릴 수 없는 방식으로 천명하는 것이다. 사람 위에 사람 없고 사람 밑에 사람 없으며, 모든 시민은 법 앞에서 동등하게 대우받아야 함을 선언하는 것이다. 법과 정의의 관계에서 보면, 이는 법의 지배rule of law, 즉 보통법common law의 정신이 사회의 모든 영역에 기본적으로 관철되는 것을 뜻한다. 보통법의 정신은 각자의 입장에서 파악된 특수한 정의가 아니라 언제 어디서나 적용되는 보편적 정의를 정치 공동체의 토대로 삼는다. 그렇기에 법과 정의의 차원이 연결되고 법을 통한 정의 실현이 가능해지는 것이다.

법 시스템을 운용하는 엘리트 집단과 일반 시민들의 구분과 관련해 이와 같은 보통법의 관철은 특수한 의미를 가진다. 따지고 보면 일반 시민들의 입장에서 보통법의 관철은 당연한 원칙을 재확인한 것에 불과할 수도 있다. 엘리트 집단의 일원이 되는 경우가 아닌 한, 일반 시민들은 이미 보통법을 적용받고 있기 때문이다. 하지만 법 시스템을 운용하는 엘리트 집단에게는 의미가 다르다. 보통법의 우위는 법을 만들고 집행하고 해석하는 그들 또한 일반 시민들과 동등한 법 아래 놓일 것을 전제하므로, 그 자체로 엘리트 집단에게 특권적 지위를 포기하고 다른 시민들과 동등한 법적 위상을 받아들일 것을 요구하는 까닭이다. 그러므로 시민혁명을 보통법의 정신이 관철되는 것으로 이해하는 한, 그것은 언제나 엘리트 집단의 반성과 결단을 필수적으로 요청할 수밖에 없다.

흥미롭게도 시민혁명의 역사에서 엘리트 집단의 반성과 결단은 정치 공동체의 리더십을 형성하는 자양분으로 작용한다. 왜냐하면 특권적 지위를 포기한 엘리트 집단에 대해 일반 시민들은 역사적으로 형성된 자연적 우위를 용인하는 경우가 많고, 이에 대해 엘리트 집단은 정치 공동체의 공직 목표를 달성하기 위해 앞장서서 자신을 희생하는 '노블레스 오블리주'noblesse oblige로 화답할 수 있게 되기 때문이다. 나아가 이런 경험이 쌓이면 일반 시민들 가운데 엘리트 집단의 일원이 된 사람들조차도 자연스럽게 엘리트로서 '노블레스 오블리주'를 실천하는 전통이 생기거나, 정치 공동체 내부에 리더십의 선순환이 이루어지게 된다. 보통법의 정신은 시민적 자유와 평등을 기치로 내건 시민혁명이 집단적 광기로 전락하는 것을 막고, 그 위에 고결한 리더십을 덧입히는 계기가 되는 것이다.

한국 사회에서 법과 정의의 단절을 극복하는 프로젝트의 출발점은 시민혁명의 알맹이인 보통법의 정신을 법 시스템을 운용하는 엘리트 집단이 먼저 실천하도록 만드는 것이어야 한다. 그렇다면 과연 누가 어떤 방식으로 이런 작업을 시작할 수 있을까? 주체의 문제는 이미 정답이 나와 있다. 일반 시민들이 아니면 누가 엘리트 집단을 그렇게 움직이도록 할 수 있단 말인가? 하지만 방식의 문제는 그리 만만하지 않다. 시민혁명을 먼저 경험한 다른 국가들의 사례를 비교해 보면, 이에 관해서는 크게 네 가지 방식 정도가 활용된 것을 알 수 있다. 한국 사회의 현실을 염두에 두고 그 각각에 관해 간략한 논의를 전개해 보자.

첫째는 보통법의 정신을 구현하기 위해 세심하게 고안된 대법전을 구비한 뒤, 공직 윤리에 충실한 관료 집단을 양성해 그 운용을 맡기는 방식이다. 이는 프랑스를 비롯한 유럽 대륙의 국가들이 선택했던 것으로서 명분상으로는 지금까지 대한민국의 역사를 지배해 온 방식이기도 하다. 이 방식이 제대로 돌아가기 위해서는 사사로운 이익의 유혹에 결코 넘어가지 않는 강직한 관료 집단의 존재가 필수적으로 요청된다. 그리고 바로 그 점에서 퇴직 후에도 이익집단을 아울러 '관피아'를 형성하는 것이 일상화된 한국 사회에는 개혁의 논리로 받아들여지기 어려운 방식이다.

둘째는 법 시스템을 운용하는 데 관련된 모든 권한을 시민들의 대표로 구성된 의회에 집중시킨 뒤, 시민들의 정치적 의사 변화에 민감하게 반응하는 정당 체제를 구축하는 방식이다. 시민혁명을 의회주권의 형식으로 제도화한 뒤 양대 정당제를 운영해 온 영국의 경우를 대표적인 예로 꼽을 수 있다. 이 방식에는 시민들의 정치적 의사를 효율적으로 의회에 전달하는 선거제도와 정당 제도가 반드시 구비되어야 한다. 따라서 여전히 제왕적 보스 정치에 익숙한 한국 사회에 실현되기까지는 상당한 노력과 시간이 요구된다.

셋째는 관료 집단이나 정당 체제에 대한 의존을 줄이는 대신에 법률가 집단이 운용하는 사법 과정에 상당한 권한을 부여하는 방식이다. 연방 대법원이 헌법 해석을 통해 사실상 최종적 결정 권한을 행사하는 것을 용인해 온 미국이 전형적인 사례이며, 민주화 이후 '정치의 사법화'를 경험하면서 한국 사회에도 이미 익숙해진 방식이다. 이 방식에 내포된 최대의 위험은 최종적 결정 권한을 행사하는 법률가 집단이 관료 집단이나 정당에 비해 민주적 정당성이 취약하다는 점이다. 그러므로 한국 사회에서 적실성을 가지기 위해서는 반드시 이 문제가 보완되어야 한다.

넷째는 앞서 살펴본 세 방식을 모두 활용하면서도 법 시스템의 여러 분야와 차원에서 일반 시민들의 적극적인 참여를 제도화하는 방식이다. 민주적 연방주의의 틀 속에서 직접 민주정치를 활발하게 운영하면서, 고위 공직의 배분과 순환을 통해 합의제적 민주정치를 구현한 스위스가 대표적인 사례이다. 하지만 이 방식을 성공시키려면 연방과 주, 대의정치와 직접 민주정치, 정당들과 사회 세력들 사이에서 권력의 미묘한 균형을 유지할 수 있는 세련된 헌법 제도와 정치 문화가 동반되어야 한다. 따라서 제왕적 중앙집권주의에 찌든 한국 사회의 현실에서 대안보다는 이상으로서 더 큰 가치를 두어야 할 것이다.

이들 가운데 굳이 어느 하나만을 선택하거나 다른 방식들을 배제할 필요가 있을까? 첫째 방식은 어찌되었든 관료주의의 이념을 환기함으로써 대한민국의 현실을 비판적으로 인식하게 만드는 효과가 있고, 둘째 방식은 비록 요원해 보일지언정 시민혁명의 제도화에서 의회라는 기본 통로를 확고하게 확보해 두는 의미가 있으며, 셋째 방식은 민주적 정당성의 취약점이 보완되기만 하면 관료주의와 정당정치의 부패를 견제하는 데 효과적일 수 있고, 넷째 방식은 앞의 세 방식 전체가 공유하고 있는 제왕적 중앙집권주의에 대해 근본적인 방어 수단을 마련하는 측면이 있기 때문이다. 물론 한국 사회의 현실을 고려할 때, 이들 가운데 특정 방식을 상대적으로 강조할 필요는 있다. 이런 관점에서 앞의 두 방식보다는 뒤의 두 방식에 주목하는 것이 바람직하지 않을까?

작금의 한국 사회에서 관료주의를 그 본래의 이념을 되살리는 방식으로 갱신하는 것은 부패하고 무능한 관료 집단에게 '셀프 개혁'을 기대하는 것이나 다름없다. 그렇게 해서는 관료 집단이 몇몇 명망가를 내세워 기득권을 방어해 온 구태가 반복될 뿐이다. 민주화 이후 25년 넘게 강조되어 온 정치 개혁도 결코 포기할 수는 없으되 여기에만 모든 것을 맡길 수도 없다. 소속 정당의 공천 과정도 민주화하지 못한 채 선거 때마다 이합집산을 거듭하는 정치인들을 믿고 정당정치를 강화하자는 주장은 일반 시민들의 입장에서 지지하기 어렵다. 그렇다면 오히려 뒤의 두 방식을 진지하게 검토해 보는 것이 낫지 않을까? 이는 자치의 이념에 기초한 시민의 사법 참여를 통해 한국 사회에서 법과 정의의 단절을 극복하는 프로젝트의 혈로를 뚫어 보자는 말이다.

시민의 사법 참여로 만드는 새로운 균형

사법 권력이 민주적 정당성을 갖기 어려운 이유는 어쩌면 사법 과정의 본질이 원래 그래서인지도 모른다. 원고와 피고 사이의 갈등과 분쟁을 전제하는 사법 과정은 양측에 대해 원고와 피고에게 주장과 입증을 위한 동등한 기회를 제공한 뒤, 제삼자의 공개된 결정으로 승패를 가리는 구조를 가지고 있다. 따라서 사법 과정이 돌아가기 위해서는 의당 당사자들로부터 독립되어 있으면서 공정하고도 불편부당한 제삼자가 있어야 한다. 하지만 다수결의 원리가 작동하는 민주적 결정 과정을 통해서는 이처럼 독립성과 공정성, 그리고 불편 부당성을 갖춘 제삼자를 확보하기가 대단히 곤란하다. 자격을 갖춘 후보자가 없어서가 아니라 다수결로 재판관을 뽑으면 어떤 경우에도 불편 부당성을 확보하기 어렵기 때문이다. 이로 인해 사법 과정은 항상 다수와 소수가 구분되는 민주정치를 우회해 공평무사한 재판관을 확보하는 데서 어려움을 겪곤 한다. 어렵사리 재판관을 정하더라도 조금만 잘못하면 곧바로 민주적 정당성의 결핍을 공격당할 수밖에 없는 것이 사법 권력의 숙명이다.

이 같은 설명은 과연 완전한 것인가? 조금 다르게 생각해 볼 필요가 있다. 이 설명은 사법 과정에 대한 정삼각형의 이미지를 전제하고 있다. 원고와 피고가 밑변의 두 끝 점이라면 재판관은 정삼각형의 나머지 한 점(제3점)을 의미한다. 사법 과정의 불안은 제3점을 확정해 정삼각형을 그리기가 어려운 것과 상당히 유사하다. 이에 비해 시민의 사법 참여는 사법 과정을 정사각형의 이미지 속에서 바라보려는 것이다. 정사각형은 정삼각형에 비해 그리기가 훨씬 수월하지 않은가? 시민의 사법 참여는 제3점과 대칭이

되는 지점에 또 하나의 점(제4점)을 상정하고, 그 네 점들을 연결하여 정사각형을 완성한다. 이는 앞서의 정삼각형과 밑변을 공유하는 또 하나의 정삼각형에 의해 완성되며, 그 결과 사법 과정은 마름모, 즉 다이아몬드와 같은 정사각형의 이미지로 바뀌게 된다. 제3점이 재판관이라면 제4점은 시민들의 대표, 즉 배심이다. 법정을 뜻하는 영어 단어 'court'는 그 말뜻부터가 정삼각형이 아니라 마름모꼴로 고안된 시민적 자치의 공간을 가리키고 있다.

시민의 사법 참여는 앞서 논의한 사법 과정의 딜레마를 현저하게 완화시킨다. 이는 시민의 참여를 통해 민주적 정당성이 보완될 뿐만 아니라 사법 과정에서 법률가와 시민 대표(배심)의 분업과 협업을 강화하기 때문이다. 법률 판단과 재판 진행을 법률가가 담당하고 유무죄의 사실 판단을 배심에게 맡기는 것이 분업이라면, 판사의 주재 아래 검찰과 변호인이 치열하게 공격과 방어를 진행하고 그 결과를 배심에게 판단하도록 하는 것은 협업이다. 이와 같은 분업과 협업을 통해 도출된 결론은 민주적 정당성을 갖지 못한 재판관의 외로운 결단보다 더욱 합리적일 것을 기대할 수 있다.

앞서의 비유를 부연하자면, 이런 변화는 제3점의 재판관과 제4점의 배심이 팽팽하게 긴장하면서 정확하게 대칭을 이루어 마름모를 완성하는 것과 같다. 이런 방식으로 사법 과정은 보편적 정의가 지배하는 합리적인 공론 마당으로 구조화되며, 이를 통해 사법 과정은 법과 정의가 토론되고 실현되고 교육되는 과정으로 성숙해진다. 최근 많은 정치 이론가들이 배심재판을 '함께 생각하는 민주주의'deliberative democracy의 전형으로 지목하고 있는 것은 사법 과정에서 다이아몬드와 같은 정사각형의 이미지, 즉 'court'가 실현될 때 발생하는 그와 같은 효과를 주목하고 있기 때문이다.

지면 관계상 한국 사회에서 시민의 사법 참여 프로젝트를 어떻게 펼쳐 갈지에 관한 논의는 후일을 기약할 수밖에 없다. 여기서는 'court'에 담긴 마름모의 이미지를 활용해 필수적인 방안들을 언급해 두는 정도로 논의를 마무리하고자 한다.

우선 원고와 피고를 가리키는 마름모의 좌우 두 점에 관해서는 두 가지를 특히 강조하고자 한다. 첫째로, 형사 절차에 대한 시민들의 뿌리 깊은 불신을 해소하기 위해 일대 개혁이 필요하다. 지방검찰청의 검사장을 주민 직선으로 선출하는 제도를 마련하고, 이를 통한 분권적 틀 속에서 자치 경찰제를 시행해야 한다. 둘째로, 재판 과정에서 변호사의 조력을 받을 권리를 보장하는 한편, 변호사에 대한 시민적 감시를 강화해야 한다. 특히 비리 변호사의 징계 절차를 진행하는 데서, 비법률가인 시민의 대표가 과반수를 이루는 독립 기구에 실질적인 결정권을 부여할 필요가 있다.

마름모 위 제3점에 관해 많은 현안들 중 핵심만 거론한다면, 무엇보다 일정한 수련을 받은 시민이라면 누구든지 변호사 자격을 가질 수 있는 제도를 갖출 필요가 있다. 여전히 정원제 사법시험의 망령에 사로잡혀 있는 현재의 로스쿨 제도와 변호사 시험제도를 전면적으로 개혁해야 한다. 또한 법조일원화의 전면적인 시행을 앞두고 있는 만큼 판사 임용 과정에 시민들이 실질적으로 참여하는 제도를 시급히 갖춰야 한다. 최소한 의회에서 선출된 시민의 대표가 신규 법관을 임용하는 기구의 다수를 차지하게 하는 정도의 개혁은 반드시 이루어져야 한다.

현재 사실상 법원 고위층의 인사 평가로 진행되고 있는, 기존 법관에 대한 평가 제도도 개선되어야 한다. 비법률가인 시민의 대표가 과반수를 이루는 독립 기구가 변호사회 등이 제출하는 자료를 평가해 그 결과를 기존

법관의 재임용 과정에 반영하는 시스템이 필요하다. 전문성 있는 시민 대표가 재판부에 참여하는 제도를 전향적으로 도입할 만하다. 이른바 전문 법원 체제로 나아가기 위해서는 특허·행정·노동·조세·사회보장 등 다양한 분야의 전문가들을 해당 분야의 전문 법관으로 임용해야 하며, 각 법학 분야의 박사 학위 소지자들 중 상당 기간 연구에 종사한 인력들을 법관으로 임용하는 방도도 마련해야 한다.

한국 사회에서 최종적인 규범적 결정을 책임지고 있는 헌법재판소가 법률가들의 독점 기구가 되어서는 안 된다. 이를 감안해 국회는 헌법재판소를 헌법 해석을 위한 배심으로 다시 규정한 뒤, 비법률가인 시민 대표를 헌법재판관으로 임용할 방안을 제시해야 한다. 같은 맥락에서 국가인권위원회의 조직 형태를 명예로운 시민 대표들의 인권 배심으로 재구성할 필요도 있다. 예를 들어 인권위원회의 집행부와 인권위원단을 분리한 뒤, 예비위원을 포함한 인권위원 전원을 국회에서 선출해 3년의 임기 동안 배심과 마찬가지로 활동하게 하자는 것이다.

마지막으로 마름모 아래 제4점에 관해서는 현재의 국민참여재판 제도를 본격적인 배심재판으로 격상하고자 노력해야 한다. 특히 배심의 결정에 권고적 효력만 부여하고 있는 현실을 재고할 필요가 있다. 시민이라면 누구나 배심원이 될 수 있는 만큼, 공교육과정에는 배심재판의 취지와 배심원의 명예를 가르치는 단계가 포함되어야 하고, 시민교육의 차원에서도 이를 계속 환기해야 한다. 법률가의 양성 과정은 물론, 중등교육 과정에서도 배심재판의 방청이 중요하다는 점을 강조할 필요도 있다.

3

공공성

참여 민주주의와 공공성

이양수

'변화의 기로'라는 말은 우리 사회의 현 상황을 단적으로 보여 준다. 20세기 후반까지 우리 역사가 근대화 과정의 격동적인 사회 변화로 요약된다면, 이제는 내적 변화, 즉, 정의로운 사회를 만들어야 하는 시점이 온 것이다. 민주화 이후 한국 사회의 주축은 단연 민주주의이다. 그 길은 순탄하지 않다. 우리의 자립적 기반이 너무 약하기 때문이다. 특히 1997년 IMF 외환위기 이후 우리 사회는 외부 변화에 취약한 구조가 되었다. 서구의 시스템을 따르는 급격한 구조 변화가 진행되고 있다. 우리 전통을 비판적으로 성찰할 기회도 없이 외부적 충격이 가해지는 실정이다. 하지만 모든 변화가 그렇듯, 외부 변화를 내적 성숙의 기회로 삼을 때 그것은 우리의 역사적 시간이 된다. 그 어느 때보다 현명한 상황 판단이 요구되고 있다.

민주주의란 무엇인가? 손쉽게 정의하기도 어렵지만, 구현하는 과정 또한 힘든 것이 민주주의이다. 그럼에도 우리의 목표가 민주주의의 실현이라는 데는 누구도 이의가 없다. 사회변혁의 중심축에는 민주주의의 이상이 놓여 있다. 하지만 그러기 위해서는 기대를 충족할 토양과 물질적 토대가 필요하다. 민주주의를 실현하기 위해서는 성숙한 경험과 미래를 바라보는 비전이 요구된다. 민주주의는 고착된 이념이 아니라 늘 새롭게 해석되어야 한다. 민주주의는 민주주의의 경험 공간과 기대 지평이 완벽히 조화될 때만 성공적으로 실현된다. 그러나 민주주의에 대한 경험이 턱없이 부족한 것이 우리의 현실이다. 그런 점에서 민주주의의 완성은 아직도 먼 남의 이야기처럼 들릴 수 있다. 게다가 이 세상의 어떤 민주주의도 완성태로 존재하지 않는다. 그만큼 민주주의는 끊임없는 도전을 요구한다.

민주화 경험은 내적 변화에 대한 갈망이다. 독재 체제에 대한 저항은 민주주의에 대한 목마름으로 응결되었다. 하지만 정치적 갈등은 아직도 진행 중이다. 보수와 진보의 갈등은 정치적 동력으로 자리매김하지 못하고 있고, 반공 이념과 사회 효율성을 앞세운 보수 진영의 논리가 지배적인 상황이다. 보수의 통치는 권위주의 통치를 정당화하며, 가치의 다양성 및 시민의 참여를 무시하고, 효율 극대화라는 논리 아래 소수의 희생을 당연시했다. 절대 빈곤을 타파한다는 미명하에 시민의 기본권은 물론, 정치적 선택권마저 무시하곤 했다. 통치는 소수 엘리트의 전유물이었다. 이런 맥락에서 내부의 적, 전횡과 폭력에 대한 저항과 투쟁의 산물인 민주화는 값진 역사적 경험이다. 스스로의 변화를 촉진하는 힘의 징표이다. 우리에게 직선제 개헌은 민주주의의 시작이라는 점에서 뜻깊다. 민주주의는 제도적 차원에서 시민의 기본권이 중요하다는 것을 각인시키는 계기가 되었고, 동시에 내용적으로는 체제의 희생자들, 사회적 약자에 대한 배려와 보호가 필요한 이유를 깨닫는 계기가 되었다. 이 경험은 우리에게 '더불어 삶'이라는 추상적인 가치가 민주주의의 목표임을 입증하고 있다. 결과적으로 민주화 과정에서 비춰진 우리 모습에서 또 다른 자기 자신을 보게 된 것이다.

그렇다면 지금 시점에서 민주주의를 추구하는 우리의 목표는 무엇이고, 이를 어떻게 달성할 수 있는가? 이 물음은 우리 경험 이상의 것을 묻고 있다. 우리의 목표는 단순히 경험을 일반화한 것이 아니라, 경험 속에 숨겨져 있는 잠재적인 것을 찾아내야만 하기 때문이다. 따라서 우리가 찾고 있는 것은 우리 경험 안에 있는 이질적인 타자, 지양하거나 제거할 타자가 아니라 우리의 삶을 풍요롭게 할 타자이다. 진정한 민주주의는 시민의 참여를 통해서만 달성되고 유지된다. 자발적인 참여만이 민주주의의 힘을 확장한다. 타율적인 삶은 진정한 자기 목소리를 내지 못한다. 이제 우리의 경험 안에서 자기 자신의 자발성을 거부하게 하는 요인을 찾아내야 한다. 이 문제를 해결하기 위해 순간의 고통을 감내하는 한편, 과감한 수술을 실시해야 한다. 고통 없는 미래는 현재의 변화에 달려 있다. 지금 우리 상황은 녹록치 않다. 과거에나 볼 법한 악습이 종횡한다. 저항마저 구심점을 상실하고 있다. 이런 상황에서 탁상공론을 일삼는 사변은 독毒이다. 하지만 무턱대고 비판만 하는 것이 능사가 아니듯이, 어려운 상황일수록 가야 할 방향을 살피는 일이 중요하다. 도대체 대한민국 호는 어디로 가는 것일까? 어디로 가야 하는 것일까? 회피할 수만은 없는 이 물음에 대해 긍정적인 대답이 필요하다. 공공성 담론은 이에 부응하는 미래적 가치이다. 따라서 공공성이 요구되는 지점과 그 전제를 살펴보는 것은 매우 유용하다. 민주주의의 미래적 전망에서 공공성 담론의 의미를 찾아보는 것이 중요하다. 우리가 추구해야 할 가치가 민주주의라고 한다면, 그 내용은 공공성을 성취할 수 있는 방식으로 진행되어야 하기 때문이다.

공공성이 왜 문제인가?

공공성은 민주주의를 실현할 대안으로 자리 잡고 있다. 하지만 공공성을 정의하기는 쉽지 않다. 공공성의 의미가 아주 다양할 뿐만 아니라, 그 스펙트럼 또한 매우 넓기 때문이다. 따라서 이 담론의 정확한 지형도를 그려야 한다. 이에 더해 공공성과 민주주의 실현이라는 맥락도 중요하다. 민주주의와 마찬가지로 공공성 또한 미래를 위해 필요한 정치적 가치이다.

통념상 공공성은 사적인 관심을 넘어선 공익公益으로 이해된다. 물론 공익에 대한 정의 자체는 논쟁적이다. 그럼에도 지배적인 관념이 존재한다. 즉 '사회 효율성의 관점에 따른 다수의 이익'으로 공익을 이해하는 경우이다. 공익은 공적인 것, 다수의 의지가 사회 발전의 힘이라고 생각하는 데서 나타난다. 다수의 이익을 통해 사회를 발전시킨다는 생각은 집단적 사고의 전형이고, 우리 사회에서 이 같은 집단적 사고 경향은 근대화 과정에서 획득되었다. 집단적 사고는 개인의 편협한 이해관계를 벗어나야 함을 강조한다. 하지만 여기에는 함정이 있다. 다수의 이익에 반하는 소수의 관점을 반사회적인 것으로 폄하하기 쉽다는 점이다. 소수의 관점은 배제가 아닌 포함의 논리로 수용해야 하며, 더 나아가 하나의 인격체로 존중해야 할 관점이다. 공적인 것은 소수를 포함한 모두에게 개방되어야 한다. 따라서 공공성은 모두에게 개방된 상황에서 공통적인 것을 모색하는 정신을 가리킨다. 공공성의 진정한 모습은 공익公益이 아니라, 공통성이 강조된 공익共益이어야 한다. 공공성은 사적 이해와 무관한 중립적인 태도에 있는 것이 아니다. 다수의 이익이나 특정 명분에 의해 지배받아서도 안 된다. 공공성은 모든 개별자들이 존중받으면서 '우리'로 하나가 될 수 있는 사회제도를 수립하는 기반이다.

공통성을 토대로 공공성을 세우려는 시도는 최근의 일이다. 사적인 것에 대립되는 방식으로 공공성을 이해했을 때에는 공동 관심사가 소멸되는 결과를 초래했다. 이는 '공유지의 비극'에서도 볼 수 있다. 이 같은 현상은 환경 파괴 사례에서 잘 나타나는데, 사적 이익만 앞세울 경우 환경을 보존하기란 불가능하고, 어떤 공통의 관심사도 생길 수 없다. 신자유주의 정책이 주류로 자리 잡으면서 이 같은 현상은 더욱 심해지고 있다. 공공의 목적을 위해 활용되는 공공 기반 시설을 민영화 내지 사유화하려는 경향은 이런 흐름을 대변한다. 경제 효율성을 앞세우지만 결국은 사적 이이익을 키우려는 시도일 뿐이고, 그 이면에서 공공성은 소멸된다.

두 가지 방향에서 공공성을 모색할 수 있다. 먼저 현재 공통성을 해치는 여러 형태의 정치적·경제적·사회적 경향에 저항하는 데서 발생하는 공공성의 문제가 있다. 이런 시각에서는 주로 신자유주의적 시도 자체가 '공공의 적'으로 간주될 수 있다. 실제로 우리 사회에서도 효율성을 앞세운 신자유주의 정책은 보건·철도·수도·전기 등의 영역에서 공공성의 기반을 침식하고 있다. 더욱이 경제활동이 전 지구화되고 다국적기업의 참여가 증가하면서 각국의 공공성 기반이 흔들리고 있다는 점도 주목해야 한다. 신자유주의에 대한 투쟁과 저항은 분명 공공성 담론과 실천에서 중요하다. 공공성 담론 자체가 신자유주의에 대한 반발에서 진행되었기 때문에 현실 투쟁의 일환으로 간주될 수 있다. 하지만 신자유주의에 저항하는 운동을 통해서는 공공성의 기반인 공통성을 한층 적극적인 방식으로 보호하거나 유지하기 어렵다. 저항운동에는 통합 논리가 부재한 경우가 많기에 그 자체로 완성될 수 없다. 우리의 저항운동은 신자유주의에 대항할 정치적 기반과 비전이 약하다는 한계가 있다. 따라서 공통적인 것에 대한 시민적·사회적 통제 방식을 진지하게 논의할 필요가 있다. 최근의 공공성 논의는 이 같은 시민적 통제 방식에 주목하고 있다. 공공재에 대한 이용도를 높이는 데 초점을 맞추고 있는 평등주의적 자유주의 논이나, 기본 소득 보존을 통해 기본적인 생존 조건을 충족시키려는 진보 진영의 노력 등 어떤 방식이든 공공성 회복이라는 목표를 전제하고 있다.

여기에 깔려 있는 사상적 변화에 주목해야 한다. 우선 개인의 선택이 곧 집단의 선택이 될 수 없음을 인정하고 있다. 그런 점에서 자유로운 개인의 선택과 조화될 수 있는 선에서 집단의 선택을 사회적으로 통제할 가능성이 모색되고 있다. 개인의 자유로운 활동을 무시하지 않는 동시에 공통적인 관심사를 사회적으로 통제함으로써 신자유주의 정책의 문제점을 극복하고, 성장과 분배를 조화시키려고 하는 것이다. 그다음으로 전통적인 좌파의 논리, 특히 자본주의 체제 비판의 논리가 새롭게 부각되고 있다. 공통적인 것의 모색은 기본적으로 인간의 발명과 발전이 인류 전체에 도움이 되어야 한다는 전제에서 출발한다. 따라서 공통적인 것에 대한 통찰은 기존 진보 논리의 핵심을 고스란히 담고 있다. 공통적인 것은 진보 진영이 정치적 목표로 내걸었던 '소외 없고', '착취 없고', 사회 성원의 '필요'를 충족시키는 방향으로 나아갈 때 달성되기 때문이다. 이 같은 요구에는 전 지구화로 대변되는 자본주의의 대안 논리로 인류 공영의 길을 찾자는 의도가 깔려 있다. 이 과정에서 중요한 것은 단연 정치의 역할이다. 공통적인 것의 사회적 통제를 위해서는 무엇보다 정의로운 체제가 확립되어야 하고, 이는 제대로 된 정치 환경의 조성을 기반으로 한다. 다시 말해 정치는 경제에 예속되지 않고 독립적인 역할을 수행해야 한다.

이렇게 볼 때 공공성은 민주주의 체제와 떼려야 뗄 수 없는 관계에 있다. 시민의 참여가 없다면 위로부터 부여되는, 체제 효율성 관점에서 공공성이 모색되기 쉽다. 실제로 우리나라도 이런 경향이 강하다. 대규모 국책 사업은 환경을 고려하기보다는 경제 효율성이나 섣부른 경제적 관점에 입각해 성사되는 경우가 많다. 최근 공기업을 민영화하려는 여러 시도들도 그 연장선에 있다. 하지만 진정한 공공성의 확보는 풀뿌리 민주주의 형태로 진행되어야 한다. 시민이 적극적으로 참여할 때, 즉 시민의 자율적인 사회 활동을 통해 공통적인 것을 보존할 때 비로소 공공성이 달성될 수 있다.

공공성과 민주주의

그렇다면 어떻게 공통성을 획득할 수 있는가? 공공성의 문제는 정책의 문제가 아닌 가치의 문제이다. 그 이면에는 공공성과 민주주의의 관계를 설정하는 문제가 있다. 공공성은 민주주의 안에서만 달성된다. 따라서 공공성을 눈으로 확인할 수 있는 사실이 아닌, 우리 마음속에서 작동해야 할 목표로 받아들여야 한다. 우리의 특수한 현실을 고려하면 공공성의 문제는 전통적인 가치와의 자리싸움 문제처럼 보인다. 우리에게 공공성은 전통적인 가치와 조화되면서도 당면 현안을 해소할 수 있는 새로운 가치 창출의 문제이다. 그러므로 다음 물음이 우리에게 중요하다. 왜 공공성이 유독 지금 논란이 되는가? 왜 공공성을 21세기 민주주의 논의의 핵심으로 삼아야 하는가?

공공성의 문제는 민주주의 체제의 내적 문제로 인식되어 왔다. 민주주의는 이념이기 이전에 관행, 즉 집단적 행동 양식이다. 이렇게 민주주의를 받아들이면 일상적인 의미의 절차적 민주주의와 다른 민주주의를 생각해야 한다. 무엇보다 다수결 원칙을 따른 절차만 민주주의 방식이라고 할 수는 없다. 집단적 행동 방식에는 민주주의의 가장 큰 적인 획일화의 위험이 있다. 다양성을 존중하지 못하는 획일화 문화에서 민주주의적 사고가 작동할 수 없다. 효율성만 앞세우다 보면 각자의 개성이 표출되기 어렵다. 개성의 표출을 막는 사회는 민주주의 사회일 수 없다. 서구 자유주의자들이 개인의 선택권을 민주주의 체제에서 가장 중요한 요소라고 주장하는 것도 그래서다. 자발적인 선택이 보장되지 않는다면 개인의 개성을 드러낼 방법은 없다. 절차적인 민주주의가 중요한 것은 개인의 선택을 보장하는 장치이기 때문이다. 자유로운 선택이 보장되지 않는 체제에서 공공성의 목표인, 진정성 있는 공통적인 것은 나올 수 없다.

물론 개인의 선택만 고집하면 타인의 선택과 조화되지 못해 갈등이 생길 수 있다. 그러므로 선택권을 존중한다 해서 방종할 권리까지 인정하는 것은 아니다. 다양성은 개성의 차이를 기반으로 한다. 다양성의 진정한 조화는 잠재적인 개성의 조화까지 포함한다. 이런 개성의 차이는 다양성이 가져다주는 생산적인 조화를 기반으로 한다. 따라서 더 생산적이고 조화로운 사회를 만들어 내려는 노력이 중요하다. 이를 위해 두 가지 조건이 충족되어야 한다. ① 진정한 선택은 능동적으로 책임질 행위 주체를 필요로 한다. 선택이 방종으로 이어지지 않으려면 책임이 중요하다. 따라서 민주주의 사회의 시민은 제 소임을 다하는 능동적 주체여야 한다. 민주주의 관행은 이를 기반으로 유지될 수 있다. ② 책임을 다하는 주체는 사회의 공존을 모색해야 한다. 개인의 선택은 타인에게 인정받을 때 사회적인 선택이 된다. 사회적인 선택은 사회의 조화를 기반으로 하며, 사회 협동의 진정한 의미는 사회적 가치의 조화에 달려 있다. 사회적 가치의 조화 방식에서 주의해야 할 점이 있다. 위로부터 사회를 조직화하는 것은 명목상의 조화이고, 전체주의 사회에서 나타나는 조화일 뿐이다. 민주주의 방식은 다르다. 밑으로부터 자유로운 선택을 존중하면서 타인과 공존을 꾀하고 사회적 가치의 조화를 모색한다. 민주주의의 핵심으로 간주되는 주권재민도 이 같은 공존과 조화를 전제한다. 공존을 꾀하지 않는 선택은 방종에 가깝고, 주권재민의 기본 사상과 거리가 멀다.

이 두 조건을 충족한다고 해서 민주주의가 완결되는 것은 아니다. 민주주의에서는 형식뿐만 아니라 실질적인 내용도 중요하다. 따라서 민주주의 사회에서는 사회 협동 체제가 유지될 수 있어야 한다. 사회 협동 체제는 구성원 간의 긴밀한 관계를 요구한다. 그렇지 않고서는 민주주의 체제가 목표로 하는 내실을 채울 수 없다. 더욱이 민주주의 체제에서는 이 같은 내용을 규제할 선험적인 규칙이 없다. 다시 말하면 민주주의에서는 신적 권위나 객관적인 질서를 받아들이지 않는다. 민주주의 체제의 내용은 사회 성원의 자발적인 참여를 통해 얻어진다. 그런 점에서 민주주의 체제는 항상 성원들의 자발적인 참여를 통해 내적 질서를 확보해야 한다. 이는 민주주의에서 가장 어려운 과업이다. 민주주의 체제에서 추구해야 할 가치는 '이질적이고 다원적'이기 때문이다. 가치가 이질적·다원직이라는 말은 그 가치들이 통약 불가능하다는 뜻을 내포한다. 그러므로 가치들이 조화되게 하려면 안으로부터 승인된 통합 이념이 요구된다.

민주주의 체제는 필연적으로 갈등을 내포한다. 외면적인 가치의 차이는 사회 성원 간 갈등으로 촉발된다. 민주주의 체제에서 나타나는 이런 갈등을 해결하기 위해 민주주의 체제는 오로지 체제 내적 해소 방식을 모색해야 한다. 체제 밖 원리를 찾을 필요가 없다. 가장 흔한 방식은 법적으로 용인된 공권력을 활용해 갈등을 해소하는 것이다. 갈등은 발전을 저해하는 분열 현상으로 간주된다. 하지만 민주주의 체제의 강점은 갈등을 사회 발전에 긍정적인 요소로 바꾸는 데 있다. 민주주의 체제에서 갈등은 필연적이다. 생각의 차이는 협동이 필요한 이유를 제시한다. 칸트의 용어를 빌려 표현한다면, 민주주의 체제는 '비사회적이면서 사회적인' 역설적인 구조를 갖는다. 따라서 민주주의 체제에서는 갈등을 타도해야 할 적, 타자로만 바라봐서는 안 된다. 잘못된 생각이나 탐욕은 마땅히 정의라는 이름으로 거부되어야 하지만, 사람이 거부되어서는 안 된다. 가치의 모순은 극복되어야 하지만, 헌법에 보장된 주권자의 역할은 존중되어야 한다. 민주주의 사회의 딜레마가 여기에 있다. 갈등 상황에서 상대방의 존재는 없애야만 하는 절대적 타자가 아니다. 결정을 통해 배제되는 타자는 아직 그 의미를 인정받지 못했거나, 아직 대표성을 확보받지 못했을 뿐이다. 민주주의 사회에서 갈등은 말 그대로 생각의 차이가 드러나는 것이다. 물론 민주주의 사회에서도 세상의 모든 가치를 동시에 만족시킬 수 없다. 순차적인 방식으로 현안들의 우선순위를 고려하며 가치를 충족시켜야 한다. 생각의 차이를 인정하는 것만큼 민주주의 사회에서 요구되는 것은 숙고를 통해 생각의 차이를 조정하는 것이다. 당면 과제를 해결하기 위해 결정을 요구하지만 그 결정에는 소수의 의견이 항상 존중되어야 한다. 결정에서 배제되었다 해도 그 의미만큼은 기억되어야 한다.

민주주의 체제에서 결정이 갖는 의미는 남다르다. 민주주의는 결론 없는 토론을 지향한다. 항상 소수의 의견을 포함해야 한다는 점에서 토론은 결론을 미리 내릴 수 없다. 하지만 민주주의 체제에서 토론 못지않게 결정 또한 중요하다. 당면 현안에 대한 책임 있는 결정이 요구되기 때문이다. 효과적이고 현명한 집단 결정이 중요하다. 그렇기 때문에 민주주의 사회에서 결정은 갈등에 대한 심사숙고를 요구한다. 생각의 차이가 클수록 그만큼 많이 생각하는 것이고, 따라서 그 결정은 더욱 신중할 것이라는 믿음이 작동한다. 그런 점에서 가치의 갈등은 결정의 신중함과 비례한다. 경험적으로 봤을 때 논란이 클수록 사회적 파장이 커진다. 그래서 그 결정에 관심이 집중된다. 이때 갈등을 원천적으로 제거할 수 없다는 사실에 주의해야 한다. 거기에는 '정치 행위의 비극'이 자리 잡고 있다. 정치 행위는 특정 가치를 만족시키지만, 그 반대 가치를 무시한다. 그러므로 정치적 대립을 힘의 대결로만 오인해서는 안 된다. 정치적 대립은 힘의 대결 때문만이 아닌 경우가 많다. 현실 인식의 차이에서 생기는 갈등은 힘의 대결이 아닌 신념의 대결에서 비롯된다. 민주주의 체제가 주목받은 것은 신념의 차이를 억압이 아닌 토론으로 풀어 가려는 체제이기 때문이다. 이 점에서 민주주의는 이념만이 아닌 관행의 실천으로 다가온다.

민주주의 체제에서 관행이 중요한 것은 시민의 선택이 집단의 미래를 결정하기 때문이다. 민주주의 절차, 즉 공정한 게임의 법칙이 작동해야 한다는 믿음은 사회적 선택이 그만큼 중요하기 때문에 받아들여진다. 하지만 형식적인 절차만 고수할 때 민주주의 정신은 훼손될 수 있다. 법칙을 적용하기보다 시민의 생각이 더 중요하다. 시민의 관점이 사라지고, 냉혹한 강제력만 남는 민주주의 사회는 빈껍데기일 뿐이다. 민주주의의 참뜻은 시민의 삶이 공동체의 제도와 문화에 반영되는 데 있다. 다양한 삶의 경험이 존중되고, 그 가운데서 우리 모두의 선택이 이루어져야 한다. 가치가 실현되어야 할 이유를 탐색함으로써 서로의 선택을 모아야 한다. 민주주의 체제에서 중요한 것은 무엇보다 상황에 대한 현명한 판단과 결정이다. 민주주의 체제에서의 갈등은 원칙적으로 숙고를 통해 해결되어야 한다. 민주주의의 진정한 의미는 폭력적인 상황에서도 비폭력적인 해결을 모색해야 한다는 점이다. 이를 위해 사회 성원이 갈등의 원인, 상황 해결을 위한 대안, 추구해야 할 목표에 대해 잘 인식할 필요가 있다. 시대를 바라보는 신념의 차이로 말미암아 갈등이 생길 경우, 새로운 공통의 목표를 모색해야 한다.

민주주의 체제에서 공공성 논의가 사회적 선택과 직결되는 이유도 여기에 있다. 공공성의 문제는 모두에게 개방된 가치 안에서 모두에게 용인될 수 있는 가치를 찾아내는 문제이기 때문이다. 시민의 관점에서 볼 때 공공성은 공동 목표, 현안에 대한 공동의 의미로 다가온다. 물론 공동 목표를 달성하는 일은 쉬운 일이 아니다. 사회적 선택의 입장에서 보면 공공성을 추구하기란 너무도 어려울 수 있다. 공공성 논의의 기반이 취약한 것도 그래서다. 민주주의 체제에서는 자칫 공동 목표가 사라지는 경우도 많다. 선거에 대한 무관심은 이를 가장 단적으로 보여 준다. 그래서 능동적인 시민의 참여가 중요하다. 시민의 능동적인 참여 없이는 권력자의 위선에 휘둘릴 수 있다. 능동적이고 책임 있는 주체가 존재할 때 진정한 공동 목표, 공동의 의미가 나올 수 있기 때문이다.

한편 시민이 적극적으로 참여한다고 해서 공동 목표의 수립으로 이어지지는 않는다. 공동 목표를 정립하려면 적극적으로 판단하는 과정, 즉 시민의 숙고 능력이 발휘되어야 한다. 문서상으로 합의된다고 해서 가치의 대립과 충돌이 끝나는 것은 아니다. 문서상 합의는 잠정적인 합의일 뿐이다. 언제고 대립과 충돌이 재현될 수 있다. 물론 잠정적인 합의는 갈등을 해소할 가능성을 내포하기에 나름의 의미가 있다. 노사정 합의가 정치적으로 중요한 것도 그래서다. 하지만 민주주의 체제가 안정적으로 지속되려면 잠재적인 갈등까지도 해결할 수 있어야 한다. 지속적인 안정은 오로지 체제의 정의로움에서 나온다. 갈등은 정의로운 인정 공간을 모색한다. 갈등은 서로의 인정을 통해서만 해결될 수 있다. 그리고 갈등을 해소할 새로운 관점을 모색하는 데는 숙고 과정이 필요하다. 새로운 관점은 특정 개인 및 집단의 이해관계와 요구 사항만 만족시키는 것이 아니다. 민주주의 체제에서 중요한 것은 특정 개인이나 집단의 기득권이 아닌 공동의 관점이다. 공동의 관점이야말로 각양각색의 생각을 하나의 생각으로 만들어 내는 디딤돌이다. 그러므로 민주주의는 특정 이념이 될 수 없다. 민주주의는 새로운 가치를 통해 끊임없이 조화로운 사회를 만들어 가는 데 기여한다. 세대마다 다른 생각과 가치를 품기 마련이라면 세대 간 갈등은 필연적이다. 전통을 계승하는 측면에서, 민주주의는 공동의 가치를 재해석하며 현재의 차이를 조정하는 체제라고 할 수 있다.

공공성의 조건

공동의 가치는 무엇인가? 어떻게 공동의 가치를 찾아낼 수 있는가? 우리는 공공성의 가치를 추구할 조건을 구비하고 있는가? 이 물음에 대한 답은 매우 부정적이다. 그 이유는 간단하다. 지난 경험이 우리 대답의 지표가 되는데, 우리 사회에서 갈등은 기득권을 사수하기 위해 조장되었기 때문이다. 우리 사회의 대립과 반목은 이해관계의 충돌이나 사회적 약자를 배려하지 않는 힘의 지배가 늘 원인이었다. 이런 상황에서 현실론자들은 오로지 투쟁만이 유일한 해법이라고 주장하면서, 우리 사회에서는 민주주의 이상을 실현시킬 수 없다는 비관적인 전망을 내놓고 있다. 분명 개인의 이해 관계는 가치의 이질성보다 자기 이해에서 비롯되기 때문에, 공공성을 실현하지 못하게 하는 거대한 벽이다. 개인의 이해관계를 넘지 못하면 공동의 문제를 숙고할 수도 없다.

이런 사회 현실이 공공성 논의의 어려움을 가중시키고 있다. 하지만 이는 넘어서야 할 장애물일 뿐이다. 장애물이 무엇인지 알면 당장은 힘들어도 언젠가는 넘을 수 있는 힘이 생긴다. 그렇다면 그 장애물은 무엇인가? 먼저 우리 사회에서는 공사의 구분이 명확하지 않다. 특히 모든 것을 사적인 이해관계로 환원하는 사적화privatization는 큰 걸림돌이다. 공사를 구분하는 것은 공공성과 개인적인 이해관계를 구분하는 근거이며, 민주주의 체제가 작동할 수 있는 근거이다. 더욱이 공사의 구분은 철저한 개인주의 문화의 산물임을 명심할 필요가 있다. 책임지는 개인의 선택 아래 공적인 것과 사적인 것 간의 구분이 가능해지기 때문이다. 잘 알다시피 한국 사회는 집단적인 동질성을 더 높이 평가해 왔다. 문중으로 대표되는 혈연적인 요소 못지않게 학연과 지연이 광범위하게 작동한다. 처음 만나 나이를 확인하거나, 출신 학교를 물으면서 선후배 관계를 중시하는 태도는 개인적 책임의 수준을 약화시킨다. 무리를 만들어 자신의 입장을 관철하려 할 때 공동의 목표는 자칫 집단의 이권으로 변질되기도 한다.

경제적 자립은 개인적인 책임의 근원이다. 경제적으로 자립하지 못하면 굴종적인 삶을 유지할 것이고, 책임 있는 행동을 어렵게 한다. 그래서 서구 근대사에서도 개인의 책임성을 위해 경제적 독립을 강조한다. 그러나 우리 사회는 개인이 경제적으로 자립하기에 매우 취약한 구조이다. 대가족 체제나 근대적인 핵가족 체제에서 개인의 경제적 자립은 크게 중요하지 않았다. 전적으로 가부장의 경제적 자립만이 요구되었을 뿐이다. 현대사회에서는 모든 사람의 경제적 자립이 요구되고 있다. 따라서 경제적 자립의 문제는 개인주의화되고 있는 민주주의 시대에서 정치적으로 중요할 수밖에 없다. 중산층의 확대나 기본 소득의 보장을 요구하는 것은 경제적 자립에 대한 정치적 전략임을 명심해야 한다. 이미 아리스토텔레스 정치론에서 주목되었듯이, 시민의 책임 있는 주권 행사는 경제적 자립에서 비롯된다. 우리에게 청년 실업 문제의 해결이 시급한 것도 마찬가지다. 경제적 자립의 상실이 가져올 정치적 파장을 고려할 때 이 문제는 더 중요해진다.

자본주의 체제가 가속화될수록 개인의 경제적 자립 문제는 더욱 중요해질 것이다. 현대사회는 노동의 분업을 통해 직능을 세분화하고 있다. 이른바 전문성은 이 같은 직능의 분화에서 생긴 것이다. 그 결과 과거에는 생각하지도 못했던 직능이 만들어지고 있다. 이를 통해 경제적 독립도 가능해지고 있다. 개인적인 자립이 가능해질수록 개인의 독립성에 대한 열망도 커진다. 서구 개인주의 문화가 보여 주듯이, 개인의 독립성이 높아질수록 가치에 대한 다양성이 수용되어 기존 가치와 갈등을 빚는 경우가 많아진다. 그럼에도 공공성을 회복하려면 경제적 자립이 우선적으로 충족되어야 한다. 경제적 자립이 가져다주는 가치의 다양함이 개인 정체성의 토대가 때문이다. 앞서 언급한 기존 좌파 진영의 논리는 이런 관점에서 유의미하다. 자립 기반을 마련하기 위해 기본 소득을 보전하려는 시도나 공공재에 대한 접근의 용이성을 강조하는 자유주의 좌파의 논리는 개인의 선택을 향상시키면서 경제적 자립을 키우기 때문이다.

반면에 개인주의 문화에는 치명적인 약점이 있다. 사회 현안에 대한 시민의 무관심이다. 사회적 무관심은 정치를 불가능하게 한다. 따라서 사회적 무관심을 극복할 수 있는 문화적 풍토를 만들어 내는 것이 중요하다. 그 방향은 시민의 숙고 능력에 초점이 맞춰져야 한다. 마이클 샌델이 지적했듯이 정치적·도덕적 이슈에 대한 적극적 토론은 민주주의 공공 철학의 징표이다. 사회 현안에 내포된 도덕적 가치는 회피되어서는 안 되고 적극적으로 수용해 토론되어야 한다. 우리 사회의 촛불 시위, '안녕들 하십니까?'와 같은 현상에서 우리는 토론의 긍정적인 가능성을 확인할 수 있다. 많은 사람의 관심을 끌고 있다는 것도 고무적이지만, 그 내용 또한 공감을 얻고 있다는 것이 중요하다. 그만큼 공적인 것의 토대가 될 수 있기 때문이다. 이를 제도적으로 뒷받침하면서 새로운 가능성을 모색해야 할 시점이다. 하지만 지젝Slavoj Žižek이 지적했듯이 한데 모이는 것이 중요한 것이 아니라, 일상으로 돌아가 공공의 관점에서 변화를 이끄는 것이 더 중요하다. 행동 없는 사변은 탁상공론일 뿐이다.

우리 사회에서 공공성이 실현되기 어려운 이유는 또 있다. 그 이유는 공개성의 문제와 직결된다. 하버마스Jürgen Habermas가 근대 계몽사상의 가능성으로 묘사한 공개성의 문제는 민주주의의 배경으로서 문화 제도의 중요성을 갈파한다. 민주주의는 집단적인 행동 방식이다. 그 행동 방식은 합리성을 전제로 하며, 민주주의는 공개석으로 토론을 통해 소통하려는 열망이다. 이런 맥락에서 공공성이란 온전한 정보가 제공되고 투명한 과정이 보장될 것을 전제한다. 합리적 선택은 이 전제가 충족되었을 때 의미가 있다. 따라서 사회적 선택 과정과 절차는 한층 더 공개되어야 한다. 공개성을 가로막는 비밀주의가 극복되어야 민주주의도 성숙할 수 있다.

은밀함과 비밀주의는 공개적인 토론을 통한 합리적 숙고와 대립된다. 흔히 음모론이 기승을 부리는 것은 그만큼 사회에 비밀주의가 팽배하다는 사실을 가리킨다. 다른 각도에서 보면 은밀함의 정치는 언론이 막히고 소통되지 않는 불통不通인 것이다. 자신의 솔직한 생각을 숨기고 타인을 이용하려고 할 때 불통이 나타난다. 몇 사람의 손에 정책이 좌지우지되고, 은밀하게 로비를 펼쳐 자신의 주장을 관철하려 한다. 비밀주의의 핵심은 자신의 본모습을 드러내지 않는 것이고, 공개성의 원칙은 자신을 드러내는 것이다. 특히 공적 담론을 주도해야 할 언론이 집단 이기주의에 빠지면 비밀주의가 사회 전체를 전횡한다.

공개성의 원칙과 공공성은 어떤 관계인가? 공개성은 공공성의 조건이다. 공개성은 근본적으로 다수의 사람들이 자신의 관점을 넘어 공적인 것을 논의하는 원칙이라는 점에서 사회적 선택의 원칙이기도 하다. 하지만 공개성만으로 공공성의 요건을 충족하지 못한다. 누구에게나 개방되었다고 해서 모두의 관심사가 될 수는 없기 때문이다. 공통의 관심사가 되려면 다양한 비판을 거쳐 사회적 승인을 받아야만 한다. 그러므로 비판적 숙고 능력 없이는 공공성의 요건을 충족할 수 없다.

여기에는 한 가지 중요한 사실이 있다. 공공성 논의는 철저히 정치적이다. 공공성 논의가 도덕적 논란의 형식을 띠고 나타나는 이유이기도 하다. 사회적 선택이 어려운 것도 정치적 토론이 이질적인 도덕적 가치의 논쟁을 전제하기 때문이다. 정치 영역과의 중첩은 두 가지 약점을 노출한다. 첫째, 공공성 담론이 권력투쟁의 장으로 변질될 가능성이 크다는 점이다. 공공성 담론이 모색하고 있는 사회 발전의 기틀을 마련하는 정치 공간이 아니라, 권력을 통해 자기 잇속을 챙기는 수단이 될 가능성이 있다. 지속적으로 경계할 필요성도 여기에 있다. 또 다른 약점은 도덕적 관점에 맹목적으로 집착해 근본주의적인 경향이 나타날 수 있다는 점이다. 이 두 약점을 극복하지 않으면 공공성 담론은 진정한 사회 발전에 기여하기 어렵다.

공공성 담론에서 시민의 숙고 능력을 강조하는 것은 이 때문이다. 흔히 '공적 이성'이나 '실천적인 지혜'가 강조되는 공공성 담론은 시장의 효율성 같은 기존의 효율성 담론과 다른 것으로 간주된다. 신자유주의로 대변되는 시장주의자들은 공공성 담론을 시장의 효율성 담론과 경쟁하는 것으로 해석해 왔다. 하지만 공공성 담론은 그것을 넘어서야 한다. 이때, 더불어 사는 방식을 고민하는 공공성 담론의 특성이 언론의 순기능과 밀접하게 연관된다고 생각하기 쉽다. 언론 본연의 목적은 시민들의 다양한 관점을 중재하는 데 있다. 물론 자본주의 체제에서 언론의 이런 모습을 기대하기 어려운 것이 현실이다. 언론 또한 이익집단이라는 사실을 부인할 수도 없다. 자기 이익에 눈이 먼 언론에 중립성을 기대하는 것은 마치 고양이에게 생선을 맡기는 꼴이다. 따라서 제도적 차원에서 공공성 담론을 향상시킬 정치교육이 요구된다.

현대사회에서 공공성을 확대할 방법으로 두 가지 전략이 구사되고 있다. 첫 번째 전략은 신자유주의에 대립되는 관점으로, 과도한 시장주의와 효율 만능주의를 극복하고 시장에 대한 사회적 통제를 강화하는 방법이다. 국가의 과도하고 강압적인 통제가 아니라, 민주주의 절차에 따른 사회적 통제를 통해 공공성을 키우자는 것이다. 두 번째 전략은 비판적인 숙고 능력을 갖춘 책임성 있는 정치적 주체를 키우는 것이다. 공공성 자체가 정치적 주체의 존재를 전제하는 만큼, 비판적 숙고 능력과 책임성을 지닌 정치적 주체로 하여금 사회에 진정으로 필요한 것을 찾게 한다는 것이다.

이 같은 공공성의 조건이 개성 실현의 공간을 요구한다는 것은 분명하다. 능동적이고 책임성 있는 시민은 철저히 개성을 실현할 줄 아는 사람이다. 이 같은 능력 함양이 사회 비판뿐만 아니라, 공공성의 첫째 조건인 비판을 통한 승인이라는 점을 만족시키기 때문이다. 그래서 정치적 무관심이야말로 공공성 담론의 가장 무서운 적이다. 정치적 무관심은 자발성뿐만 아니라 개성 실현이라는 측면에서도 가장 위험한 현상이다. 우리 사회에서 개성의 실현은 아직 갈 길이 멀다. 다양한 형태의 시민 단체가 턱없이 부족하기도 하지만, 개성을 표출할 기회조차 마련하기 어려운 실정이다. 이런 상황에서 공공성이 어떻게 우리 사회에서 실현될 수 있는지에 대한 대답은 공공성의 실효성 여부를 판단하는 근거가 될 것이다.

한국의 현실과 공공성

공공성을 실현하기 위해서는 우리 사회의 소중한 역사적 유산을 창조적으로 해석할 필요가 있다. 공공성은 하늘에서 뚝 떨어지는 것이 아니다. 역사 속에서 비판적 창조, 때로는 투쟁을 통해서만 달성할 수 있는 과업이다. 이때 과거의 경험은 창의적인 사고의 기반이 된다. 우리의 민주화는 매우 소중한 경험이다. 비단 독재에 대한 투쟁이라는 관점만 언급하려는 것이 아니다. 이른바 '민주화 이후의 민주주의' 체제의 비판적 계승이 필요한 시점이다.

민주화 이후 공공성 담론을 촉발하는 공공 철학의 기치는 '참여 민주주의론'이었다. 여기에는 시민의 능동적인 참여를 독려할 때 민주주의의 기본 원칙인 시민의 선택이 존중될 수 있다는 판단이 깔려 있다. 시민의 능동적 참여는 분명히 공공성 담론을 창출하는 기반이다. 하지만 이것이 곧바로 책임을 다하는 시민을 만들지 않는다. 다시 말해 능동적인 참여와 책임성 사이에는 쉽게 넘나들 수 없는 깊은 골이 놓여 있다. 이를 메우지 못할 경우 능동적인 참여 자체가 경쟁의 논리로 변질되거나, 정치를 집단적 이해관계를 수렴하는 수단으로 여기게 된다. 민주화 이후의 민주주의 경험은 이런 위험성을 단적으로 보여 준다.

이 같은 위험성은 한국 정당에서도 나타난다. 최장집은 성숙한 한국 민주주의의 요건으로 시민의 관점을 제도적 정치로 편입할 수 있는 정당정치의 중요성을 역설한 바 있다. 정당이 주도적으로 공공성 담론을 창출하는 역할을 해야 한다는 데는 이견이 없다. 문제는 기존 정당이 집단적 이익을 대변하려 할 때 소수의 비판에 귀 기울이기 힘들다는 점이다. 앞서 지적한 대로 다수의 이익을 대변하는 공익公益이라고 해서 곧바로 진정한 공익共益이 되는 것은 아니다. 한국의 정당이 입증하듯이 기득권을 합법적으로 옹호하는 수단으로서 정당이 작동할 경우에 이 같은 정당정치의 한계를 어떻게 극복할 수 있는지를 진지하게 논의해야 한다. 합법을 가장한 국가 폭력이 소수에 대한 전횡이 되지 않게 할 제도적 장치가 필요하다. 투명한 정보와 성숙한 토론 없이 대의 민주주의가 완성될 수 없다. 더욱이 공공재에 대한 사회적 통제가 없다면 시민의 기본적인 삶은 얼마든지 유린될 수 있음에 유의해야 한다.

거듭 말하지만, 공공성에는 시민의 비판적 숙고 능력을 키울 정치교육이 필요하다. 정당정치가 이익집단화되면 시민 역량을 함양할 조건에는 무관심해진다. 앞서 지적한 대로 개방성이 확보되었다고 해서 공공성이 충족되었다고 볼 수 없는 이유와 무관하지 않다. 비판적 참여가 없다면 시민은 그저 이익집단으로 유형화되고, 여론조사에 나타난 수치로 시민의 이해관계가 계산될 뿐이다. 이 같은 현상은 우리 사회뿐만 아니라, 민주주의를 표방하는 모든 국가에서 목격되고 있다.

　그렇다고 정당정치를 포기해서는 안 된다. 포기할 수도 없다. 한계가 있음에도 정당정치는 여전히 추구해야 할 하나의 노선이다. 하지만 진정한 정당정치의 실현은 법의 지배를 전제한다는 점에서 사회적 약자의 고통과 고난을 경감하는 쪽으로 진행되어야 한다. 사회적 약자에게 사회적 혜택이 부여되어야 한다는 존 롤스John Rawls의 논의, 사회적 약자에게 인간다운 기본 생활을 보장해야 한다는 주장, 한층 더 나아가 사회 성원에게 골고루 혜택을 제공하는 복지국가 건설, 모든 인간의 존엄을 실현할 경제적·사회적 기반 구축 등은 이 시대에 회피할 수 없는 정치적 과제이다. 사회적 약자에 대한 안정장치가 없다면 사회 성원의 자발적 참여를 통한 공공성을 확보할 수 없다. 한국의 보수 정치는 사회적 약자에 대한 안전장치를 없애면서 한국 사회의 위기를 가중시키고 있다. 공공성의 기본 목적은 사회적 약자에게 더 많은 자아실현의 기회를 제공하는 것임을 망각해서는 안 된다.

　공공성 담론의 차후 과제는 성원 간 공동성commonness을 확보하는 것이다. 개인적 선택과 공적 선택을 넘어 공통적인 관심사를 찾아내 정치적 안정을 이룩해야 한다는 난제를 풀어야 한다. 공공성 담론이 중요한 이유는 서두에서 제시한바, 저항의 담론을 넘어서야 하는 이유와 동일하다. 공공성 담론의 미래는 다양한 삶의 가치를 지닌 성원들의 진정한 합일에 달려 있기 때문이다. 물론 이 정치적 과제가 현재 한국 사회의 진정한 과제가 될 수 있는지는 별개의 문제다. 정치는 보편적 가치의 문제뿐만 아니라, 구체적인 역사적 상황에서 선택된 행위의 결과와 무관할 수 없다. 따라서 섣부른 결론으로 보편적인 가치만 강조하는 실수를 피할 필요가 있다.

한국 사회는 어디로 가야 하는가?

공공성 담론이 이 시대에 과연 가능한가? 이에 대한 답변은 한국 사회에서 공공성이 차지하는 위치를 통해 평가될 수밖에 없다.

민주화 이후 한국 사회는 민주주의 가치를 중시해 왔다. 다가올 미래에도 민주주의 가치는 더욱 소중해질 것이다. 지금껏 경험했듯이, 민주주의를 실현하는 여정은 멀고 험하다. 민주주의는 저절로 이뤄지지 않는다. 미래에 대한 희망적 사고만으로 현실이 바뀌지는 않는다. 거시적인 인간의 관점이 필요하다. 이 같은 관점이 없는 한 인간사는 일상사의 반복일 뿐이다. 개방사회를 강조한 포퍼Karl Popper는 다음과 같은 말을 남겼다. "제도를 개선하는 문제는 항상 제도에 관련되는 문제가 아니다. 그것은 사람에 관계되는 문제이다. 제도 개선을 원한다면 어떤 제도를 어떻게 개선하고자 하는지를 분명하게 해야 한다." 이처럼 우리에게는 사람이 주인인 공공성, 현실을 개혁할 수 있는 비전을 가진 공공성이 필요하다. 과거부터 내려온 편견과 관습에 도전하지 않고서 미래의 소망은 열리지 않는다. 과거 전통을 비판적으로 숙고할 능력이 없다면 한 걸음도 나아갈 수 없다. 과거 없는 현재가 없고, 현재 없는 미래도 없다. 미래의 소망을 실현하려면 과거를 전통으로 포장해서는 안 된다.

공공성 회복은 기득권 논리를 극복하는 데서 출발한다. 이 시점에서 우리 모두의 이익으로 나아가려면 자기 자신의 존재를 인정받지 못한 사회적 약자의 시각에서 출발해야 한다. 진정한 공공성은 받을 수 없는 사람들이 줄 수 있는 사람들로 바뀔 때 가능하다. 교육받을 기회, 건강하게 살 기회를 보장하는 것은 '퍼주기'가 아니다. 줄 수 있는 기회를 부여하기 위한 것이다. 누군가의 희생을 통해 우리 모두의 행복을 얻을 수 없다. 그렇다고 해서 배려만으로 공공성이 생기지도 않는다. 정의로운 제도가 없다면, 기득권의 횡포에 의해 사회는 붕괴된다. 공공성을 실현하려면 역설적으로 신뢰할 수 있는 제도, 정의로운 제도가 필요하다. 권력에 흔들리지 않는 지속적인 삶의 가치를 유지할 제도가 필요하다.

단언컨대 지금 우리 사회에는 편견의 해방이 필요하다. 과거의 편견을 재해석하지 않고서는 우리 사회의 발전을 기대할 수 없다. 미래의 삶이 나아지리라는 기대가 없다면 살아야 할 이유를 찾기 어렵다. 세상은 점점 더 살기 녹록치 않아지고 있다. 기본적인 생존권이 위협받는 상황에서 진정한 자기 선택이나 책임은 불가능하다. 경제적 기반을 상실한 시민이 자기 존엄성을 가질 수는 없다. 우선 이를 해결해야만 공공성을 회복할 수 있다.

공공성이 진정으로 미래적 가치라면, 현안을 풀어내는 정치력에 기대를 걸 수밖에 없다. 정치는 권력투쟁인 동시에 사회적 선택 과정이다. 정치력은 사회적 선택을 확장하는 힘에 달려 있다. 시민의 숙고 능력을 키울 교육이 필요하다. 정의롭고 성숙한 문화도 필요하다. 진보적인 문화 없이 시민의 성숙함을 기대하기 어렵다. 물론 이 과정은 철저히 민주적이어야 한다. 특정 이념을 세뇌하는 것이 아니라, 시민 스스로 참여해 문제를 해결할 능력을 키우는 방향으로 진행되어야 한다. 모든 시민이 똑같은 생각을 할 수 없고, 그럴 필요도 없다. 모든 시민의 능력은 각양각색임을 장점으로 받아들여야 한다. 이 같은 차이가 차별의 근거가 되지 않게 해야 한다. 조화를 이룬 차이는 거대한 힘이 된다. 능력의 조화는 공동의 것을 탐색하는 과정에서 달성될 수 있다. 공공성은 자발적이고 책임지는 시민, 성숙한 시민사회, 정의로운 제도, 현명한 정치력을 요구한다.

4

자치

지방자치에서 연방주의로

하승우

자치란 무엇인가?

자치自治는 남의 힘을 빌리지 않고 스스로 다스리며 사는 삶을 의미한다. 스스로 삶을 기획하고 통제한다는 것은 인간의 본성에 맞는 활동이지만, 복잡한 현대사회에서 자치의 삶을 산다는 것은 많은 노력을 필요로 하기에 때론 부담스럽기도 하다. 그러나 자기 내면의 욕구를 발산하고, 살고 싶은 내로 살며, 다양한 타자와의 만남을 통해 새로운 삶을 함께 기획하는 것은 큰 즐거움을 준다. 이를 자아실현이라 부르기도 한다.

그런데 이 활동을 현실에서 펼치며 살기란 쉽지 않다. 개인적인 노력이 많이 필요하기도 하지만, 우리의 현실이 철저하게 대의代議의 방식으로 움직이기 때문이다. 자치가 필요하다는 것이 머릿속의 상식이라면, 정치는 정치인이, 경영은 사장이나 경영진이, 문화나 여론은 대중매체가 담당한다는 생각은 현실의 상식이다. 자치를 꿈꾸기는 쉬워도 실제로 자치하려면 넘어야 할 장벽이 너무 많다.

이런 현실이기에 혼자 힘으로 자치하기는 어렵다. 헨리 데이비드 소로 Henry D. Thoreau가 홀로 살던 '월든'은 이제 가능하지 않다. 나를 다스리려는 노력은 내가 발 딛고 선 사회를 다스리려는 시도와 무관하지 않다. 사회를 바꾸려는 노력은 혼자만의 힘으로 불가능하기에 '연대'를 필요로 한다. 따라서 스스로 다스리려는 사람은 홀로 고립된 개인의 경계를 넘어 사회로 삶을 확장해야 한다. 자치하는 사람은 나를 고집하는 것이 아니라 나의 경계를 열어 다스림의 범위를 확장하고 다른 사람의 감정과 의견에 귀를 기울여야 한다. 이런 자치를 통해 우리는 소인小人이 아니라 대인大人, 약한 홀로 주체가 아니라 강한 서로 주체가 된다. 그리고 대인과 강한 개인이 강한 시민사회를 만들고 강한 민주주의를 실천한다. 자치는 강한 개인들이 서로 연대하며 일구는 삶이다.

흔히 사용되는 지방자치, 시민 자치, 주민자치라는 말도 이런 관점에서, 즉 연대하고 확장하는 능동적인 삶이라는 관점에서 이해되어야 한다. 지방자치는 단순히 지방으로 권력을 쪼개는 것이 아니라 시민의 자치 역량이 강화되는 과정으로 이해되어야 한다. 그리고 주민자치보다 더 포괄적인 시민 자치는 공적인 이해관계를 강조하는 개념으로 여겨진다. 즉 '주민'은 지역이라는 삶의 현장에 더 가까운 주체로, 시민은 국가 차원의 좀 더 보편적인 주체로 얘기된다. 하지만 구체적인 현장성을 담보하지 못하는 시민은 추상적인 주체이자 정치의 수동적 대상으로 전락하기 쉽다는 점에서 시민과 주민은 구분되나 분리될 수 없다. 그런 의미에서 이 글은 주민과 시민 개념을 분명하게 구분해 파악하지 않는다. 오히려 주민은 '잠재적인 시민'이고 시민은 '능동적인 주민'이라는 점에서 서로 맞닿아 있는 주체로 파악되어야 한다. 그럴 경우 주민자치는 현장의 구체적인 욕구를 드러내고 이를 더 포괄적인 인식틀(프레임) 속에 놓는 능동적인 활동이다.

실제로 부안의 방폐장(방사능 폐기물 처리장) 반대 운동이나 제주도 강정마을의 해군 기지 반대 운동, 밀양의 송전탑 반대 운동처럼 잘 알려진 사건들이나 지역의 생협 활동, 마을 공동체 활동처럼 알려지지 않은 사건들에서 드러나듯이 때때로 주민은 정치인보다 더 적극적인 정치 행위자가 되기도 한다. 바쁜 일상을 살기에 생활과 무관한 문제들에 관심을 잘 쏟지 못하지만 어떤 '사건'을 통해 주민은 활동적인 정치 행위자가 된다. 이런 '정치의 세례'를 받은 개인은 자신의 이해관계뿐만 아니라 공동체나 사회 전체의 이해관계를 치열하게 따지며 정치의 주체로 성장한다. 대의가 아닌 자치의 욕망이, 선거 때 찍는 한 표로 대신할 수 없는 변화의 욕구가 사건을 경험하는 주체를 통해 분출된다.

이런 과정에서 정치인과 무관심한 시민, 전문가와 무지한 대중, 엘리트와 평범한 시민이라는 전통적인 이분법이 극복된다. 시민사회 운동이나 풀뿌리 운동 내에서도 이런 이분법이 간혹 드러나는데, 사실 주민자치는 주민이기에 가능하다. 왜냐하면 주민은 지식이 아니라 삶의 지혜를 통해 길러진 '지역 전문가'이기 때문이다. 주민이 삶의 현장에서 경험하고 드러내는 지혜와 비전은 책상에서 전문가가 짜는 계획에 비해 결코 뒤떨어지지 않는다. 설령 전문가나 공무원이 제시하는 계획이 더 좋고 합리적이더라도 그 계획을 실현하고 지역에서 생활할 사람들은 주민이기에, 주민의 의견과 구상이 중요하다. 때로는 주민들의 계획이 그릇되고 실패한다 해도, 주민의 중요성을 의심하면 안 된다. 살아가면서 겪는 고통과 아픔이 그 이후의 삶의 거름이 되듯, 시행착오도 자치와 민주주의의 거름이기 때문이다.

그럼에도 한국 사회에서 주민은 지속적·조직적으로 정치로부터 차단되어 왔다. 선거 때만 되면 주민들은 한 표를 행사하는 '신성한 주체'로 대우받으면서도 표를 팔아먹는 '부패한 주체'라는 의심을 동시에 받아 왔다. 전문가와 공무원에게 무시받다 보니 어떤 일을 책임 있게 추진해 본 경험도 그리 많지 않다. 그러다 보니 자연스레 작아지고 정치에 무관심해진다. 그리고 한 번이라도 실패하면 쉽게 움츠러들거나 함께했던 동료들을 비난한다. 이런 움츠림과 잘못은 개인이 아니라 우리 사회가 만든 구조적인 문제이다.

그래서 자치를 하기 위해서는 '발상의 전환'이 필요하다. 자치는 탈정치적인 활동이 아니라 매우 정치적인 활동이다. 다만 이 정치는 특정한 목표를 최대한 빨리 달성하는 것을 목표로 삼지 않는다. 자치가 추구하는 정치는 독특함을 가진 내가 세상에 살고 있음을 타자 앞에서 드러내는 것이고 그렇게 드러난 나의 욕구와 차이를 다른 사람들(때로는 다른 생명체)의 욕구나 욕망과 조절하며 세계 속에 함께 실현하는 것이다. 그런 의미에서 당장의 성과보다 다양한 만남과 갈등이 일어나는 과정이 자치에서 더 중요하다. 성과주의와 효율성에 대한 강박을 떨쳐 내야 자치가 가능하다.

그리고 자치는 단순히 지방의회나 지방자치단체에서 행해지는 정치만 의미하지 않는다. 대의 기구에서 이루어지는 정치는 빙산의 일각일 뿐이다. 물론 대의 민주주의가 정치의 중심축으로 자리 잡고 권력자들이 그 공권력을 사적인 방향으로 남용하고 있기에 대의 기구나 제도 정치가 중요하지 않다고 얘기할 수는 없다. 그렇지만 자치는 제도화된 방식으로만 자신의 정치력을 행사하지 않는다. 투표나 선거, 참여제도를 이용할 뿐만 아니라 때로는 시민 불복종과 직접행동으로 자신의 뜻과 의견, 사상을 드러낸다. 자치를 추구한다면 정치의 배수지를 만드는 것이 핵심 활동이고 대의 기구와 관련된 활동(대표적으로 지방선거와 관련된 활동)은 도구여야 한다. 그리고 제도권의 자치활동이 제 길을 가려면 제도화되지 않은 영역이 계속 정치적인 영향력을 행사해야 하기에, 배수지를 만드는 활동이 더 근본적이고 급진적이다. 여러 가지 다양한 목소리들이 울려 퍼질수록 자치의 활력이 살아나기에 자치는 가장 근본적이고 급진적인 민주주의이다.

이런 전환이 자연스럽게 이루어지지는 않는다. 스스로 다스리는 강한 개인이 되려면 먼저 말문을 터야 한다. 자치의 계기는 어렵고 힘든 활동이나 학습뿐만 아니라 주변의 사람과 사물을 주의 깊게 살피고 그것에 관해 다른 사람들과 얘기를 나누면서 마련되기도 한다. 그리고 고만고만한 사람들의 자족적인 공동체가, 이미 시민권을 가진 사람들의 자치가 되지 않기 위해서는 그동안 말하지 못했던 사람들, 결정권을 행사하지 못했던 사람들, 예를 들어 여성·빈민·노동자·농민·청소년 등에게 발언권과 결정권을 '먼저' 보장해야 한다. 이렇게 새로운 관계를 맺고 그 속에서 동등한 권력을 공유하지 못할 경우에는 자치 운동이 그 힘을 잃기 쉽기 때문에, 불평등한 현실에서 자치의 또 다른 이름은 연대이다.

연대가 지속되려면 다양한 관계도 필요하고 그 관계가 지속될 수 있는 장場도 필요하다. 그래서 자치에는 공개성publicity이 중요하고 언론의 역할도 필요하다. 지역 현황 및 지방정부·중앙정부의 정책에 관한 정보가 공개되어야 주민들이 관심을 가질 수 있고 지역 상황이 어떻게 돌아가는지를 파악할 수 있다. 이는 단순히 행정적인 정보만을 뜻하지 않는다. 정부의 정책 결정과 관련된 정보가 공개되어 행정을 감시하는 것도 중요한 활동이지만 지역의 소소한 일들을 주민들이 함께 나누고 같이 고민하는 것도 매우 중요하다. 그런 의미에서 지역의 생생한 현실을 이해하는 것, 특히 지역의 상황을 공유하고 소통하는 장으로서 지역 내에 공론장을 형성하는 것, 예를 들어 마을 신문이나 마을 방송을 만드는 것이 매우 중요하다.

지금까지 나눈 이야기가 자치에 관한 원론적인 입장이다. 그렇다면 우리 현실은 어떠할까?

왜 우리의 자치는 그동안 힘들었나?

한국의 정부는 아직도 '통치'의 관점을 고집하고 있다. 진보와 보수에 상관없이 정치인들은 국민을 위해 좋은 나라를 만들고 국력을 기르고 국익을 지키겠다고 주장하지, 시민이 스스로 자신의 행복을 구상할 수 있도록 지원하겠다고 주장하지 않는다. 정치인들은 자신의 신념을 위해서든 이익을 위해서든 자기 자신에게 권력을 집중시키려 든다. 현대사에서 여러 민주화 계기가 있었지만 통치자와 피통치자의 거리는 좁혀지지 않았다.

사람이나 태도를 떠나 국가조직만 봐도 그렇다. 일제 식민지 해방 이후 미군정과 한국 정부는 식민지 시절의 통치 구조를 그대로 이어받았다. 즉 중앙의 소수 기득권층이 경찰과 헌병, 군대와 같은 폭력 조직을 독점하고 전국을 힘으로 통치했다. 브루스 커밍스Bruce Cummings는 『한국현대사』에서 미군정이 해방 후 한국에 강력한 경찰국가를, 심지어 미국의 역사적인 경험과는 무관한 폭력적인 국가기구를 그대로 유지시켰다고 비판한다(커밍스 2001, 284-285). 그리고 이런 경찰국가가 사적인 폭력의 사용을 눈감아 주거나 조장하는 역할을 담당해 왔다. 공권력의 폭력과 사적인 폭력이 약자들을 침묵의 늪으로 몰아넣고 이들을 착취하고 학살했다.

한국전쟁 이후에는 이런 폭력이 반공 이데올로기와 결합되어 다른 목소리를 완전히 차단해 왔다. 권력에 반대하는 목소리는 무조건 '빨갱이'로 매도당했다. 핵발전소를 반대해도, 정부 정책을 따르지 않아도, 해군기지나 송전탑을 반대해도, 사영화私營化를 반대해도, 정치인이나 공무원의 비리를 비판해도, 국가에 성금을 내지 않아도, 한잔 걸치고 술김에 정부를 비판해도 빨갱이로 몰렸다. 이런 분위기는 자율적인 주체를 억압하고 폭력을 내면화했던 식민주의를 약화시키기는커녕 더욱더 강화시켰다.

이런 상황에서 한국의 수도권은 지방을 내부 식민지로 만들고 착취해 왔다. 수도권은 정치·경제·문화·복지 등 모든 면에서 자원을 독점하고 다른 지방에 강력한 영향력을 행사해 왔다. 내부 식민지 문제가 한국만의 특수한 상황은 아니다. 제임스 스콧James C. Scott은 『국가처럼 보기』에서 국가가 지배를 위해 사회를 '급진적[으로] 단순화'시켰다고 주장한다(스콧 2010, 22). 권력을 가진 사람들의 눈에 "가치 있는 식물은 '농작물'이 되고, 그 농작물과 경쟁하는 종은 '잡초'로 낙인찍힌다. 그리고 농작물에 기생하는 벌레는 '해충'으로 낙인찍힌다. 또한 가치 있는 나무는 '목재'가 되는 반면, 이와 경쟁하는 종은 '잡목'이 되거나 '덤불'쯤으로 여겨진다. 이와 동일한 논리는 동물의 경우에도 적용된다. 높은 가격이 매겨진 동물은 '사냥감'이나 '가축'이 되지만 그것과 경쟁하는, 혹은 그것들을 먹이로 삼는 동물은 '약탈자'나 '야생동물'쯤으로 간주된다." 안타깝지만 우리가 진보적으로 믿는 "시민권, 공공 위생 프로그램, 사회 안전, 교통, 커뮤니케이션, 보편적인 공교육 그리고 법 앞의 평등 등에 대한 우리의 생각은 모두 국가 중심적, 하이 모더니즘적 단순화에서 큰 영향을 받았다"(스콧 2010, 37). 그러면서 스콧(2010, 514)은 그동안 세계를 단순화시키는 '하이 모더니즘' 사고방식이 다양성을 파괴하고 지역화된 지식의 중요성을 무시하면서 사람들의 자발성과 자율성을, 개인의 자율적인 역량을 파괴해 왔다는 사실을 폭로한다.

비슷하게 한국의 중앙정부도 정치·경제·사회·문화 등 모든 면에서 다른 지역을 규정·관리했고, 지역의 앎과 삶을 철저히 무시했다. 시민들은 서울 중류층이 쓴다는 표준말로 대화를 나눠야 했고, 학교에서 표준화된 내용을 교육받으며 자랐으며, 군대나 공장, 사무실에서도 정해진 규칙을 따라 생활해야 했다. 정부의 기준과 다른 것은 왠지 불온하고 건전하지 못한 것으로 여겨져 관리 대상이 되었다. 자연히 모든 눈은 국가나 표준·기준을 만드는 곳에 집중되었고, 사회를 변화시키는 운동도 이런 영향에서 자유롭지 않다. 이처럼 스스로 기준을 세우고 자신의 가치를 입증할 수 없는 사회에서 자치는 불가능하다.

이런 표준화와 획일화, 중앙집권화의 과정은 강한 곳에 힘을 실어 주는 과정이기도 했는데, 이런 집중이 가장 노골적으로 드러난 부분은 경제이다. 정경 유착이라는 말이 상식처럼 느껴질 정도로 정부와 결탁한 소수의 재벌들을 중심으로 만들어진 수출 전략은 대다수의 지방을 희생해 실현되었다. 국가가 경제 일반을 총괄하는 대표 회사로 기능하며 무엇을 파종하고 심을지를 결정했고 농민들은 산업화를 위해 희생되어야 했다. 재벌들에게만 유리한 각종 정책들이 추진되었고, 노동자·농민은 '산업 역군'으로서만 가치를 인정받았다. 노동조합을 만드는 사람들은 사회의 해충으로 낙인찍혀 철저히 박멸되었다. 국토의 균형 발전은 말뿐이었다. 실제로는 수도권으로의 초집중화를 가져왔고, 지방으로는 단순 생산 시설이나 환경 파괴 시설, 유해 시설 들이 분산되었다. 그러면서도 이런 피해를 마치 지역 발전을 위한 특혜처럼 여기도록 학습당해 왔다. 먹고사는 기본적인 문제를 해결하지 못하는 곳, 자급이 어려운 곳에서는 자치도 힘을 가지기 어렵다(마하트마 간디가 마을 스와라지와 스와데시를 함께 강조한 것도 그래서다).

자치와 자급의 능력을 빼앗기면서 한국의 주민들은 강한 힘을 숭상하며 치열한 생존경쟁을 자연스러운 원리로 받아들여 왔다. 강한 것이 미덕이고 강해지면 모든 것을 차지할 수 있다는 논리는 '사회진화론'이라는 이름으로 정당화되었다. 이런 의식은 강자에게 약하고 약자에게 폭력적인 감정을 주민들에게 심어 근본적으로 자치를 불가능하게 만든다.

더구나 일제 식민지 시기부터 국가기구는 주민들의 단합을 막기 위해 자신들이 뒤를 봐주는 다양한 관변 단체들을 만들고 그들에게 권력을 나눠 주었다(옛날부터 양반으로 군림해 온 이들과 이렇게 식민 권력이나 군사정부와 결탁한 이들이 지금까지 지역을 장악해 온 '지역 토호'들이다). 이들이 지역에서 행사하는 영향력은 결코 적지 않다. 어떤 정책을 놓고 갈등이 생기면 관과 민의 갈등을 민과 민의 갈등처럼 보이도록 만드는 세력이 이들이다. 지금도 중앙·지방정부의 각종 지원과 특혜를 받으며 세력을 유지하는 관변 단체들이 많고 이들은 자치를 방해하는 세력이다. 이런 토호들의 영향력을 줄이지 않고 자치를 논하기는 어렵다.

정치와 경제뿐만 아니라 복지를 비롯한 사회 서비스의 방향을 결정하는 것도 한국에서는 중앙정부의 몫이다. 시민사회나 제3섹터의 영역이라 불리는 사회적 기업이나 협동조합의 설립과 운영에도 국가가 개입할 정도이니 국가의 손이 미치지 않는 곳은 없다. 1997년 IMF 외환 위기 이후에는 초국적 자본까지 끼어들어 국가·재벌과 함께 한국 사회를 난장판으로 만들고 있는 실정이다. 자치와 자급은 점점 더 우리의 삶에서 멀어지고 있다.

사회학자 고병권은 『추방과 탈주』에서 이런 우리의 처지를 '내부 난민'

이라 부른다. "한미FTA를 추진한 노무현 정부의 '이것이 국민 모두가 살 길'이라는 식의 수사는 소위 비국민의 삶을 사는 이들의 '제발 우리를 살려 달라.'는 외침과 대칭을 이룬다. 국가권력이 적극적 육성 대상으로 삼은 인구에서 탈락한 이들은 장기적으로 국가의 경쟁력을 저해하는 요소이고 국가가 떠안아야 할 비용으로 인식될 것이다. 바로 자기 나라 안에 있으면서 사실상 자신을 보호해 줄 정부를 갖지 못하는 이들을 나는 '내부 난민'이라고 부르고자 한다"(고병권 2009, 56). 내부 난민은 '내부 식민지'와 잘 어울리는 개념이다. 우리의 삶이 정말 난민처럼 떠돌고 있지 않은가. 강력한 중앙 집권형 국가에서 지방민은 내부 난민의 삶에서 벗어나기 어렵다.

그럼에도 이런 어려운 과제를 풀어 보려는 다양한 시도가 있어 왔다. 농민운동이나 노동자 운동 같은 사회운동이나 1988년 이후 등장한 시민운동들은 어떤 점에서는 이런 과제를 풀려는 시도였다. 그렇지만 시민사회 운동이 국가의 인식틀에 포섭되거나 영향을 받아 비슷한 문제를 반복하는 경우도 많았다. 그러면서 시민사회 운동 내에서도 자치는 점점 더 추상적인 개념이 되었다.

더구나 민주화 이후 도입된 지방자치제도는 일종의 착시 현상을 만들었다. 1987년 민주화 이후 시민들의 견제를 받기 시작하자 기득권층은 시민의 불만을 억누르기 위해 여러 형태의 '시민 없는 시민 참여 제도'를 만들었다. 정부가 진행하는 공청회나 동洞에서 구區, 시市, 도道까지 설치된 각종 자문 위원회들은 민주화 이후에도 권력의 일방적인 정책 결정을 정당화하는 역할을 담당해 왔다. 지금도 이른바 '민의'를 수렴한다는 절차들은 다른 목소리나 새로운 의견을 듣기는커녕 언제나 이를 무시하고 이미 결정된 내용을 승인하는 과정이다. 힘을 가진 자들은 자신들의 말에 복종하는 자들만 시민으로 인정하고 저항하는 자들을 시민이 아닌 폭도나 무지한 군중, '종북'으로 내몰고 있다. 참여를 내세우되 실제로는 참여할 수 없는 제도가 늘어나고 있다.

그리고 '귤이 회수를 건너면 탱자가 된다.'橘化爲枳는 말처럼, 좋은 제도들도 한국으로 건너오면 하나같이 시민 참여를 가로막는 제도로 악용되고 있다. 그동안 우리 사회에도 대의 민주주의의 문제점을 보완한다는 직접민주주의 제도들이 '소리 소문 없이' 도입되었다. 중앙정부 차원에서는 직접민주주의가 여전히 '불가능한 신화'로만 얘기되고 있지만, 지방정부 차원에서는 서서히 직접민주주의 제도가 도입되었다. 주민 발의, 주민 소환, 주민 투표처럼 널리 알려진 제도뿐만 아니라 주민참여예산제나 시민 옴부즈만 같은 제도들도 이미 도입되었다.

그렇지만 이런 제도들은 제 역할을 하지 못하고 있다. 예를 들어 주민감사청구제도는 지방자치단체장이 법령을 위반하거나 공익에 현저하게 반하는 행위를 한 경우에 주민이 상급 기관에 감사를 청구하는 제도인데, 최근에는 거의 활용되지 않고 있다. 수백 명의 주민 서명을 받는 것도 어렵지만 감사를 청구할 수 있는 사항이 제한되어 있고 상급 기관이 하급 기관의 비리를 눈감아주는 경우도 잦기 때문이다. 그리고 지역의 중대한 일을 주민들이 스스로 결정하도록 한다는 주민 투표제도는 법률이 제정된 이후 다섯 번만 실시되었고, 그중 네 건은 지방정부나 중앙정부가 추진한 관 주도 주민 투표였고 한 건은 서울시의 무상 급식 주민 투표였다. 사실상 다섯 번 모두 주민 투표의 원래 취지와는 거리가 멀다. 또한 부패한 정치인을 소환해 책임을 묻고 그 권력을 빼앗는 주민 소환 제도는 여러 지역에서 추진됐지만 실제로 소환 투표를 실시한 곳은 경기도 하남시와 제주도뿐이다. 그리고 투표율이 33.3퍼센트에 이르지 않으면 투표함을 열지 않는다는 규정 때문에 단체장을 소환해 권력을 빼앗은 적은 한 번도 없다(하남시의 경우 시의원을 소환했을 뿐이다). 마지막으로 새로운 민주주의의 희망이라 불리기도 하는 참여예산제 역시 '토호'들의 민원 청탁용 창구나 이미 자원을 가진 세력들이 지방정부의 자원을 놓고 다투는 장으로 전락하고 있다.

이렇다 보니 한국에서는 평범한 시민들이 정책 결정에 참여하거나 힘을 가진 자들에게 책임을 묻기가 거의 불가능하다. 직접민주주의 제도가 있지만 실제로 그 제도를 활용하려면 엄청난 노력이 들 뿐만 아니라 활용하더라도 효과를 거두기 어렵다. 따라서 단순히 직접민주주의 제도를 도입하는 것만으로 자치가 실현되리라고 기대하는 것은 헛된 일이다.

설령 주민에게 결정 권한이 주어진다 해도 지역 토호나 지방정부가 개입해 그 사안을 공개적으로 논의하고 다룰 수 있는 정치를 봉쇄할 경우 직접민주주의 제도의 민주성은 변질될 수밖에 없다. 특정한 갈등을 봉합하거나 특정 상황을 유도하기 위해 기존의 권력이나 화폐의 힘이 이용될 때, 직접민주주의 방식은 위험해지기도 한다. 예를 들어 2009년에 방폐장 부지 선정을 놓고 경주·군산·포항·영덕에서 진행된 주민 투표는 민주주의의 형식을 빌렸지만 사실상 반대 의견을 봉쇄하고 관을 동원한 관제 선거였다. 이렇게 지역감정을 조장하고 관권官權과 금권金權이 동원되면 '직접'이라는 민주성은 쉽게 무기력해진다.

그런 의미에서 단순히 모든 시민이 참여해 중요한 정책을 결정해야 한다는 주장은 현실적으로 불가능하고, 의견의 빠른 반영만을 강조할 경우 전자 투표기를 통한 국민투표적 민주주의라는 허상에 빠지기 쉽다. 존 해스캘(Haskell 2001, 13)이 『직접민주주의냐 대의정부냐?』*Direct Democracy or Re-*

presentative Government?』에서 지적했던 '투표의 역설'paradox of voting, 즉 개인의 선택은 합리적이고 일관될 수 있으나 집단의 선택이 그러하기란 불가능하다는 점, 다수파란 전체적인 정책 노선을 분명하게 밝히지 않는 소수파들의 불안정한 연합이라는 점, 전략적으로 투표하는 사람들이 정책 결정 과정을 조작할 수 있다는 점은 우리 사회에도 똑같이 적용될 수 있다. 자치도 마찬가지다.

자치의 대안은 무엇인가?

민주주의의 심화와 자치의 실현은 한국뿐만 아니라 외국에서도 자주 논의되는 화두이다. 대표적으로 펑Archon Fung과 라이트Erik Olin Wright는 『민주주의의 심화』*Deepening Democracy*에서 민주정치란 시민의 적극적인 정치 개입을 촉진하고, 대화로 정치적인 합의를 이끌어 내며, 생산적인 경제와 건강한 사회를 다지는 공공 정책을 구상하며 실행하고, 모든 시민이 국가의 부강에서 이득을 얻게끔 보장한다는 민주적인 이상을 더욱더 평등주의적으로 실현하는 것이라고 주장한다. 그리고 이런 민주정치를 가능하게 하는 것이 바로 역량 강화 참여 거버넌스Empowered Participatory Governance, EPG라고 주장한다(Fung and Wright 2003, 20-23). 정부의 정책 결정 과정에 시민 참여를 확대하는 역량 강화 참여 거버넌스는 평범한 시민들이 합리적으로 토의하며 현명한 정책 결정을 내리게 한다는 점에서 참여적이고, 시민의 활동을 토론과 연계한다는 점에서 역량을 강화한다. 펑과 라이트는 이를 위한 제도적인 대안으로 중앙의 권한을 과감하게 지방으로 넘기되 서로의 역할을 무시하지 않고 시민 참여를 확대할, 국가 제도의 실질적인 변화를 강조한다.

그런데 한국처럼 중앙정부가 지방으로의 권력 이양을 완고하게 거부하는 곳에서는 역량 강화 거버넌스가 제대로 작동할 수 없다. 중앙의 기득권과 지역의 토호들이 자원을 놓고 결탁하며 재벌들이 막강한 영향력을 행사하는 한국에서는 분권 자체가 엄청난 화두이다. 그리고 중앙 언론사들이 전국의 여론을 형성하고 지역의 소식을 조작하고 배제하는 곳, 지역 언론사들이 지방정부나 기업들의 이익을 대변하는 곳에서는 제대로 여론이 형성되기도 어렵다. 또한 기득권층이나 지역 토호들은 형식적인 거버넌스를 내세워 사회적인 약자들을 배제하고 자신들의 이권을 지역 발전이나 주민 참여로 포장하기도 한다.

이런 구조적인 문제들 탓에 자치가 불가능하다는 것은 아니다. 다만 이같은 문제들을 먼저 고려하지 않고 자치를 이상적으로 주장할 수는 없다. 한국에서 자치를 실현하려면 제도를 바꾸려는 노력과 주민·시민의 역량을 강화하는 과정이 모두 그리고 동시에 필요하다. 어느 것이 먼저라고 얘기하기 어려울 만큼 서로 엉켜 있기에 하나씩 그 매듭을 풀어야 한다.

가장 근본적인 대안은 중앙 집권형 국가를 연방주의 국가로 전환하는 것이다. 지금 전국에서 벌어지는 주요한 갈등들은 대부분 중앙정부의 정책 때문이다. 지역의 구체적인 사정과 문화를 무시하고 일방적으로 집행되는 정책, 그것도 수도권의 필요에 따라 진행되는 정책들이 많다(에너지 정책이 대표적이다). 이런 문제를 개혁하려면 지역이 주권을 가져야 하고, 그런 지역들이 서로 연계해 '공동의 정치', '연대의 정치'를 펼칠 수 있는 연방주의 국가가 필요하다. 공공서비스의 독점과 교육 특권, 노동 분업, 자본의 이해관계, 불공정한 과세 등을 없애고 평등하고 호혜적인 노동 질서를, 농업과 산업의 연방 질서를 확립하는 연방주의는 통치 구조를 바꾸고 주민·시민의 역량을 강화할 수 있다. 왜냐하면 분권과 연방으로의 전환은 시민들에게 자율성뿐만 아니라 결정에 대한 책임성도 주기 때문이다. 스스로 결정하며 시행착오를 경험하다 보면 그 지역에 맞는 삶의 형식을 스스로 발견할 수 있다. 연방주의라는 대안이 멀게 느껴지지만, 지난 대선에서 문재인 후보가 거론할 정도로 현실적인 대안이기도 하다. 다만 이 대안을 원하는 방향으로 강요할 수 있는 시민사회의 합의와 힘이 부족할 뿐이다.

만일 연방주의로 전환하기 위한 논의를 모으고 합의하는 과정에서 주민·시민들이 자신의 존엄함을 회복한다면 우리의 몫을 되찾는 것도 가능하다. 기득권층이나 재벌들이 쌈짓돈처럼 쓰는 세금을 우리가 원하고 필요한 곳에 쓸 수 있다. 중앙정부나 지방정부가 가진 것은 궁극적으로 시민들의 자산이다. 자치가 활성화되면 헛되이 사용되는 자원이 줄어들어 삶의 질이 높아진다.

이를 위해서는 중앙정부에만 맞춰져 있는 우리의 시선을 지방정부로 돌려야 한다. 국가의 일에 관심을 끊으라는 게 아니라 지방정부의 일에 더 많은 관심을 가져야 한다는 것이다. 적어도 중앙정부의 권력보다 지방정부의 권력이 더 통제하기 쉽고 통제할 방법도 더욱더 활성화되어 있다. 세금을 더 내서 복지국가를 만들어야 한다는 주장도 국세의 비중이 아니라 지방세의 비중을 늘려 국세와 지방세의 균형을 잡고 지역의 힘을 늘리는 방향으로 나아가야 한다. 그런 점에서 주민참여예산제도 같은 제도를 시행하는 것도 중요하지만 이를 중간에서 매개하고 제도가 제대로 시행되도록 감시하는 역할도 매우 중요하다. 지역의 일에 관심을 가지고 지켜봐야 자치의 힘이 생길 수 있다.

특히 지역을 강화하고 주민·시민의 주체성을 끌어내려면 지역사회를 지방정부와 주민으로 구분하는 기존의 이분법적 시각에서 벗어나야 한다. 왜냐하면 주민은 단일하고 동질적인 주체가 아니고 그 속에 복잡한 지배·복종 관계를 내포하고 있기 때문이다. 일단은 주민들과 지역의 비공식적인 세력들, 즉 '지역 토호'나 '관변 단체'를 구분해야 한다. 실제로 지방정부와 주민이 갈등을 빚을 때 이런 세력은 주로 지방정부의 편을 들며 갈등을 왜곡하거나 갈등을 심화하고 있다(이들은 선거에 불법적·합법적으로 개입하면서 일종의 후견주의clientalism 네트워크를 형성한다).

자치와 자급은 서로를 필요로 하며 지지하는 개념이고, 지역사회는 이 두 가지 흐름이 수렴되는 장이라 할 수 있다. 자연과 사람이 상호 의존하며 자치와 자급의 공동체를 형성할 수 있는 공간이자 그런 관계를 통해 자본주의가 아닌 다른 세상으로 도약할 수 있는 장소가 바로 지역사회이다. 서로의 삶을 섞고共有 공적인 장을 확장하는公有 공공성公共性은 그런 도약의 디딤돌이다. 지역사회를 중심으로 운동의 주체가 지속적으로 등장하고 그 주체의 자유를 실현하기 위한 정치 행동, 그리고 이를 지속할 수 있는 살림살이를 지지할 새로운 지역사회 운동이 필요하다.

그리고 그렇게 관심을 가지려면 정보가 중요하고 정치가 활성화되어야 한다. 지역 내에 정보 유통 망을 만들고, 사람들이 서로 소통할 수 있는 장을 마련해야 한다. 연대는, 그리고 타자가 나의 삶을 지탱하고 내가 타자의 삶을 지탱하는 좋은 관계는 단순한 이해관계나 계산 능력만으로 맺어질 수 없다. 그것은 공통성을, 그것을 가능케 하는 공통 감각common sense을 필요로 한다. 경제성장만을 강요당하는 시대에 그런 감각을 회복하려면 건강한 자기 성찰이 필요하다. 그러지 않고는 지역 정치가 활성화되기 어렵다. 감각을 열어 놓고 서로의 목소리에 귀를 기울이는 과정이 여전히 중요하다.

신문을 만들거나 인터넷 카페를 만들거나 방송국을 만들거나 민중의 집과 비슷한 공유 공간을 만드는 등 그 방식은 여럿일 수 있다. 다만 그 과정에서 '좋은 내용'이나 '외부·외국의 대안'을 소개하기 전에 주민들의 '혼란스러운 얘기'를 먼저 들어야 하고, 그 속에서 불거지는 차이를 존중해야 한다. 부싯돌이 서로 부딪쳐 불씨를 만들 듯이, 정치는 다양한 의견이 서로 부딪치고 갈등하면서 활성화된다. 다만 그런 공론장을 구성하고 운영하는 과정에서 규칙을 세우는 것이 중요하다. 객관적인 규칙과 절차를 마련하고 이를 지켜 가는 것은 서로를 불신하는 한국의 상황에서 매우 중요하다. 어떤 결정을 내리기 전에 그 결정을 내리는 절차와 규칙에 관해 먼저 합의하고, 그렇게 만들어진 규칙과 절차는 지속적으로 재검토되고 보완되어야 한다. 이렇게 공개되고 공유되며 계속 합의되는 규칙과 절차가 지켜져 가며 시민사회 내의 신뢰도 회복될 것이다. 자치는 스스로 결정하고 책임지는 것을 중시하기에 규칙과 절차는 매우 중요하다.

이와 더불어 지방 지식과 지방 문화를 발전시키는 것이 중요하다. 요즘 인문학을 많이 얘기하는데, 외부의 시선을 그대로 들여오거나 수도권 중심의 내용이 지방으로 파급되는 것은 별로 좋지 않다. 지식과 문화의 획일성을 깨고 차이와 다양성을 활성화해야 한다. 이곳의 전통을 기반으로 지식과 문화를 발전시켜야 한다. 그런 점에서 도서관이 중요하다. 커뮤니티 정보를 매개하고 이를 발전시키는 공간으로서 도서관이 자리 잡아야 한다. 사람들의 정체성이 지역을 기반으로 만들어진다면 자급과 자치의 중요한 기둥이 될 수 있다.

사실 국가의 민주화와 시장의 사회화, 주권의 분권화, 자치와 자급의 삶은 서로 분리될 수 없다. 그리고 이런 거대한 문제를 해결할 방법이 복잡한 이론의 과제나 특정한 정치 세력의 과제라고 믿지 않는다. 이 과제는 지식인이나 정치인, 기업가의 몫이 아니라 일상을 살아가는 농민·노동자·시민들의 몫이다. 지금 당장 변화를 시작하지 않으면 권력과 자본의 속도를 따라갈 수밖에 없다. 물론 완전히 전면적인 자치는 아직 불가능하고 어쩌면 영원히 불가능할지 모른다. 그렇지만 서두에서 얘기했듯이 자치의 의미를 단순히 스스로 다스린다는 데만 두지 않고 나의 경계를 허물고 확장하는 데서 찾는다면 자치는 지금 당장 시작할 수 있는 행위이기도 하다.

자치는 정치다

분명히 정치는 현실에 바탕을 두고 그 속에서 기능해야 하지만 항상 그 현실을 뛰어넘을 준비를 하고 있어야 한다. 그렇지 않다면 현실 속에 묻혀 버리거나 현실과 타협하게 되기 때문이다. 그런 점에서 골머리를 앓게 만드는 오래된 정치의 화두가 있다. 좋은 사회 또는 올바른 사회를 만들기 위해 가장 먼저 해야 할 일은 좋고 올바른 제도나 기구를 마련하는 일일까, 아니면 사회 구성원의 좋고 올바른 덕성을 기르는 일일까? 두 가지 다 염두에 둬야 하겠으나, 우선순위가 필요하기 마련이다.

이런 주체화와 제도화 사이를 매개하는 것이 바로 자치이다. 물론 현재의 국가 체계가 혁명적으로 바뀌지 않는 한 완전한 자치는 환상이다. 그래서 일단 현행 제도하에서 운용할 수 있는 부분을 최대한 활용하고 잘못된 제도들을 변화해 가면서 자치 운동이 성장할 토대를 만들어 가는 것이 중요하다. 그리고 자치 운동의 중요한 과제는 단지 제도의 변화만이 아니라 시민을 정치의 '중심'으로 만드는 것이다. 타자가 덕성을 길러 주고 제도를 만들어 주는 것이 아니라 시민이 스스로 시행착오를 거치며 정치의 중심이 되고 제도를 바꾸어 가는 것이 자치이다.

그런 의미에서 자치의 영역은 한정되어 있지 않다. 가장 작은 목소리를 내고 발언하는 데서부터 자치는, 변화의 큰 흐름은 시작된다. 넘어지지 않고 걸음마를 시작하는 아이가 없듯이, 시행착오는 반드시 필요한 과정이니 두려워할 필요가 없다. 다양하고 지속적인 시도들을 통해서만 자치는 활성화될 수 있다.

참고문헌

고병권. 2009. 『추방과 탈주』. 그린비.
스콧, 제임스 C.(James C. Scott). 2010. 『국가처럼 보기: 왜 국가는 계획에 실패하는가』. 전상인 옮김. 에코리브르.
커밍스, 브루스(Bruce Cummings). 2001. 『브루스 커밍스의 한국현대사』. 김동노·이교선· 이진준·한기욱 옮김. 창비.

Haskell, John. 2001. *Direct Democracy or Representative Government?: Dispelling the populist myth*. Boulder: Westview Press.
Fung, Archon and Erik Olin Wright eds. 2003. *Deepening Democracy: Institutional Innovations in Empowered Participatory Governance*. New York: Verso.

제 2 부

평화

5

생태

생태 복지국가를 향하여

홍성태

문제는 민중적 삶이 인간적인 존엄성, 자연과의 상생적 존속성 그리고 차이를 넘어선 연대성을 확보할 수 있는 사상과 이를 추진할 세력의 형성에 있을 것이다(김진균 2003, 223).

생태 위기의 시대

우리는 위험천만한 생태 위기의 시대를 살고 있다. 생태 위기는 인류가 대처해야 하는 가장 보편적인 문제이다. 여전히 사람들은 생태 위기보다 경제 위기에 더 많은 관심을 보인다. 그러나 경제는 생태계의 안정 위에서만 온전히 이루어질 수 있다. 생태 위기는 반드시 경제 위기를 수반하며, 생태 위기가 생태 공황으로 폭발하면 경제 자체가 더 이상 유지될 수 없게 된다. 생태 위기에 올바로 대처하지 않는 경제활동으로 말미암아 지역적 차원을 넘어서 지구적 차원에서 생태 위기는 계속 악화되고 있다. 지구온난화, 환경 호르몬, 오존층 파괴, 생물종 감소 등은 그 핵심적인 예이다. 다양한 자료들을 통해 우리는 이 사실을 쉽게 확인할 수 있다[예컨대 앨 고어Al Gore의 〈불편한 진실〉(2006)과 BBC의 〈지구〉(2007) 등 다큐 영화들 참고]. 과연 생태 위기는 무엇인가? 우리는 어떻게 생태 위기를 극복할 수 있는가?

생태 위기는 '생태계의 파멸 위기'이다. 이것은 지구에서 생물이 살 수 없게 될 수 있음을 뜻한다. 지구는 하나의 거대한 생태계를 이루고 있다. 현재의 지구 생태계는 지구의 탄생 이후 무려 45억 년에 걸쳐 진행된 공진화의 결과이다. 그러나 인간의 활동으로 말미암아 지금 지구 생태계는 갑작스러운 파멸 위기를 맞고 있다. 이것은 지구 생태계의 한 요소인 인간의 파멸 위기이기도 하다. 따라서 우리는 이 위기를 막기 위해 최선을 다해야 한다. 여기서 무엇보다 중요한 것은 생태 위기의 원인이 자연적인 것이 아니라 사회적인 것이라는 사실이다. 생태 위기는 인간에 의해 만들어진 인위적인 위기이며, 따라서 인간에 의해 완화되거나 극복될 수 있는 것이다.

앨빈 토플러Alvin Toffler 같은 미국의 '미래학자'는 우주 식민지의 개발이 인류의 역사적 과제라고 주장했다. 그러나 이 과제는 다이너마이트를 터트려 강을 죽이면서 강을 살리는 것이라고 주장하는 것과 마찬가지로 결코 실현될 수 없는 주장일 뿐이다. 이 광활한 우주에서 생명이 번성한 곳은 지구뿐이다. 머나먼 우주 어느 곳에 지구 같은 별이 있을 수도 있지만 영원히 확인할 수 없을지도 모른다. 그곳을 찾아가 개발하고 이용하기란 더욱더 어려울 것이다. 우리는 지구에서 태어나 살아가는 존재이다. 우리는 지구 생태계에서 작동하는 영원회귀의 순환 운동을 이루는 한 요소이다. 우주 식민지를 찾을 것이 아니라 지구 생태계를 지키는 것이 우리가 해야 할 올바른 일이다.

오늘날 인류 앞에는 두 과제가 놓여 있다. 모든 인간이 자유롭고 풍요롭게 사는 것이 첫 번째 과제이고, 인간과 자연이 조화를 이루고 사는 것이 두 번째 과제이다. 그런데 사실 인간은 자연 속의 존재라는 점에서 두 번째 과제가 더욱 근원적이며, 생태 위기의 악화에 따라 두 번째 과제의 중요성은 날이 갈수록 커지고 있다. 이런 관점에서 우리는 기존의 복지를 새롭게 조망할 필요가 있다. 기존의 복지는 '물질적 복지'에 초점을 맞추면서 심각한 생태 위기를 초래했다. 이제 '생태적 복지'를 중심으로 기존의 복지를 검토하고 복지의 지평을 새롭게 생성하지 않으면 안 된다. 생태 복지국가는 바로 지금 여기에서 우리가 이루어야 하는 현실적인 이상이다(홍성태 2004 참고).

생태적 전환은 생태 위기의 현실에서 비롯된 절박한 요청이다. 문제의 근원은 공업 문명이다. 그러나 즉각 공업 문명을 버리는 것은 불가능하고 비현실적이다. '생태 상업주의'나 '생태 샤머니즘'은 해답이 아니다. 반동적 생태주의나 몽상적 생태주의가 아니라 현실적 생태주의를 추구해야 한다. 그것은 현실에 육박해서 현실을 개혁하며 이상을 향해 나아가는 것이다. 우리는 공업 문명의 성과를 최대한 활용해서 그 문제를 완화하며 생태적 이행을 추구해야 한다. 생태적 전환은 갑자기 이루어지는 것이 아니라 생태적 이행을 통해 이르게 되는 것이다. 우리는 생태 복지국가를 이룩해서 공업 문명 이후를 준비하는 생태적 전환을 이루어야 한다.

생태 복지의 의미

생태 복지ecowelfare는 '생태적인 복지'를 뜻한다. 그 뜻을 좀 더 풀어서 말하자면, 생태 복지는 '생태계와 조화를 이루는 복지'라고 할 수 있다. 따라서 생태 복지를 이해하기 위해서는 우선 생태계에 대해 이해할 필요가 있다. 생태계는 생물과 비생물이 어우러져 이루는 체계를 뜻한다. 우리가 살아가는 이 세상은 하나의 생태계이다. 지구 전체가 하나의 생태계를 이루고 있다. 인간은 이 생태계와 무관하거나 그 바깥에 존재하는 것이 아니라 이 생태계를 이루는 하나의 요소일 뿐이다. 따라서 생태계의 파괴는 결국 인간의 파괴로 귀결된다. 생태계를 지키는 것은 바로 우리 자신을 지키는 것이다. 생태계가 제대로 유지되지 않는다면 복지는 아예 생각할 수도 없게 된다. 생태 복지는 여기서 비롯된다.

생태 복지를 올바로 이해하기 위해서는 무엇보다 먼저 생태계에 대한 인식에 기초해 기존의 사회관 자체를 재구성할 필요가 있다. 정치·경제·문화의 세 영역론으로 대표되는 기존의 사회관은 자연을 존재하지 않는 것으로 여기고 성립했다. 그러나 이것은 명백히 잘못이다. 사회는 자연 속에서 성립하는 것이기 때문이다. 자연은 사회가 없어도 존재할 수 있지만 사회는 자연 없이 존재할 수 없다. 기존의 잘못된 사회관은 올바른 생태적 사회관으로 전환되어야 한다. 그렇게 해야 우리는 사회와 자연의 관계를 올바로 이해할 수 있으며, 복지의 목표와 과제에 대해서도 올바로 이해할 수 있다. 이제 이런 생태적 사회관에 입각해서 생태 복지의 의미에 대해 살펴보도록 하자

첫째, 생태 복지는 가장 근원적인 복지이다. 생태 복지는 생태 파국을

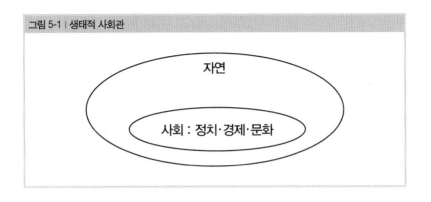

그림 5-1 | 생태적 사회관

자연

사회 : 정치·경제·문화

향해 질주하고 있는 생태 위기에 적극적으로 대응하는 의미를 갖는다. 생태 위기는 미래의 일이 아니라 현재의 일이다. 생태 위기는 무엇보다 생태계의 오염과 파괴로 나타난다. 지구온난화는 그 대표적인 예이다. 지구온난화는 기후 변화, 해수면 상승, 사막화 확대, 질병의 만연 등 자연의 혼란을 낳고 급기야 문명의 급격한 종식을 야기할 수 있다. 인류가 생태 위기를 계속 방치한다면 머지않아 생태 파국을 맞을 것이다. 최악의 경우에 생태 파국은 인류를 비롯한 모든 생물의 멸종으로 귀결될 수 있다. 1972년 6월 스톡홀름에서 열린 세계환경회의 이후 생태 위기에 대한 대응은 세계적으로 크게 두 방식으로 이루어졌다. 하나는 맬서스적 방식이고, 다른 하나는 생태 복지의 방식이다. 전자는 불평등을 악화하는 방식으로, 후자는 불평등을 완화하는 방식으로 생태 위기에 대응하는 것이다. 맬서스적 방식은 생태 위기의 원인을 인구 증가에서 찾기 때문에 인구가 급속히 증가하는 계층이나 민족에 대한 강력한 강제적 산아제한을 요구한다. 이 같은 인식에서는 가난한 사람보다 부유한 사람이 생태계에 훨씬 더 큰 영향을 미친다는 사실을 무시하는 잘못을 저지른다. 물론 생태계는 지속적인 인구 중가를 감당할 수 없다는 점에서 맬서스Thomas R. Malthus의 주장이 완전히 틀린 것은 아니다. 그러나 인권의 원리에 근거했을 때 우리는 생태 복지의 길을 택해야 한다. 생태 복지는 생태 위기의 완화나 해소가 단순히 자연보호에 그치는 것이 아니라 복지 증진으로 이어질 수 있음을 보여 준다. 복지는 생활의 안정으로 시작된다. 생태 위기의 시대에 가장 근원적인 생활의 안정은 생태 위기의 완화나 해소를 통해 이루어질 수 있다. 이런 점에서 생태 복지는 '가장 근원적인 복지'의 의미를 가진다.

둘째, 생태 복지는 가장 선진적인 복지이다. 생태 복지는 단순한 복지 확장이 아니라 복지의 전면적인 재구성을 의미한다. 인류는 오랫동안 풍요를 염원했다. 그러나 풍요는 쉽게 이루어지지 않았다. 소수의 풍요와 다수의 빈곤 상태가 오랫동안 이어졌다. 그리고 18세기 중반에 이르러 영국에서 시작된 공업 혁명으로 비로소 모든 인류가 풍요를 누릴 수 있는 길이 열리게 되었다. 공업은 자연을 적극적으로 가공하는 것으로 성립된다. 인류는 공업을 통해 자연을 적극적으로 가공해서 엄청난 풍요를 이룰 수 있게 되었다. 그러나 풍요는 고르게 분배되지 않았다. 부유층과 빈곤층의 격렬한 분배 투쟁을 겪고서야 비로소 정의로운 풍요의 분배를 향한 길이 열리게 되었다. 복지국가가 형성된 것이다. 복지국가는 자유주의(자본주의)와 통제주의(사회주의)의 융합을 통해 나타난 인류의 역사적 발전이다. 그러나 기존의 복지국가는 핵발전에서 잘 볼 수 있듯이 물질적 풍요의 대가로 엄청난 생태적 문제를 초래했다(벡 1997; 홍성태 2000). 또한 서구 복지국가의 풍요는 지구 전역을 대상으로 한 생태적 착취의 결과이기도 했다. 1970년대를 지나면서 이런 상황이 지속될 수 없게 되었다. 1970년대 이후 생태 위기는 명백히 지구적 차원의 현실이 되었고, 서구는 타국에 대한 생태적 착취가 결국 생태적 부메랑으로 돌아온다는 사실을 깨달았다. 이에 따라 1980년대를 지나면서 복지국가의 생태적 전환이 새로운 발전 과제로 제기되었다. 사실 1970년대 들어 확산된 서구 중산층의 탈물질주의 가치도 이런 변화와 깊이 연관된 것이었다. 이런 점에서 생태 복지는 '가장 선진적인 복지'의 의미를 갖는다.

셋째, 생태 복지는 가장 보편적인 복지이다. 생태 복지는 복지의 궁극적인 실현태이다. 복지는 모든 사회 구성원에게 인간다운 삶을 보장하는 것으로 이루어진다. 이런 점에서 복지는 단순히 물질의 풍요를 의미해서는 안 된다. 궁극적으로 복지는 적량의 물질을 전제로 풍요로운 자연 속에서 풍요로운 관계를 맺고 살아가는 것으로 이루어질 수 있다. 여기서 우리는 자연의 중요성에 대해 재인식해야 한다. 자연은 모든 사람이 누려야 하는 가장 보편적인 공공재이자 가장 근원적인 공공재이다. 다시 말해 자연은 모든 사람의 건강과 생명에 영향을 미친다는 점에서 가장 보편적이고 근원적인 공공재이다. 이런 점에서 자연을 무시하고 복지를 추구하기란 애초부터 불가능한 것이다. 그러므로 복지를 위해 자연을 희생해야 한다는 주장은 완전히 잘못된 것이다. 공기가 심하게 오염되고, 물이 심하게 오염되고, 땅이 심하게 오염되고, 방사능이 퍼져 있는 곳에서, 복지는 그 의미를 잃기 십상이다. 갈수록 악화되는 생태 위기의 현실 속에서 자연의 보존을 전제로 물질적 복지를 추구해야 한다. 자연을 무시한 물질적 복지는 잘못이다. 생태적 복지는 물질적 복지의 기반이자 조건이다. 그러나 기존의 복지는 핵발전에서 잘 드러났듯이 자연을 무시하고 물질의 만족을 추구했다. 이제 이런 상태를 전면적으로 반성하고 개혁해야 한다. 자연을 존중하는 복지를 이루는 것이야말로 복지의 궁극적인 실현이라는 관점 위에서 복지의 생태적 전환을 적극 추구해야 한다. 이런 점에서 생태 복지는 '가장 보편적인 복지'라는 의미를 갖는다.

생태 복지의 과제

생태 복지는 인류가 추구해야 하는 보편적인 목표이지만 나라마다 경로는 다를 수밖에 없다. 목표가 같다고 해서 그것에 이르는 경로도 모두 같은 것은 아니다. 나라마다 사회적 차이가 크다는 사실이 목표에 이르는 경로의 차이를 낳는다. 기존의 경로가 이후의 경로에 큰 영향을 미치는 '경로의존'path dependency의 문제는 대단히 중요한 실천의 문제이다. 기존의 경로를 무시하면 너무 큰 비용을 지불하게 되거나, 그렇게 하고도 목표를 이룰 수 없게 되기 쉽다. 따라서 기존의 경로를 올바로 이해하는 것이 대단히 중요하다. 사실 이것은 생태 복지라는 새로운 역사적 발전의 과제에만 해당되는 것이 아니라 개혁을 추구하는 모든 사회운동에 해당된다. 새로운 길을 만들기 위해서는 우선 기존의 길을 잘 알아야 한다.

여기서 기존의 경로는 나라마다 특수한 사회적 상태를 뜻한다. 모든 나라는 저마다 역사적으로 형성된 특수한 사회적 상태를 갖고 있다. 그 사회적 상태 속에서 주체의 생활이 이루어지는 것이다. 외국의 연구를 수입하는 것으로는, 더욱이 극도로 추상적인 철학의 개념으로는, 결코 이 사회적 상태를 이해할 수 없다. 따라서 그런 식으로는 그 사회에서 살아가는 주체의 생활도 올바로 이해할 수 없다. 우리가 살아가고 있는 나라의 특수한 사회적 상태에 대해 잘 알아야 한다. 외국의 연구는 참조 대상일 수는 있어도 결코 직접적인 해답이 될 수는 없다. 우리의 문제를 해결하기 위해서는 우리의 문제에 대해 잘 알아야 한다. 그것은 외국의 연구를 열심히 공부하는 것으로는 결코 이루어지지 않는다. 우리가 살아가고 있는 사회에 대해 열심히 공부하는 것이 중요하다.

생태 복지는 그저 그 의미를 강조하는 것으로 이루어지지 않는다. 모든 개혁 과제와 마찬가지로 그것은 구체적인 개혁을 통해 이루어진다. 생태 복지는 저기 어딘가에 있는 것이 아니라 지금 여기에서 개혁을 통해 형성되는 것이다. 생태 복지는 지금 여기에서 잘못된 것을 바로잡으면서 만들어지는 올바른 미래인 것이다. 그것을 거부하고 계속 지금의 잘못된 것을 고집한다면 우리는 머지않아 생태 파국의 나락으로 빠지고 말 것이다. 생태 복지는 생태 파국으로 빠지는 것을 막고 지금보다 나은 미래를 만들기 위한 실천의 과제이다. 생태 복지를 이루기 위해서 우리는 무엇보다 먼저 두 가지 개혁을 추구해야 한다. 바로 재정 구조와 정부 조직의 개혁이다. 그리고 여기서 나아가 산업구조와 고용구조의 개혁, 생태 복지를 이루고자 하는 시민 주체의 형성이 추구되어야 한다.

첫째, 재정 구조의 개혁. 복지는 국가가 국민의 생활을 보장하는 제도인 만큼 많은 재정을 필요로 한다. 요컨대 세금의 많은 부분을 복지에 쓸수록 강한 복지국가가 되는 것이다. 따라서 복지의 정도는 재정 구조에 의해 결정된다. 복지 재정의 확보는 증세(세입의 증대)에 앞서서 잘못된 세출을 줄이고 복지 재정을 늘리는 전세(세출 항목의 전환)로 이루어져야 한다. 예컨대 불필요한 토건 사업(4대강 사업, 새만금 사업, 한탄강댐 등)이나 핵발전과 송전탑에 사용하는 재정을 복지로 돌린다면, 복지가 개선될 뿐만 아니라 그 자체로 생태 위기의 완화를 통한 생태 복지의 강화로 이어지게 된다. 또한 생태 복지를 이루기 위해서는 불필요한 세출을 줄이고 복지 재정을 늘려야 할 뿐만 아니라 생태 분야의 재정도 크게 늘려야 한다. 생태 위기를 방치한 채 복지의 수준을 높일 수 없다는 것이 생태 복지의 출발점이다. 건강한 자연은 그 자체로 가장 중요한 복지의 원천이다. 자연이 전면적으로 파괴되는 생태 위기는 이런 사실을 생생히 보여 준다. 물론 재정 구조의 개혁은 단기적으로 이루어지는 것이 아니라 중·장기적으로 변화의 추이를 검토해서 이루어져야 한다. 어느 경우에나 구체적인 항목은 나라에 따라 크게 달라질 수 있겠지만 중요한 것은 재정 구조의 개혁이 생태 복지를 이루기 위한 관건이라는 사실이다.

둘째, 정부 조직의 개혁. 정부는 공익을 위해 존재한다. 그러나 실제는 그렇지 않을 수 있다. 예컨대 시대적 소명을 다한 정부 조직은 해체되는 것이 당연하다. 그러나 그렇게 되지 않고 오히려 확대될 수 있다. 이명박 정권의 '4대강 죽이기'를 주도한 '수자원공사'는 그 대표적인 예다. 해체되어야 할 정부 조직이 권력자들의 이익이나 그 구성원들의 이익을 위해 오히려 확대되는 것이다. 이것은 공익을 내걸고 사익을 추구하는 것이며, '국가의 사유화'라는 극히 심각한 문제에 해당되는 것이다. 그러나 박정희 개발독재의 유산인 '토건 국가' 한국에서는 이렇게 극히 심각한 문제가 구조화되어 있다(홍성태 2007 참고). 가장 큰 문제는 이런 정부 조직들이 '국가의 사유화'를 자행할 뿐만 아니라 개혁의 요구를 억압하거나 왜곡해 사회 발전을 크게 제약한다는 사실이다. 생태 복지가 제대로 이루어지도록 하기 위해서는 생태계의 한계를 무시하고 개발을 능사로 여기는 국토해양부·수자원공사·도로공사·토지주택공사LH·한국전력공사 등의 정부 조직을 대대적으로 폐지·축소·통합하고 그 경영을 올바로 민주화해야 한다. 그렇지 않다면 이 정부 조직들은 계속 생태 복지의 요구를 억압하고 왜곡해 자기들의 이익을 추구할 것이다. 또한 이와 함께 기존의 복지와 관련된 업무를 다루는 정부 조직도 크게 개혁되어야 한다. 생태 복지가 제대로 이루어지도록 하기 위해서는 복지를 생태의 차원에서 파악할 수 있어야 하기 때문이다. 요컨대 생태 복지는 복지와 관련된 정부 조직의 생태적 전환을 요구하는 것이다.

셋째, 산업구조와 고용구조의 개혁. 생태 복지를 이루기 위해서는 생태 복지를 저해하는 기존의 재정 구조와 정부 조직을 개혁해서 생태 복지를 추구하는 새로운 재정 구조와 정부 조직을 구성해야 한다. 생태 복지는 새로운 것을 생성하는 것인 동시에 기존의 것을 개혁하는 것이다. 사실 개혁은 언제나 기존의 것을 개혁하는 것이면서 새로운 것을 생성하는 것이다. 또한 재정 구조와 정부 조직의 개혁은 생태 복지를 이루기 위한 핵심적인 과제이지만 이것으로 충분하지는 않다. 재정 구조와 정부 조직의 개혁을 중심으로 해서 산업구조와 고용구조의 개혁을 추구해야 한다. 생태 복지는 기존의 복지에 생태적 고려를 추가하는 방식으로 시작될 수 있다. 그러나 실질적인 생태 복지는 이런 수준을 훨씬 넘어서야 한다. 그것은 반생태적인 사회를 생태적인 사회로 전환하는 수준으로 나아가야 한다. 이런 점에서 산업구조와 고용구조의 개혁은 관건적인 과제이다. 자연을 망치는 산업과 고용을 줄이고 자연을 지키는 산업과 고용을 늘려야 한다. 재정 구조와 정부 조직의 생태적 개혁은 산업구조와 고용구조의 생태적 개혁을 이끄는 동력으로 작용하게 된다. 이렇게 해서 공적 부문과 사적 부문을 막론하고 사회 전반에서 생태적 고려가 보편적으로 확립될 때, 비로소 생태 복지는 성숙과 발전의 단계에 접어들게 될 것이다.

넷째, 시민 주체의 형성. 현대의 복지는 서구에서 처음으로 나타났다.

잘 알다시피 그것은 자본가와 노동자의 대립을 기반으로 했다. 이 때문에 노동운동의 강화를 통한 복지 확립을 복지국가의 유일한 길인 듯이 생각하는 착시 현상이 생겨났다. 그렇다면 노동운동이 약한 곳에서 복지국가는 불가능한 것인가? 결코 그렇지 않다. 다수의 시민이 원한다면 복지국가는 어디서나 가능하다. 경제적으로 풍요롭지 않은 상황에서도 다수의 시민이 원한다면 복지국가는 가능하다. 생태 복지도 마찬가지이다. 생태 복지는 물질적 만족을 중심으로 하는 기존의 복지를 개혁해야 이루어질 수 있다. 이런 점에서 생태 복지는 기존의 복지를 지탱하는 노동운동과 대립하기 쉽다. 다시 말해 노동운동이 강하지 않은 곳에서 오히려 생태 복지는 이루어지기 쉬울 수 있다. 중요한 것은 다수의 시민이 생태 위기의 현실 속에서 생태 복지의 의미에 대해 각성하고 그것을 이루기 위해 적극적으로 실천하는 것이다. 생태 복지를 향한 길에서는 공적 부문과 사적 부문이 모두, 자본가와 노동자가 모두 진지한 성찰과 개혁의 대상이 되어야 한다.

토건 국가의 개혁

생태 복지를 이루기 위한 한국의 과제는 무엇인가? 신자유주의, 재벌 경제, 토건 국가 등의 개혁이라는 3대 과제를 추구해야 하지만, 우리는 특히 토건 국가construction state의 개혁에 주의할 필요가 있다. 토건 국가는 막대한 혈세를 소모해서 국토를 파괴하고 부패를 조장하고 투기를 만연케 하는 기형적인 개발 국가를 뜻한다. 토건 국가는 불필요한 개발 사업들을 내세워서 막대한 혈세로 재벌들에게 엄청난 이익을 제공하고 국민들을 매수해 작동한다. 이렇게 해서 토건 국가는 소중한 자연도 역사도 모두 돈을 위한 개발의 대상으로 만들어서 국민들이 돈을 최고의 가치로 추구하는 '돈 사회'를 만든다. 오늘날 한국은 돈이 최고의 가치를 차지하고 있는 대표적인 '돈 사회'이며, 이 참담한 현실은 무엇보다 토건 국가의 산물이다(홍성태 2011 참고).

본래 토건 국가는 현대 일본의 문제를 지적하기 위해 1970년대 말 일본 학자들이 고안한 개념이다. 일본은 1950~60년대의 고성장을 통해 1970년대 초에 복지국가를 이룩할 수 있는 상태에 이르렀다. 그러나 자민당으로 대표되는 일본의 보수 지배 세력은 복지국가가 아니라 토건 국가를 이룩했다. 1970년대 초에 다나카 가쿠에이田中角榮 수상이 추진했던 '일본 열도 개조계획'이 그 직접적인 기반이었다. 일본에서 형성된 토건 국가의 핵심은 전국 곳곳에서 불필요한 토건 사업을 벌여서 전국 곳곳에 막대한 혈세를 제공한 대가로 전국 곳곳에서 정치적 지지를 받는 것이다. 요컨대 토건 국가는 토건 사업을 매개로 한 매표 정치로 작동한다. 이런 점에서 토건 국가는 '정경 유착'만이 아니라 '정·민 유착'이 만연한 국가이다. 일반 시민들이 직접적인 이익을 얻는 대가로 잘못된 개발계획을 강행하는 정치 세력을 지지하는 것이다. 히틀러가 잘 보여 주듯이 민주주의는 시민의 자발적인 선택에 의해 망가질 수 있다. 이것은 민주주의의 구조적 한계이다. 민주주의에서는 언제나 '정·민 유착'의 문제에 크게 주의해야 한다(홍성태 2009 참고). 토건 국가에서는 잘못된 개발 사업들을 통해 강력히 구조화된 '정·민 유착'으로 민주주의가 왜곡되기 십상이다. 일본에서는 토건 국가의 폐해가 결국 1990년대의 '잃어버린 10년'으로 이어졌다.

한국에서 토건 국가는 1960년대 초부터 형성되기 시작했다. 바로 박정희 개발독재를 통해 토건 국가 한국이 형성되었던 것이다. 박정희 정권은 국가가 주도하는 대규모 개발을 급속히 강행하는 방식으로 고성장을 이루고자 했다. 그 결과 박정희 개발독재에 의해 각종 비리가 만연하는 방식으로 토건업의 급속한 성장이 이루어졌으며, 이와 함께 그야말로 전국 곳곳에서 자연과 역사가 대대적으로 파괴되는 전국의 공사장화가 강행되었다. 그리고 토건업이 경제에서 너무나 큰 비중을 차지하게 된 동시에 국민들도 거기에 대단히 강하게 길들여져서 토건업의 정상화가 굉장히 어렵게 되었다. 여기서 토건업의 정상화는 양적 축소와 질적 성숙으로 요약할 수 있다. 한국은 민주화를 통해 지속적인 경제성장을 이룰 수 있게 되었지만, 불행히 민주화 세력도 토건 국가의 문제를 올바로 인식하지 못했다. 그 결과 민주화 동안에도 토건 국가의 문제는 더욱더 악화되었다. 새만금 사업을 중단하지 못했고, 한탄강댐 건설을 재개했으며, 신도시 건설을 남발한 것은 그 단적인 예이다. 그리고 토건 세력의 집권과 함께 토건 국가의 극단화가 강행되었다. '4대강 죽이기'와 핵발전소 증설은 그 생생한 예다.

토건 국가는 복지국가가 될 수 있는 능력을 갖춘 나라가 복지국가가 되지 못하도록 막는 가장 강력한 장애물이다. 토건 국가는 막대한 혈세를 불필요한 토건 사업에 탕진해서 재벌을 비롯한 개발업자에게 막대한 이익을 제공하고 모든 국민을 위한 복지 재정의 확대를 가로막는다. 가장 큰 문제는 토건 국가가 제공하는 비리의 이익에 길들여진 국민들이 개발을 중시하며 복지를 무시하는 것이다. 세계적으로 일본과 한국이 토건 국가의 대표적인 예이며, 일본은 1990년대 이후 어느 정도 개혁이 이루어졌지만, 한국은 오히려 그때부터 더욱 강력히 악화되었다. 이런 점에서 1990년대 중반에 일본에서 제시되었던 '토건 국가를 복지국가로!'라는 구호는 지금 우리에게 더욱더 생생한 의미로 다가온다. 그러나 심각한 생태 위기의 현실에 비추어서 이 구호는 이제 '파괴적인 토건 국가를 생태적인 복지국가로!'라는 것으로 바꿀 필요가 있다. 사실 생태 복지의 관점에서 보았을 때, 토건 국가의 문제는 더욱더 명확하게 확인된다. 그것은 크게 다음 두 가지로 제시할 수 있다.

첫째, 토건 국가는 복지에 써야 할 막대한 재정을 토건 사업에 소모해 복지의 축소나 왜곡을 초래한다. 2000년대에 들어와서 공공 부문 발주 토건 사업은 매년 50조 원을 넘었으며, 이명박 정권에 들어와서는 거의 1백조 원에 이르는 것으로 추정되었다. 이렇게 막대한 혈세를 투여해서 전국 곳곳에서 불필요한 토건 사업들이 대대적으로 강행된다. 새만금 개발, 시화호 개발, 평화의 댐 건설, 한탄강댐 건설, 경인운하 건설, '4대강 살리기' 등 그 목록은 길게 이어진다. '4대강 살리기'는 강의 평탄화·직강화·호수화·콘크리트화를 핵심으로 한다. 이미 명백히 밝혀졌듯이, 그 실체는 '4대강 죽이기'이며, 분명히 '운하 1단계'이다(홍성태 2010). 이렇듯 불필요한 토건 사업들에 막대한 혈세를 탕진하고 있기 때문에 복지 예산을 늘리기는커녕 오히려 줄이게 된다. 이런 상황에서 이른바 '보편적 복지'에 대한 사회적 관심이 확산된 것은 대단히 다행스러운 일이다. 그러나 그것을 구현하고자 하는 방식에는 문제가 있다. 무엇보다 토건 국가의 문제를 올바로 인식하지 못하고 '보편적 복지'를 추진하고 있는 것으로 보이기 때문이다. '보편적 복지'를 주장하는 쪽에서는 사회의 발전을 이루기 위해 '보편적 복지'를 구현해야 하고, 이렇게 하기 위해서 '증세'가 필수적이라는 주장을 펴고 있다. 그러나 이 주장은 전제는 옳지만 결론은 꼭 옳다고 하기 어렵다. '증세'는 현실적으로 대단히 어려우며 꼭 옳은 것이라고 할 수 없다. 현실적으로 훨씬 쉬우며 분명히 옳은 방식은 '증세'가 아니라 '전세'이다. 우선 불필요한 토건 사업에 탕진되는 막대한 혈세를 꼭 필요한 복지사업에 쓰도록 해야 한다. 복지국가의 길을 가로막고 있는 거대한 장애물인 토건 국가에 대해 무심하거나 무지하면서 '보편적 복지'는 물론이고 복지의 확충을 주장하는 것은 그저 공론에 그칠 우려가 크다.

둘째, 토건 국가는 막대한 재정을 탕진해서 소중한 국토를 파괴하는 기형적인 개발 국가이다. 토건 국가는 대대적인 자연 파괴를 매개로 막대한 혈세를 분배해서 거대한 정치적 이권 관계를 형성하는 방식으로 작동한다. 따라서 토건 국가는 생태 위기를 크게 악화시킬 수밖에 없다. 바다·산·들·섬·강을 가리지 않고 토건 국가는 전국의 모든 곳에서 국토를 파괴하고 있다. 아파트, 공장, 자동차 도로, 자전거 도로, 철도, 운하, 공항, 댐, 보, 하구언, 제방, 간척, 스키장, 골프장, 콘도, 핵발전소 등 온갖 사업을 강행해서 토건 국가는 자연을 대대적으로 파괴한다. 이명박 전 대통령이 많은 자료들을 속여서 강행한 '4대강 살리기'는 우리의 생명줄인 강조차 대대적으로 파괴한 최악의 토건 국가사업이다. 토건 국가의 개혁은 토건 국가가 자행하는 대대적인 파괴를 줄이는 것이기 때문에 그 자체로 중대한 생태적 개혁에 해당된다. 토건 국가의 개혁은 지금 이 순간에도 전국 곳곳에서 끝없이 자행되고 있는 각종 파괴를 대대적으로 중단하거나 축소하는 것이다. 생태 운동 쪽에서도 이 사실을 올바로 인식해야 한다. 파괴의 현장이나 관련된 제도를 개선하는 데 초점을 맞추는 것이 아니라 문제의 원천을 개혁하는 것에 초점을 맞추는 것이 생태 운동의 올바른 방식이다. 그러므로 토건 국가라는 구조와 그것을 가동하는 주체를 개혁하는 것이 생태 운동의 핵심적인 과제가 되어야 한다. 토건 국가형 재정 구조와 정부 조직의 개혁을 전면적으로 추구하지 않는 생태 운동은 결국 실패할 수밖에 없다. 이런 점에서 생태 운동의 개혁도 대단히 시급한 과제이다. 나아가 생태 운동은 자연의 보호를 위해서는 자연을 파괴하는 사회를 개혁해야 하며, 그것은 복지의 증진을 위해 가장 보편적이고 근원적인 과제이기도 하다는 사실을 올바로 인식하고 널리 알려야 할 임무를 지니고 있다.

녹색 산업/성장/발전의 문제

생태 복지를 추구하기 위해 우리가 좀 더 일반적으로 주의해야 할 것으로 '녹색 산업/성장/발전론'이 있다. 녹색은 풀빛, 즉 생명의 색이다. 지구가 생명의 별이 될 수 있었던 것은 여러 우주적인 우연들이 겹친 덕분이었지만 가장 중요한 직접적인 요인은 식물의 탄생이었다. 식물은 생태학적으로 '생산자'로 분류되는데, 1억5천만 킬로미터 정도 떨어진 곳에서 날아오는 햇빛을 받아서 지구의 무기물을 유기물로 전환시켜 지구에서 생물이 번성하게 한다. 지구의 모든 생물은 햇빛 에너지의 변환체라고 할 수 있는데, 그 출발이 바로 식물인 것이다. 이 놀라운 변환은 식물의 엽록소에서 광합성으로 이루어진다. 이렇듯 식물의 엽록소는 지구 생태계의 출발점이니 우리가 녹색을 보고 편안하게 느끼는 것은 생태학적으로 너무나 당연한 것이다. 이 때문에 녹색은 생명·생태·자연을 뜻하게 되었다. 그런데 '녹색 산업/성장/발전론'은 이런 녹색의 뜻을 심각하게 왜곡하고 있다.

이미 1960년대 초 생태 운동의 초기 단계부터 녹색은 생태 운동을 상징하는 색이 되었다. 이와 관련해서 가장 유명한 예로는 바로 '그린피스'Green-Peace를 들 수 있다. 그린피스는 생태와 평화의 결합을 뜻한다. 자연을 지키는 것과 사회를 지키는 것이 하나로 융합되어 진행되어야 하는 인류사적 과제라는 사실을 그린피스는 정확히 제시했던 것이다. 1971년 캐나다 밴쿠버에서 결성된 그린피스는 오늘날 세계 최대의 생태 운동 단체로서 많은 활동을 활발히 펼치고 있다. 그러나 그동안 지구의 생태 위기는 계속 악화되었다. 사회를 개혁하기 위한 사회운동이 활발히 펼쳐진다고 사회가 개혁되는 것은 아니다. 그러나 우리는 우리 자신을 지키기 위해 더욱 열심히 사회운동을 펼쳐야 한다. 그린피스는 생태 위기를 널리 알리고 '그린', 즉 녹색의 가치를 널리 알리는 데서 큰 성과를 거두었다. 그린피스의 활동을 계기로 파괴적 개발과 성장을 추구하는 세력도 녹색의 가치를 적극 활용하지 않을 수 없게 되었다. 여기에는 생태 위기의 형성과 악화에 따라 지구적 차원에서 추진된 정책의 변화가 큰 영향을 미쳤다.

1972년 6월 5일 스웨덴 스톡홀름에서 유엔 주최로 '하나뿐인 지구'를 모토로 내걸고 '인간환경회의'가 열렸다. 이 회의는 최초의 '세계환경회의'로서 이 회의에서 지구적 차원의 생태 위기와 그에 대한 대처가 처음으로 논의되었다. 그로부터 네 달 뒤인 1972년 10월 1일, 1970년 3월에 결성된 '로마 클럽'이 『성장의 한계』라는 유명한 보고서를 발표했다. 이 보고서는 지구에는 한계가 있기 때문에 성장에도 한계가 있고, 따라서 생태 위기에 대처하기 위해서는 성장 경쟁을 중단하고 분배 정의를 강화할 것을 제안했다. 여기서 나아가 1974년 10월 1일 노벨경제학상 수상자로 생태경제학을 개척한 케네스 볼딩Kenneth E. Boulding을 비롯한 미국의 학자들이 『제로성장사회』라는 책을 출간했다. 이런 성과 위에서 1975년 유엔은 '생태적 개발/발전'을 제시했고, 나아가 1987년에는 '지속 가능 발전'의 개념을 제시한 『우리 공동의 미래』를 출간했다. 이로써 생태 위기의 현실을 인식하는 것을 넘어서서 그에 대한 구체적인 대응의 길이 열리게 되었다(홍성태 2007 참고).

1972년부터 본격적으로 추진된 유엔의 노력은 1992년에 브라질 리우데자네이루에서 최초의 '세계환경정상회의'가 열리고 이 자리에서 '지속 가능 발전'을 세계의 모든 나라가 추구해야 할 새로운 발전의 방식으로 채택하는 것으로 일단락되었다. 이렇게 유엔을 중심으로 지구적 차원에서 생태 위기에 대응하는 노력이 강화되면서 파괴적인 개발과 성장을 추구하는 쪽에서도 녹색을 적극 활용하기 시작했다. 자본을 중심으로 하는 이른바 '성장 연합', '개발 연합' 등이 자연을 적극 존중하는 외양을 취하기 시작했던 것이다. 그 결과 녹색 산업/성장/발전의 주장이 널리 퍼지게 되었다. 물론 녹색 산업/성장/발전 자체가 틀렸다고 할 수는 없다. 진정으로 자연을 지키는 것이라면 녹색 산업/성장/발전이라고 해도 전혀 문제가 되지 않는다. 그러나 그렇지 않고 자연을 해치는 것이면서 녹색 산업/성장/발전을 내세우는 것은 파괴를 보호로, 죽이기를 살리기로 호도하는 것이기에 더욱더 큰 문제가 된다. 미래 세대의 관점에서 현재 세대의 필요를 충족시킨다는 '지속 가능 발전'도 자연의 파괴에 면죄부를 주는 것이라는 비판을 받고 있다. '지속 가능 발전'이 발전의 명목으로 무분별한 개발, 즉 무분별한 자연의 변형과 파괴를 정당화할 수 있기 때문이다.

'지속 가능 발전'에 비해 녹색 산업/성장/발전은 더욱더 큰 문제를 안고 있다. '녹색'을 내세우는 것 외에 사실상 기존의 산업/성장/발전과 차이가 없기 때문이다. 이런 문제를 가장 잘 보여 준 대표적인 예로는 이명박 정권의 녹색 성장론을 들 수 있다. 이명박 정권은 자연을 지키며 성장을 이루는 것이라며 녹색 성장을 정책의 근간으로 널리 선전했다. 그러나 그 내용은 개발의 이익에 대한 환상을 널리 퍼트리고 철저히 회색의 파괴를 확대·강화하는 것이었다. 그것은 핵발전의 확대와 '4대강 사업'을 두 축으로 했다.

그런데 핵발전소는 30년 동안 가동하고 10만 년 동안 폐기해야 하는 절대적인 위험 시설이다. 핵발전은 가장 비싸고, 가장 더럽고, 가장 위험한 발전 방식으로서 진정한 지속 가능 발전이나 진정한 녹색 산업/성장/발전을 위해서는 즉각 폐기해야 옳다(홍성태 2012). 또한 토건 국가 한국의 핵심에 핵발전소가 자리 잡고 있다. 또한 '4대강 사업'은 싱싱하게 살아 있는 4대 강을 살리겠다며 죽인 최악의 토건 사업이다. 이 사업은 토건 국가 한국의 문제가 생명의 원천인 강을 대대적으로 파괴할 만큼 극단적인 상태에 이르러 있다는 것을 명확히 입증했다. 여기서 핵발전소의 증설이 1기 건설에 10조 원 이상이 드는 막대한 건설비 때문에 강행되는 것임을 생각하면 토건 국가 한국의 문제는 참으로 심각하다(홍성태 2010 참고).

물론 모든 녹색 산업/성장/발전이 잘못된 것은 아니다. 1970년대 초 유럽은 자동차의 매연 규제를 크게 강화했고, 이에 따라 자동차의 배기 기술이 크게 향상됐으며, 여기에 적극 대응한 일본 자동차가 유럽 자동차 시장을 석권하게 되었다. 또한 생태 위기의 핵심 사례인 오존층 파괴는 '프레온'(물질명은 CFCs)에 의한 것인데, 1988년의 몬트리올 협약에 따라 '프레온'을 사용하지 못하게 되고 대체 물질의 개발에 성공해 오존층 파괴는 빠르게 해결되고 있는 상태이다. 그리고 햇빛 발전 기술이 발전하면서 핵발전의 필요 자체가 사라지고 있는 것은 현대 문명의 차원에서 가장 중요한 성과라고 할 수 있다. 그러나 이와 함께 녹색을 내걸고 각종 과다한 생산과 소비가 계속 확대되고 있고, 생물의 유전자 변형조차 갈수록 확대되고 있으며, 자연을 대대적으로 파괴하는 댐 건설과 조력발전·풍력발전 등이 강행되고 있는 현실을 직시해야 한다. 더욱이 이런 문제를 재벌로 대표되는 사기업뿐만 아니라 각종 공기업(수자원공사·도로공사·토지주택공사·농촌공사·

한국전력 등)이 주도하고 있는 현실을 직시해야 한다. '4대강 사업'은 물론이고 제주 강정의 해군 기지, 밀양의 송전탑, 고리나 월성 등의 핵발전소, 강화도와 가로림만의 조력발전 추진 등은 그 생생한 예들이다(홍성태 2011).

녹색이라는 말에 현혹되는 것이 아니라 그 실체를 엄밀히 검토하고 판단하는 각성된 시민의 자세가 무엇보다 중요하다. 공기업은 공익을 위해 존재하는 것이니 생태 위기의 완화와 해소를 위한 산업과 경제의 개혁은 공기업의 개혁을 통해 실질적으로 시작될 수 있다. 공기업의 개혁을 통해 사기업의 개혁을 추진하는 방식의 접근이 현실적으로 올바른 것이다. 공기업을 그 자체로 좋은 것이라거나 필요한 것으로 여기는 태도는 잘못된 것이다. 학자들의 주장이나 언론의 보도도 그냥 받아들여서는 안 된다. 언제나 그 실체를 엄정히 평가하고 판단하는 각성된 시민의 태도가 가장 중요하다. 막대한 보상비를 매개로 정·경·민 유착이 맹렬히 작동해서 핵발전소의 증설, 4대강 사업 같은 불필요한 파괴적인 토건 사업이 계속 강행된다. 토건 국가는 세월호 대참사를 빚은 비리 국가와 동전의 양면이다. 이런 참담한 현실에 대한 시민의 각성과 실천이 생태 위기를 넘어서 생태 복지국가로 나아가기 위한 역사적인 전제이다.

생태 복지국가를 향하여

현대 문명은 역사상 초유의 풍요를 낳았지만 그 대가로 지구는 심각한 생태 위기에 처하게 되었다. 생태 위기는 단순히 자연의 파멸 위기가 아니라 인류의 파멸 위기이다. 지구는 인류를 비롯한 수많은 생물들의 집이다. 그런데 인류의 잘못된 행태로 말미암아 이 집이 송두리째 파괴되어 모든 생물이 영원히 사라질 위험에 처했다. 생태와 경제의 영어 어간은 eco이다. eco는 집을 뜻하는 그리스어 oikos에서 온 말이다. 여기서 집은 가정을 넘어선 지구를 뜻하기도 한다. 생태학^{ecology}은 모든 생물의 집인 지구를 연구하는 학문이며, 경제학^{economics}은 모든 생물의 집인 지구를 이용하는 학문이다. 오늘날의 풍요를 낳은 근대화는 경제학의 지배로 이루어졌다. 그런데 지구에 대해 잘 알지 못한 상태로 최대한 이용한 결과 오늘날과 같은 심각한 생태 위기를 맞게 되었다. 이제 생태학에 근거해서 경제학을 재정립해야 한다. 사회의 기반을 경제학에서 생태학으로 바꾸어야 한다.

생태 위기에 대응하기 위해 즉각 공업 문명을 버릴 수는 없다. 그것은 불가능하고 비현실적이다. 우리는 자연을 돌보며 복지를 이루는 생태 복지국가를 이룩해서 생태적 전환을 추구해야 한다. 생태 복지국가를 이룩하기 위해서는 시민들이 '생태 복지국가 연대'를 구성해서 정부와 기업의 변화를 추동해야 한다. 생태 복지국가는 단기적으로 절대적인 파멸의 위험을 안고 있는 핵발전의 중단, 즉 '탈핵전'을 이루어야 하며, 장기적으로 생태 위기의 원천인 공업 문명의 개혁, 즉 '탈공업'을 이루어야 한다. 이와 함께 한국에서는 개발의 이름으로 끝없이 파괴와 비리의 문제를 일으키고 있는 토건 국가의 개혁, 즉 '탈토건'을 이루어야 한다. 한국에서는 사실 핵발전소의 증설도 토건 국가의 일환으로 강행되고 있다. 한국에서는 막대한 건설비와 보상비를 노리고 핵발전소의 증설이 끝없이 강행되는 것이다. 한국에서 '탈핵전'과 '탈토건'은 동전의 양면을 이룬다는 사실에 유의해야 한다.

한국은 이미 오래전에 충실한 복지국가가 될 수 있었다. 한국이 충실한 복지국가가 되지 못한 것은 돈이 없어서가 아니라 돈을 잘못 쓰고 있기 때문이다. 이런 점에서 한국에서 토건 국가는 복지국가를 가로막는 중대한 걸림돌이다. 토건 국가는 국민들에게 비리의 이익을 제공해서 복지국가를 저지한다. 이명박 정권의 '4대강 살리기'를 통해 한국은 토건 국가의 극단화 상태에 이르게 되었다. 이 사업은 가장 불필요한 사업이고, 가장 파괴적인 사업이며, 가장 비리가 많은 사업이다. 2010년 12월 8일에 '날치기'로 처리된 예산안에서 잘 드러났듯이, 이명박 정권은 부족한 복지비조차 무차별적으로 먹이로 삼아서 '4대강 살리기'를 강행했다. 당시 한나라당은 '4대강 살리기'를 위해 영·유아 필수 접종 지원 예산, 결식아동 방학 중 급식 지원비 등 도저히 없앨 수 없는 예산조차 없앴다. 토건 국가를 전면적으로 개혁하는 것은 생태 복지국가의 형성이라는 '진정한 선진화'를 향해 성큼 나아가는 것이다.

오늘날과 같은 심각한 생태 위기의 시대에 생태 복지국가를 이룩해서 생태적 전환을 추구하는 것은 인류의 보편적인 과제이다. 이런 점에서 시민운동 전체가 전문 분야를 떠나서 생태 복지국가의 형성을 기본 과제로 추구해야 할 것이다. 생태 운동은 이것을 핵심 과제로 추구해야 할 것이며, 복지 운동은 복지의 개념을 재정립해서 여기에 결합해야 할 것이다. 생태 운동과 복지 운동이 가장 앞에서 현대사회의 근원적인 개혁을 이끌어야 한다. 지구는 위대하고 아름다운 생명의 별이다. 우리는 자연을 지키고 서로를 위하면 이 별에서 언제까지나 평화롭고 풍요롭게 살아갈 수 있다. 이를 위해 윌리엄 블레이크William Blake(1757~1827)의 "순수의 전조"Auguries of Innocence를 우리의 마음속에 새겨 두사.

한 알의 모래에서 세계를 보고
한 송이 들꽃에서 천국을 보라.

그대의 손바닥 안에 무한을 쥐고

한순간 속에서 영원을 쥐라.

참고문헌

김진균. 2003. "새 천년을 위하여." 『21세기 진보운동의 기획』. 문화과학사.

벡, 울리히(Ulich Beck). 1997. 『위험사회』. 홍성태 옮김. 새물결.

홍성태. 2000. 『위험사회를 넘어서』. 새길.

_____. 2004. 『생태사회를 위하여』. 문화과학사.

_____. 2007. 『개발주의를 비판한다』. 당대.

_____. 2007. 『대한민국, 위험사회』. 당대.

_____. 2009. 『민주화의 민주화』. 현실문화연구.

_____. 2010. 『생명의 강을 위하여』. 현실문화연구.

_____. 2011. 『토건국가를 개혁하라』. 한울.

_____. 2012. 『탈토건 탈핵전』. http://blog.naver.com/ecohope

6
통일
통일 논쟁과 탈-통일론

박순성

2014년, 통일 유령?

여전히 진행되고 있는 분단의 역사에서 우리는, 한국 사회는, 한민족과 한반도는 어디쯤 서있는 걸까? 통일의 관점에서 바라본다면, 1972년 7·4 남북공동성명, 1991년 12월 남북기본합의서, 2000년 6·15남북공동선언, 2007년 10·4선언 등의 남북 합의문은 분단에서 통일로 가는 길 위에 서있는 우리의 모습을 보여 줄지도 모르겠다.[1] 그런데 분단의 현실은 결코 희망적이지 않다. 남북관계는 2008년 중반부터 본격적으로 악화되기 시작했으

---

[1] 1991년 12월 채택된 남북기본합의서의 공식 명칭은 "남북 사이의 화해와 불가침 및 교류·협력에 관한 합의서"이고, 2007년 10·4선언의 공식 명칭은 "남북관계 발전과 평화번영을 위한 선언"이다. 남북한 사이에 맺어진 합의서와 관련해서는 허문영 외(2007)를, 남북관계 연표와 관련해서는 통일연구원(2013)을 참조할 수 있다.

며, 2012년 말부터 2013년 초까지 심각한 군사적 긴장과 관계 단절의 위기를 겪었다. 2013년 여름 남북관계가 겨우 안정되었지만, 분단 극복과 통일 실현을 위한 변화의 계기나 동력은 아직 충분히 만들어지지 않았다.

선언과 실제의 대비, 문서와 현실의 괴리가 뚜렷한 가운데, 2014년 한국 사회는 통일에 대한 말과 글, 수사로 넘쳐 나고 있다. '통일은 대박이다', '통일이 미래다' 등의 두 명제는 언론과 여론 주도층을, 보수와 진보의 구분도 없이 분주하게 만들고 있다. 통일에 대비한 재원을 마련하기 위해 통일세를 신설하고 통일 항아리를 만들자던 소란이 가라앉은 지 얼마 되지도 않았는데, 2013년 2월 새로 출범한 정부는 '한반도 신뢰 프로세스'를 말하며 국민들에게 긴 호흡을 요구하는 것 같더니, 갑자기 눈앞에 있는 국가적 행운을 놓치면 안 될 것처럼 국민들을 통일로 몰아붙인다. 더욱이 미래를 향한 문이 하나만 남고 모두 닫혔다는 듯이, 거대 신문사가 내건 구호는 통일이 아닌 미래에 대한 상상을 금지하는 권력기관의 고시처럼 고압적이다.

대통령이, 거대 신문사가 통일을 '국가적 기회'이자 '유일한 미래'라고 했을 때, 국민들은 그쪽으로 눈길을 주지 않을 수 없다. 자연스럽게 의문이 일어난다. 과연 2014년 벽두에 보수 정권과 신문이 새로이 호명해 불러낸 '통일'은 국민들을 미망에 빠뜨리는 유령인가, 아니면 극복되어야 할 현실을 드러내는 유령인가? 우리 사회 내부의 남·남 갈등을 넘어서서 국민들을 제대로 된 미래로 이끌, 통일을 향한 제3의 길이 2014년에 열릴 것인가? 그동안 한반도의 통일을 위해, 통일 지향의 평화를 위해 노력했던 사회 구성원과 사회 세력들도 남북관계 퇴보와 사상 검증으로 인한 절망과 분노에서 벗어나 새롭게 열린 통일 논의의 장 속으로 들어올 수밖에 없다.

이런 상황을 맞아, 이 글은 우리 사회에서 통일과 관련해 제기되었던 몇 가지 쟁점을 검토하고, 통일에 대한 새로운 논의의 가능성을 모색해 보려고 한다. 쟁점은 북한 붕괴에 따른 흡수통일, 교류를 통한 통일, 북·미 갈등과 한미 동맹, 남·남 갈등 등을 중심으로 형성되었다. 이런 쟁점과 관련된 개념과 질문을 검토한 뒤에, 통일 논의의 방향 전환에 대한 간단한 제안을 하고자 한다.

붕괴-흡수통일론과 통일비용

동유럽 사회주의국가들의 붕괴와 독일 통일은 1990년대 초반부터 한국 사회에서 북한 붕괴와 한반도 통일을 동시에 생각하게 만들었다. 더욱이 1994년 여름부터 시작된 김일성 사망, 북한 지역의 대규모 홍수와 식량난, 북한 주민의 아사와 탈북 등은 북한 붕괴가 실제로 곧 일어날 수밖에 없는 사태라는 전망을 광범위하게 유포시켰다. 북한 붕괴에 따른 남한 주도의 흡수통일이 가장 유력하면서도 필연적인 통일 시나리오로 대두했다.

붕괴-흡수통일론은 처음부터 두 개의 도전을 극복해야만 했다. 하나는 북한이 붕괴하지 않으리라는 분석이었고, 다른 하나는 흡수통일 과정에서 발생할 경제적 비용을 남한 역량으로 감당할 수 있겠느냐는 회의였다.

북한 붕괴론이 등장한 지 20여 년이 지난 현재에도 북한 체제가 유지되고 있다는 사실 자체가 북한 붕괴의 현실적 가능성에 대한 가장 강력한 반증이지만, 북한의 붕괴를 전제로 한 통일론은 아직도 영향력을 발휘하고 있다. 북한 체제는 경제 위기에서 완전히 빠져나오지 못했고, 북한 정권은 아래로부터 일어나는 사회경제적 변화를 체계적으로 통제하지 못하고 있다. 3대 세습을 통해 권력을 장악한 북한의 최고 지도자는 권력 집단 핵심을 교체하고 숙청해 안정을 도모하지만, 그런 교체와 숙청 자체가 세습 권력의 한계를 보여 준다. 자연히 북한 체제의 안정성을 보여 주는 다양한 증거나 분석에도 불구하고, 북한 체제는 여전히 많은 이들에게 사회경제적으로뿐만 아니라 정치적으로도 불안해 보인다.

외부에 비친 북한 체제의 불안이 실제적으로나 논리적으로나 북한 체제의 붕괴로 이어지지 않고 있는 상황에서, 북한 붕괴론의 주창자들은 북한 체제의 특성을 들어서 북한의 붕괴를 정당화하려고 한다. 이미 1990년대 초반 경제 위기 상황에서도 북한 지도부는 인민의 생존보다 핵무기 개발에 전력을 기울였다. 이후에도 북한 지도부는 군사우선주의적 행동으로 북한 인민뿐만 아니라 한민족 전체를 전쟁의 위협으로 몰아넣고 있으며, 북한 인민의 인권을 철저하게 무시하고 또 침해하고 있다. 북한의 정권과 체제, 나아가 북한이라는 국가 자체는 부정되어야만 하는 것이다. 북한 붕괴론은 이제 북한 체제의 미래에 대한 현실적 전망이 아니라 북한 정권에 대한 도덕적 판단이 되었다.

한편, 무너진 북한을 안정적으로 흡수할 수 있는 남한의 역량에 대한 논의는 처음에는 통일비용의 규모와 조달 방안을 중심으로, 다음에는 비용을 줄일 수 있는 흡수통일의 방식이나 과정을 중심으로 진행되었다. 경제학적으로 추정된 통일비용은 남한 경제가 쉽사리 부담할 수 없는 규모였고, 따라서 통일비용과 관련한 논의는 비용을 조달하는 다양한 방안을 강구하거나 비용 축소를 위해 흡수통일의 과정을 정치적으로 통제하는 방안을 구상하는 방향으로 나아갔다. 남북한의 정치적 통일에도 불구하고 일정한 기간 동안 한반도 남북을 사회경제적으로 분리된 두 개의 지역으로 운영하는 방안이, 실행 가능성 여부와는 무관하게, 정책 대안으로 제시되기도 했다.

붕괴–흡수통일의 가능성이 약화되고 남북관계가 개선되었던 1990년대 후반부터 2000년대 후반까지 한국 사회는 통일비용보다는 분단비용에, 통일의 경제적 이익과 기회에 주목했다. 대북 지원과 남북관계 개선에 비용이 들어갈 수밖에 없지만, '사실상의 통일' 또는 '실질적인 통일'이라고 불릴 수 있는 남북경협의 발전과 남북 경제 공동체의 형성은 비용을 능가하는 이익을 가져다줄 것이었다. 더욱이 통일을 향한 평화가 한반도에 군건히 뿌리를 내리면서, 한국 사회가 분단 때문에 지불해야 하는 비용은 줄어든다. 대북 포용 정책과 남북경협의 발전, 평화 경제론은 분단비용이 아니라 평화배당금에, 통일비용이 아니라 통일편익에 주목하게 만들었다.

2008년 초 김대중·노무현 정부의 대북 포용 정책이 이명박 정부의 대북 강경 정책으로 바뀐 뒤에, 통일에 대한 논의의 구도는 다시 바뀌었다. 2008년 여름 남북관계가 본격적으로 악화되기 시작한 이후, 정부는 한편으로는 대북 압박 정책을 강화했고, 다른 한편으로는 통일비용을 감당할 재원의 마련을 강조했다. 정부가 직접 나서서 통일세(2010년)와 통일 항아리(2012년)를 주창하면서, 마치 통일이 눈앞에서 당장 일어날 듯했다. 다만 남북관계의 악화, 한반도의 불안정화, 북한의 붕괴, 남한 주도의 흡수통일, 엄청난 통일비용의 사전 확보라는 통일 전망은 국민들로부터 큰 호응을 얻기 힘들었다.

그런데 2014년 초 박근혜 정부의 '통일대박론'이 나오면서, 붕괴–흡수통일론과 통일비용의 결합, 포용–평화통일론과 통일 편익의 결합, 이 두 결합들 사이의 대립은 지나치게 이념적이고 낡은 사고의 산물인 것처럼 인식되기 시작했다. 논리적으로 결합되어 있던 통일 과정·방식에 대한 논의와 통일비용·편익에 대한 논의가 분리되면서, 지난 20여 년 동안 이런저런 방식으로 제시되었던 통일 논의들은 더 심화되지 못하고 파편화되고 단순화되고 말았다. 무엇보다도 붕괴-흡수통일론과 포용-평화통일론의 변증법적 융합이라는 문제의식에서 출발해 기존 정책 연구들의 성과와 한계를 검토하려는 시도는 논의의 지평에서 사라지고 말았다. 반면에 기존 통일 논의에서 한 부분에 불과했던 통일의 효과에 대한 낙관적 예측만이 여론의 주목을 받았다.

'통일대박론'이나 '통일 미래론'이 전파하고 있는 통일에 대한 낙관주의는, 다소 억지스럽긴 하지만, 독일 통일의 경험을 그 근거로 삼으려는 것처럼 보이기도 한다. 사실 세계적 차원의 신자유주의 물결이나 경제 위기에도 불구하고, 통일된 독일은 전혀 달랐던 두 경제체제를 통합하는 과정에서 적극적인 사회경제정책을 펼치면서 새로운 성장 동력을 끌어냈고, 그 결과 여전히 튼튼한 복지국가를 유지하고 있다. 말 그대로 위기가 기회가 되었다. 독일 통일은 한국에 본보기가 되고 있는 것이다.

그러나 독일 통일에서 우리가 봐야 할 것은 현재 눈에 띄는 성공만이 아니라, 통일 이후 지금까지 통일 독일이 겪었던 엄청난 난관과 이를 극복할 수 있었던 지혜와 노력이다. 그리고 그보다 더 중요한 것은 붕괴-흡수 형태로 이루어진 독일 통일을 역사적으로 뒷받침했던 세 가지 사실이다. 첫째는 1970년대 초부터 20년간 추진되었던 동서독 사이의 끈질긴 교류와 협력, 화해와 접촉을 통한 동서독 지도부와 주민의 의식 변화이다. 둘째는 짧은 시간에 정권 교체, 체제 전환, 서독으로의 편입이라는 정치적 과정을 스스로의 힘으로 이루어 낸 동독 주민의 정치적 의식과 역량, 그리고 동독 주민의 정치적 선택을 정치적·경제적·사회적으로 뒷받침해 줄 수 있었던 서독 체제의 특징이다. 끝으로 동서 냉전 체제의 해체라는 역사적 격변기 속에서 독일 통일과 유럽연합 출범을 동시에 이루어 낸 서독 정치 지도자들의 외교적 역량이다. 이 세 가지 사실은 붕괴–흡수통일론에 가려져 있던 독일 통일의 실제 과정을 다르게 바라보게 해줄 것이며, 이런 관점의 전환은 한반도 통일을 구상하고 전망하는 데 여전히 중요하다. 바로 이 지점에서 우리의 통일 방안을 점검해 볼 필요가 있다.

'교류를 통한 통일'과 변화하지 않는 북한

한국 정부가 1980년대 초반부터 대내외적으로 천명하고 있는 통일 방안은 점진적이고 단계적인 통일을 기본 내용으로 삼고 있다. 정권이 바뀌면서 통일 방안의 내용이 약간씩 수정·보완되었지만, 통일 방안의 핵심 원리는 '선 교류, 후 통일', '교류를 통한 통일'이라고 할 수 있다. 1994년 8월 정식화된 이후부터 지금까지 한국 정부의 공식적인 통일 방안으로 제시되고 있는 '민족공동체통일방안'에 따르면, 남북한은 화해 협력 단계와 남북연합 단계를 거쳐 통일 국가 완성 단계에 이르게 된다. 좀 더 자세히 설명하면, 분단된 남북한은 적대와 대립에서 화해와 상호 존중으로, 교류·협력과 신뢰 구축으로, 공존공영과 평화 정착으로, 평화와 협력의 제도화와 사회·문화·경제 공동체 형성으로, 그리고 마침내 정치적 통합, 곧 1민족 1국가 통일로 나아간다.

'교류를 통한 통일'은 서독 동방정책의 원칙이자 독일 통일의 원천이었던 '접근을 통한 변화'의 한국판이라고 할 수 있다. '접근을 통한 변화'라는 정책 원리는, 상대방의 제거나 심지어 변화 자체까지도 정책 목표로 설정하지 않고 오히려 상대방의 안전을 보장해 주는 상태에서 화해와 접촉을 적극적으로 추진하는 것이 역설적으로 현상의 변화를 가져올 것이라는 확신, 경제적 난관이 체제 붕괴를 가져올 것이라는 환상이 아니라 교류와 협력을 하면 체제가 점진적으로 변화하리라는 전망, 통일은 결코 하나의 사건이 아니라 작은 발걸음으로 꾸준히 나아가고 또 쉬어 가는 점진적·장기적 과정을 통해 실현되리라는 관점 등에 기반을 두고 있다. 나아가 이런 '접근을 통한 변화' 정책은 단순히 독일 통일만을 위한 정책에 끝나지 않고, 유럽에서 평화 질서를 형성할 전략과도 완벽하게 맞아떨어졌다. '접근을 통한 변화'는 서독의 통일 정책이자 외교·안보 정책이었던 것이다.[2]

동방정책을 추진했던 서독의 정치 지도자들이 가지고 있던 '접근을 통한 변화'에 대한 군건한 신념, 그리고 통일 정책과 외교·안보 정책의 일체성에 대한 깊은 이해는 분단된 한반도에서 북방 정책과 대북 포용 정책을 본격적으로 추진했던 한국의 정치 지도자들에게서도 발견된다. 노태우 정부의 북방 정책은 1991년 말 남북기본합의서 체결로, 김대중 정부의 유럽을 통한 통일 외교는 2000년 여름 남북정상회담 개최로 결실을 거둔다. 그리고 남북한 사이에 이루어진 합의는 자연스럽게 남북한 교류·협력의 발전으로 이어진다.

남북한 사이의 교류·협력은 1980년대 말 시작된 이후 꾸준히, 그러나 약간은 단속적인 형태로 발전한다. 한편으로는 교류·협력을 발전시키려는 정치·경제·사회·문화 분야 주체들의 의지와 구상이 작동한다. 경제 분야에서는 위탁 가공 교역, 금강산 관광 사업, 개성공단 사업이 남북한 사이의

---

2 에곤 바(Bahr 1963)는 '접근을 통한 변화'를 최초로 제안했다.

교역을 발전시켰다. 남북한 교역 총액은 개성공단이 활성화되면서 2007년에는 북한 대외무역 총액(남북한 교역액 포함)의 38퍼센트에 달하기도 했다. 여성·역사·언어·언론·예술·체육·종교 등 거의 모든 분야에서 다양한 교류·협력 사업이 추진되었다. 1990년대 중반 북한에서 경제 위기와 식량난이 발생하자, 남한 사회에서는 북한 주민을 돕기 위한 인도적 지원 운동이 일어났다. 남한 국민들 사이에서 전쟁에 대한 우려는 줄어들고 평화와 통일에 대한 기대는 더욱 증가했다.

그런데 다른 한편으로는 분단체제가 야기하는 위기가 반복되었다. 분단체제에서는 적대와 대립을 지속시키는 수많은 행위자와 네트워크가 나타나고, 통제되지 않는 사건과 상황이 발생한다.[3] 북한 핵문제가 완전히 해결되지 못한 상태에서 위기가 반복되고, 군사적 충돌이 간헐적으로 일어난다. 남한 사회 내부의 경제 위기가 남북경협을 주춤거리게 만들기도 한다.

남북한 사이에 교류·협력이 일어났다는 사실은 그 자체로 한반도 분단질서와 남북관계의 엄청난 변화를 의미한다. 적대와 단절에서 교류와 협력으로 나아가기 위해서는 남북한 정책 당국과 주민의 의식에서 근본적 변화가 일어나야 한다. 한국전쟁 이후 서로에게 '적'이기만 했던 남북한과 그 사회 구성원들이 이제는 서로를 '적이자 형제'로 인식하기 시작했다. 전쟁의 상처 속에 억눌려 있던 민족의식이 되살아나고 민족이 '재발견'되면서, 한민족 구성원 모두는 양가감정에서 벗어날 수 없게 되었다. 남북한 사이의 공식 관계나 비공식 관계에서 때로는 평화와 통일을 향한 열망이 여러 방

---

3 분단체제와 분단의 행위자·네트워크에 대해서는 박순성(2012)을 참조할 수 있다.

식으로 분출되고, 때로는 서로에 대한 적대적 감정과 행동이 폭발한다. 교류와 협력은 모순감정을 통해, 이율배반적 행동을 통해 분단의 본질을 비로소 적나라하게 드러나게 만들었다.

그렇지만 교류와 협력을 통해 남북관계가 변화하고 남북이 통일의 과정으로 나아가리라는 주장은 한국 사회 내부에서 신랄한 비판에 부딪쳤다. 분단은, 모순적 관계는 남북 사이에만 존재하는 것이 아니라, 남한 사회 내부에도 존재하는 것이다. 대북 포용 정책에 대한 보수 진영의 비판은 맹렬했고 정치적이었다. 보수 진영의 비판에 따르면, 북한에 대한 정부 차원의 인도적·경제적 지원은 잘못된 정치적 의도에 따라 아무런 대가도 받지 못하고 무조건적으로 추진된 '퍼주기'였다. 또한 남북경협 과정에서 북한에 현금으로 지불된 위탁 가공비, 금강산 관광료, 개성공단 임금 등은 북한 최고 지도부와 군으로 흘러들어 간 뒤에 한반도 평화를 위협하고 남한을 직접 겨냥하는 핵무기와 미사일로 되돌아왔고, 결국에는 북한의 지배 권력과 독재 체제를 강화했다.

이런 비난은 북한 당국의 대남 정책이 큰 변화를 보이지 않고, 북한의 무력 도발과 남북한 사이의 군사적 충돌이 반복되고, 북한의 독재 체제나 북한 주민들의 삶이 개선되지 않고, 북한의 핵무기 개발과 군사우선주의 노선이 지속되면서 더욱더 설득력을 얻게 되었다. '접근을 통한 변화', '교류를 통한 통일'은 한반도에서 제대로 작동하지 않는 것처럼 보였다. 대북 포용 정책에 기초한 교류와 협력에도 불구하고 남북관계는 개선과 악화를 되풀이하고, 군사적 긴장은 완전히 해소되지 않았다. 대내외적으로 변화하지 않은, 따라서 앞으로도 결코 변화하지 않을 북한은 북방 정책, 대북 포용 정책을 시행하려는 이들을 비판하는 주요한 근거가 되었다.

교류·협력이 북한과 남북관계를 근본적으로 변화시킬 것이라는 전망을 부정하는 여러 현상에 주목하는 사람들과는 달리, '접근을 통한 변화'라는 새로운 관점에서 교류·협력 사업들의 내용과 성과를, 남북관계 및 북한의 현실을 다르게 바라보는 사람도 여전히 많았다. 금강산 관광 사업과 개성 공단 사업은 그 자체로 북한 지도부의 남한이나 안보 위협에 대한 인식, 경제체제나 성장 전략에 대한 의식이 크게 바뀌었음을 보여 주었다. 북한 지도부는 두 사업을 위해 군항을 개방하고, 군부대를 후방으로 재배치하고, 도로와 철도를 연결하고, 주민들을 임금노동자로 남한 자본주의에 노출시켰다. 엄청난 변화였다. 남북 사이의 교류·협력과 남한의 인도적 대북 지원은 북한 체제의 위기와 결합해, 북한 주민에게 남한에 대한 관심과 호감을 불러일으켰다. 북한 지도부는 물론 북한 주민의 인식 변화도 나타났다.

사실 '접근을 통한 변화'나 '교류를 통한 통일'은 변화에 대한 새로운 관점, 통일에 대한 새로운 관점을 요구한다. 상대방의 변화에 앞서서 자기 자신의 변화를 시도하고, 행동의 변화를 통해 자연스러운 인식 변화를 도모하고, 관계의 변화를 통해 행위 주체의 변화를 이끌어 내려고 할 때, 통일은 오랜 교류와 협력을 통해 점진적으로 분단이 소멸되어 가는 과정 속에서 실현된다. 두 개의 국가가 형식적으로 하나가 된 상태인 법적 통일이 아니라, 교류와 협력이 자유롭게 이루어지고 남북관계가 통일을 향해 나아가는 '사실상의 통일'이 이제는 더 중요해진다. 독일 통일을 가능하게 만든 동독의 변화는 '접근을 통한 변화'라는 새로운 관점과 정책을 채택한 서독의 변화에서 시작되었다. 사실 1990년대부터 본격화된 남북 사이의 교류·협력은 남한의 변화에서 시작되었다고 해도 과언이 아니며, 또 남한 사회 자체에, 남한 주민들의 통일과 북한에 대한 관점에 큰 변화를 가져왔다. 이런 관점의 변화는 그동안 나타났던 남북관계와 북한의 변화에 대해서도 더 적극적인 평가를 끌어낸다.

북한을 바라보는 관점의 차이 때문에 남북 교류·협력의 성과에 대한 평가가 달라질 수밖에 없긴 하지만, 남북 교류·협력만으로 남북관계와 북한의 변화를 실제로 끌어내기가 쉽지 않은 이유가 존재한다는 사실에도 주목할 필요가 있다. 접근-변화론이나 교류-통일론이 장기적·점진적인 변화와 통일을 주장하고 있긴 하지만, 반드시 기억해야 할 사실은 독일의 통일이 탈냉전 및 유럽 통합과 결합해 진행되었다는 점이다. 이런 독일의 경험에서 추론할 수 있듯이, 남북관계나 북한의 변화는 단순히 남한의 노력만으로, 심지어 남북한 사이의 교류만으로 완전히 실현되지는 않을 것이다.

한반도 분단체제가 형성되고 공고화되던 시기에 작동한 냉전 체제의 논리는 1990년대 초반 이후 탈냉전 시기에도 북한과 미국의 대립이라는 변형된 형태로 여전히 한반도에서 작동하고 있다. 북한과 미국의 대립으로 한반도 문제를 완전히 규정하려는 관점이 갖는 편협성에도 불구하고, 한국전쟁 이후 지속되고 있는 북·미 갈등이 한반도의 질서 변화, 특히 한반도의 평화와 통일에 직접적인 영향을 미치고 있음은 분명하다. 당연히 북한의 변화도 북·미 갈등의 구속력에서, 나아가 동북아 질서의 영향에서 벗어날 수 없다. 북한 체제가 폐쇄적·억압적이라고 하지만, 북한 지도부의 특성만이 북한 체제의 성격을 전적으로 결정하지는 않는다.

북·미 갈등과 한미 동맹

한반도 분단체제의 기원과 작동 원리가 한반도 내부의 정치를 넘어선다면, 한반도 통일의 과정과 결과도 당연히 남북관계의 틀을 뛰어넘을 것이다. 이미 1970년대 말부터 1980년대 중반 사이에 한반도 통일과 평화에 대한 논의의 틀로서 3자 회담이나 4자 회담이 제시된 적이 있었다. 2000년대 들어서는 북한 핵문제 해결을 위한 논의의 장으로 6자 회담이 운영되었다. 정세에 따라 남북한의 주장과 태도가 일관되지 못했지만, 그런 변덕스러움 속에서도 두 가지 사실이 분명하게 확인되었다. 한반도에서 통일의 문제는 결코 평화의 문제와 분리될 수 없고, 미국은 한반도 문제에서 주요 행위자라는 사실이다. 이 두 가지 사실은 북·미 갈등으로 더욱 분명해졌다. 북한 핵문제가 불거지면서 북·미 갈등이 본격화되기 시작한 1990년대 초반부터 민족문제는 종종 군사 문제에 발목이 잡혔고, 2002년 가을에 2차 북핵 위기가 발생하면서 미국뿐만 아니라 중국까지 한반도 문제에 본격적으로 개입하기 시작했다.

안보 위협은 종종 독재 체제와 인권침해를 정당화하는 수단이 되고, 심지어 독재 체제와 인권침해를 낳기도 한다. 독일에서 '접근을 통한 변화' 정책은 동독에 대한 안보 위협을 줄이고 유럽의 평화를 증진하려는 노력과 결합되었다. 서유럽과 동유럽 국가들 사이에서 안보·경제·인권 분야에 걸친 공존과 협력의 포괄적 틀을 만들려고 했던 유럽의 노력은 서독 동방정책의 주요한 배경이 되었고, 동방정책은 헬싱키 조약의 체결(1975년)을 촉진했다. 독일과 유럽의 경험에 비추어 본다면, 한반도에서 남북관계 개선 및 북한 체제의 변화는 북·미 갈등을 해소하지 않는 한 결정적인 진전을 이루기 어렵다. 이런 관점에서 남한의 대북·통일 정책이 명실상부한 동북아 평화 외교정책과 결합하고 또 남북관계와 북·미 갈등 등을 포괄적으로 다루는 평화·통일 정책으로 발전해야 한다는 것은 너무나 당연하다.

남한은 북·미 갈등을 완화하고, 궁극적으로 북한과 미국의 관계 정상화 및 한반도 평화 체제를 끌어낼 역량을 가지고 있는가? 북·미 갈등의 근원에는 한국전쟁이 있으며, 한국전쟁은 완전히 종식되지 못한 채 60년 넘게 정전 상태로 남아 있다. 한국과 미국은 정전협정 직후 1953년 10월 상호방위조약을 체결했다(1954년 11월 발효). 한반도에서 평화협정 체결이나 평화 체제 형성이 실현되지 않은 상황에서 한미 동맹과 주한 미군은 남한의 안보에 필수적인 요소가 되었고, 이런저런 변화에도 불구하고 한국군에 대한 전시 작전 통제권은 아직도 한미연합군사령부 사령관을 겸직하는 주한 미군 사령관에게 있다. 역사적이고 논리적인 관점에서 볼 때, 한국은 북·미 갈등을 조정하고 해소하면서 한반도 평화 체제를 구축할 역량을 충분히 갖고 있지 못하다.

그러나 1990년대 이후 남북한이 여러 합의문을 채택하고 남북관계를 개선한 과정을 보면, 남한의 역량은 결코 미리 한정되어 있지 않다. 한국 정부의 정책 구상과 실현 의지, 한국인의 평화와 통일에 대한 열망은 한편으로는 북한 지도부를 설득할 수 있고, 다른 한편으로는 미국 정부를 납득시킬 수 있다. 남북한과 미국 사이의 대화와 협의 과정에서 한미 동맹은 주요한 고리가 된다. 남북기본합의서, 6·15공동선언, 10·4선언 등과 이 같은 남북 합의 전후에 이루어진 남북관계 개선과 북·미 갈등 완화는 한국이 발휘할 수 있는 역량을 잘 보여 준다. 물론 국제 정세의 변화, 북한 지도부의 의도, 미국의 전략 등이 남한의 정책과 잘 맞아떨어졌다는 점이 간과되어서는 안 되겠지만, 분명히 남한은 북·미 갈등에 영향을 미칠 수 있다. 특히 2000년대 이후 한국 정부의 대북정책이 한반도 정세를 결정하는 주요 변수가 되었다는 사실은 역설적으로 이명박 정부의 대북 압박 정책이 미국의 대북 압박 정책에 미치는 영향에서도 확인된다.

한미 동맹은 힘의 불균형이라는 측면에서 분명 미국에 주도권이 있는 비대칭 동맹이지만, 한국에도 주요한 외교적 자산이다. 한반도의 정전 상태와 한미 동맹은 미국의 힘이 주한 미군과 남한을 통해 한반도와 동북아에 미치게 하는 장치이기 때문에, 한반도와 동북아의 질서 변화와 한미 동맹의 성격 변화는 미국에 주요한 전략적 도전일 수밖에 없다. 특히 중국이 강대국으로 부상하고 있는 상황에서, 미국의 한반도·동북아 전략에서 차지하는 한국의 가치는 결코 쉽게 줄어들지 않을 것이다. 한국은 미국이 한미 동맹에 부여하는 가치만큼 외교적 자산을 가지게 된다.

문제는 한국이 한미 동맹을 이해하고 활용하는 태도와 방법이다. 한반도 분단체제를 유지·강화하는 방향으로 한미 동맹을 이용할 것인가, 아니면 남북관계의 개선과 북·미 갈등의 완화, 한반도의 평화·통일이라는 방향으로 한미 동맹을 활용할 것인가? 한미 동맹이 가진 즉각적인 군사·안보적 가치만을 활용할 것인가, 아니면 한미 동맹이 궁극적으로 지향하는 평화와 안전, 정의라는 가치를 위한 새로운 지역적 안전보장 조직이나 협력 안보 체제 형성의 단초로서 한미 동맹을 이해하고 한미 동맹의 변환을 도모할 것인가?

이런 질문은 최근 남북관계가 악화되고, 북한과 중국의 경제 관계가 확대되고, 동북아 지역의 역사·영토 갈등이 심화되고, 세력 판도의 변동과 재편이 진행되면서 더욱더 중요해졌다. 남북한 사이에서 군사적 긴장이나 충돌이 발생하면 한미 동맹의 군사적·안보적 성격은 당연히 강화된다. 그런데 이처럼 한미 동맹의 성격이 변화하면, 북·미 갈등은 더 악화될 가능성이 높다. 남북한 사이의 군사적 갈등을 평화적으로 해결하려는 노력이 없다면, 한반도 전체는 안보 딜레마에 빠질 수밖에 없다.

이런 변화는 동북아 질서에도 직접적으로 영향을 미쳐 한반도 평화·통일 환경도 악화될 것이다. 더욱이 한미 군사동맹의 강화가 미일 군사동맹의 강화와 결합될 경우에는 중국의 대한반도 정책이 크게 바뀔 수 있다. 정세나 상황이 크게 변화하지 않는다면, 한반도 정세를 안정적으로 관리한다는 중국의 전략적 목표와 20여 년간 발전해 온 한중 관계의 기본 성격은 그대로 유지될 것이다. 하지만 미국이 한·미·일 삼각 군사동맹의 형성을 추구하면서 한반도와 동북아에 대한 군사적 장악력을 높인다면, 중국은 한국이 주도하는 한반도 통일에 대해 분명한 거부감을 표시할 것이다. 특히 북한 붕괴에 따른 남한 중심의 흡수통일에 대한 중국의 거부감은 북한 체제의 붕괴 전후에 중국의 즉각적이고 직접적인 정치·군사적 개입으로 나타날 수도 있다. 실제로 중국은 북한 붕괴 자체를 방지하려고 노력할 것이다.

남북관계, 한미 동맹, 북·미 갈등 사이의 복잡한 상호작용과 중국의 대한반도 영향력 증대는 한반도 평화와 통일의 문제를 둘러싸고 벌어졌던 오래된 논쟁인 자주화와 국제화의 대립을 다시 생각하게 만든다.[4] 2000년 6월의 남북정상회담 이후 남북관계가 발전하면서 '한반도 문제의 한반도화' 또는 '당사자 중심의 한반도 문제 해결'이 하나의 경향으로 자리 잡기 시작했다. 2차 북핵 위기가 일어나면서 한반도 문제의 국제화가 다시 강화되는 듯했지만, 4차 6자 회담에서는 한반도 평화 체제와 동북아 평화·안보 체제

---

4 심지연(2001)은 남북한 통일 방안을 자주화와 국제화의 관점에서 분석하고 주요 자료들을 모아 놓았다.

의 상관성을 인정하고 이와 관련한 공동의 노력에 대해 합의하는 성명이 채택되었다(2005년 9·19 공동성명). 북핵 위기라는 문제의 특성 때문에 한반도 문제에 대한 강대국들의 개입이 강화되지 않을 수 없었다는 점을 인정하고 나면, 동북아 평화·안정 문제의 논의에 남북한이 참여할 수 있게 되었다는 획기적 사실에 주목하게 된다. 2005년 9월에 합의된 9·19 공동성명은, 2014년 8월 현재 사문화의 위험을 벗어나지 못하고 있다 하더라도, 한반도와 동북아의 평화·안정·협력과 관련한 새로운 길을 여전히 제시하고 있다. 바로 그런 길을 바라보면서, 한국은 포괄적인 평화-통일 정책을 새롭게 고민해야만 한다.

남·남 갈등과 동맹 정치

북한의 붕괴와 남한 중심의 흡수통일, 교류를 통한 북한의 변화와 점진적 통일, 북·미 갈등과 한미 동맹의 미래 등을 놓고 남한 사회에서 1990년 대부터 벌어지고 있는 통일 논쟁은 때로는 통일 담론과 대북·통일 정책의 발전에 기여했지만, 때로는 현실의 변화를 따라잡지 못하거나 대북·통일 정책이 효과적으로 추진되지 못하게 방해하기도 했다. 어느 경우에나 비슷하지만 논쟁, 특히 정치적 논쟁은 종종 현실보다는 이념, 논리보다는 감정에 휘둘린다. 이념과 사상을 앞세운 동족상잔의 비극에서 아직 완전히 치유되지 못한 한국 사회에서, 통일을 둘러싼 담론·정책 경쟁은 곧바로 이념·정치투쟁으로 비화한다. 한반도 통일을 위한 담론과 정책을 놓고, 정치사회와 시민사회 모두가 철저하게 양분되는 남·남 갈등이 일어난다.

분단체제의 억압 기구가 사회의 전 영역에서 빈틈없이 작동하고, 특히 사회 구성원의 의식과 여론을 지배하고 있는 동안에는 남·남 갈등이 쉽게 나타날 수 없었다. 이런 점에서 남한의 대북 포용 정책의 결과로 남북관계가 개선되면서 남한 사회에서 나타나게 된 남·남 갈등은 남한 사회 차원에서나마 '접근을 통한 변화'의 실제 모습을, 또한 지금까지 효과적으로 작동했던 분단체제의 억압 기구가 작동하는 방식을 잘 드러나게 했다. 물론 통일에 대한 새로운 생각이나 의식이 단순히 남북한 사이의 접근이나 교류를 통해서만 남한 사회 내부에서 등장한 것은 아니다. 전쟁 이후 분단체제가 공고화되면서, 반체제운동은 철저하게 억압되고 부정되던 중에도 끊임없이 자기 갱신을 계속하고 통일과 평화에 대한 생각도 발전시켜 왔다. 민주화와 남북관계 개선은 이런 반체제운동이 시민권을 획득할 수 있는 새로운 환경을 만들어 준 것이다.

한편, 이런 갱신과 발전 속에서 만들어진 반체제운동의 점진적·평화적 통일론은 한국 사회에서 민주화가 이루어진 1980년대 후반, 더 확실하게는 1990년대 초반 한국 정부의 공식 통일 방안에서 기본 골격, 곧 합리적 핵심을 형성하게 되었다. 이런 관점에서 본다면, 남북관계 개선과 교류·협력 발달 이후에 발생한 남·남 갈등은 분단체제가 작동하는 역설적 방식을 보여 준다. 분단체제는 분단체제를 부정하는 반체제운동을 흡수함으로써 진화하고, 그런 진화 과정에서 분단체제의 지배 세력 자체도 진화한다. 특히 민족 통일이라는 대의로부터 항상 압박받을 수밖에 없는 상황에서, 지배 세력 내부에서 통일 문제와 관련한 분열이 매우 분명하게 나타난다.

그런데 남·남 갈등을 통해 확인되는, 억압 기구의 약화와 지배 세력의 분열은 분단체제의 동요와 통일 과정의 시작을 알리는 징후이지만, 분단체제 자체나 지배 세력이 본격적으로 붕괴되는 것을 의미하지는 않는다. 남·

남 갈등은 분단체제의 동요를 보여 주지만, 다른 한편으로는 분단체제의 억압·지배 방식이 교류·협력의 시대에 맞추어 새롭게 재편된 결과를 보여 주기도 한다. 무엇보다도 보수 진영의 핵심 세력은 시민사회 내부의 인적 자원과 제도적 장치를 조직하고 동원함으로써, 남·남 갈등을 조장한다. 그들은 여전히 민주주의의 원리를 부정하고 사상 검증을 이념·정치투쟁의 핵심 수단으로 사용한다. 남북한의 경제 교류·협력과 북한에 대한 인도적 지원은 북한 체제와 지도부를 연명시키는 수단으로 비판받는다. 시민사회 차원에서 보면, 사회 세력들 사이에서 진영화가 일어나고 동맹 정치가 활성화되며 사회적 분열이 일어나면서, 반체제운동은 억압을 받는다.

남·남 갈등은 민주주의 사회에서 나타나는 통상적인 정책 경쟁이라는 외양을 띠기는 하지만, 분단체제의 억압적 성격과 한반도 전체 지배 세력의 교묘한 공생 관계를 결코 감출 수 없다. 북한 인권 문제에서, 천안함 사건 조사 결과의 진실성 논쟁에서 남북한의 지배 세력은 남·남 갈등을 자기 정당화에 활용한다. 북한 인권을 실질적으로 개선하기 위한 인권 포용 정책을 주장하거나 천안함 사건의 진실을 밝히기 위한 과학적 검증을 주장하는 집단이나 시민은 남한 사회 내에서 '친북 인사'나 '종북 세력'으로 내몰리고, 그들의 존재와 주장은 북한 당국에 의해서는 남한 정부를 비난할 근거로 이용된다. 분단체제의 비인간적 억압이 낳은 극단적 유형의 체제 반대 세력은 남한 사회 내 보수 권력의 좋은 표적이 되고 '이중의 희생'을 겪는다. 남한 사회 내 민주주의와 시민사회의 발전, 그리고 남북교류·협력의 결과로 남한 사회 내에서 일어난 사회의식(특히 대북관과 통일관)의 변화는 분단체제의 동요를 더 심화시켜 해체 과정으로 발전시키는 데 성공하지 못하고, 오히려 분단체제 지배 세력의 대응에 의해 주춤거리고 퇴보한다.

남·남 갈등이라고 불리는 이념·정치투쟁 이면에서 진행되는 반체제운동에 대한 억압, 시민사회 차원의 진영 정치 또는 동맹 정치와 사회적 분열, 분단체제 지배 세력의 교묘한 공생, 낙인찍기와 배제 등은 남·남 갈등의 극복이 단순히 통일 담론·정책과 관련한 국민적 합의 기구나 초당적 협의 기구를 설치·운영한다 해서 이루어질 수 있는 것이 아님을 분명하게 보여 준다. 민주주의의 제한이 아니라 민주주의의 심화가, 탈-정치화되고 수동적인 시민들의 동원과 조직화가 아니라 시민 정치교육의 활성화를 통한 자발적이고 가치 지향적인 정치 참여, 동맹 정치를 통한 시민사회의 초-정치화나 지배·배제의 강화가 아니라 성찰과 소통을 통한 공존과 관용이 남·남 갈등을 진정으로 극복하는 방법이 될 것이다. 대북·통일 정책을 둘러싼 남·남 갈등은 분단체제의 극복과 민주주의의 발전이 여전히 둘이 아니고 하나임을 보여 준다.

탈-통일론의 두 형태 : '한반도식 통일'과 통일 지향의 평화

한반도 통일과 관련해 제기되었던 주장들 사이의 논쟁을 검토함으로써 아직도 통일 담론과 정책에 대한 논의가 여전히 우리 사회에 충분하지 않다는 사실을 깨닫게 된다. 우리 사회 전체로 볼 때, 통일 방안, 북한의 변화와 붕괴, 한미 동맹과 통일 외교, 남·남 갈등 등 어느 문제 하나도 최종 심급의 결정이라고 할 만한 결론을 얻지 못했다. 이 글의 논지는 분명하지만, 분단체제의 역사와 현실 앞에서 신중할 수밖에 없다. 통일을 향한 길은 미리 만들어져 있지 않다.

이런 판단은 2014년 초부터 벌어지고 있는 통일 논의들이 근거 없는 소동으로 끝날지도 모른다는 전망을 내놓게 한다. '통일대박론'이나 '통일 미래론'은 분단 현실을 치밀하게 인식하지 않은 상태에서, 또한 지난 시기의 통일 관련 논의로부터 엄밀한 교훈을 끌어내지 못한 상태에서 나온 성급한 정치적 구호로 전락할 가능성이 높다. 이런 구호는 우리 사회가 직면한 더 긴급한 문제들을 감추거나, 한반도 분단의 위기 상황과 억압적 현실을 은폐한다. 통일에 대한 환상은 분단 극복을 더 멀어지게 하고 통일 과정을 왜곡할 뿐이다. 분단체제는 언제나 수많은 통일 유령들을 성곽의 파수꾼으로 세워 놓고 있다.

남북관계나 한반도 정세가 실제로 통일로부터 멀리 떨어져 있는 시기에는, 어떤 형태의 통일론이라도 분단체제를 유지하는 이데올로기가 될 가능성이 높다. 분단체제라는 억압체제를 유지하는 지배 세력들이 통일 자체를 지배 수단으로 활용하고 있을 때에는, 분단과 통일에 대한 더 깊은 성찰이 필요하다. '통일론'이 통일로 가는 길을 막고 있을 때, 통일을 정책의 목표로 내세우지 않는 새로운 통일론이 필요할지도 모른다.

분단된 지 70년이 다 되어 가는 한반도에서 통일은 왜 필요하며, 분단은 한민족에게 진정 무엇인가? 과연 민족은, 민족주의는, 단일하고 독립적인 국민국가는 분단을 평가하고 통일을 내세울 수 있도록 하는 지향이나 목적이 될 수 있는가?[5] 지금까지 한반도 남북에서 제기되었던 정부 차원의 통일 방안들은 대부분 공허했을 뿐만 아니라 오히려 민족의 분열을 심화시키고 독재 체제를 유지하는 데 기여했다. 분단체제하에서 통일은 국가주의·안

---

5 박순성(2010)은 이런 문제의식을 발전시키고 있다.

보주의·성장주의를 정당화하는 가장 편리하고 효율적인 도구였다. 이런 관점에서 본다면, 통일에 대한 구상보다는 분단에 대한 문제 제기가 더 중요하다.

남북한 수구 세력들의 교묘한 공생 관계, 그들이 안팎으로 유지하고 있는 억압 체제, 한반도 분단을 통해 여전히 작동하고 있는 강대국들의 지배 등에 대한 분석은 전통적 의미의 통일론으로 귀결되지 않는다. 왜 분단 극복이 필요한지, 분단 극복은 어떻게 가능한지, 분단 극복이 지향하는 가치와 목표는 무엇인지 등에 대해, 분단체제론은 분단체제의 변혁과 분단체제 극복 운동을 제안하고 있다. 분단체제론에 따르면, "무엇이 통일이며 언제 통일할 거냐를 두고 다툴 것이 없이 남북 간의 교류와 실질적 통합을 다각적으로 진행해 가다가 어느 날 문득, '어 통일이 꽤 됐네, 우리 만나서 통일 됐다고 선포해 버리세.'라고 합의하면 그게 우리식 통일"이 된다. 그리고 이처럼 한반도에서 "남북 민중의 실질적 접근으로 '어물어물' 진행되는 통일"은 "남북 간의 경계선뿐만 아니라 동북아 여러 나라 사이 국경선도 점차 밀폐성이 덜해지는 한반도의 변혁 작업"이자 동시에 동북아 전체의 변혁 작업이다(백낙청 2006, 21, 23). '한반도식 통일'은 분단체제에 대한 성찰이 통일과 동북아 평화에 대한 새로운 관점으로 이어질 수 있음을 잘 보여 준다.

한편, 한반도 분단의 문제를 천착할수록, 한반도에서 통일의 문제(민족 문제)와 평화의 문제(군사 문제)가 둘이 아니고 하나임을, 민중의 분단체제 극복 운동과 시민사회의 평화운동이 함께 나아가야 함을 발견한다. '통일 지향의 평화'를 강조하는 참여연대 평화군축센터의 평화 국가론은 대한민국 헌법의 평화주의 원리, 평화적 생존권, 안보 위협 해석의 문민화, 안보 권력의 민주적 통제, '합리적 방어 충분' 또는 '방어적 방위', 남한 주도의 선

군축, 한미 동맹의 민주화 등의 개념을 제시함으로써 한반도에서 평화를 정착하는 과정이 통일로 가는 지름길임을 확인하고 있다.[6] 세계에서 군사력이 가장 밀집해 있고 강대국의 이익이 여전히 충돌하고 있는 한반도에서, 가장 현실적인 길은 통일을 통해 평화로 나아가는 것이 아니라 평화를 통해 통일로 나아가는 것이다. 그리고 평화 국가를 지향하는 국가 전략을 채택할 때 비로소 한국은 한반도 평화와 통일 과정에서 주도적 역할을 할 수 있고, 나아가 동북아 질서가 재편되는 과정에서 소외되지 않을 것이다.

2014년 봄에 다시 시작된 남한 정부와 보수 신문의 성급한 통일론이 통일의 상대이자 주체가 되어야 할 북한 지도부와 주민들에게 잘못된 메시지를 보내고, 통일 과정에 함께해야 할 주변 강대국들에도 잘못된 메시지를 보낸다면, 통일론은 반反통일론이 될 수 있다. 더구나 최근 몇 년간 남북관계가 더욱 멀어지고, 북한 체제가 더욱더 군사우선주의로 기울고, 남북한 사이에서 군사적 긴장이 고조되고 무력 충돌이 증가함에 따라, 남한 국민들의 통일에 대한 감수성은 약화되고 평화에 대한 감수성은 높아졌다. 이런 시기에 필요한 것은 평화와 협력의 메시지이다.

지금 남한 사회가 해야 할 일은 남북한 사이의 무력 충돌을 평화적 방법으로 해결하고 군비경쟁을 군축으로 전환하기 위한 노력을 기울이고, 교류를 통해 남북한 사이의 화해와 접촉을 조금이라도 더 진전시키고 확대하는 것이다. 이런 노력을 기울이지 않는다면, '접근을 통한 변화'의 주창자인 에

---

6 참여연대 평화군축센터(2008)는 평화 국가론을 제시하고 있으며, 한반도 평화와 통일에 관한 시민 행동들을 기록하고 있다.

곤 바가 말했듯이, 우리는 기적을 기다리는 수밖에 없다.[7] 그러나 독일의 역사가 잘 보여 주었듯이, 동독 체제의 붕괴와 독일 통일이라는 '기적'조차도 동방정책의 끈질긴 추진을 통해서만 일어날 수 있었다.

참고문헌

박순성. 2010. "한반도 통일과 민족, 국민국가, 시민사회." 『북한연구학회보』 제14권 2호.
_____. 2012. "한반도 분단현실에 대한 두 개의 접근: 분단체제론과 분단/탈분단의 행위자
　　　-네트워크이론." 『경제와 사회』 통권 제94호(2012 여름).
백낙청. 2006. 『한반도식 통일, 현재진행형』. 창비.
심지연. 2001. 『남북한 통일방안의 전개와 수렴: 1948~2001 자주화·국제화의 관점에서 본
　　　통일방안 연구와 자료』. 돌베개.
참여연대 평화군축센터 엮음. 2008. 『2008 평화백서: 시민, '안보'를 말하다』. 아르케.
통일연구원. 2013. 『남북관계연표 1948~2013년』. 통일연구원.
허문영·김수암·여인곤·정영태·조민·조정아. 2007. 『한반도 평화체제: 자료와 해제』. 통
　　　일연구원.

Bahr, Egon. 1963. "Change through Rapprochement," (speech delivered on July 15,
　　　1963, at the Evangelical Academy in Tutzing)
　　　http://germanhistorydocs.ghi-dc.org/sub_document.cfm?document_id=81;
　　　http://www.fes.de/archiv/adsd_neu/inhalt/stichwort/tutzinger_rede.pdf
　　　(독일어 전문, 검색일 2014/04/12)

---

7 에곤 바(Bahr 1963)에 따르면, 기적을 기다리는 것은 결코 정책이 아니다.

7

동북아

다자 안보 협력으로 동북아 평화 질서를 구축하자

이남주

협력과 대립의 교차로에 서있는 동북아 질서

냉전 해체 이후 평화로운 신국제 질서의 출현에 대한 기대가 높았지만 현재 상황은 그런 기대와 차이가 크다. 유럽에서는 냉전 해체가 동서 대립의 극복과 유럽 통합으로 이어졌다. 그렇지만 유럽을 제외한 지역의 상황은 그리 희망적이지 않다. 국지적 분쟁과 정치적 갈등이 꾸준히 증가해 왔기 때문이다. 중동 지역에서 확대 재생산되고 있는 종교적·정치적·사회적 갈등이 대표적인 사례이다. 유럽에서도 긍정적인 변화만 있는 것은 아니다. 유럽 통합에도 불구하고 서유럽과 동유럽의 격차가 여전히 해소되지

• 『동북아연구』 제27권 2호에 게재된 "동북아 평화체제와 민간 협력: 동북아 다자협력의 필요성, 가능성, 추진경로"를 이 책의 편집 원칙에 맞추어 수정했다.

않고 있으며, 최근 우크라이나 사태가 보여 주는 것처럼 지정학적 갈등과 분쟁이 일부 지역에서는 고조되고 있다. 이런 모습은 1990년대 초반 후쿠 야마Francis Fukuyama가 예상한 "역사의 종말"과 거리가 멀다. 동북아에서는 긍정적인 변화와 부정적인 변화가 동시에 출현했다.

우선 이념 대립으로 인한 안보 갈등이 줄어들고 역내 국가들 사이에 경제 및 문화 교류가 크게 증가한 것은 긍정적인 변화라고 할 수 있다. 여기에는 중국의 개혁·개방이 중요한 계기를 제공했다. 중국은 개혁·개방 이후 인도·베트남 등 냉전 시기 갈등을 겪었던 주변 국가들과의 관계 정상화에 나섰고 한국과도 1992년 수교함으로써 주변 국가들과의 정치적 대립을 대부분 해소했다. 그 결과 동북아에서는 한반도 분단 이외의 냉전적 대립 구도는 크게 완화되었다. 경제 영역에서 가장 큰 변화가 진행되고 있는데, 한국의 경우 무역 총액에서 중국이 차지한 비중은 2000~10년 사이에 9.39 퍼센트에서 21.13퍼센트로 증가했고, 미국의 비중은 같은 기간 20.09퍼센트에서 10.12퍼센트로 감소했다. 일본의 무역 총액에서 중국이 차지하는 비중이 같은 기간 9.95퍼센트에서 21.02퍼센트로 증가했고, 미국의 비중은 24.00퍼센트에서 12.92퍼센트로 감소했다. 경제협력의 증진은 장기적으로 역내 협력을 강화하는 주요 동력이 되고 있다.

그러나 냉전 해체 이후 동북아 변화의 한계도 뚜렷하다. 프리드버그Aron Friedberg는 1993년에 발표한 논문에서 아시아에는 민주주의, 경제사회적 평등, 탈민족주의적 정치 문화, 활력 있는 지역 기구 등 유럽이 냉전 해체 이후 안정을 유지할 수 있게 해준 요인들이 결여되어 있기 때문에 아시아가 대국들이 충돌하는 무대가 될 가능성이 높다고 전망한 바 있다. 아시아의 미래는 새로운 통합 질서를 발전시키고 있는 현재의 유럽보다는 현실주의적 힘의 논리가 지배했던 과거의 유럽과 유사해질 것이라는 주장이다. 지금까지의 변화를 보면 프리드버그의 예측이 적중했다고 보기 어렵다. 여러 문제에도 불구하고 동북아는 물론이고 아시아 전체에서 대규모 군사 충돌이 발생하지는 않았다.[1] 그렇지만 프리드버그가 제기한 문제들은 냉전이 해체된 지 20년이 경과했지만 여전히 해결되지 않고 있다.

그중에서도 지역 협력의 제도화가 역내 교류의 양적 확대를 따라가고 있지 못하고 있는 것이 가장 큰 한계라고 할 수 있다. 교류가 가장 활발하게 진행되고 있는 경제 영역에서도 협력의 제도화는 여전히 낮은 단계에 머물러 있고 안보 영역에서는 문제가 더 심각하다. 무엇보다도 지구적 차원에서는 냉전 체제가 해체되었다고 하지만, 동북아에서는 냉전의 유산이 여전히 청산되지 않고 남아 있다. 한반도의 남북관계나 중국의 양안 관계에서 화해와 갈등이 교차하고 있고 이들 사이의, 특히 한반도 남북의 갈등이 군사 충돌로 이어질 가능성이 사라지지 않고 있다. 게다가 새로운 유형의 갈등도 출현하고 있다. 2010년 이후 중국과 일본 사이에는 도서 영유권과 해양 경계선 확정 문제를 둘러싼 갈등, 중국과 동남아 국가들 사이에는 난사군도南沙群島, Spratly Islands의 영유권을 둘러싼 갈등이 대표적인 사례들이다. 그럼에도 이를 관리하고 해결할 수 있는 제도적 장치는 부재한 상황이며 동북아와 동아시아에서 대규모 군사 충돌이 발생하지는 않고 있지만 안

---

1 냉전 체제가 해체된 이후 발생한 소규모 군사 충돌 사례로는, 한반도 서해에서 발생한 두 차례 교전과 2010년 11월 북한의 연평도 포격, 2008년 '프레아비히어 사원'(Preah Vihear temple) 주변에서 타이와 캄보디아 사이에 발생한 교전 등이 있다. 그러나 이들은 프리드버그가 예상한 대국 간 충돌과 거리가 멀다.

보 딜레마는 계속 심화되고 있다.

요약하자면 현재 동북아는 경제적·문화적 교류의 증진이 평화 질서의 구축으로 이어질 것인지, 아니면 지역 협력의 제도화가 진전되지 못하고 다시 새로운 대립과 갈등의 공간으로 전락할 것인지의 교차로에 서있다. 이런 상황에서 우리는 어떤 선택을 해야 하는가? 당연히 동북아 질서가 협력을 강화하는 방향으로 발전될 수 있도록 노력해야 한다. 그러나 문제는 그 방법이다. 어떤 방법이 동북아에서 전쟁을 방지하고 평화 질서를 정착시킬 수 있는지에 대해 답하기는 쉽지 않다.

국제정치학에서 동북아 평화 문제를 논의하는 데서 가장 지배적인 입장은 여전히 세력균형에 기초한 현실주의적 접근이다. 세력균형이 평화를 보장하는 데 가장 이상적이지는 않지만 가장 현실적인 수단이라는 것이다. 그러나 앞서 언급한 것처럼 최근 안보 딜레마가 더 심화되고 있는 상황은 현실주의적 접근의 문제점을 잘 보여 준다. 자신의 안전보장을 위해 군사 동맹을 강화하거나 군사력을 증가시키는 것은 곧 그로부터 위협을 받는다고 생각하는 국가들의 상응하는 반응을 초래함으로써 결국 역내의 대립 구도 강화와 군비 증강으로 이어지기 때문이다. 그렇다고 해서 경제 의존도의 증가가 분쟁과 갈등의 소지를 줄이고 정치 및 안보 영역에서의 협력을 촉진할 수 있다는 기능주의적·자유주의적 접근이 현실화되기도 힘들다. 동북아에서는 경제적 상호 의존도가 증가했음에도 민족주의 간 충돌, 영유권 분쟁이 같이 증가하고 있다는 점에서 기능주의적·자유주의적 접근의 한계를 잘 보여 주고 있다. 두 가지 접근이 제기하는 방법들(세력균형이나 경제협력을 통한 상호 의존 심화 등)을 완전히 도외시할 수는 없지만, 여기에만 의존해 동북아에서 증가하고 있는 갈등에 대처할 수 있다고 생각하는 것은 매우 비현실적이다.

결국 안보 딜레마가 심화되는 상황에서 동북아가 벗어나기 위해서는 현실주의와 자유주의의 한계를 넘어설 수 있는 새로운 평화 유지 방안을 모색할 필요가 있다. 그 유력한 대안 중 하나가 다자 안보 협력이다. 이는 동맹이 아니라 협력 안보 혹은 공동 안보를 통한 안보 공동체의 형성을 모색한다는 점에서, 경제협력의 확장 효과가 아니라 안보 협력을 독립적이고 우선적 의제로 다루는 협력을 모색한다는 점에서 각각 현실주의적 접근이나 기능주의·자유주의적 접근과 차별성을 갖는다. 물론 다자 안보 협력론이 다소 이상적인 측면이 있다는 점 때문에 그 실현 가능성에 대한 의문이 적지 않다. 그러나 이미 유럽 등의 경험을 통해, 다자 안보 협력이 불가능한 이상은 아니라는 사실이 증명되었다. 지레 겁먹고 포기할 일이 아니라 이런 구상이 실현될 수 있는지를 차분히 검토하고, 그런 가능성이 발견된다면 동북아의 실정에 맞는 구상을 가다듬고 이를 실현하기 위해 노력할 필요가 있다.

동북아 다자 안보 협력은 가능하다

한국전쟁 이후 미국은 일본·한국·타이완 등과 군사동맹 관계를 구축하고 다른 한편에서는 중국과 소련 사이의 갈등을 활용하며 동북아 질서의 변화를 주도했다. 특히 1970년대 들어 중국은 소련으로부터의 위협에 대응하기 위해 미국과 협력을 추구했는데 이는 미국이 베트남전쟁으로 인한 위기를 극복하고 이 지역에서 헤게모니를 유지하는 데 큰 도움이 되었다. 이 시기 동북아에서는 미국 헤게모니 질서(동북아 질서 A)가 유지되었다고 할 수 있다. 그런데 최근 중국의 부상이 빠르게 진행됨에 따라 동북아에서 미국 헤게모니 질서는 큰 도전에 직면하고 있다.

먼저 미국과 중국이 동북아에서 강대국 협조 체제US-China condominium(동북아 질서 B)를 구축해 동북아 질서 재편을 주도하는 것을 예상할 수 있다. 동북아 'G2 체제'라고 할 수 있는데 실현 가능성은 낮다. 미국과 중국이 다른 국가들의 이해관계를 무시해 가며 지역 질서의 변화를 주도하기 어렵고, 미·중 사이에도 상대에 대한 불신이 해소되기 어렵기 때문이다. 그 결과 북핵 문제나 센카쿠 열도(댜오위다오) 영유권 분쟁 등을 미·중이 효과적으로 해결하지 못하는 것은 물론이고 오히려 이 갈등에 깊이 끌려들어 가고 있다. 최근에는 미국이 전통적 동맹 국가들과의 관계를 강화하고, 중국 역시 러시아·북한 등과의 전략적 협력을 강화하면서 '동북아 신냉전 체제'라고도 불리는 냉전식 진영 대립이 다시 출현할 것이라는 전망도 등장하고 있다(동북아 질서 C). 그렇지만 미·중 사이에 냉전식 대결 구도가 출현할 가능성도 높지 않다. 중국이 미국과의 지구적 차원의 헤게모니 경쟁을 추구하지 않을 것이며, 미국도 국제사회의 안정적 관리를 위해서는 다른 여러 영역에서 중국의 협력을 필요로 하고 있다. 이런 점들을 고려하면 앞으로 상당 기간 동북아에서는 미국과 중국 사이에 협력과 경쟁이 중첩되는 관계가 유지될 것이다. 동북아에서는 미·중이 직접 군사적으로 대립하는 상황이 출현할 가능성은 낮지만 군비경쟁이 가속화되고 안보 딜레마도 심화될 가능성은 높다(동북아 질서 D). 이는 대립구도가 아직 고착화되지 않아 새로운 평화 질서를 모색할 수 있는 공간이 존재한다는 점에서 기회적 측면이 있는 동시에, 지역 질서가 유동적인 상황에서 군비 증강과 영토 갈등이 확산될 경우 우발적인 군사 충돌의 가능성을 높인다는 점에서 위기적 측면도 있다. 그리고 이런 위기적 측면에 대응하기 위한 새로운 접근이 앞서 언급한 협력 안보와 공동 안보를 지향하는 다자 안보 협력이다. 역내 국가들이 상호 신뢰에 기반을 둔 안보 협력 체계를 구축하고 지역 평화를 위협하는 요인에 공동으로 대응하는 다자 안보 협력이 미·중 간 힘의 정치에 의존하는 것보다 동북아 평화를 보장하는 데 더 이상적인 방안이기 때문이다.

물론 집단 안보 혹은 공동 안보에 대해서는 국가가 주권의 핵심적인 구성 요소인 안보 문제에 대한 결정권을 일부분이라도 다자 협력 기구에 넘기는 것이 가능한지, 다자 안보 협력 기구가 참여 국가들의 행위를 얼마나 효과적으로 통제할 수 있는지 등의 의문들이 제기되어 왔다. 지금까지 이런 문제를 효과적으로 극복한 다자 안보 협력 체제의 사례를 찾기도 쉽지 않다. 헬싱키 프로세스를 거쳐 구축된 유럽안보협력기구Organization for Security and Co-operation in Europe, OSCE가 거의 유일한 사례라고 할 수 있는데, 이는 냉전 해체로 동유럽 사회주의국가들이 서유럽에 통합되면서 가능했다. 따라서 냉전적 대립이 여전히 지속되고 있을 뿐만 아니라 민족주의적 갈등이 고조되고 있는 동북아에서 다자 안보 협력 체제가 발전될 가능성에 회의적인 견해가 제기되는 것은 당연하다. 그러나 최근 동북아 질서의 변화를 보면 다자 안보 협력의 가능성을 비관적으로 생각할 일만은 아니다.

우선 인식적인 측면에서 민간 차원뿐만 아니라 정부 차원에서도 다자 협력이 역내 안보 문제를 해결할 현실적인 방안이라는 점에 대한 공감대가 꾸준히 증가되어 왔다. 2005년 9월 6자 회담에서 합의된 "9·19 공동성명"의 4항에는 "6자는 동북아시아의 항구적 평화와 안정을 위해 공동으로 노력할 것을 공약했다. …… 6자는 동북아시아에서 안보와 협조를 도모하기 위한 방도와 수단들을 탐구할 것을 합의했다."는 내용이 포함되어 있다. 그리고 2007년 2월 13일 발표된 6자 회담 합의문 5항에서는 "6자는 9·19 공동성명의 이행을 확인하고 동북아 안보 협력 증진 방안 모색을 위한 장관급 회담을 신속하게 개최한다."라면서, 더 구체적인 방안을 제시했다. 이 합의에 따라 '동북아 평화·안보 체제 실무 그룹'Northeast Asia peace & Security Mechanism, NEAPSM이 구성되어 2009년 초까지 세 차례 회의를 갖기도 했다. 북핵 문제의 해결이 동북아 다자 안보 협력의 발전으로 이어질 기반이 만들어져 있는 것이다.

또한 동북아 질서의 변화에 결정적인 영향을 미칠 중국과 미국이 모두 다자 안보 협력에 적극적인 관심을 표명하고 있다. 중국은 과거 안보 문제에서 독립 자주, 주권 존중의 원칙만을 강조했으나, 최근 다자 안보 협력에 적극적으로 참여하고 있다. 여기에는 자신이 평화적으로 부상할 수 있는 국제 환경을 조성하는 데 다자 안보 협력이 긍정적인 역할을 할 수 있다는 판단이 중요하게 작용했다. 즉 중국에 다자 안보 협력이란 미국의 일방주의를 견제하고, 중국에 대한 포위망 구축에 대응할 유용한 수단이 될 수 있다. 반면에 미국은 이런 중국의 계산을 고려해 다자 안보 협력이 동북아에서 양자 동맹을 중심으로 구축된 자신의 패권적 지위를 약화시킬 가능성을 우려한다. 그러나 시간이 갈수록 미국은 동북아에서 중국과의 경쟁에서 불리한 처지에 빠질 가능성이 높으며 장기적으로 보면 미국도 중국의 부상을 다자 안보 협력이라는 틀 내에서 관리할 필요를 느끼게 될 것이다. 즉 다자 안보 협력을 통해 중국이 부상한 이후에도 중국의 행위를 규제할 수 있는 제도적·규범적 틀을 만들 수 있다. 이런 계산에 따라 미국도 이미 2005년 6자 회담을 다자 안보 협력을 위한 발판으로 만들자는 의사를 중국에 밝힌 바 있다. 앞에서 언급한 합의가 그 결과물이라고 할 수 있다.

동북아에는 한반도의 남북 대립, 중·일 사이의 라이벌 의식, 한일 사이의 민족주의적 갈등, 중국의 양안 관계 등 영토와 주권을 둘러싼 갈등이 존재하기에 다자 안보 협력의 진전을 가로막는 제약 요인이 적지 않다. 그렇지만 다자 안보 협력이 바로 높은 수준으로 진행될 필요는 없다. 초기에는 합의에 의한 결정, 개별 국가의 주권에 대한 존중 등 유연한 원칙에 따라 작동되더라도 신뢰 구축, 군비 통제 등의 영역에서 성과를 거둘 수 있다면 이는 매우 중요한 진전이 될 수 있다. 많은 사람들이 모범 사례로 들고 있는 헬싱키 프로세스도 높은 수준의 협력이 아니라 소련과 서유럽의 이익을 균형적으로 반영하는 수준에서 시작되었다. 소련은 제2차 세계대전으로 인한 지정학적 변화의 인정과 유지를 목표로 1950년대부터 범유럽 안보 기구의 결성을 제안해 왔는데 서유럽 국가들은 지정학적인 현상 유지라는 원칙을 받아들이면서 자신의 관심사(인적·문화적 교류와 인권)가 논의될 공간을 확보하는 방식으로 합의가 이루어졌다. 논의 초기에 미국은 유럽에서 자신의 영향력이 축소될 것을 우려해 이에 소극적인 태도를 보이기도 했으나, 소련의 변화를 촉진하는 계기가 될 수 있다고 판단하면서 헬싱키 프로세스를 적극 활용하는 방향으로 입장을 전환하며 논의가 진전될 수 있었다. 이런 방식이 동북아에도 적용될 수 있다. 그뿐만 아니라 한반도 비핵화, 동북아시아 비핵지대화 등 동북아의 다자 안보 협력을 매개할 수 있는 의제들이 이미 등장해 있다. 동북아에서도 다자 안보 협력은 이상만이 아니라 이미 현실적 과제라 할 수 있다.

동북아 다자 안보 협력 발전을 위한 세 가지 주요 과제

동북아에서 다자 안보 협력을 발전시키기 위해 해결할 과제가 많다. 그 중에서도 북핵 문제의 해결이 가장 핵심적이다. 북핵 문제의 해결이 바로 동북아 다자 안보 협력의 출발점이다. 앞서 설명한 것처럼 6자 회담 프로세스에서는 이미 북핵 문제의 해결과 동북아 평화 체제를 연관된 과제로 설정했다. 이는 북핵 문제가 평화적으로 해결된다면 동북아에서 다자 안보 협력이 빠른 속도로 촉진될 수 있음을 의미한다. 그 과정에 한반도 및 동북아의 비핵지대화, 한반도 및 동북아의 군축이 동시에 논의될 수 있다. 즉 북핵 문제의 해결과 한반도 평화 체제의 구축은 동북아에서 다자 안보 협력의 형성 과정에서 필수적으로 거쳐야 할 경로이다.

그렇지만 양자의 관계가 선후의 문제는 아니다. 동북아 다자 안보 협력이 북한의 가장 큰 관심사인 북한의 체제 안전에 대한 우려를 해소하는 데 기여할 수 있다면 이는 한반도 평화 체제의 구축을 촉진할 수 있다. 북한은 미국이 자신의 체제 안전을 보장할지에 대해, 미국은 북한이 핵무기를 포기할지에 대해 의구심을 갖고 있다. 따라서 서로 상대방이 먼저 자신의 요구를 '역진 불가능'한 형태로 실행하라고 요구하는 것이 그동안 북·미 사이에 이루어진 몇 차례 합의가 실행되지 못한 근본 원인이다. 이런 상호 불신은 단기간 내에 해결되기 어렵다. 따라서 이미 6자 회담에 참여하고 있는 다른 국가들이 함께 북한과 미국이 추구하는 목표를 실현하는 과정에서 나타나는 시차에 따른 문제를 해결해 줄 수 있다면, 동북아 다자 안보 협력과 한반도 평화 체제를 동시에 발전시키는 길을 찾을 수 있을 것이다.

다자 안보 협력의 발전 과정에서 직면할 또 다른 문제는 미국이 동북아 국가들과 맺고 있는 양자 동맹 관계와 다자 안보 협력 체제 사이의 관계를 동북아 평화에 유리한 방향으로 처리하는 것이다. 현재 미국과 동맹 국가들은 다자 안보 협력이 동맹 관계와 충돌하지 않는 조건에서만 이를 수용하려는 태도를 보이고 있다. 미국에는 양자 동맹 관계가 동북아, 넓게는 동아시아에서 자신의 이익을 보장할 수 있는 가장 중요한 전략적 자산이기 때문이다. 따라서 동북아에서 다자 안보 협력은 당분간 양자 동맹 관계가 병존하는 상황이 유지될 것이고 동북아의 새로운 안보 질서는 하이브리드 행태를 취할 수밖에 없다. 그럼에도 다자 안보 협력의 발전을 위해서는 양자 동맹 관계가 다자 안보 협력의 기초를 약화하거나 이와 충돌하는 것은 막아야 한다. 양자 동맹 관계가 군사적 성격을 더 강화하거나 역내 국가를 대상으로 하는 방향으로 발전하는 것이 이런 경우에 해당된다. 한·미·일 삼각 군사 협력의 강화가 이런 경우에 해당될 수 있다. 이에 대한 중국의 반발은 불을 보듯 명확하다. 미국과의 군사동맹 체제의 강화는 단기적으로는 안정감을 강화할 것이나 장기적으로는 동북아에서 중국과 미국 사이의 경쟁 구도를 강화해 외교적·안보적 딜레마를 심화할 것이다.

따라서 다자 안보 협력을 추진하는 과정에 양자 동맹 관계를 다자 안보 협력과 양립할 현실적 방안을 찾아야 한다. 이를 위해서는 미국이 동아시아 국가들과 맺는 동맹에서의 위계적 관계를 수평적 관계로 전환해야 한다. 현재의 위계적 동맹 관계는 냉전 체제라는 특수한 상황에서 형성된 것인데 중국이 동맹 관계에 대해 우려하게 만드는 가장 중요한 요인이기도 하다. 예를 들어 한국의 군사전략이 미국의 군사전략에 종속되어 있는 상황에서 한미 군사동맹이 결국 미국의 대중국 포위망 구축에 활용되리라고 판단하고 있는 것이다. 또한 동맹 관계의 군사적 성격도 약화시켜야 한다.

동북아는 이미 세계의 다른 어떤 지역보다도 군사력이 밀집되어 있다. 객관적인 위협 평가를 기초로 안보 위협에 대비하기 위한 적정 수준에서 군사 협력을 유지할 필요는 있지만, 인위적으로 위협 요인을 생산하고 이에 대해 과도하게 군사적 대응을 추진하는 것은 지역 협력과 동맹 관계를 양립하기 어렵게 만들 것이다. 이 두 가지 조건이 충족된다면 동맹 관계가 당장 동북아 다자 안보 협력과 충돌되지는 않을 것이고 양자가 공존할 공간도 넓어질 것이다.

마지막으로 다자 안보 협력을 지속적으로 발전시키려면 협력 영역을 확장해 가기 위한 아이디어가 꾸준히 공급되어야 한다. 높은 수준의 다자 안보 협력으로 발전되기까지 여전히 많은 시간이 필요하다. 초기에 주력해야 할 일은 한반도의 평화적 관리, 신뢰 구축, 그리고 군비 감축 등이 될 것이다. 즉 현재 국가 간 관계를 안정시키고 국가 간 갈등이 군사적 갈등으로 전화되지 않도록 하는 메커니즘을 구축하는 것이다.[2]

이 가운데 신뢰 구축이 상대적으로 쉬운 반면, 군비 감축은 주요 국가들의 안보 전략에 직접적인 영향을 미치기 때문에 합의에 도달하기 어렵다. 예를 들어 동북아 비핵지대화는 미국의 핵전략과 충돌할 것이고, 국방예산을 빠르게 증가시키고 있는 중국도 군비 감축에는 소극적인 태도를 보일 가능성이 높다. 결국 다자 안보 협력이 이루어지려면 당사국들의 일정한

---

2 동아시아나 동북아시아에서의 지역 협력은, 당장 이상적인 공동체 구축을 추구하는 것은 비현실적이고 국가 간 관계의 정상화라는 근대적 과제와, 국가주의를 넘어서기 위한 협력 공간을 만들어 가는 탈근대적 과제를 동시에 추구해야 한다(이남주 2005).

양보가 따라야 하는데, 미국과 중국이 얼마나 적극적으로 이에 응할지는 불확실하다. 사실 유럽에서도 미국, 서유럽 주요 국가, 소련 등의 이해관계를 조정하는 데 성공할 수 있었던 것은 오스트리아·스위스·유고 등의 비동맹·중립국들이 동서 간 진영 대립을 완화하고 중재했기 때문이다. 동맹 관계에 의존하지 않는 이 국가들은 다자 안보 협력을 통해 더 효과적으로 안전을 보장받기를 원했기 때문에 내부의 입장 차이에도 불구하고 다자 안보 협력을 추진하는 데 공동보조를 취할 수 있었다. 문제는 동북아에서는 유럽과 달리 중간 국가들의 역할이 크지 않다는 점이다. 특히 핵심적인 역할을 해야 할 한국과 일본에 이를 기대하기 어렵다. 이들이 지금까지 미국과의 동맹 관계에 안전보장을 의존해 온 관성이 강하기 때문이다. 그뿐만 아니라 역사 문제와 독도 문제를 둘러싼 한일 간 갈등도 다자 안보 협력을 촉진하는 데 필요한 한일 공조를 어렵게 만들고 있다.

따라서 동북아에서는 민간 부문이 다자 안보 협력을 발전시킬 아이디어를 공급하고 이를 뒷받침할 수 있는 인식 공동체를 형성하기 위해 더 적극적인 역할을 할 필요가 있다.

민간 협력으로 다자 안보 협력의 돌파구를 만들자

안보 협력에서 민간 협력의 역할은 제한적이다. 그러나 민간 협력은 새로운 안보 규범을 확산하는 데시, 전통적 안보 규범의 관성에서 벗어나기 힘든 국가 간 협력보다 더 적극적인 역할을 할 수 있다. 특히 북핵 문제가 해결되기 이전에는 국가 간 다자 안보 협력이 적극적으로 추진되기 어려운데, 이 시기에는 민간 협력이 동북아 다자 안보 협력에 대한 공감대를 확산하는 과정을 주도할 수 있다. 물론 시민사회의 발전이 낮은 수준에 머물러 있고, 그나마 이 수준이 국가별로 매우 불균등한 동북아에서 민간 협력이 제대로 진행될 수 있는지 의문이 제기될 수 있다. 그렇지만 유럽에서의 다자 안보 협력에 대한 아이디어가 확산된 것도 시민사회의 발전이 매우 불균형적인 상황에서 시작되었다.

초보적이기는 하지만 동북아에서도 이런 노력이 이미 시작되었다. 한국·일본 등의 시민사회에서는 국가뿐만 아니라 시민도 안보의 주체가 되고, 국가 안보가 아니라 인간 안보를 중시하는 방향으로 안보의 의미가 변화되어야 한다는 논의를 제기하는 한편, 시민사회가 안보와 평화 문제에 적극적으로 개입해야 한다는 논의가 진행되고 있다(구갑우 2007). 최근 동북아에서 여러 재난 사태(일본의 후쿠시마 원전 사태나 한국의 세월호 사건 등)가 전통적인 안보 문제로 비롯된 것이 아니며, 이런 재난에 대응하는 과정에서 민간 역할이 국가 부문 못지않게 중요하다는 점은 안보 문제에서 민간 부문 역할의 중요성을 말해 준다. 따라서 이런 논의가 앞으로 새로운 안보 협력을 모색하고 민간 역할을 높이는 데 인식론적 기초를 제공할 수 있다. 그뿐만 아니라 동북아에서도 정도의 차이는 있지만 민간 부문의 역할이 냉전 시기보다는 커지고 있다. 중국에서는 개혁·개방 이후 국가로부터 상대적으로 자주적인 사회 공간이 만들어지고 환경, 권익 보호 등의 영역에서 시민사회의 발전이 진행되고 있다. 아직 안보 문제에 대한 의사 결정 과정에 민간이 참여하기는 어렵지만, 이 영역에서도 비교적 독립적인 전문가와 지식인 들의 영향력이 증가하고 있다. 가장 폐쇄적인 국가라고 할 수 있는 북한도 최근 민간 자격으로 국제 교류에 참가하는 사례가 증가하고 있는데, 이는 북한 정부가 안보 문제와 관련해 민간 협력의 역할이 증가할 가능성을 의식한 결과로 보인다.[3] 이런 변화를 적극 활용한다면 안보 문제와 관련한 민간의 발언권도 높이고 나아가 국가 간 관계에서는 논의되기 어려운 아이디어도 활발하게 논의될 수도 있을 것이다.

유럽에서 초국가적 협력이 발전하는 과정에서 인식 공동체epistemic communities가 중요한 역할을 했다. 하스Peter M. Hass는 인식 공동체를 "지식 기반의 전문가 네트워크"network of knowledge-based experts로, "특정 영역에서 공인된 식견과 능력을 가진 채, 해당 분야의 정책적 지식에 관해 권위 있는 주장을 내어 놓을 수 있는 전문가 네트워크"라고 규정했다. 따라서 여기서는 국가이익과 같은 틀을 넘어 지역 문제와 그 해결 방법에 대한 공동의 인식 체계가 발전될 수 있고 지역 통합을 위한 매개 역할을 할 수 있다. 동북아에서도 경제·사회 교류가 빠르게 증가하면서 이런 인식 공동체들이 형성될 가능성은 높아지고 있다. 다만 여기서 강조할 필요가 있는 것은 하스의 인식 공동체에 대한 설명은 기능주의적 협력을 강조하고 있는데, 동북아에서는 고도의 전문성 공유에 기초한 인식 공동체뿐만 아니라 새로운 방식의 평화를 추구할 필요성에 공감하는 지식인들과 시민사회의 연대를 통한 인식 공동체가 같이 발전되어야 한다는 점이다. 앞서 이야기한 것처럼 자유

---

3 2011년 4월 개최된 무력갈등 예방 국제연대(Global Partnership for the Prevention of Armed Conflict, GPPAC) 동북아위원회의 베이징 회의에 평양 측이 참가한 데 이어 2012년 3월 7일부터 9일까지 열린 동북아 평화와 협력을 위한 뉴욕 회의에도 북한의 이용호 외교부 부상이 군축평화연구소 자문위원 자격으로 참석했다. 이 회의에는 한국 측에서 6자 회담 수석대표가 참가해 남북 간 정부 대화가 성사되는지가 관심의 대상이 되기도 했는데, 회의 자체는 한국과 독일의 민간단체가 주도해 만들어진 트랙 2(track 2) 모임이었다.

주의적·기능주의적 접근에 의해 동북아 평화 체제를 구축하는 데는 한계가 있기 때문이다. 이런 유형의 연대도 이미 진행되고 있다.

첫째, 시민사회 주도로 진행되고 있는 평화 대화들이다. 가장 대표적인 것은 (2003년 당시 유엔 사무총장 코피 아난이 제안해 결성된) 무력갈등 예방 국제연대GPPAC 동북아 시민사회 네트워크이다. 이는 2005년 2월 일본 도쿄에서 결정되었는데 베이징·홍콩·서울·상하이·타이베이·도쿄·교토·울란바토르·블라디보스토크에서 활동하는 시민사회 단체들로 구성되었다. 2007년 이 네트워크의 3차 회의가 울란바토르에서 개최되었고 이 회의에서 동북아 평화 체제 구축의 메커니즘으로서 6자 회담을 지지하는 한편, 이에 상응하는 시민사회의 6자 회담을 개최하자는 제안이 나오기도 했다. 평양 측이 참가하지 않으면서 돌파구를 찾지 못하던 이 구상은 2011년 4월 베이징에서 열린 회의에 평양 측의 '조선평화옹호전국민족위원회'Korea National Peace Committee가 참가함에 따라 실현 가능성이 높아졌다. 그리고 2012년 7월 블라디보스토크 회의에도 북한이 참가했다. 동북아 네트워크에서의 논의는 아직 상호 신뢰 구축 단계에 머무르고 있다. 그렇지만 여러 나라의 시민사회에서 이 회의에 참여한 사람들은 안보 문제에 대해 많은 새로운 관점들을 제시하고 이에 대해 자유롭게 토론하는 분위기가 형성되고 있다.

그뿐만 아니라 동북아 비핵지대 논의에서도 민간 부문의 역할을 주목할 필요가 있다. 2003년 이래 이 활동에 참여한 일본·한국·몽골의 비정부기구NGO들은 동북아 비핵지대화를 주제로 한 NPT(핵확산금지조약) 공동 워크숍을 통해 정기 회동을 가져오면서 동북아 비핵지대 설립을 지속적으로 요구해 왔다. 현재 동북아 비핵지대화는 민간 부문의 목소리에 그치지 않을 전망이다. 2013년 7월 군축 문제에 관한 자문단의 유엔 사무총장 보고서는

"사무총장은 동북아 비핵지대 설립을 위한 적절한 행동을 고려해야 한다."
는 권고를 담고 있고, 2013년 9월 핵군축에 관한 고위급 회담에서 차히야
엘벡도르지Tsakhia Elbegdorj 몽골 대통령은 동북아 비핵지대가 형성될 수 있
는지 여부와 그 방안에 대해 역내 국가들과 비공식적 차원에서 협력할 의
사가 있음을 천명하는 등 앞으로 국가 간 논의의 주요 의제로 등장할 가능
성이 높다. 그렇지만 동북아의 대부분의 국가들에는 비핵지대화를 선언하
기 어려운 내부 요인이 있다. 따라서 앞으로도 민간 부문이 이 논의를 확산
하는 중심적 역할을 해야 할 것이다.

둘째, 동북아 지식인들 사이의 교류이다. 2005년 한·중·일 삼국의 역사
학자들이 참여해 공동 집필한 중학생용 역사 교재『미래를 여는 역사』를
출간한 것이 동북아 평화와 관련한 지식인 협력의 대표적 사례이다. 1997
년부터 한국·일본·오키나와·타이완 등의 사회운동 단체와 지식인 들이 여
섯 차례에 걸쳐 '동아시아 냉전과 공포정치에 관한 학술회의'를 공동으로
열었던 것도 협애한 국가주의를 넘어 동아시아라는 지역을 상상하는 중요
한 계기를 만들었다. 최근 비교적 지속적으로 진행되고 있는 교류 사업은
2006년 시작된 동북아의 비판적 잡지 사이의 교류이다. 2006년 6월 서울
에서『창작과 비평』,『시민과 세계』,『황해문화』,『여/성이론』,『민젠』民間
(광저우),『뚜슈』讀書 (베이징),『타이완셔후이옌주』臺灣社會研究 (타이베이),『세카
이』世界,『겐다이시소오』現代思想 (도쿄), IMPACTION (도쿄),『젠야』前夜 (도쿄),
『케시가제』反風 (오키나와), Inter-Asia Cultural Studies 등 13개 잡지가 참
여해 '동아시아의 연대와 잡지의 역할'이라는 주제로 동아시아 평화와 각
지역 사이의 개혁 사이의 연관성에 초점을 맞추어 논의를 진행했다. 이 교
류 사업은 논의 결과를 각 잡지에 게재하는 방식을 통해 확산할 수 있다는

이점이 있다. 2008년 5월에는 타이베이에서 '화해의 장애물'和解的路障을 주제로, 2010년 11월에는 동북아 분단의 또 다른 최전선인 진먼다오金門島에서 '냉전의 역사 문화'冷戰的歷史文化를 주제로, 2012년 6월에는 서울에서 '2012년 동아시아, 대안적 발전 모델의 탐색'을 주제로 회의가 이어지고 있다. 냉전적 대립을 넘어서 동북아 협력을 촉진할 인식 공동체 구축을 위한 노력의 하나라고 할 수 있다.

또 최근에는 영토 갈등이 동북아 평화를 심각하게 위협하고 있다. 이 문제들은 전통적인 민족국가 모델에 집착해 해결하기가 어렵다는 점에서 지식인들의 역할이 중요하다. 배타적 경제수역EEZ의 확정 및 도서 영유권 분쟁 등은 경계의 정의 등과 관련해 민족국가 모델을 넘어 공동 이용을 전제한 해결 방안을 모색해야 한다. 그런데 이런 의제들에 대해 국가가 앞장서서 새로운 접근을 주도하기에는 어려움이 많다. 따라서 국가라는 틀과 거리를 유지할 수 있는 지식인들이 사이에서 창조적 해결 방안과 새로운 협력 방안이 더 활발하게 논의되고, 여기서 만들어진 아이디어가 각 사회에 공급될 필요가 있다. 이런 활동의 성과 중 하나가 2013년 8월 28일 한·중·일 등 동아시아 5개국을 비롯한 세계 38개국의 지식인 406명이 서명한 '한국전쟁 60주년을 맞아 협소한 영토주의·민족주의·국가주의·군사주의를 넘어서기 위한 동아시아 지식인 선언'이 발표된 것이다. 이런 활동이 확산될 때 국가의 행동도 더 유연해질 수 있고, 동북아의 영토 갈등을 힘의 대결이 아니라 평화적으로 해결할 길이 열릴 수 있다.

셋째, 도시 간, 지역 간 협력이다. 현재 동북아의 여러 지역들에서 동북아 평화를 위한 논의 공간들이 이미 만들어지고 있다. 한국에서는 제주도와 인천시 등이 비교적 적극적이다.[4] 경기도와 강원도도 평화 문제에 적극적으로 참여할 수 있을 것이다. 일본의 경우는 히로시마 등 반핵·평화를 상징하는 도시가 있으며 오키나와도 독특한 역사적 경험이 있고, 미군이 주둔해 있기에 동북아 평화 문제에 특별한 발언권을 지닌 지역이다. 러시아의 블라디보스토크, 몽골의 울란바토르 등도 동북아 평화에 관심이 많을 만한 도시이다. 따라서 동북아 안보 협력에 대한 새로운 아이디어가 확산된다면 이런 도시들이 동북아 평화를 위한 민간 협력에 더 적극적으로 나서는 등 새로운 도시의 참여도 이끌어 낼 수 있다. 국가를 대표하지 않는 지역 간 네트워크는 역내 갈등 문제에 대해 더 열린 논의가 가능하고 동북아 평화를 위한 새로운 접근법에 대한 공감대를 만들어 갈 수 있다.

이처럼 시민사회·지식인·지역이 주체가 되는 동북아 협력이 조금씩 진전되고 있고, 이런 협력이 새로운 방식의 안보 협력을 촉진하는 동력이 될 수 있다. 아직 민간 협력 사업이 고립적으로 진행되고 상호 연계가 부족하다는 한계가 있다. 이는 안정적인 제도적 기반이나 의사 결정의 중심이 부재한 민간 교류의 한계라고도 할 수 있다. 그렇지만 동북아에서 기존의 지역 질서가 지속 가능하지 않고 전환기로 접어드는 시점에서, 시민사회나 민간 부문이 이런 변화에 더 능동적으로 대응할 수 있는 장점을 가지고 있다. 무엇보다도 이런 협력은 새로운 규범과 아이디어를 확산하는 데서 정부 간 협력보다 더 큰 효과를 발휘할 수 있다. 앞으로 다양한 교류 협력 사업들이 시너지 효과를 만들어 낼 수 있다면, 민간 협력은 동북아에서 유럽

---

4 2005년 7월 정부는 제주를 '평화의 섬'으로 선포했으며, 인천시는 지방정부와 시민사회에서 '평화 도시' 구상을 적극적으로 추진하고 있다.

의 과거가 재현되는 것을 막고 새로운 평화 질서를 만드는 중요한 기둥이
될 수 있을 것이다.

참고문헌

강상중. 2002. 『동북아시아 공동의 집을 향하여』. 이경덕 옮김. 뿌리와이파리.
구갑우. 2007. 『비판적 평화연구와 한반도』. 후마니타스.
박경서·서보혁 외. 2012. 『헬싱키 프로세스와 동북아 안보협력』. 한국학술정보.
와다 하루키. 2004. 『동북아시아 공동의 집』. 이원덕 옮김. 일조각.
이남주. 2005. "동아시아협력론에 대한 비판적 검토." 백영서 외. 『동아시아의 지역 질서』.
　　　창비.
최원식. 2009. 『제국 이후의 동아시아』. 창비.

8

탈핵

탈핵, 우리가 선택하자

하승수

'원전'이라는 괴물과의 만남

2011년 3월 11일, 나는 기부 문화와 관련된 토론회장에 있었다. 날씨가 화창했던 것으로 기억한다. 기부를 활성화하기 위해 법·제도를 어떻게 개선할지를 토론하던 중에 방청석에 있던 사람들이 웅성거렸다.

토론회가 끝나고 뉴스를 보니, 일본에서 대지진이 일어났고 쓰나미(지진해일)가 덮쳤다고 했다. 그리고 그 직후부터 후쿠시마의 원전(핵발전소)에서 사고가 났다는 뉴스가 흘러나오기 시작했다.

그때 2004년 2월의 부안을 떠올렸다. 나는 그곳에서 원전이라는 괴물의 민낯과 처음으로 맞닥뜨렸다. 사실 2004년 이전까지 원전에 대해 진지하게 생각해 본 적이 없었다. 주위에 환경 운동을 하는 사람들이 있어서 막연하게 원전에 대해 부정적인 생각을 가지고는 있었다. 그렇지만 누가 내게 원전에 대한 찬반 의견을 물어본다면 자신 있게 얘기하지 못했을 것이다.

그러던 내가 원전에 반대하게 된 것은 2004년 2월의 일 때문이었다.

2004년 2월 전라북도 부안은 준전시 상태였다. 전해인 2003년 7월부터 시작된 핵폐기장(방사성 폐기물 처분장) 반대 시위로 수천 명의 경찰이 부안에 주둔해 있었다. 많은 사람이 다치고 구속되고 벌금형이 내려진 상황이었다. 이 상황에 나는 갑작스럽게 빨려 들어갔다. 핵폐기장 문제를 주민 투표로 풀자는 시민사회·종교계의 제안에 따라 민간 차원의 주민 투표를 관리하기 위해 부안에 가게 된 것이다.

당시 핵폐기장 부지로 선정된 곳은 부안 앞바다에 있는 위도였다. 위도는 천혜의 자연환경을 가진 아름다운 섬이다. 이곳에 정부는 고준위 핵폐기물과 중·저준위 핵폐기물(원전에서 작업한 작업자가 입은 옷, 장갑, 낡아서 교체한 원전 부품 등)을 저장할 시설을 지으려고 했다. 고준위 핵폐기물은 원전에서 나오는 '사용 후 핵연료'를 의미한다. 그 속에는 플루토늄 같은 방사능 물질이 들어 있기에 최소 10만 년을 안전하게 보관해야 한다는 물질이다. 이런 물질을 배로 운반해 위도에 저장하겠다는 것이 정부의 계획이었다. 이 계획에 격렬하게 저항하던 부안 주민들의 대부분은 농사짓던 농민들이었고 평화롭게 살아가던 주민들이었다. 그리고 찬성 주민도 일부 있었다.

주민 투표를 실시하기 위해 부안의 주민들을 만나면서, 핵폐기장의 문제점을 알았고, 원전의 비윤리성을 느꼈다. 특히 위도에 들어갔을 때 어떤 마을 이장님에게 들었던 얘기는 지금도 잊히지 않는다. 핵폐기장에 찬성하던 그 이장님은 내게 "플루토늄은 먹어도 안전하다는데, 무슨 주민 투표냐?"라고 얘기했다. 누구에게 그 말을 들었느냐고 했더니 "원자력 관련 연구소에서 일한다는 박사로부터 들었다."고 했다. 정말 그렇게 믿느냐고 물었더니, "박사가 한 얘기인데 당연히 믿는다."고 했다.

당시에 위도의 찬성 주민들은 1인당 5억 원을 받게 된다는 헛소문도 믿고 있었다. 물론 법적 근거도 없는 허황된 얘기였지만, 찬성 주민들은 그 얘기를 믿고 있었다. 정부는 그런 소문의 진상을 밝히기보다는 그런 소문이 떠도는 것을 방치하고 있었다.

'원전이란 이런 것이구나!' 나는 그때 깨닫게 되었다. '거짓된 얘기로 주민들을 현혹해야만 할 수 있는 것이 원전이구나! 이런 비윤리적이고 비민주적인 행위가 가능한 분야가 바로 원전이라는 분야구나!' 그 당시 받은 충격은 너무나 컸다.

주민 투표를 마치고 나서 서울로 올라와 공부하기 시작했다. 일단 핵폐기물에 대해 공부했다. 자료를 보니, 원전을 하는 외국에서도 고준위 핵폐기물 문제로 골머리를 썩는다는 사실을 알게 되었다. 안전하게 보관하려면, 최소 10만 년 동안 보관해야 하는데 그럴 방법이 없기 때문이다. 폐기물을 처리할 방법도 없으면서, 폐기물을 쏟아 낼 원전을 짓고 가동한다는 것 자체가 비윤리적이고 무책임한 일이었다.

핵폐기물에 대해 공부하고 나니, 핵폐기장 건설을 부안처럼 밀어붙이는 데 반대할 수밖에 없었다. 필요한 일은 핵폐기장을 짓는 것이 아니라, 원전 확대 정책을 재검토하는 것이었다. 그리고 핵폐기물을 어떻게 할지와 관련해 일단 공론의 장을 여는 것이 필요했다. 최소한 핵폐기물 관리를 독립적인 기관에 맡길 필요가 있었다.

그래서 환경 단체, 시민 단체에서 활동하던 사람들과 함께 핵폐기물 관리에 관한 법안을 만들었고 국회에서 발의되게 힘썼다. 그러나 국회에서는 이 문제가 제대로 논의되지 않았다. 정치의 영역에서 핵폐기물이나 원전 문제는 관심의 대상이 아니었다.

그리고 2005년 정부는, 고준위 폐기물 처리 문제는 보류한 채, 중·저준위 핵폐기물을 저장할 시설만 경주에 짓기로 했다. 이 과정에서 핵폐기장을 유치하는 지역에는 3천억 원을 주겠다고 약속해 네 개 지역을 경쟁시켰다. 그 결과 관권이 동원되고 시장이 삭발하는 진풍경이 벌어졌고, 결국 찬성률이 가장 높게 나온 경주가 핵폐기장 부지로 선정되었다. 이런 과정에서도 민주주의는 없었다.

비민주적인 정책 결정 구조는 사람들의 무관심을 먹고산다. 나도 그랬다. 경주로 핵폐기장이 선정되는 것을 보면서 참을 수 없는 분노를 느꼈지만, 내가 할 수 있는 것은 별로 없었다. 그래서 나도 잊어버렸다.

제2의 후쿠시마가 될 수는 없다

2011년 3월 11일. 나는 원전 문제가 잊어버리고 살 수 있는 문제가 아님을 깨닫게 되었다. '원자력 안전 신화'를 만들고 유포했던 일본 정부는 우왕좌왕했다. 사고 난 원전을 식히기 위해 헬기로 물을 퍼붓는 것을 보면서, 이런 일이 우리에게 일어나지 않는다는 보장이 있는지를 생각했다.

한국 정부는 '우리는 일본과 다르다.'고 얘기했지만, 믿을 수 없는 얘기였다. 우리나라는 지진에 안전하다고 하지만, 원전 사고가 지진에 의해서만 일어나는 것은 아니다. 테러, 인간의 실수, 전쟁 등 여러 가지 상황이 있을 수 있다. 2013년 검찰 수사를 통해 밝혀진 것처럼, 우리나라의 원전에는 품질보증서가 위조된 부품이 다수 공급되어 왔다. 그 부품들 중에는 원전 안전과 직결된 핵심 부품도 있었다. 이런 비리로 말미암은 사고가 발생하지 않는다는 보장이 없다.

오히려 대형 사고를 냈던 스리마일(1979년 미국), 체르노빌(1986년 구소련), 후쿠시마(2011년 일본) 원전의 사례는 단순한 진실을 드러내고 있다. 바로 원전 개수가 많은 나라일수록 사고 확률도 높다는 것이다. 원전 개수가 세계 1~3위에 해당하는 국가에서는 모두 초대형 사고가 났다. 4위 프랑스, 5위 한국에 대해 우려가 나오는 것도 그래서다.

우리나라의 원전들은 점점 더 노후화되고 있다. 가장 먼저 지은 고리 1호기는 수명이 끝났음에도 수명을 연장해 계속 가동하고 있다. 2013년에는 경주에 있는 월성 1호기도 수명이 끝났지만, 정부는 이 또한 연장 가동하려 하고 있다. 현재 가동 중인 원전들은 앞으로 하나하나 수명이 끝날 것이다. 그러나 정부는 계속 이들의 수명을 연장해 가동하려 할 것이다.

원전 수명을 연장하는 이유는 수명이 끝난 원전을 처리하기가 곤란하기 때문이다. 우리나라도 원전을 짓기만 했지, 해체해 뒤처리한 경험이 없다. 그 과정에서 얼마나 많은 시간과 비용이 들어갈지도 불확실하다. 그래서 뒤처리를 계속 미루려 하고, 이를 위해 수명을 연장하려는 것이다.

그러나 수명이 연장되면 사고 확률도 높아지는 것은 당연한 이치이다. 원전은 결국 기계이다. 기계는 노후하면 고장이 많이 날 수밖에 없다. 이런 상식이 원전과 관련해서는 통하지 않고 있다.

우리나라처럼 좁은 국토에서 원전 사고가 난다면, 그것은 국가의 붕괴, 사회의 붕괴를 의미한다. 지금처럼 원전을 늘리다가는 한국이 제2의 후쿠시마가 되지 않으리란 보장이 없다.

2011년 3월 11일, 내가 토론회장에서 후쿠시마 사고를 맞은 것처럼, 우리는 어느 날 갑자기 파국적인 상황을 맞게 될지도 모른다. 후쿠시마는 우리에게 그 점을 경고하고 있다.

원전(핵) 마피아와 시민

그럼에도 왜 우리나라는 원전을 확대할까? 그것은 경제적 이권이 걸려 있기 때문이다. 그래서 핵 마피아 또는 원전 마피아라는 말이 사용된다. 원전 마피아는, 한마디로 원전으로 먹고사는 이해관계 집단을 일컫는다. 여기에는 민간 기업, 공기업, 관료, 연구 기관, 전문가, 언론, 정치인 등이 포함된다. 4대강 사업 같은 토건 사업을 벌일수록 돈 버는 사람들이 있듯이, 원전을 짓고 유관 사업을 키울수록 이익을 보는 사람들이 있는 것이다.

이익을 보는 방법은 다양하다. 원전을 운영하는 것은 한국수력원자력과 한국전력 같은 공기업들이다. 이들은 원전을 많이 지을수록 몸집이 커진다. 쓰는 돈의 규모도 커진다. 공사 계약, 입찰 등도 많아진다. 떡고물도 많다. 2012년과 2013년에는 한국수력원자력 직원들이 원전에 부품을 납품하는 업체에서 뇌물을 받은 혐의로 구속됐다. 이런 사건은 원전을 둘러싼 부패 카르텔이 어떤 것인지 보여 준다.

원전 한 개를 짓고 원자로와 기계를 설치하는 데 3조 원 넘는 돈이 들어간다. 대형 이권 사업이다. 원전 공사는 재벌 건설사들이 수주한다. 현대건설·삼성물산·대우건설·SK건설·GS건설과 같은 회사들이 원전 건설 공사를 수주한다. 원자로는 두산중공업이 공급한다. 그 외에 원전에 필요한 각종 기계와 부품을 납품하는 회사들이 있다.

원자력과 관련해 쓰이는 공적인 돈은 막대한 규모다. 매년 5천억 원을 원자력 관련 연구·개발과 용역에 쓰는 것으로 추산된다. 관료·정치인·언론·전문가 들도 원전 옹호에 힘을 보탠다. 원전은 막대한 이권 사업이고, 이권 사업을 옹호해야만 자리나 돈이 생기기 때문이다.

원전을 많이 지은 나라에는 '원자력 마피아'가 존재하기 마련이다. 그러나 이들의 영향력은 나라마다 차이가 있다. 그중 원자력 마피아의 힘이 특히 센 나라가 한국과 일본이다. 이 나라들의 원전 정책, 더 나아가 에너지 정책은 원자력 마피아들이 좌지우지해 왔다 해도 과언이 아니다.

'정권은 바뀌어도 원자력 마피아는 영원하다.'는 것이 그간의 현실이었다. 원전 문제에 대해 관심과 전문성이 없는 국회와 대통령은 마피아들에게 끌려다녔다. 민주 정부라고 불리던 김대중·노무현 대통령 시절에도 마피아들의 힘은 줄어들지 않았다. 원전 건설은 계속됐다.

그리고 이명박 정부가 들어서자, 원전 마피아들의 세상이 왔다. 이들은 원전 수출까지 부르짖으며, 아랍에미리트에 원전을 헐값으로 수출했다. 물론 원자력 마피아들이 그 이익을 보았다. 아랍에미리트에 수출했다는 원전 건설 공사는 6조4천억 원에 달한다. 이 공사는 현대건설과 삼성물산이 나눠 가졌다.

원전 마피아들은 일본 후쿠시마 원전 사고 이후에도 공격적으로 원전을 확대하고 있다. 이들의 꿈은 더 많은 원전을 짓고, 수출도 하고, 재처리도 하는 것이다. 재처리는 발전에 사용하고 난 '사용 후 핵연료'를 재처리해 다시 발전 연료로 쓴다는 발상인데, 아직 기술·경제적으로 검증되지 않았다. 위험할뿐더러 경제성이 없다는 비판을 받는다. 그러나 원전 마피아의 처지에서는 일단 일을 벌이는 것이 좋으니 재처리도 하고 싶어 한다.

원전 덕분에 원전 마피아들은 이익을 보지만, 피해를 보는 사람은 없을까? 첫째, 모든 시민이 피해자다. 원전은 위험하다. 사고가 나면 무사할 사람은 없다. 전남 영광이나 경북 울진에 있는 원전에서 사고가 나면 서울 사람들도 무사할 수 없다. 바람을 타고 날아가는 방사능은 1천 킬로미터 떨어진 지역까지 오염시킬 수 있다. 우리나라에서 안전한 곳은 없다. 게다가 우리나라에서 가장 낡은 고리 원전 옆에는 부산과 울산이라는 대도시가 있다. 여기서 사고가 나면 반경 30킬로미터 내의 사람들만 대피시키더라도, 350만 명 이상의 사람들이 해당되는 대재앙이 발생한다. 국가가 붕괴할 정도로 큰 타격이다. 후쿠시마 원전 사고를 겪은 일본 국민들은 이미 뼈저리게 느낀 사실이다. 게다가 경험적으로 보면 사고 확률이 너무 높다. 전 세계에 지금까지 건설된 577개 남짓한 원전 중 6기에서 초대형 사고가 발생했다(2011년 국제원자력기구IAEA 자료). 우리나라에 가동 중인 원전이 23기고, 앞으로 42기까지 늘린다는 게 정부 계획이다.

둘째, 원전 주변 지역 주민들은 직접적인 피해자다. 보상금을 받는다고 찬성하는 주민들도 있지만, 그 땅에 계속 살아야 하는 주민들은 반대할 수밖에 없다. 사고 위험도 문제지만, 원전 주변 지역 주민들의 암 발생률이 높다는 것도 문제이다. 원전 주변 지역 여성들의 갑상샘암 발병률은 평균보다 2.5배 높다.

셋째, 어린이·청소년, 그리고 현재 태어나지 않은 세대가 가장 큰 피해자이다. 원전도 영원히 가동할 수 있는 것은 아니다. 언젠가는 폐쇄해야 한다. 폐쇄한 원전은 거대한 방사능 폐기물이다. 우리는 이를 처리할 부담을 미래로 떠넘기고 있다. 발전에 쓰고 난 사용 후 핵연료는 최소 10만 년을 안전하게 보관해야 하는 위험 물질이다. 이 부담도 미래로 떠넘기고 있다. 우라늄도 지하자원이라 고갈될 수밖에 없다. 그러면 원자력발전은 계속할 수 없다. 나중에는 원전에서 생산된 전기는 써보지도 못하고, 폐쇄된 원전과 사용 후 핵연료 처리 부담만 떠안게 될 가능성이 높다.

이렇게 얘기하면 대부분의 시민들이 처음 듣는다고 한다. 그러고는 이렇게 문제가 많은 원전을 왜 계속하느냐고 묻는다. 그 이유는 단순하다. 원전으로 이익을 보는 집단이 있기 때문이다. 그들이 진실을 은폐하고 있다. 그래서 시민들의 목소리가 필요하다. 이제는 새로운 원전을 그만 짓고, 낡은 원전은 폐쇄해야 한다. 최대한 안전하게 관리하고 미래 세대에 주는 부담을 줄여야 한다. 이것이 윤리적이고 상식적인 판단이다.

원전의 바탕에 깔려 있는 성장 제일주의

한편, 원전을 지탱하고 있는 것이 무엇인지를 좀 더 심층적으로 파고들 필요가 있다. 한마디로 원전에는 반대하면서 경제성장에 대해서는 찬성하거나 침묵하는 것은 모순이다.

결국 원전은 대공장·대도시 들에 값싼 전기를 공급한다는 것을 명분으로 삼고 있다. 원전을 지지하는 사람들은 원전을 하지 않고 다른 발전 수단을 사용하면 경제성장률이 떨어질 것이라고 얘기한다. 이명박 전 대통령이 기자회견 등을 통해 '원전을 그만두면 전기 요금이 대폭 오를 것'이라고 국민들을 위협한 것이 대표적인 사례이다.

후쿠시마 사고를 겪은 일본에서도 이런 얘기들은 심심치 않게 흘러나온다. 일본에너지경제협회IEEJ는 후쿠시마 사고 이후에 가동을 중단한 일본의 원전들을 재가동하면 경제성장이 0.25퍼센트 올라간다는 보고서를 내기도 했다. 여기에 대해 일부 정치인들은 원전을 재생에너지로 대체하자고 한다. 그러나 날로 늘어나는 전기 소비를 줄이지 않고서는 재생에너지를 늘린다고 한들 원전에서 벗어날 수 없다.

우리나라는 산업용 전기 요금이 지나치게 싸서 전기 소비가 급증해 왔다. 이 문제를 해결하려면 산업용 전기 요금을 최소 50퍼센트 이상 올려야 한다. 지금처럼 산업용 전기를 싼 가격으로 공급해 전기를 펑펑 쓰게 하면서 재생에너지로 필요한 전기를 충당한다는 것은 비현실적인 얘기이다.

탈핵을 하려면, 산업용 전기 소비를 줄이기 위한 매우 강력한 요금 정책을 쓰고, 기업들의 전기 과소비를 직접적으로 규제해야 한다. 이는 지금까지의 경제성장 중심의 정책에서 벗어나야만 가능하다. 그래서 탈원전은 탈성장에 대한 생각으로 이어질 수밖에 없다. 경제성장을 국가정책의 최우선 목표로 하는 사회에서 탈원전은 불가능하다. 국가정책 목표를 경제성장이 아니라 생명과 안전, 지속 가능한 삶에 두어야만 탈핵을 선택할 수 있다.

세월호 참사까지 겪은 지금, 우리는 근본적으로 돌아봐야 한다. 그동안 경제성장을 최우선 목표로 삼아 온 대한민국은 온갖 불명예스럽고 위험한 기록을 다 가지고 있다. 원전 밀접도 세계 1위 국가, 온실가스 배출 세계 7위 국가, 경제협력개발기구OECD에서 두 번째로 노동시간이 긴 국가, 비정규직이 양산되고 소득 격차, 빈부 격차가 극심해진 국가, 청소년들의 주관적 행복도가 가장 낮고 자살률이 높은 국가, 노인 빈곤율과 자살률도 매우 높은 국가. 그리고 침몰하는 배 안에서 단 한 명의 생명도 구하지 못하는 국가가 되었다. 그래서 이제는 큰 방향의 전환이 필요하다. 우리는 경제성장이 행복을 가져다주리라는 미신에서 벗어나야 한다. 경제성장을 빌미로 시민의 생명과 안전을 희생시키는 상황에서 벗어나야 한다.

이미 세계적 추세는 탈원전

원전 비중을 줄이는 것은 세계적인 추세이기도 하다. 2013년 "세계 핵

산업 동향 보고서"The World Nuclear Industry Status Report를 보더라도 이런 경향은 분명하다. "세계 핵산업 동향 보고서"는 매년 발표되는 보고서로 마이클 슈나이더Mycle Schneider, 앤터니 프로갯Antony Froggatt 등 독립적인 전문가들이 작성하는 보고서이다. 이에 따르면 전 세계 전력 생산 중 원전이 차지하는 비중은 7퍼센트(2012년 기준)로, 2011년의 11퍼센트보다 4퍼센트포인트나 떨어졌다. 2013년 7월 1일 기준으로 원전은 31개국에서 427개가 가동 중이다. 이것은 1년 전보다 2개 줄어든 것이다. 2002년에 444기였던 것과 비교하면 17기가 줄어들었다.

새로운 원전을 건설하려는 움직임도 주춤하다. 현재 14개 국가에서 신규 원전이 건설되고 있지만, 기존에 원전이 없던 국가로서 새롭게 원전에 뛰어든 경우는 아랍에미리트가 유일하다. 알다시피 아랍에미리트는 이명박 대통령 시절에 대한민국이 원전을 수출한 국가이다. 그 외에는 새롭게 원전을 시작하겠다는 나라가 없는 셈이다.

폐쇄되는 원전이 신규 가동 원전보다 많은 추세도 계속되고 있다. 2012년에 문을 닫은 원전은 여섯 개였지만, 새롭게 가동을 시작한 원전은 세 개에 불과했다. 종합적으로 보면, 세계적으로 원전은 사양 산업이 되고 있다.

그동안 우리나라에서 원전이 불가피하다는 논리의 핵심은 '싸다'는 것이었다. 그러나 경제성 측면에서도 원전 신화는 붕괴하고 있다. 원전의 건설 단가는 과거 10년 동안 1킬로와트kW당 1천 달러에서 7천 달러로 증가해 왔다. 놀라운 증가이다. 미국의 보그틀Vogtle 원전의 경우에는 6억6천만 달러로 잡았던 건설비가 90억 달러로 늘어날 것으로 추정되고 있다.

미국은 35년 만에 두 개의 원전을 건설하기 시작했지만, 여기에는 연방 정부가 80억 달러에 이르는 보증을 해주었다. 시민의 세금으로 위험부담을 감수하고 있는 셈이다.

오히려 시장에서는 원전 기업들에 대한 평가가 매우 부정적이다. 원전 사업을 하는 기업들의 신용도는 떨어지고 있다. 스탠더드 앤드 푸어스S&P 의 신용 평가에 따르면 지난 5년 동안 15개의 원전 사업자 중 10개 기업의 신용 등급이 떨어졌다. 신용 평가 회사들은 원전에 투자하는 것을 위험하다고 보고 있고, 오히려 원전 사업을 포기하면 신용 평가에 긍정적인 요인으로 작용할 정도이다. 원전 기업들의 주가도 내려가고 있다. 프랑스의 원전 운영 기업인 프랑스전력공사EDF는 지난 5년 동안 주가가 85퍼센트나 하락했고, 원전 건설 회사인 아레바AREVA의 주가는 88퍼센트나 떨어졌다. 이는 이미 원전은 경제성도 없다는 것을 증명한다. 원전은 국가의 지원과 정보 은폐가 없으면 유지될 수 없는 산업이다.

반면에 재생에너지는 비약적으로 성장하고 있다. 중국·독일·일본·인도는 이제 원전에서 얻는 전기보다 재생에너지에서 얻는 전기가 더 많아졌다. 2012년에 재생에너지에 대한 투자는 세계적으로 2,680억 달러에 달했다. 이는 2011년보다는 약간 줄었지만, 2004년과 비교하면 다섯 배나 늘어난 수치이다. 가장 큰 투자자인 중국은 650억 달러를 투자했다. 후쿠시마 사고를 겪은 일본도 76퍼센트 늘어난 160억 달러를 투자했다. 2000년 이후 세계적으로 육상 풍력의 설비용량은 매년 27퍼센트 증가하고 있고, 태양광도 42퍼센트씩 증가하고 있다.

앞서 언급한 것처럼, 전력 수요가 계속 늘어나면 재생에너지로도 감당하기는 어렵다. 그러나 전력 수요를 잘 관리하고 줄여 가면 원전을 없앨 수 있고, 날로 발전하고 있는 재생에너지가 이를 대체할 수 있다. 2013년 "세계 핵산업 동향 보고서"는 그 점을 보여 주고 있다.

원전의 비윤리성 : '화장실 없는 맨션'

원전은 그 자체로 비윤리적이다. 원전의 비윤리성은 '사용 후 핵연료' 하나만으로도 충분히 설명할 수 있다. 앞서 언급한 것처럼, '사용 후 핵연료'란 원전에서 발전에 사용하고 난 연료봉으로서 고준위 폐기물로 분류된다. 이 때문에 원전은 '화장실 없는 맨션'이라는 비판을 받는다. '사용 후 핵연료'를 처리할 대책이 마땅치 않기 때문이다.

'사용 후 핵연료'에는 플루토늄을 비롯한 방사성 물질이 대량으로 존재한다. 플루토늄은 방사능이 반으로 줄어드는 반감기가 2만4천 년에 달하는 물질이다. 그래서 '사용 후 핵연료'는 최소 10만 년, 20만 년 이상을 안전하게 보관해야 한다. 50만 년 이상을 안전하게 보관해야 한다고 얘기하기는 이들도 있다.

이 '사용 후 핵연료' 문제는 인류의 골칫거리가 되고 있다. 현재까지 생각해 낸 방법은 지하 깊숙이 묻는 방법뿐이다. 그래서 핀란드는 10만 년짜리 보관창고를 짓고 있다. 온칼로Onkalo라고 불리는 이 핵폐기물 처분장은 지하 5백 미터까지 굴을 파고 사용 후 핵연료를 넣고 묻으려는 것이다.

이 핵폐기물 처분장 얘기가 다큐멘터리로 제작되어 한국에서도 환경 영화제에서 상영된 적이 있다. 원래 영문 제목은 〈Into Eternity〉인데, 한국에서는 〈영원한 봉인〉이라는 이름으로 상영되었고, 일본에서도 후쿠시마 사고 이후에 〈10만 년 이후의 안전〉이라는 제목으로 상영되었다.

이 다큐에도 나오지만, 인류의 역사에 비해 10만 년이라는 시간은 가늠할 수 없을 정도로 긴 시간이다. 인류가 만든 오래된 건축물의 역사도 길어야 몇 천 년에 불과하다. 그런데 '사용 후 핵연료'를 처리하려면 최소 10만

년짜리 창고를 지어야 하는 것이다. 이것 하나만 생각해 봐도 인류는 원전에 손대지 말았어야 한다. 감당하지도 못하는 일을 저질러 놓은 것이다.

그런데 이 '사용 후 핵연료' 문제를 덮기 위해 원전 확대 세력은 갖은 수를 쓰고 있다. 재처리(요즘에는 '재활용'이라는 말까지 쓴다)를 하려고 한다. 그러나 지금 하는 재처리로는 양이 줄어들 뿐 10만 년 이상 보관해야 하는 문제는 여전히 남는다. 그래서 '사용 후 핵연료'는 원전의 아킬레스건이다. 아직은 답이 없다. 답이 없음에도 원전을 늘리는 것은 무책임한 일이다.

지금도 고리·월성·영광·울진의 원전 안에는 1만3천 톤이 넘는 '사용 후 핵연료'가 임시 저장되어 있다. 정부는 임시 저장고가 포화상태라면서 서둘러 대책을 내놓아야 한다고 얘기한다. 그런데 정부가 말하는 대책이란 60년 정도를 보관할 '중간 저장 시설'을 짓겠다는 것이다. 상식적으로도 이해하기 어려운 얘기이다. 10만 년 이상을 보관해야 하는 것이 '사용 후 핵연료'인데, 고작 60년을 보관할 새로운 시설을 짓는다는 것이 말이 되는 얘기일까? 그래서 이것은 재처리와 연결되어 있다는 의심을 받고 있다. 재처리를 위해 '사용 후 핵연료'를 한 곳에 집적하려는 것이 아니냐는 것이다.

한편 경주에는 상대적으로 방사능이 약한 중·저준위 핵폐기물 처분장을 짓고 있다. 중·저준위 핵폐기물 처분장은 3백 년 정도 보관하는 것을 목표로 하고 있는데, 문제는 부지 선정을 엉터리로 했다는 것이다. 지하수가 엄청나게 나오는 연약한 지반의 땅을 부지로 선정했다. 그래서 공사는 많이 지연되었고, 공사가 끝나도 방사능이 유출되어 지하수가 오염될 가능성이 있다는 지적이 나온다. 이처럼 어처구니없는 일이 일어날 수 있는 것이 '원전 업계'이다. 국민들이 모르는 사이에, 그리고 기존의 정치가 원전 문제에 무관심하고 오히려 원전 확대 세력에 휘둘리는 사이 벌어진 일들이다.

탈핵, 할 수 있다

많은 사람들은 원전에 의존하지 않으면 전기를 쓰지 못할 것처럼 생각하고 있다. 정부가 그런 논리를 주입해 왔기 때문이기도 하다. 그러나 전 세계적으로는 원전을 아예 시작하지 않은 국가들이 더 많다. 그리고 원전을 하다가 그만둔 국가들도 있다.

대표적인 예가 독일이다. 독일이 탈핵을 하는데, 우리가 하지 못할 이유가 없다. 독일도 1991년에는 전기 생산의 27.3퍼센트를 핵발전에 의존하고 있었다. 그랬던 독일이 2000년 핵발전을 단계적으로 폐기하겠다는 결정을 내렸고, 2011년 그 결정을 다시 확인했다. 그래서 2022년까지 원전을 완전히 중단하려고 한다. 대신에 독일은 전기 소비를 억제하기 위해 노력해 왔고, 풍력·태양광 같은 재생에너지에 주목했다. 건물 지붕에는 태양광 전지판을 올리고, 풍력 발전 기술을 개발했다. 그 결과 재생에너지의 비중이 전기 생산의 20퍼센트를 넘을 정도로 비약적인 변화가 있었다. 시민들도 자발적으로 참여했다. 이런 과정에서 얻는 이점도 있었다. 독일에서는 에너지 전환 과정에서 무려 36만 개의 새로운 일자리가 생겼다.

우리도 이런 과정을 밟는다면 원전에 의존하지 않고 살 수 있다. 정부 스스로 전기 소비의 5퍼센트를 줄인다면 핵발전소 2.5개를 짓지 않아도 된다고 인정하고 있다. 박원순 서울시장은 에너지 효율성을 높이고 재생에너지를 확대해 원전 한 개 분량을 대체하겠다는 '원전 한 개 줄이기'를 정책으로 추진하고 있다. 40군데가 넘는 기초 지방자치단체장도 이런 변화에 동참했다. 이렇게 우리 사회에서도 대안은 만들어지고 있다. 그렇다면 지금 필요한 것은 '탈핵'을 하겠다는 국가적인 결정이다.

이 결정이 내려지는 것은 결국 정치의 영역일 수밖에 없다. 지금까지는 소수의 관료·정치인·전문가·이해관계자 들이 에너지 정책을 좌우해 왔다면, 이제는 주권자인 시민들이 결정해야 한다.

앞서 살펴본 독일이 탈핵을 할 수 있는 것은 두 가지 힘이 있었기 때문이다. 우선 시민들의 끈질긴 풀뿌리 운동이 있었다. 후쿠시마 사고에도 불구하고, 우리나라에서는 1만 명이 모이는 탈핵 집회를 하기 어려운 것이 현실이다. 그러나 멀리 떨어진 독일에서는 후쿠시마 사고 직후에 10만 명이 모이는 집회가 열렸다.

그리고 정치가 우리와는 달랐다. 독일에서는 녹색당을 비롯한 정당이 원전 문제를 정치의 중요한 의제로 만들었다. 그래서 독일의 유력 정당들로 하여금 원전 문제에 대한 입장을 표명할 수밖에 없게 만들었다.

물론 산업국가인 독일에도 원전에 얽힌 이해관계가 강한 집단들이 존재했다. 반발도 심했다. 원전을 운영하는 전력 회사, 부품 제조 회사 들은 무시할 수 없는 존재였다. 이들의 눈치를 본 정치권은 처음에는 탈원전에 소극적인 입장이었다. 보수정당인 기민당뿐만 아니라 사민당도 원전에 찬성하는 입장이었다. 그러나 점점 더 많은 유권자들이 탈원전을 자신의 투표 기준으로 삼기 시작했다. 그리고 풀뿌리에서부터 원전 중단을 요구하는 시민들의 목소리가 강해지자 정당들은 입장을 변경하기 시작했다. 사민당은 탈원전에 동의했고, 기민당 내부에서도 원전에 반대하는 목소리가 나오기 시작했다. 그것이 1998년 사민·녹색 연립 정권에서 탈원전을 결정하는 배경이 되었다.

그리고 메르켈 총리가 집권하면서 탈원전 결정이 뒤집힐 뻔하기도 했지만, 후쿠시마 사고 이후에는 기민당조차 탈원전을 추진하는 데 동의하고 있다.

이처럼 원전이나 에너지 문제는 정치와 뗄 수 없는 관계에 있다. 일본에서 후쿠시마 사고가 난 것도 따지고 보면 일본 정치의 문제와 연결되어 있다. 일본은 우리나라에 비하면 원전에 반대하는 풀뿌리 시민들의 목소리가 강한 나라이다. 후쿠시마 사고 이전에도 일본에는 상당히 많은 반핵 활동들이 있었고, '원자력 자료 정보실'과 같은 전문적인 단체도 있었다.

그러나 일본의 정치에서는 원전 문제가 중요한 이슈가 되지 못했다. 심지어 일본에서 진보 또는 좌파라고 하는 사람들 중에서도 원전에 찬성하는 사람들이 상당수 있었다. 그래서 일본 정치에서 탈원전을 외치는 책임 있는 정치 세력은 없었다. 여러 양심적인 전문가들과 시민들이 문제를 제기해 왔지만 일본 정치는 탈원전을 외면했고, 결국 예견된 사고를 막지 못했다. 후쿠시마 사고는 일본 정치의 결함과 연결되어 있다.

물론 사고를 당한 당사자인 만큼, 후쿠시마 이후에는 일본에도 변화의 조짐이 있다. 고이즈미·호소카와·하토야마 같은 전직 총리들이 원전 반대에 앞장서고 있다. 아베 현 총리는 원전 재가동을 추진하고 있지만, 지역에서 반발이 계속되고 있다. 일본의 원전 주변 시민들은 원전을 완전 중단할 것을 요구하고 있다. 그리고 많은 지방자치단체들도 주민들의 의견을 의식해 원전을 재가동하는 데 반대하고 있다.

기존 원전의 재가동뿐만 아니라 새로운 원전 건설에 대해서도 지방자치단체가 제동을 걸고 있다. 홋카이도에 있는 하코다테南館시는 2014년 4월 3일 도쿄지방법원에 오마大間 원전 건설 중단을 요구하는 소송을 제기했다. 오마 원전은 일본의 가장 큰 섬인 혼슈 북쪽의 아오모리현에 건설 추진 중인 원전인데, 여기서 23킬로미터밖에 떨어져 있지 않은 하코다테시가 건설을 중단하라는 소송을 제기한 것이다. 이처럼 일본에서는 국가적으로 원전에 대한 시민들의 여론이 부정적이고, 지역에서의 반발도 강하게 일어나고 있다.

우리가 선택하자

대한민국의 경우에는 여전히 원전 확대가 추진되고 있다. 그것도 매우 공격적으로 추진되고 있다. 2013년 말에 발표된 제2차 에너지 기본 계획에서는 현재 23개 있는 원전을 40개 남짓으로 늘리겠다는 내용이 포함되어 있었다.

새로 짓는 것뿐만 아니라 낡은 원전들도 수명 연장이 계속 추진되고 있다. 고리 1호기는 설계 수명 30년을 훨씬 넘어 37년째 가동 중이다. 정부는 이 원전을 50년, 60년 쓰려 하고 있다. 2013년에 수명이 끝난 월성 1호기의 수명 연장도 추진되고 있다. 앞으로 고리 2, 3, 4호기 등 수명이 끝나는 원전이 줄을 이을 예정이지만, 정부는 이 모두의 수명을 연장하려고 할 것이다.

이런 흐름을 어떻게 바꿀지가 이 시대를 살아가는 양심적인 시민들이 고민할 문제이다. 답은 시민들뿐이다. 시민들로부터 원전을 중심으로 형성된 강고한 기득권을 깨뜨릴 힘이 나와야 한다. 어떻게 보면 후쿠시마는 우리에게 마지막 기회를 준 것일지도 모른다. 지금이라도 원전을 단계적으로 폐기하는 방식으로 '탈핵'을 하라고 경고한 것인지도 모른다. 지금 우리는 원전 확대냐 탈핵이냐의 기로에 서 있다. 선택은 우리에게 달려 있다.

제 3 부

차이와 공존

9

다양성

다문화주의와 정체성의 정치를 넘어 새로운 정치의 문법을 생각한다

서동진

이데올로기로서의 다문화주의

다문화라는 낱말은 여간 어색한 말이 아니다. 없던 말인데 영어의 다문화주의multiculturalism라는 말로 번역되고 소개되면서 정착된 말이다. 게다가 '주의'라는 말까지 덧붙여지니 더 심각하고 진지하게 들리기도 한다. 그런 말이 이제는 어딜 가나 흔히 들을 수 있는 말이 되었다. 다문화 어쩌고 하는 텔레비전 프로그램을 심심찮게 볼 수 있고, 관공서나 사회단체 이름에도 다문화를 붙인 곳이 두루 눈에 띈다. 대학을 들여다보면 사정은 더하다. 어지간한 대학이면 '다문화' 운운하는 연구소를 두고 있다. '다문화'가 붙은 학술 행사나 토론회도 연중무휴로 열린다. 가히 '다문화주의 학술 비즈니스'라 불릴 만하다. 연구비 지원을 받기에 안성맞춤인 주제여서 그런 것만은 아닐 것이다. 설사 그렇다 해도, 다문화나 다문화주의의 영향을 깎아내릴 수는 없을 것이다. 한국 사회의 면모를 인식하고 변화의 방향을 가늠하는 데서 다문화라는 것이 인식론적이면서도 윤리적·정치적인 규범으로 크게 이의 없이 수용되고 있는 듯 보이기 때문이다.

다문화가 학술 제도 안에서만 횡행하는 것은 아니다. 행정 기관의 다양한 노동·복지·교육·행정 프로그램에서부터 비정부기구나 시민운동을 비롯한 다양한 사회운동의 활동에서뿐만 아니라 대중매체의 진지한 시사 프로그램을 위시해 연예 프로그램에 이르기까지 다문화나 다문화주의라는 용어는 끊임없이 낯을 내민다. 2006년 4월 당시 노무현 대통령은 "한국이 다인종·다문화 사회로 이행하는 것은 거스를 수 없으며 …… 다문화 정책을 통해 이주자를 통합하려는 노력을 해야 한다."고 선언한 바 있었다. 그리고 뒤이은 이명박 정부는 2009년 1월 국가브랜드위원회를 출범시키면서 이 기관이 추진할 10대 실천 과제의 두 번째로 '따뜻한 다문화 사회 만들기'를 제시했다. 이런 추세와 더불어 정부 기관들과 민간단체들이 앞다투어 학술 용역 사업을 추진했고 다문화라는 이름을 내건 지역 축제나 이벤트, 행사도 줄을 이었다.

국가 정책으로 구현된 다문화는 대개 이주 결혼 가정을 대상으로 한 복지 정책이나 사회 통합 정책에서 나타난다. 결혼 이주 여성은 '소외 계층 지원 사업'의 대상이 되고, 〈국민기초생활 보장법〉상 지원을 받을 수 있는 이민자 가족으로 여겨지는 것이다. 그런 점에서 한국에서 다문화라는 이름을 내건 본격적인 국가의 전략과 정책은, 유럽에서 발견할 수 있는 다문화주의의 특성과 사뭇 다르다고 말하는 이들이 많다. 이런 생각에 따르면 다문화주의의 본격적인 모습은 이민자 사회 혹은 정착한 이주민들이 자기동일성을 가진 하나의 공동체를 형성하고 자신의 문화적 정체성을 표현할 수 있는 권리를 적극적으로 주장하는 것이다. 그런 사회에서는 문화적 정체성 간의 차이야말로 사회적 갈등이 표현되는 주요한 이유이며, 이때 다문화주의란 그런 갈등을 중재하는 주요한 정치적 기획이라 여길 수 있다.

그에 견주어 볼 때 정주민과 이주민 사이에 이렇다 할 갈등이 희박한 한국에서 다문화주의는 제한된 역할을 한다는 것이 많은 이들의 생각이다. 이들에게 다문화주의란 한국에서는 아직 주변적 현상일 뿐이며, 취업과 결혼을 위해 이주한 인구가 증대하고 이들이 몇 세대에 걸쳐 정착해 살게 됨으로써 문화적 정체성을 에워싼 갈등이 적극적으로 드러나는 단계에서나 다룰 만한 쟁점이다. 나아가 한국으로 들어오는 이주민이 대부분 아시아 지역 출신이기 때문에 문화적 정체성을 에워싼 갈등과 불화는 그다지 크지 않을 터이고, 따라서 다문화주의라는 처방은 한국의 맥락에서 부적절하다는 생각도 존재한다.

요컨대 다문화주의라는 전망이 쓸모가 없는 것은 아니지만, 한국에서는 아직 때 이르며 그 가치도 그다지 크지 않다는 것이다. 그러나 다문화라는 낱말이 아우르는 정책·제도·법률·운동·프로그램이 제한된 범위에 머물러 있다고 할지라도 그것이 지닌 영향을 깎아내리기는 어려울 것이다. 다문화와 다문화주의는 무엇보다 일종의 규범적인 이상으로서 역할을 하고 있기 때문이다. 따라서 다문화주의를 우리 시대의 으뜸가는 이데올로기 가운데 하나로 여겨도 무리는 없다. 이데올로기라는 것이 왜곡되거나 허위적인 관념이나 의식을 가리키는 말이 아니라, 우리가 생활하기 위해 불가피하게 의존해야 하는 믿음이라고 생각할 수 있다면 말이다.

그렇다면 어떤 이유로 다문화(주의)를 이데올로기라 부를 수 있을까? 이를 설명하는 일은 그리 어렵지 않다. 이를테면 다문화 가정을 생각해 보자.

결혼한 이주자를 바라볼 때, 우리는 부지불식간에 이들을 다문화 가정이라고 생각한다. 마치 그것이 세계화에 따라 자본과 노동이 이동한 결과이자, 새로운 노동자계급 가정의 한 형태라는 것을 모른다는 듯이 말이다. 노동의 국제적 이주는 자본의 지구적인 이동의 원리에 따라 계층화로 이어진다. 정보·통신, 금융, 마케팅, 경영 컨설팅, 고등교육 등 상위 분야의 서비스 전문직 종사자들은 대개 서구에서 온 이주자들이다. 그들은 자신이 이주한 국가와 초청 기관이 제공하는 여러 가지 급부를 이용하면서 살아간다. 반면에 세계화된 빈곤의 사슬 속에서 빈곤한 가족은 보다 덜 빈곤한 곳으로 가족 성원을 이주시킨다. 한국으로 이주 결혼을 선택한 여성의 경우는 더욱 그러하다.

전 지구적 자본주의가 만들어 낸 빈곤의 사슬은 여성을 가장 먼저 밀어낸다. 특히 '군입'인 미혼 여성이야말로 가족을 부양하기 위해 가장 먼저 임금노동자가 되거나 결혼을 통해 바깥으로 밀려나야 할 인물이 된다. 그러므로 가난한 나라의 빈곤한 노동계급 여성들은 한국 농촌 마을의 필리핀 새댁과 베트남 며느리로 우리에게 온다. 따라서 그들을 서로 다른 문화적 생활양식 속에서 살아온 이들 사이의 만남으로 그려내는 것은 적잖이 억지스럽고 심지어 외설스러워 보이기까지 한다. 그럼에도 우리가 이를 다문화 가정이라고 부르는 것은 직접적인 현실을 대하기보다는 현실을 부인하고자 환상을 택하는 것이라 할 수 있다. 현실의 갈등과 불화를 피하기 위해 현실에 덧씌워지는 환상을 이데올로기라고 부를 수 있다면, 다문화야말로 이데올로기 중의 이데올로기인지도 모를 일이다.

우리는 프랑스 이주자들이 거주하는 서래마을과 방글라데시·네팔·몽골 등에서 온 이주 노동자들이 살고 있는 안산의 국경 없는 마을을 같은 것으로 여기지 않는다. 이름난 카페와 맛집이 즐비하고 데이트와 산책 코스로 이름난 서래마을은 프랑스 혹은 유럽풍의 정취와 감성을 내세운다. 그러나 잠재적 범죄자들이 서성이는 우범지대이자 게토와 다름없는 세계가 되어 버린 안산은 이주 노동자 가운데서도 가장 밑바닥에 속한 사람들의 소우주를 이루고 있다. 그럼에도 우리는 '다문화' 같은 용어를 듣는 순간, 현실과는 전연 상관없는 세계에 관한 이미지를 가지게 된다. 그렇다면 다문화라는 말은 이처럼 전연 닮은 구석이 없는 현실조차도 같은 것처럼 보이게 만드는 허위적인 시점인 것일까? 그러므로 다문화주의가 가리는 현실을 똑똑히 보자고 말하는 것으로 충분한 것일까? 그렇지 않을 것이다.

다문화라는 용어는 실은 현실이 갈등과 모순에 의해 조직되어 있음을 극구 부인하며 이를 인식하고 해결하기 위해 동원되는 생각·장치·제도·이념이다. 그렇기 때문에 다문화의 거짓을 폭로하는 것으로는 충분치 않을 것이다. 나는 이 글에서 현실을 인식하는 틀을 마련하면서, 더불어 그로부터 현실을 관리하고 변화시킬 수 있는 원리로 작동하는, 이념으로서의 다문화, 이데올로기로서의 다문화에 주의를 기울이려 한다. 이는 다문화를 지지하거나 거부해야 할 대상으로 삼기보다는, 한국 사회에서 정치를 생각할 때마다 항상 따라다니는 시선 그 자체와 결부되어 있는 문제라고 판단하기 때문이다.

문화의 정치로서의 다문화주의

다문화를 이야기하는 사람들은 다문화 사회로 나아가는 것이 불가역적인 역사적 추세라고 곧잘 주장한다. 그들은 자본과 노동이 세계화되고 새로운 인종·종교·문화가 유입되면서 동질적이었던 국민국가가 분화를 겪고, 결국 다문화 사회로 이행할 수밖에 없다고 말한다. 이런 주장에서 다문화 사회란 세계화 이후 사회가 이르게 될 필연적인 상태이자 단계를 가리킨다. 이데올로기가 객관적 현실에 덧붙여진 왜곡된 주관적인 인식이 아니라 외려 "자, 현실을 보라."와 같은 객관적인 지시의 언술로 나타난다는 것은 잘 알려진 일이다. 그런 측면에서 다문화 사회라는 것이 국민국가 '이후'에 이르게 될 사회라는 말이야말로 가장 이데올로기적이다. 그렇다면 어떻게 우리는 이주민이 유입해 인종적·문화적 차이가 다양화된 세계를 다문화 사회라는 이름으로 부를 뿐만 아니라 정치가 상대해야 할 중요한 대상으로 생각하고, 나아가 그런 정치를 조직하는 원리로까지 생각하게 되는 것일까?

자본과 노동의 세계화가 다문화 사회를 초래했다는 주장은 언제든 다른 시선을 통해 의식될 수 있다. 즉 다문화 사회라고 부르는 것은 노동의 유연화로 만들어진 계급의 인종화일 뿐이라고 얼마든지 말할 수 있기 때문이다. 이런 점에서 세계화 이후의 계급적인 관계의 변화라는 관점에 기대어 다문화주의를 비판하는 주장을 내놓는 이들도 많다. 『출입국 외국인정책 통계 연보』에 따르면 2007년 1백만 명을 돌파한 이후 2013년 12월 현재 145만 명에 육박하는 체류 외국인 가운데 장기 체류자는 112만 명이 넘는다. 다시 말해 그들은 대개 이주 노동자들이라고 할 수 있다. 그리고 이주 노동자의 유입은 노동 유연화라는 변화와 불가분하게 얽혀 있다. 축적 체제에 위기를 겪은 한국 자본주의는 생산비용을 줄이기 위해 해외 투자를 통해 출구를 찾는 한편, 국내에서 외주화와 하청화를 밀어붙이며 생산 체계를 재편했다. 물론 1987년의 민주화 이후 조직된 노동의 견고한 저항이 있었다. 더 나은 노동조건과 임금 인상을 요구하는 노동자들과 재벌로 대표되는 대기업의 단가 절감 압력에 시달리던 중소 자본은 이주 노동자들을 적극적으로 받아들였고, 정부는 이런 이주 노동자들을 규율하고 통제하는 역할을 떠맡았다.

이주 노동자는 해외 이전이 불가능한 농업·어업 등 일차산업과 건설업은 물론 저임금 노동이 가능한 산업 부문에 집중되었다. 결국 다문화 사회는 문화 간의 이동이기는커녕 유연화된 노동관계, 그리고 이로부터 초래된 노동의 구분 짓기, 차이화에 따른 효과라고 볼 수 있다. 그렇기 때문에 다문화라고 부르는 문화적 다양성이 실은 노동의 다양성을 통해 자본의 축적을 보조하는 변화를 일컫는 말이라고 생각해 볼 수 있다. 그리고 다문화에서 말하는 이주자들이란 문화적 구별에 따라 묶을 수 있는 집단이기는커녕 위계화된 노동의 구조에서 가장 밑바닥에 속하고 불법 체류자, 잠재적 범죄자 등으로 취급받는 인종화된 노동자와 다름없음을 알 수 있다. 결국 이런 판단을 좇을 때 다문화란 유연해진 노동관계가 만들어 낸 계급적인 종속을 인종화하는 것이다. 그러나 다문화란 없고 단지 인종화된 계급 관계만 있을 뿐이라고 주장하는 것은 다문화 이데올로기가 발휘하는 효력을 충분히 설명하지 못한다. 나아가 계급적 차별의 인종주의가 왜 다문화주의라는 형태로 바뀌어 나타나는지 역시 이해하지 못하게 될 것이다.

다문화 이데올로기는 서로 다른 생활양식을 가진 문화 집단이 함께 살아가는 공동체를 상상한다는 점에 일차적인 특징이 있다. 이에 근거해 다름의 인정, 차이를 가질 수 있는 권리를 떠올리게 한다. 그러므로 다문화란 정체성의 정치, 차이의 정치라는 이상을 통해 정치를 변형시키고자 하는 기획이라고 볼 수 있다. 이런 점에서 다문화는 차이와 동일성, 권리의 정치, 국민국가를 둘러싼 통념에 도전한다. 따라서 이주민 유입이라는 현실적 변화가 초래하는 결과를 어떻게 정책 대상으로 만들어 내고, 또 어떻게 정책과 제도, 법률 등을 통해 그 대상을 다룰 것인지의 문제로 좁힐 수 없다. 외려 다문화주의는 이주민에 관한 문제이기에 앞서 '차이의 정치'라는 전망에 따라 정치를 재구성하려는 욕망이 투사되고 또 침전되는 곳일지 모른다.

먼저 다문화주의의 도전 가운데 하나인 차이의 정치, 정체성의 정치를 둘러싼 논란을 간단히 짚어 보도록 하자. 다문화 정치를 지지하는 이들은 이주민의 비율이 전체 인구에서 3퍼센트에 육박하게 된 만큼 이제 '단일민족'이라는 신념을 유지하기 어렵고, 그런 점에서 민족문화라는 이름으로 타자를 환대하지 않고 그들이 자신의 정체성에 따라 스스로를 표현하려는 행위를 부정하는 것은 폭력과 다름없다고 주장한다. 순혈주의 비판, 민족주의 비판, 동일성 폭력 비판 등으로 나타나는 이런 입장은 동일성에 대해 차이를, 단일성에 대해 다양성을 대립시킨다. 그러나 이를 비판하는 주장 역시 간단치 않다. 그들은 다문화라는 이름 자체가 말해 주듯이 다양성과 차이의 문제를 문화의 문제로 환원한다고 비판한다. 그러므로 차이와 다양성의 문제를 문화로 환원하는 것은 고작해야 세련된 새로운 인종주의, 혹은 문화적 인종주의가 될 위험이 다분하다고 논박한다.

차이를 앞세워 타자를 말할 때, 그것은 은연중에 타자를 나와 다른 생활양식이나 관습에 따라 살아가는 사람으로 보면서 오직 문화라는 렌즈 속에 가두어 버린다. 과거의 인종주의가 타자를 우리보다 못한 야만인이라는 문화적 타자로 본다면, 세련된 자유주의적 이데올로기에 흠뻑 젖은 신종 인종주의는 다른 관습과 생활양식을 가지고 있는 이들로 존중하고 관용하며 배려해야 한다고 주장한다. 결국 야만스럽다고 경멸하는 자세이든 독특하고 별난 관습을 존중하자는 자세이든 그 요점은 똑같은 셈이다. 그런 생각들은 타자를 문화라는 격자 속에 가둔다는 점에서 한통속이다. 인종주의란 자기는 낮고 다른 사회의 사람들은 천하고 상스럽다고 깔보는 오만한 태도가 아니다. 타자를 문화라는 정체성 안에 가두는 태도, 그리고 어떤 생활양식이나 관습, 의미의 세계에 살아가는 사람들로 타자를 환원하는 태도 자체가 인종주의이다. 문명화되지 못한 저열한 타자를 경멸했던 과거의 나쁜 인종주의나 내가 이해하지 못하고 불편해하는 타자를 존중하자는 다문화주의는 실상 같은 논리를 좇는다. 그것은 타자를 인종화하는 것이다.

그래서 다문화주의에서 존중하자고 인정하는 타자의 정체성이란 우리가 상상하고 부여했던 것임과 동시에 우리가 상상하는 어떤 타자의 상상속에 그들을 가두어 두는 것이라 할 수 있다. 이를테면 미국 시트콤을 즐겨보고 팝 가수인 비욘세의 노래를 가장 좋아하고 청바지를 즐겨 입으며 맥도널드 햄버거에 익숙한, 필리핀 출신 대졸 새댁에게 다문화 축제에서 필리핀의 문화를 재현하도록 강요하며 필리핀 전통 음식을 요리하고 필리핀 민요를 부르게 종용하는 식이다. 실은 어느 누구도 자신의 정체성을 투명하게 인식하기란 불가능하다. 한국인에게 한국인으로서 자기동일성이 무엇인지 물어본들 그에 관한 답을 얻을 수는 없다. 무엇이 민족·국민의 동일성인지는 언제나 갈등과 협상의 과정에서, 무엇보다 국가에 의해 교육·학술·문화·스포츠 등을 통해 생산되고 또 강려된다.

이런 점에서 다문화주의를 가장 강력하게 비판하고 있는 프랑스 철학자 바디우Alain Badiou의 말에 유의할 필요가 있다. 그는 어느 글에서 다음과 같이 말한다. "진정한 사고는 다음의 사실을 긍정해야 한다. 차이들은 주어져 있는 것이고, 모든 진리는 앞으로 존재하게 될 아직 존재하지 않는 것이라고 한다면, 차이들이란 바로 모든 진리가 내버리는 것, 또는 의미 없는 것으로 드러나는 것이라는 사실이다. 어떠한 구체적 상황도 '타자의 인정'이라는 주제를 통해 해명될 수 없다는 것이다. 현대의 모든 집합적 형세 속에서, 도처에 존재하는 사람들은 다른 것들을 먹고, 여러 가지 언어로 말을 하며, 다양한 모자들을 쓰고 다니고, 상이한 의례들을 수행하며, 복잡하고도 다양한 성행위를 행하고, 권위를 사랑하거나 또는 무질서를 사랑하거나 하는 것이며, 세상은 그와 같이 진행되는 것이다"(바디우 2003, 43-44). 여기에서 그는 차이와 다양성은 규범이 아니라 주어져 있는 사실일 뿐이라고 역설한다. 따라서 다문화를 강조하는 사람들이 말하는 것처럼 다문화는 견지하거나 추구해야 할 규범적인 이상이 아니라, 그냥 주어진 사태를 인정하고 따르라는 말과 다름없다고 힐난한다.

따라서 그를 따르자면 차이와 다양성은 정치를 조직하는 지도적인 이념이 아니라 정치를 제거하고 마는 나쁜 주장이 된다. 그러나 차이와 다양성은 그저 주어져 있는 것일까? 그렇지는 않을 것이다. 차이와 다양성을 문화의 문제로 바라보는 데서 더욱 유의할 부분은 바로 자연과 문화의 관계가 뒤집어진다는 것이다. 다문화주의가 새로운 인종주의라 할 수 있다면 그것의 새로움은 과거의 인종주의와 자연 대 문화의 관계를 거꾸로 생각한다는 점에 있다. 기존의 인종주의가 생물학적인 것을 문화화했다는 이유로 비판받았다면, 이제는 문화적인 것(습속·의례·라이프스타일 등)이 생물학화(인종·성정체성·신체 등)되기 때문이다. 자연의 문화화는 문화의 자연화로 뒤집힌다. 물론 문화를 자연화하는 것도 일종의 저항적 몸짓을 담고 있다. 그것은 가족 및 종족, 민족 등의 유기적인 공동체를 파편화되고 개별화된 신자유주의적 삶의 세계에 대립시키며, 지금의 공동체 없는 세계로부터 벗어나고자 하기 때문이다. 그런 점에서 나쁜 신자유주의적 문화에 좋았던 공동체의 세계를 대립시키는 것은 종족·민족 등의 문화를 문화적으로 가공되기 이전에 주어져 있던 과거의 삶이자 자연적인 세계로 둔갑시킨다. 그런 점에서 다문화주의는 문화를 실체화한다. 문화는 내가 태어난 세계이자 역사적 변화로부터 벗어나 있는 나의 영원한 운명으로 상상된다.

이런 주장을 따져 보면 우리는 자기가 살고 있는 세계의 일원으로서 동일시하는 방식에 중대한 변화가 나타났음을 찾아볼 수 있다. 어떤 국가의 성원이 된다는 것은 서로의 다른 말투, 식습관, 일상생활의 예법 등을 모두 떠나 시민-국민이라는 추상적인 권리의 주체로서 동일시하는 것이다. 반면에 관용적 다문화주의 사회가 넌지시 말하는 것은 우리가 같은 문화적 규칙을 따르기 때문에 내가 그 세계에 사는 타인과 같다고 하는 것이다. 시민이라는 권리의 주체 사이에서의 차이는 권리의 있고 없음, 많고 적음의 차이이다. 말하자면 "너와 나는 시민으로서는 같다. 그렇지만 우리는 권리의 세계에서 분열되어 있고 대립한다." 이것이 시민들이 서로에게 말을 건네는 방식일 것이다. 반면에 문화적 주체 사이에서의 차이는 너와 나의 다름이다. 이럴 때 권리란 서로가 시민으로서 같기 때문에 마련되는 평등으로서의 권리라기보다는, 주어진 생활 방식대로 살아갈 수 있는 자유를 뜻하는 권리로 변질된다. 우리가 살고 있는 세계는 '부족사회'와 다름없다는 표현이 역설하는 것처럼, 우리는 시민이라는 동일한 소속보다는 문화적으로 서로 다른 너와 나의 차이를 내세우는 일을 좋아한다. 그리고 이럴 때 나타나는 것이 문화를 이미 주어진 속성이나 자질 같은 것으로 자연화하는 것이다.

그런데 문화를 자연화할 때 더욱 나쁜 점은 그것이 겉으로 주장하는 것처럼 차이와 다양함을 보장하고 촉진하는 것이기는커녕 거꾸로 그것을 제한한다는 점에 있다. 우리는 얼마나 더 달라질 수 있는가? 우리는 어떻게 하면 더 달라진 삶을 살 수 있는가? 이는 곧 차이를 얼마나 더 차이화할 수 있을지를 묻는 물음일 것이다. 이런 물음을 마주할 때 차이가 이미 주어진 자연적 차이에 근거하는 한 그 차이는 근본적으로 더 차이 날 수 있는 가능성을 잃어버린 차이라고 말할 수 있다. 그것은 차이를 존중하자고 말하면서 은밀히 달리 살 가능성을 억압할 수 있기 때문이다. 오랜 여성 차별적 관행을 관습과 전통으로 여기고 존중하자는 것이 차이를 존중하는 자세는 아닐 것이다. 그와 반대로 그와는 다른 방식으로 살아갈 수 있는 자유를 요구하는 것이 차이에 대한 제대로 된 접근이라고 말할 수 있어야 할 것이다. 주어진 차이를 존중하자고 말할 때 가리키는 차이는, 지금과는 다른 삶을 살아가게 됨으로써 만들어질 차이와 같은 것일 수 없다. 따라서 차이는 주어진 사실의 문제가 아니라 차이가 무한하게 번성할 수 있도록 하는 원리, 평등과 자유를 어떻게 조율할 것인지와 같은 민주주의의 핵심 문제를 해결하려는 시도로 새겨 볼 필요가 있을지 모른다.

차이의 적, 동일성의 폭력 : 국민국가 비판과 그 불만

다문화를 옹호하는 이들은 단일민족 국가 혹은 국민적 정체성에 기반을 둔 국민국가는 언제나 타자를 배제하고 이주민을 차별할 뿐만 아니라 비국민이라고 분류되는 이들을 억압한다고 비판한다. 한국 사회에서 이승만·박정희 정권 이래 보수 정치집단은 애국주의와 국수주의 같은 이데올로기를 동원하며 국민국가에 대한 충성을 역설하고 그에 비판적인 사회운동을 반국가적인 것으로 억압함은 물론 '퇴폐적 서구 문화', '저속한 왜색 문화'라는 이름으로 대중문화를 규율하고 통제해 왔다. 그런 점에서 국민국가가 동일한 정체성을 부과하고 차이와 다양성을 억압하는 '차이의 적'이라 생각하는 것은 극히 자연스러운 일이라고 할 수 있을지 모른다. 그런 점에서 다문화 이데올로기는 국민국가 비판이라는 욕망과 교차한다고 볼 수 있다. 그렇다면 국민국가는 동일성의 폭력을 부과하기만 하는 것일까? 외려 국민국가는 주어진 정체성에 따라 살아간다는 압력으로부터 우리를 떼어놓은 가장 강력한 장치는 아니었을까? 그리고 만약 이런 물음에 긍정적으로 답변할 수 있다면 국민국가에 대한 비판의 한계에서 벗어나 새로운 비판의 정치를 생각해 볼 수 있어야 할 것이다.

근년에 많은 이들은 상식과 달리 국민국가가 동일성의 폭력이 아니라 차이의 발효제이자 촉진자였다는 주장을 제기한다. 국민국가야말로 모든 자연적인 배경이나 영속적인 전통, 일차적인 소속 집단으로부터 사람들을 떼어내면서 국민 혹은 민족이라는 이름으로 그들을 동등하게 대하려고 했다는 것이다. 그런 점에서 민족 혹은 국민이라는 이데올로기 안에는 보편주의적 충동이 가로지른다고 지적하기도 한다. 그러나 이는 국민국가와 그것이 생산하는 민족주의야말로 특수주의적 이데올로기의 정수라는 생각을 정면으로 거스른다. 그렇다면 어떤 연유로 그렇게 생각할 수 있을까?

그들은 국민국가가 친족 집단, 직업적 배경이나 출신 지역, 심지어 성별 정체성 같은 일차적 정체성을 '비워 내고', 그것을 '개인'을 만들어 내는 과정으로 전환했다고 말한다. 따라서 우리는 국민국가를 통해 마침내 개별화될 수 있다는 것이다. 어떤 학자는 이를 '개인화된 개인'이라고 부르며, 그를 만들어 내는 데 민족주의가 결정적 역할을 했다고 말한다(발리바르 2008, 528). 발리바르Étienne Balibar의 말을 빌리자면 국가가 민족-국민이라는 동일성에 호소할 때, 그것은 개인들이 자신들의 상위 공동체에 소속됨으로써, 혹은 그것과 동일화됨으로써 자신의 정체성을 고정시키는 것을 막는다. 인종·종족·직업집단·가문 등 그것이 무엇이든 유일한 소속 혹은 구속이 되는 것으로부터 개인을 벗어나게 하는 것, 다양한 소속 사이로 옮겨 다닐 수 있도록 숨통을 틔우고 그것을 단일한 정체성의 표현으로 환원하지 못하게 하는 것에 관한 한 민족-국민보다 탁월한 역할을 한 것은 없다.

단적으로, 사라지기는커녕 더욱 창궐하고 있는 종교적 소속에 관해 생각해 보자. 서구의 국가들을 비롯한 많은 국가들에서 종교는 사생활의 문제처럼 받아들여지고 있지만, 종교가 일차적 소속으로 여겨지는 곳도 여전히 많다. 이를테면 이런 식이다. '너는 이슬람교도인 한 종교 생활은 물론 여성으로서, 직업 생활이나 정치 활동, 도덕적인 판단에 있어서 전적으로 이슬람적이어야 한다.' 그러나 세속 민족-국민국가는 이와는 다른 방식으로 말을 건넬 것이다. 그것은 '민족-국민인 한 당신은 당신의 소속을 자유롭게 선택할 수 있다.'고 못 박는다. 따라서 국가를 차이와 다양성을 가로막는 '냉혹한 괴물'로 여기는 주장은 핵심을 놓치고 있는지 모른다. 국민국가를 비판하는 이들은 민족주의가 허구적인 종족 집단을 빚어내고 그로부터 인종적 위계를 만들어 낸다거나 순수하면서도 본래적인 문화적 전통 따위를 강요한다고 말한다. 틀린 말이 아니다. 그러나 국가의 성원으로 등록됨으로써 우리가 제거하기 불가능한 보편주의적 차원이 발생한다는 점 역시 강조될 필요가 있다. 민족-국민이라는 형상은 사생활과 개인적 양심을 자율화시킴으로써 자연적인 소속이나 일차적인 문화들이라 할 만한 것에 종속되지 않도록 개인을 개인화시켜 주기 때문이다.

그렇기 때문에 개인은 국가나 공적 영역이 존재한다는 사실로부터 자신의 직접적인 소속으로부터 거리를 유지할 틈새를 가질 수 있게 되는 셈이다. 그런 점에서 문화적 정체성을 공적으로 대표하고 제시할 수 있는 권리를 말하는 것은 그런 정체성을 부정할 수 있는 개인의 권리를 부인함으로써 국민국가의 폭력보다 더 억압적인 것이 될 가능성이 있다. 이를테면 전통 의상을 착용하고 등교할 수 있는 이슬람 여성의 권리는 자신의 신체를 통제할 수 있는 여성의 권리와 양립하지 않는 한 억압이 될 가능성이 다분하다. 다시 말해 자신의 일차적 소속이 부과하는 의무로부터 자유로울 수 있는 권리, 즉 시민으로서의 권리가 없는 차이의 권리는 권리라고 부르기도 어려우며, 나아가 차이 자체를 촉진할 가능성을 억제하기 때문이다.

그러므로 우리는 다문화주의가 자신의 민족적·인종적 소속을 뛰어넘어 다양한 것들의 소통과 공존을 배려하는 관용의 정치를 만들어 내는 것이 아니라 그 반대의 것이 될 가능성을 다분히 포함하고 있음을 깨닫게 된다. 다문화주의라는 것이 무한히 다양해질 가능성을 가로막을 수 있기 때문이다. 다시 말해 다문화란 자신이 속한 어떤 일차적인 소속으로부터 벗어나 자신을 자율화하거나, 그를 통해 보편적으로 다양해질 수 있는 가능성에 족쇄를 채울 수 있다. 제한 없이 다양해질 수 있도록 하는 것이 아니라, 특정한 종족적 소속, 문화적 정체성에 속한 조건에서 다양하다면 그것은 국민국가가 도입한 개인화할 수 있는 자유, 무한한 차이의 가능성을 밑돌 뿐만 아니라 국민국가보다 더 억압적이고 폭력적일 수 있기 때문이다. 차이란 다수이지 않고 무한한 것이고 종결될 수 없는 것이다. 그렇기 때문에 문화적 차이를 '셈할 수 있는' 다수로 간주하는 다원주의는 생각보다 충분히 다원적이지 못할 가능성을 내장한다.

그러나 국민국가가 차이가 번성할 수 있는 조건이라면, 인종주의나 민족주의, 특수주의적인 이데올로기를 생산하는 국가란 또 무엇인가? 이에 답하기 위해 우리는 국민국가의 역설을 생각해야 한다. 일차적 정체성에 속박되었을 때와 달리 민족 혹은 국민은 그 정체성에 소속된 동시에 그것의 구속에서 벗어날 수 있다. 간단히 말해 민족-국민인 한 이제 나는 양심을 지니고 정의를 선택할 수 있는 개인이 될 수 있다. 그리고 인권과 시민권의 이름으로 자신의 정체성을 자유롭게 구성할 수 있는 주체로 살아갈 수 있다. 그러므로 민족(국민)국가는 보편적 차이를 위한 조건을 깊이 품고 있다. 그렇지만 바로 그 점에서 국민국가는 끊임없이 민족주의와 인종주의에 호소하지 않을 수 없다. 국민국가 안에서 자본주의적 사회관계는, 두 개의 국가라고 부르기까지 했던 계급적 대립을 피할 수 없게끔 만들기 때문이다.

그렇기 때문에 민족주의와 인종주의는 국민국가의 본성이 아니라 그것의 역설로부터 초래된 효과라고 할 수 있다. 국민국가는 다양하고 차이 나는 삶의 가능성을 열어 놓는다. 그렇게 개인화할 수 있는 권리는 바로 인권과 시민권을 이른다. 그렇기 때문에 자본주의적 사회관계에서 비롯된 모순은 인권과 시민권에 근거한 저항을 항시 동반하게 된다. 권리를 가진 개인, 다른 삶을 선택할 수 있는 시민-개인이 없는 노동운동이나 여성운동도 상상할 수 없기 때문이다. 그 탓에 국민국가는 항시 그런 갈등적인 대립을 중재하기 위해 인종적이고 민족적인 국민의 환상에 호소하게 된다. 결국 국민국가는 동일성의 폭력을 부과하는 괴물이 아니라 언제나 동일성과 차이 위에서 동요하면서 민족-국민이라는 환상으로 끊임없이 물러나려는 유혹에 시달린다고 볼 수 있다. 그런 점에서 지난 기간 한국에서 벌어진 다문화 이데올로기를 둘러싼 논쟁 역시 국가 비판의 정치라는 점에서 재고할 필요가 있을 것이다.

권리의 정치인가, 정체성의 정치인가?

앞서 간략히 서술한 것처럼, 우리는 다문화 이데올로기의 핵심적인 쟁점인 국민국가 비판을 간단히 받아들일 것이 아니라 국민국가에 대한 비판적인 사고를 위한 도전으로 여길 필요가 있다. 국민국가를 전체화하는 폭력, 차이를 제거하는 동일성의 장치로만 사고하는 것은 다문화 이데올로기가 또 다른 모습으로 변신한 자유주의에 불과하다는 의심을 부추긴다. 만약 그런 혐의에서 벗어나려면 다문화는 국민국가의 역설을 고려하며 차이와 평등을 중재할 수 있는 주장으로 나아가야 한다. 그런 점에서 다문화 정치가 정체성과 차이의 정치를 주장하며 어떻게 권리의 정치를 사유하는지를 따져 볼 필요가 있다. 간단히 말해 다문화는 어떤 권리의 정치를 주장하는가? 이는 단적으로 이주 노동자의 권리를 통해 살펴볼 수 있을 것이다.

한국에서는 산발적이지만 꾸준히 이주 노동자들의 투쟁이 있었다. 그 결과 2005년 이주 노동자들의 노동조합 결성으로 이어져 현재에 이르고 있다. 민주노총의 지부 조직으로 출범한 '서울·경기·인천 이주노동자 노동조합'Migrant Trade Union은 산하에 오산·인천·의정부 등의 지역 지부를 두고 있다. 제조업 및 건설업 부문의 인력난에 대처한다는 명분으로 시작된 이주 노동자의 유입은, 1991년 도입된 '해외투자기업 연수생 제도'를 계기로 시작되었다. 이 제도는 외국에 진출한 한국 기업이 채용할 현지 노동자를 초청해 연수시키는 것을 허락하는 것이었다. 그렇지만 해외 투자 기업으로 위장한 기업의 연수생 추천이나 연수생에 대한 가혹한 대우 등의 폐해가 잇따르자 그것은 1993년 '산업연수생 제도'로 변경되었다. 이 역시 저임금이 구조화되어 있던 기계·염색·피혁·도금 등의 분야에 저숙련 노동자를 취업시키는 것을 목적으로 했다. 그렇지만 산업연수생이란 법률적으로 근로자가 아닌 연수생이었기에 임금 차등은 물론 노동자로서 누려야 할 기본권이 박탈되어 있었다. 따라서 이 제도 역시 인권유린과 초과 착취라는 비판을 면할 수 없었다.

1995년 3월부터 정부는 체류 자격에 관계없이 이주 노동자들에 대해 〈산업재해보상보험법〉 및 〈의료보험법〉을 적용하고 〈근로기준법〉상의 강제 근로 금지, 폭행 금지 등을 포함한 일부 규정에 따른 법적 보호를 보장하는 등 개선 조치를 취하기는 했다. 이런 한정된 개선 조치는 1994년 네팔인 산업연수생들이 지원 단체의 도움을 받아 경실련 강당에서 농성하는 등의 투쟁에 따른 성과였다. 그리하여 마침내 2004년 정부는 '고용허가제'Employment Permit System를 도입했다. 물론 이주 노동자의 고용과 깊은 관련이 있던 중소기업협동조합중앙회 등은 산업연수생 제도를 존치하기 위해 애썼던 것으로 알려져 있다. 그러나 정부는 제도 자체가 악용되고 있으며 불법 취업자를 양산하는 등의 부작용이 크다고 판단해 고용허가제를 도입하기로 결정했다.

고용허가제는 이주 노동자의 합법적 체류 기간을 기본 3년으로 제한하고 최장 5년을 넘지 않게 제한하고 있다. 그리고 취업 후 3년이 지난 이후에는 1년마다 두 번까지 계약을 갱신할 수 있게 한다. 체류 기간을 5년으로 제한한 것이 이후 고용허가제의 최대 쟁점이 되었다. 한국의 〈출입국관리

법)은 5년 이상 한국에서 합법적으로 거주한 외국인에게는 영주권 신청 자격을 주도록 되어 있기 때문이다. 당연히 이주 노동자들이 5년 이상 한국에서 합법적으로 거주해 영주권을 취득하면 한국인과 동일한 시민권 주체가 된다. 따라서 저임금에 초과 착취가 가능한 노동력으로 이주 노동자를 묶어 두기 위해 고용허가제는 체류 기간을 제한하고자 했던 셈이다. 그래서 흔히 단기 순환 정책으로 불리기도 했다.

한편 고용허가제의 이런 특징은 이주 노동자의 권리를 보장하기는커녕 끊임없이 불법 체류자를 단속하는 근거가 되었다. 불법 체류자 단속은 단기 순환 정책을 강요하고 정착시킬 방편이었을 뿐만 아니라, 이주 노동자의 권리를 적극적으로 제기하고 또 조직화하려는 이주 노동자 운동을 탄압하는 명분으로 악용되어 왔다. 이주 노동자 운동을 이끈 활동가들을 불법 체류자 단속이라는 명분으로 구속하거나 추방하는 일들이 계속되었던 것이다. 그렇다면 이와 같은 이주 노동자의 처지를 감안할 때, 이주 노동자 운동을 소수자 운동 혹은 정체성의 정치로 볼 것인지, 아니면 노동운동 혹은 보편적 권리의 정치로 봐야 할 것인지 쟁점이 생길 수 있다. 여기에서는 권리의 정치라는 관점에서 다시 볼 필요성을 제기하고자 한다. 이주 노동자 운동 이야기를 꺼내는 것은 바로 그 운동이 이주 노동자의 권리, 타자의 권리라는 쟁점을 풀 실마리를 제공할 것으로 보이기 때문이다. 다문화 이데올로기가 제기하는 인정의 정치, 대표의 정치 역시 권리의 정치라면 그것은 어떤 권리의 정치를 세안하는지 묻지 않을 수 없다. 결론은 너무나 싱겁고 간단하다. 실제 이주 노동자들을 대상으로 다문화 담론에 관한 의견을 묻는 조사들은 거의 한결같이 이주 노동자들이 다문화에 관심이 없음을 말해 주며, 그들의 권리는 다문화를 통해 매개될 수 없음을 알려주기 때문이다. 다문화는 권리의 정치를 역설하는 시늉을 하지만 실은 이주민의 권리를 효과적으로 보장하는 데는 무능하다는 것을 보여 준다.

맺음말에 대신하여

이 글에서 우리는 다양성과 차이, 정체성이라는 쟁점을 중심으로 정치를 상상하고 표상하고자 하는 독특한 이데올로기로서 다문화주의를 검토했다. 이런 문제의식을 중심으로 서술했기에 한국 사회에서 전개되었던 주요한 논의를 구체적으로 인용하거나 참고하지는 않았다. 여기서는 다문화주의를 둘러싼 전반적 논의의 가닥과 이를 에워싼 전제, 무엇보다 다문화주의가 함축하는 윤리적·정치적 의의를 드러내는 데 관심을 두었다.

다문화주의의 향방을 바라보는 생각은 사뭇 다르다. 다문화주의가 더욱 성가를 높일 것이며 나아가 더욱 굳건히 통치 프로세스의 한 부분으로 자리 잡으리라고 보는 쪽이 있을 것이다. 그들은 문화적 감수성과 문화 다양성을 고양하는 것이 정치적으로 바람직하다는 입장이 이미 한국에서 주류를 점하고 있다고 주장하며, 보편 가치로서 다문화주의와 다문화 사회 지향에 대해 국민적 합의가 이루어진 것처럼 보인다고 역설한다. 그렇지만 그런 주장에 선뜻 동의하지 않는 이들도 적지 않다. 그들은 "나는 배고파도 좋으니 국제결혼을 해서 온 신부들을 위한 다양한 프로그램을 계속 진행하라."고 웃으며 말할 수 있는 이들이 과연 있겠냐고 반문한다(박경태 2012, 385). 나아가 '불법·살인·강간·강도·강력범죄·범죄조직화 확산' 등을 운운하는 표현에서 나타나는 '두려운 소수'로서 이주자에 쏠린 반감은 '문화 전쟁'은 아닐지라도 심각한 갈등의 예후豫後와 다름없다는 진단 역시 제기된다.

그러나 이 글에서는 다문화주의 자체의 성패에는 큰 관심을 두지 않는다. 이 글에서 견지한 문제의식을 다시 강조하자면, 우리가 유의해야 하는 것은 다문화주의를 지지하는 이들이 강조하는 '관용의 정치', '인정의 정치'와 이를 비판하는 이들이 역설하는 '시민권의 정치', '보편적인 평등의 정치'라는 입장 사이의 차이가 어떻게 전개될 것인지의 문제이다. 이런 차이는 다문화주의가 단지 그것의 대상으로 간주하는 것, 즉 이주자들의 정체성과 권리, 국가 및 장소와의 관계 등에 국한되지 않음을 보여 준다. 다문화주의는 신자유주의 이후의 세계에서 정치란 무엇인지를 둘러싼 다양한 사유와 상상력이 교차하는 지점임을 말해 준다. 그러므로 다문화주의는 고유한 내용과 쟁점을 지닌 정치적 전망이기에 앞서 사회의 갈등과 대립을 매개하고 상징화하는 이데올로기일 수밖에 없다. 그런 연유로 이데올로기에는 역사가 없다는 말처럼 다문화주의는 자신의 정치를 둘러싼 논의가 전개되는 치환된 무대이자 담론의 공간으로서 끈질기게 생명을 이어 갈 것이다. 따라서 다문화주의 '이후'라는 것을 상상하고자 한다면, 우리에게 필요한 것은 바로 신자유주의 이후 우리에게 도입된 정치적 이데올로기와 대결하는 일일 것이다.

참고문헌

바디우, 알랭(Alain Badiou). 2003. 『윤리학』. 이종영 옮김. 동문선.

박경태. 2012. "다문화, 화려한 수사와 유행을 넘어서." 『경제와 사회』 통권 제94호.

발리바르, 에티엔(Étienne Balibar). 2008. "보편적인 것들." 『대중들의 공포』. 서관모·최원 옮김. 도서출판b.

10

성 평등

여성 혐오의 대중화 시대,
약자 보호 의식의 전환이 필요하다

권인숙

여성 혐오는 왜 문제인가?

"2013년 한국 사회 대표 키워드 중 하나가 뭔지 아세요? 여성 혐오예요." 여론의 흐름을 빨리 파악하는 위치에 있는 한 여성운동가가 얼마 전에 한 말이다. 나는 "정말이요?"라고 반문했다. 진심으로 많이 놀랐다. 그 뒤 며칠 동안 사람들을 만나면 그 이야기를 했다. 왜 그렇게 놀라고 반응이 오래갔을까? 여성 혐오라는 단어가 낯선가? 낯설기도 하고 낯설지 않기도 했다. 평등하지 않은 사회에서 약자를 비난하고 혐오하는 문화는 늘 존재하며, 강한 일상성과 상식의 틀에 숨겨져 있다. 가부장 사회가 수천 년 이어져 온 경우, 여성 혐오는 숨쉬는 것만큼 자연스럽게 녹아 있다. 우에노 치즈코上野千鶴子는 『여성 혐오를 혐오한다』에서 이렇게 말한다.

여성 혐오는 성별이원제 젠더 질서의 깊고 깊은 곳에 존재하는 핵이다. 성별이원제의 젠더 질서 속에서 성장하는 이들 가운데 여성 혐오로부터 자유로운 사람은 존재하지 않는다. 그것은 마치 중력처럼 시스템 전체 구석구석까지 영향을 미치고 있으며, 너무나도 자명하게 존재하고 있는 탓에 상당한 노력을 기울이지 않으면 의식조차 할 수 없을 정도다(우에노 치즈코 2012, 12-13).

따라서 '여성이 혐오 대상이 아닌 적이 있었나?'라고 말한다면 틀리지 않다. 그러나 '여성 혐오'라는 말 그 자체는 익숙하지만은 않다. '역차별'이라는 말은 꽤 오래전부터 있었지만, '혐오'는 '페미니스트 혐오', '여성부 혐오' 등 특정 집단이나 기관에만 주로 붙었다. 미국에서도 misogyny라는 표현을 쓰지만, 이는 오랜 가부장 문화 속에 내재해 있는 여성 혐오를 일컫거나 주로 페미니스트들에 대한 비난이나 거부감을 표현하는 데 쓰였다.

그렇다고 2013년 한창 이야기되었던 몇몇 특정 집단의 등장을 연상해서 놀란 것은 아니다. 남성연대 성재기 대표의 해프닝적 자살을 추동한 이념과 일베(일간베스트저장소)의 공식 이념 중 하나도 여성 혐오이지만, 이들은 특정 그룹으로 한정되어 있었기에 크게 신경 쓰지 않고 있었다.

내가 놀랐던 것은 '여성 혐오'가 대중적으로 선언되고 있는 현상을 확인해서다. 가령 문화 평론가 하재근은 텔레비전 프로그램에 나타나는 남성 선호적, 여성 배타적 문화 현상을 읽으면서 지금은 "여성 혐오 시대이다."라고 단언하고 있다.

'딸 바보'라면서 아버지만 뜬다. 이상하다. 어머니라고 '딸 바보'가 되지 말란 법이 있나. 지금은 부성애야말로 불황기에 대중이 원하는 가장 따뜻한 품이었다.

가족애가 최고의 키워드로 떠오른 지금, 이상하게도 어머니가 사라졌다. 왜일까. ……

한국 영화 최전성기의 과실을 누리는 것도 모두 남성 배우다. 〈광해〉, 〈도둑들〉, 〈7번방의 선물〉, 〈신세계〉, 〈범죄와의 전쟁〉 등 주요 화제작의 중심에 남성이 있다. 예능 MC도 남성 위주다. 여성으로서 메인 MC 반열에 있는 사람은 박미선 정도가 유일한데 그나마도 악플[악성 댓글]에 시달린다.

이른바 루저녀를 필두로 한 '○○녀' 사태도 주기적으로 터진다. 사건·사고는 언제나 터지고, 범인이 남성일 경우가 많지만, 유독 여성이 문제를 일으켰을 때 악플이 집중된다. 죄질에서도 여성의 경범죄 수준이 남성의 흉악 범죄와 동급으로 단죄된다. 남성이 문제를 일으켰을 때는 악플 내용이 행위 자체에 국한되지만 여성이 문제를 일으키면 '여자들이란……' 하면서 전체가 매도되기 일쑤다. 대중이 여성 자체를 얄미워하기 때문이다(하재근 2013/03/13).

하재근이 강조하는 만큼 이런 현상이 최근에만 두드러졌다고 하기는 힘들다. 가부장 사회에서는 남자다움과 여자다움의 성별 기준이 확고하다. 또한 가부장 사회는 남성 친화적이라 남성 위주의 문화가 자연스럽고 편하게 여겨지며, 언제나 남녀의 행동에 대해 감정적으로 다른 반응을 보여 왔다. 무엇인가에 주도적이고 중심적인 모습을 보이는 여성을 좋게 보지 않고, 일탈하는 여성들에게 더 무거운 징계를 내려온 것도 새삼스럽지 않다.

문제는 이런 현상이 여성 혐오라는 틀로 자신감 있게 언어화되고 개념화되며, 심지어 공감을 얻고 있다는 것이다. 여성 혐오가 기존의 가부장적 문화 속에 녹아 있는 수준을 넘어 본격적으로 의식적 선택의 범주에 들어왔다는 것이다. 한국여성단체연합이 2014년 1월 총회에서 올해의 사업 목표 중 하나로 '온라인 여성 혐오 현상 해소 활동'을 선택할 만큼 이 현상은 꽤 대중성이 있는 것으로 보인다. 특별한 정치적 색깔이나 신념을 드러내지 않는 여성조차 혐오하는 사람들이 꽤 된다는 것이다. 이처럼 여성 혐오가 의식적으로 선언되고 집단성·대중성을 띠는 현상이 모든 가부장 사회에서 일상적·보편적으로 나타나지는 않는다.

최근의 여성 혐오에 대한 분석은 다양하다. 우석훈은 30대 초중반 남성의 여성 혐오 원인을 "경제적 여건과 결혼에 대한 남녀 비대칭성"으로 꼽았다. 그는 특히 10대 남성의 여성 혐오가 아주 강렬한 데 놀란다. 그는 "가부장제의 여성 차별과는 전혀 양상이 다른, 정말로 한국 이외의 다른 나라에서는 관찰되기 어려운 특이 현상이었다. 인문계 고등학교는 당연하다 치더라도 대안 학교에서도 이런 현상이 상당히 관찰됐다. 남성들의 나이가 어릴수록 여성 혐오가 더 강해지고, 그 이유도 나름 치밀해지고 있다는 것"(우석훈 2014/01/07)에 주목하고 있다. 그 원인까지 분석하지는 않지만, 여성 혐오 현상을 가부장적인 남성 우월주의로만 해석될 수 없다고 이해하고 있다. 나영(지구지역행동네트워크 GP네트워크 팀장)은 불안에서 혐오의 원인을 찾고 있다. "가부장적 질서와 윤리에 대한 불안"과 "삶에 대한 집단적인 불안" 때문에 기존 질서를 흔드는 존재들로서 동성애자·이주자·여성을 표적 삼아 혐오하고 있다는 것이다.

'남성연대'와 '일베'에서는 남성 지위에 대한 불안이 더욱 직접적으로 드러난다. '김치년'들을 욕하는 게 일상인 '일베'에서도 고민 상담 게시판에는 자신의 스펙이 여자들에게 먹힐지 평가해 달라는 글이 수두룩하다. '김치년'을 욕하는 속내에는 돈과 스펙을 갖추지 못하면 여자들과 연애조차 할 수 없다는 자기 비하와 낮은 자존감이 존재하는 것이다. 그래서 결국 화살은 '김치년' 혐오로 향한다(나영 2013/12/19).

여성 혐오의 원인에 대한 대부분의 분석은 사회경제적 불안이 심화되면서 자존감 낮고 불안한 남성이, 자신의 경쟁 대상이 되거나 결혼 등에서 자신의 존재감을 흔드는 여성을 공격하고 있다는 것이다. 많은 면에서 동의한다. 그러나 이런 분석은 불안한 남성은 늘 존재하고 사회경제적으로 더 불안했던 때도 많은데, 혐오 현상이 왜 지금 대중성을 띠면서 등장하는지를 설명하지 못한다. 또 현상과 본질을 구별하지 못하는 이들의 잘못된 가치 규정과 허술한 논리력을 문제 삼는 데 그친다. '세상이 달라지면 나아질 것'이라는 막연한 낙관 혹은 냉소와 무시 외에 별다른 선택지가 없다는 식의 진단이기에, 여성운동의 입장에서는 무척 무기력해지는 관점이다.

따라서 주목해야 할 것은 무의식 속에 내재된 것과 구분되는, 이미 언어화되어 의식적·실천적 선택으로 대중화된 여성 혐오이다. (논리적 방향성이 옳든 그르든) 자기 체험 없이, 많은 이들이 서로 공감하며 의식적으로 동조하는 현상은 쉽게 나타나지 않는다. 이전의 여성 혐오는 그 존재성을 드러내고 비판하는 것만으로도 가치가 있었지만 의식화되고 대중화된 여성 혐오는 비판만으로는 부족하다. 이미 드러난 현상이고 의식적 선택성을 띠기에 이를 적극적으로 해석하고 성 평등의 전략 프레임과 연계해 고민할 때 대응 능력이 생길 수 있다.

특권화된 여성이 밉다?

여성 혐오와 관련해 인터넷상에 자주 등장하는 용어는 '여성 특권'이다. 대학생 최성용(2013/08/08)이 성재기의 자살 이후 사회의 여성 혐오에 대해 분석한 글에도 여성부 및 여성 특권에 대한 남성들의 분노가 중요하게 언급되고 있다. 사회가 여성의 이익에만 관심을 기울여 여성 특권을 낳고 있고, 이에 가장 적극적인 조직이 여성가족부(대부분은 그냥 여성부라고 부른다)라는 주장이다. 무엇이 특권이고 왜 분노하는가? 『고대 대학원 신문』의 최은영 기자가 정리한 논리는 다음과 같다.

첫째, 한국 여성이 한국 사회에 기여하는 바가 없다는 논리다. 서구권의 여성들은 경제적인 활동으로 사회에 기여하고, 개도국의 여성들은 가정에서 전통적인 여성의 의무를 수행하는 데 반해 한국 여성들은 한국 사회에 경제적으로 기여하지도 않을뿐더러 가사노동이나 출산 육아의 의무를 방기한다는 것이다. 둘째, 한국 여성들이 남성들을 통해 경제적인 이득을 보거나 자신보다 사회적인 계급이 높은 남성과의 연애 혹은 결혼을 통해 쉽게 계급 상승을 하거나 이를 욕망한다는 것이다. 셋째, 역차별 담론이다. 한국 남성들이 징병·취업·결혼 문제로 사회적 압박을 받고 있을 때 여성들은 보다 쉽게 취업과 결혼의 장벽을 통과한다는 생각이다. 그런데도 여성의 권리를 대변하는 여성 단체가 많고 여성을 '사회적 약자'로 위치 짓는 것은 명백한 역차별이라는 논리다. 넷째, 한국 여성의 성적 방종에 대한 비난이다. 많은 수의 여성이 문란하고 성매매에 종사하며 백인 남성에게 '함부로 몸을 준다'라는 식의 논리다(최은영 2013/10/16).

다시 말해 하는 일도 별로 없으면서 요구가 많고 필요할 때만 평등을 강조하니 얄밉고 혐오스럽다는 것이다.

남성들이 이런 식으로 의식하게 된 중요한 사건이 1999년 군가산점제 헌법재판소 위헌 판결 이후 이어진 성별 논쟁이다. 군가산점제는 끊임없이 '도돌이표 논쟁'을 거치면서 여성 혐오만 부추기고 있다. 최근에는 20~30대 여성의 65퍼센트가 도입에 찬성한다는 조사 결과가 나오는 실정이다. 여성운동계가 합리적으로 대응함에도 군가산점제 문제를 대중적으로 설득하는 데 한계가 있는 이유는, 남성 희생을 통해 모든 보호와 특권을 누리고 있는 여성이 감사를 표하기는커녕 남성의 희생을 인정하지 않고 도전한다는 기본 논리를 바꾸지 못하고 있기 때문이다.

징병제는 나라마다 다른 의미로 존재한다. 서구 여러 국가에서는 왕권이나 귀족의 권력에 대항해 시민권을 보장하는 민주주의의 보루로서 강조되어 왔다. 제2차 세계대전 후 독일의 경우처럼 군대를 전문 군인이 아닌 시민의 조직으로 유지하기 위해 징병제를 유지하기도 했다. 시민의 제도로서 징병제가 자리 잡은 국가에서는 징병제 자체에 대해 시민들이 감시하고 비판하면서 주요 문제를 토론하고 제도 변화에 관여한다. 그러나 한국에서는 개인이 국가 안보를 위해 무조건 희생하는 도구로서 징병제가 자리 잡았다. 시민이 징병제를 바꾸거나 개혁할 수 있다는 사고 자체가 불가능했다. 시민이 토론할 수 있거나 관심을 가질 수 있는 영역도 철저히 제한된다. 병역 비리만이 대중이 감시할 수 있는 유일한 영역이었고, 군가산점제만이 군 복무 경험을 내세울 수 있는 유일한 주제였다. 아무리 여성계에서 군가산점제를 반대하는 논리를 펴도 '군인의 희생에 대한 사회적 보답의 필요성'이라는 논리를 공격하지 못한다. 왜 군대에 가야 하는지, 혹은 징병제가 이런 식으로 운영되는 게 맞는지 등의 사회적 논의가 전혀 없는 상황에서 '희생의 논리'를 이기기란 불가능하다. 게다가 희생하는 남자들이라는 이미지는 군대를 대중들에게 보여 주는 예능 프로그램이 인기를 끌며 더욱 공고해지고 있다(권인숙 2013/08/05).

'징병제는 남성의 희생'이라는 논리가 갈수록 더 적극적으로 수용되고 있다면, 또 다른 차원에서 한국의 징병제는 여성의 보호와 특권이 결합해 이해되는 제도이다. 군대 안 가는 남성들이 이전에 '신의 아들'로 인식되었듯이 병역의무가 없는 상태는 쉽게 특권으로 평가되고 여성은 그 특권을 편안히 누리는 성으로 판단된다. 또한 징병제하에서 여성은 철저히 보호 대상이다. 군인들이 지키는 것은 영토와 아동과 여성이다. 군대에서 아버지를 지키기 위해 군대가 존재한다고 가르치지 않는다. 보호와 특권을 누리면서 시민권적 동등함을 요구한다고 생각하는 많은 남자들의 분노는 꽤나 본능적이고 집단적이며 강렬하다.

전업주부 : 뜨거운 감자?

여성들이 의무를 다하지 않으면서 특권만 요구한다는 남성들의 비난은, 다수 여성들이 경제적으로 의존적 삶을 살고 있는 데서도 적용된다. 이는 한국 여성운동의 중요한 갈등 지점에 닿아 있다. 사실 한국 여성의 열악한 임금노동 현실은 여성 혐오가 부당하다고 이야기할 수 있는 강력한 증거이다. 이런 현실은 기혼 여성의 다수가 전업주부의 삶을 살도록 하고 연애·결혼·교육 문제와 연계되어 여성의 모습을 왜곡하는 배경이 되고 있다.

한국 여성들, 특히 교육받은 중산층으로 분류되는 이들의 경제활동 참여율이나 고용 노동률이 높지 않다는 것은 오랜 진실이다. 여성의 경제활동 참여율은 2000년 48.8퍼센트, 2004년 49.9퍼센트였고, 2012년에도 여전히 49.9퍼센트로 차이가 없다(남성은 대략 73퍼센트선). OECD 기준으로도 최하위권에 있다. 다른 OECD 국가의 대졸 이상 여성의 경제활동 참가율은 80퍼센트를 쉽게 상회하지만 한국에서는 아직도 60퍼센트를 못 넘고 있다(OECD는 계산법이 달라 참가율 기준이 더 높다). 2013년 통계청에 따르면 한국은 비경제활동인구의 45.6퍼센트가 전업주부이고 가사와 육아 전념자는 722만 명 정도로, 통계가 작성된 1999년 이후 6월 기준 최고치를 기록했다. 살림만 하는 가사 전념자도 최고치를 기록해 576만5천 명인데 이 가운데 여성이 563만 명이다. 여성의 대학 진학률이 남성과 대등하고 직업의식 또한 높아졌음에도 전업주부는 늘고 있는 실정이다.

고용된 여성의 상황도 좋지 않다. 2012년 통계청 발표에 의하면 평소 취업자 기준 한국 여성은 남성 소득 3,638만 원의 45.9퍼센트인 1,669만 원을 벌고 있다. 절반에도 못 미친다. 남녀 임금차는 OECD 평균의 세 배이다. 남녀 임금차는 2012년 OECD 기준으로 남성 임금에 비해 39퍼센트 수준으로 2위와 큰 격차를 보이는 1위였다. 2000년도에도 남성 임금 대비 40퍼센트 수준으로 1위를 기록했다. 여성들의 비정규직 비율도 점점 높아지고 있다. 남성은 정규직, 여성은 비정규직이라는 구도는 많은 곳에서 볼 수 있는 기본적인 고용 형태이다.

그래서 한국 여성의 성 평등 지위는 늘 낮게 평가된다. 한국은 유엔개발계획UNDP이 발표한 2012년 성불평등지수에서 27위를 기록했다. 2012년 세계경제포럼WEF이 발표한 성 격차 지수는 108위였다. 주로 경제활동 참가율이나 국회의원 수 등에서 낮은 점수를 기록했다. 한성대학교 이내찬 교수가 기준이나 조사 방식에 따라 차이가 나는 문제를 조정해 새롭게 비교한 순위에서는 OECD 34개국 중에서 31위였는데, "우리나라 여성의 사회네트워크 질(2위), 기대수명(5위) 등의 순위는 높지만 전문기술직 종사(32위), 소득(30위), 고용률(29위) 등 사회 활동 영역에서는 최하위권을 기록해 전체 평균을 깎았다."(『세계일보』 2013/10/14)는 것이다.

이렇게 성 평등 지위가 낮은데 어떻게 여성을 의식적으로 혐오하느냐는 질문은, 도덕적으로는 옳지만 실제적으로는 성 평등이 이루어지지 않았기에 혐오가 커질 수밖에 없다고 분석하는 게 옳다. 물론 사법 시험 등에서 우세를 보이듯이 일부 전문직에서 여성이 괄목할 만한 성취를 보이기도 한다. 그러나 여성의 삶은 훨씬 더 분열적이고, 여전히 경제적으로 의존적이며, 의식과 실천을 두고 갈등하는 모습을 보이고 있다. 현실이 어려울수록 당연히 요구는 많아진다. 사회가 여성에만 신경 쓰고 있다는 듯 여성 특권에 대한 관념이 생겨날 여지가 높아진다.

일부 요구는 여성운동의 노력이나 여성부의 존재 등으로 훨씬 많이 가시화되었다. 사회학자 김경희(2008)는 여성민우회 20년 운동을 정리한 책 『여성운동 새로 쓰기』에서 여성운동 내부에서도 논란이 많았던 세 가지 논쟁거리를 소개한다. 가사노동을 둘러싼 가치 논쟁과 생리휴가, 그리고 운동의 제도화이다. 가사노동 가치 논쟁은 1990년대 초 가사노동의 비용 산정과 이후 2006년 부부 공동 재산제 등에 그 정신이 깊게 반영되어 있다. 한국의 여성운동은 미국과 비슷한 형태로 전업주부의 삶을 인정하고 보호하는 방향으로 추진해 왔다. 전업주부의 노동을 자본주의적 임금구조나 연금제도 속에 포함해 가치를 제대로 평가받으려고 한 것이다. 이런 노력은 가사노동의 가치에 대한 개념을 새롭게 형성했고, 전업주부 개개인을 보호하는 데 기여했다. 간통죄 폐지도 진보적 여성운동 단체들이 반대했는데, 결혼 관계에서 수세적일 수밖에 없는 전업주부의 삶을 보호한다는 것이 가장 큰 명분이었다. 최근 배우자에게 상속 지분을 늘리는 방안이 법무부에서 검토되고 있는데 이 또한 경제적 자립성이 낮은 전업주부 보호책과 맥이 닿아 있다. 또한 가사노동의 인정, 부부 공동 재산제 등은 이혼 시에도 여성의 경제적 지분을 보장해 생계유지가 가능할 수 있게 하는 제도로서, 전업주부를 선택했을 때 결혼 관계 안에서든 그 밖에서든 삶이 안정될 수 있도록 보호하는 적극적인 제도이다.

이런 전업주부 보호책은 한국에서 여성 경제활동 참가율이 낮은 현상을 설명하는 이유가 되기도 한다. 전업주부의 삶을 적극적으로 보호하고 그들의 노동 가치를 인정할수록 전업주부는 여성에게 일종의 직업적 선택 범주 가운데 하나가 된다. 고용 상황이 안 좋거나 양육에 문제가 생기면 쉽게 선택할 수 있는 유력한 선택지가 되는 것이다.

스웨덴처럼 결혼이 특별히 의미를 갖지 않는 나라들의 경우는 아주 다르다. 여성이 전업주부를 선택할 가능성을 줄이거나 없애 여성 고용을 촉진하는 것이 기본 기조이다. 결혼이 가져다주는 엄청난 신분적 보호막을 줄이고, 이혼 시 여성의 재산상 보호, 아버지의 금전적 양육 책임의 요구 등을 과감히 줄였다. 대신에 국가가 육아 부담을 상당 부분 떠맡아 아버지 역할을 대신함으로써 여성이 고용 노동에 적극적으로 참여하지 못하게 하는 요소를 없애고 있다. 미혼모 여성의 삶을 적극적으로 보호하고 남녀 임금 불균형을 막는 다양한 제도를 도입해 여성이 결혼 안에서 전업주부를 선택하는 것이 대안이 될 수 없는 삶의 형식을 유도했다.

전업주부는 쉽게 분열적인 모습으로 이미지화된다. 자식을 위해 희생하는 모성의 전형적 삶이라고 미화되지만, 한편으로는 자아실현 욕구를 해소하지 못해 자식에게 집착하고 과도한 교육열을 행사하는 주체로 상징화되기도 한다. 가사노동의 상당 부분이 기계화·상업화에 의해 대체되었고, 중산층이라면 가사 노동력을 구매할 수도 있다. 영·유아 시기를 제외하면 노동의 양이 높지 않은 가사노동의 가치가 언제까지 인정될지, 그리고 자식을 위한 희생이나 자아실현의 포기 등으로 미화될 수 있을지도 분명하지 않다.

무엇보다도 언제든 전업주부로 살 가능성이 높은 여성은 능력 있는 남자와의 결혼에 몰두하고, 이를 위해 외모 위주의 자기 관리에 적극적이게 된다. 한국의 지독한 외모 지상주의, (드라마에 절대 빠지지 않는) 신데렐라적 욕망의 추구는 전업주부 중심의 패러다임이 초래한 부수 현상이다. 여성의 노동시장 참여를 독려하고, 가정에서의 돌봄 노동의 가치를 이해하려는 노력을 다각도로 기울여야 하겠지만, 그에 앞서 전업주부 위주의 패러다임을 적극적으로 재검토할 필요가 있다.

생리휴가는 득일까 실일까?

여성 특권에 대한 통념은 상당 부분 여성의 특수성에 대한 강조와 그 보호책을 둘러싸고 형성된다. 역사적으로 다른 여러 나라에서도 적극적 조치affirmative action와 모성 보호 제도를 통해 남녀의 차이를 인정하면서도 평등해질 수 있는 사회를 만들기 위해 여성의 다름을 적극적으로 보호하는 정책을 펼쳐 왔다. 그러나 오랜 논쟁을 거치고 사회 환경이 변화하면서 모성 보호는 남성의 참여를 확대하는 방식으로, 적극적 조치는 많은 예외 조항을 두는 식으로 완화되어 가고 있다. 그러나 한국처럼 징병제가 존재하고 남성이 희생한다는 프레임이 강력하게 자리 잡은 사회에서 여성의 특수성을 강조해 실익이 크지 않는 제도를 도입하는 것은 유의할 필요가 있다.

한국에서 기업의 생리휴가나 대학의 생리 공결 제도 등은 여성의 특수성을 강조하면서 보호를 제도화한 것으로서 논쟁이 많았던 사례이다. 남성들도 민감하게 반응하며 반발이 컸다. 도입될 당시 논쟁이 극심했고 기업의 반대도 거셌던 생리휴가는 주 5일제가 되면서 사실상 생리휴가가 무급이 되면서 갈등 요소도 상당 부분 해소되었다. 다만 대학의 생리 공결 제도는 지금도 시행하는 학교들이 있다.

예를 들어 필자가 가르치고 있는 대학의 생리 공결제는 여학생들이 한 달에 한 번씩 유고 결석계를 낼 수 있는 식으로 운영된다. 수업 참여를 중시하는 필자는 한 학기에 한 번만 유고 결석계를 인정하고 있고, 대신에 수업 참여 점수에서 감점하고 있다. 수업이 노동과 달리 권리인 측면도 있고, 거의 대부분 다른 사유의 결석을 무마하는 데 이용되기 때문이다. 이 제도의 실익이 어느 정도인지는 개인차가 있겠지만 여성 특권에 대한 오해를 불러일으킬 여지는 무척 많다. 대학에서의 출결 점수는 학점 차이로 연결되는 경우가 많아 대학의 학점 경쟁, 취업 경쟁이 심각한 요즈음 쉽게 남학생의 불만을 높일 만하다. 오찬호는 요즘 대학생의 경쟁 구도를 다음과 같이 표현한다.

지금 20대들이 보여 주는 삶의 지향이나 행태는 획일화된 외곬으로만 치달은 나머지 살벌한 경쟁 자체가 '모범적인 삶'으로 바뀌어 있다. 사회가 어쩔 수 없으니 그렇게 살아가는 존재가 아니라, 그렇게 사는 것을 바람직한 사회생활로 이해한다. …… 자기 계발서를 인생 최고의 경전인 듯 떠받으며 안으로는 극단적 자기 관리의 고통에 피가 마르면서도 밖으로는 사소한 경쟁 우위를 위해 어떤 차별도 서슴지 않는 걸 '공정'하다고까지 여긴다(오찬호 2013, 5-6).

고등학교 시절까지 수행 평가 등에서 남학생들보다 우월했던 여학생들은 군대도 가지 않고 중단됨 없이 '스펙'을 관리할 수 있다. 게다가 출석 점수조차 여학생이 관리하기 유리한 제도가 도입되었다. 이들은 데이트할 때 밥값도 잘 안 낸다. 이 정도면 역차별에 몸서리를 칠 남학생이 있을 만하다. 이 경우 20대 남성에게는 취업에서 여성이 경쟁자가 된다는 것만으로도 혐오가 생길 수 있다. 어찌 보면 20대 남성의 여성 혐오는 경쟁자 낙오를 원하는 무의식적이거나 의식적인 일종의 취업 전략이자, 자기 탈출구일 수도 있다.

여성운동의 제도화가 여성 특권을 만들었나?

한국의 여성운동은 1990년대 이후 오랫동안 여러 가지 이슈를 제도 내적으로 끌어안으면서 정치 참여 확대, 법제화(〈성폭력방지 및 피해자보호 등에 관한 법률〉, 〈가정폭력방지 및 피해자보호 등에 관한 법률〉, 〈남녀고용평등과 일·가정 양립 지원에 관한 법률〉, 〈여성발전기본법〉 등), 폭력을 경험한 여성을 대상으로 하는 구호 제도 정착, 여성부 설립 등의 제도화를 이끌어 냈다. 운동의 제도화는 여성 이슈에 대한 사회적 통념을 바꾸는 데 유리하고, 해당 문제가 있는 여성에게 실질적인 혜택을 제공하는 장점이 있으며, 관련 활동을 가시화하며 큰 성과를 낼 수 있다. 그러나 여성 이슈나 활동 방식이 국가의 영향력 아래 들어가면서 결국 현장성과 정치성을 잃어버리는 문제 등도 지적되어 왔다.

운동이 제도화되는 과정은 사회가 여성 이슈를 적극적으로 돌보는 모습으로 비춰졌고, 그것은 여성 보호와 특권이라는 통념을 만들어 내는 주요 근거가 되었다. 특히 분노의 표적이 되어 온 여성부는 성매매 금지법(〈성매매방지 및 피해자보호 등에 관한 법률〉)을 통과시키면서 반발과 논쟁을 촉발한 근원지로 떠올랐다. 게다가 인기 아이돌 가수의 곡 금지나 게임 규제 방안을 시도하면서 젊은 층의 반발과 냉소를 불러일으켜 여성 혐오를 표출하는 주요 대상이 되어 왔다. 물론 여성부에 대한 마타도어Matador식 공격은 그전부터 계속 있어 왔다. 2005년이었다. 수업 시간에 학생들이 여성운동을 평가하는 발표를 했는데 한결같이 하는 주장이 있었다. 여성운동을 하는 것은 좋은데 여성 성기나 남성 성기, 성행위 등을 연상케 한다는 이유로 '조리퐁'이나 '소나타 3', 테트리스 게임 등의 판매를 금지하는 캠페인을 벌이는 것은 너무 구태의연하다는 이야기였다. 주로 인터넷상에 떠도는 소문을 보고 판단한 듯한데, 여성부가 그런 캠페인을 벌인 적 없다는 필자의 말이 웅성거림을 낳을 만큼 학생들 사이에서는 꽤나 일반 상식화되어 있는 소문이었다.

여성부의 성과와 한계를 단선적으로 평가하고 싶지는 않다. 다만 여성 정책을 입안하고 이슈를 제기할 때 대중과 만나는 지점을 여성부가 대부분 장악할 뿐만 아니라 여성운동의 얼굴로서 많은 사람들에게 인식되고 있다는 것은 제도화의 위험한 측면이라고 할 수 있다. 혐오의 근거를 끊임없이 제공하고 자극하면서 여성운동의 성장과 발전에 걸림돌이 될 여지가 너무 크다.

한국 여성운동의 제도화에서 가장 핵심적인 주제는 폭력이었다. 박인혜(2011, 23)는 "1990년대 여성운동의 특징이라 할 수 있는 제도화 운동은 여성운동이 국가를 여성해방의 공간으로 활용하려는 운동 전략으로서 특히 여성 폭력 추방 운동의 중요한 협상 방식이었다."라고 정리한다. 다양한 영역에서 운동을 펼치면서 성주류화와 성 평등 사회를 만들려고 노력했지만 그중에서 가장 두드러진 제도화의 성과는 성폭력에 대응하는 부분이었다. 특히 박근혜 정권이 성폭력을 4대악의 하나로 선정하면서 성폭력에 대한 제도화는 더욱 강화되고 있다.

제도화가 필요한 이슈로서 여성 폭력을 제기한 것은 자연스럽고 당연하지만, 여성 혐오와 밀접한 관계가 있는 보호와 특권의 패러다임이 강화되는 문제가 있다. 폭력 문제는 다른 어떤 이슈보다도 여성을 보호의 대상으로서 특히 국가나 사회의 보호의 프레임 속에서 여성을 위치 짓게 하는 한계를 가진다.

성폭력에 대한 기사는 최근 몇 년간 폭증했다. 예를 들어 종합 신문 기사 검색 사이트인 카인즈(www.kinds.or.kr)를 보더라도 '아동 성폭력'이라는 검색어를 넣었을 때 뉴스 기사 수가 2006년 1,245건, 2007년에는 1,196건이다. 2010년 7,689건으로 가장 갑작스럽게 늘었고 9,312건이었던 2012년에는 거의 정점을 찍었다.

내용은 기사량의 폭주 이상으로 편향되어 있다. 기사들은 여성을 보호의 대상으로 한정하고, 가해 혐의에 대한 불안감을 가질 정도의 구도로 남성을 배치한다. 여성 안심 에스코트 제도도 실시하고, 안심 버스 정거장도 만들었으며 여성 전용 주차장도 있다. 성폭력의 피해에 대한 사회적 경각심을 확대하는 것은 의미가 있다. 그러나 경각심이 극도로 올라온 상황에서 안전이라는 구도로 여성과 남성이 서로 너무 다른 존재로서 규정되어서는 위험하다. 게다가 이런 식의 보호와 특권이 정말 필요한지에 대한 진지한 사회적 논쟁도 일어나지 않고 있는 실정이다.

성 평등을 전망한다는 것

여성 혐오의 대중화가 어떤 식으로 얼마나 힘을 발휘할지는 모른다. 사실 이런 현실을 고민하기에는 여전히 성 평등을 위해 풀어야 할 이슈가 너무 많다. 낮은 경제활동 참가율, 비정규직이 주를 이루는 여성 노동자들의 직업적 안정성 저하, 엄마에게 요구하는 높은 교육적 역할, 낙태 금지, 미혼모 보호, 성매매, 여전히 큰 문제인 성폭력과 가정 폭력 등 사회적 논쟁조차 제대로 펼치지 못한 채 해결의 실타래를 풀지 못하는 문제가 산적해 있다. 여성 혐오는 이런 문제들이 얽히면서 나타난 부수적 현상일 뿐 중심적 축은 될 수 없다.

그러나 여성 혐오가 대중화되는 상황은 운동의 방향성을 정하는 데 도움이 될 수 있다. 여성을 폭력의 약자, 가부장제의 약자, 육체적 약자, 모성 보호적 차원에서의 약자 혹은 특별한 보호가 필요한 대상으로 삼고 있는 기존의 프레임이 한국 사회에서 얼마나 효율적인지를 고민할 계기가 되었다. 그것이 아무리 구체적 현실에서 해당 여성을 보호하고 긍정적 의미를 띤다고 하더라도 제도화하는 데는 좀 더 주의를 기울일 필요가 있다. 징병제가 유지되고 청년층의 취업 불안이 풀리지 않은 상황에서 약자가 누구인지에 대한 사회적 혼돈을 쉽게 극복하기는 어렵다. 특히 앞으로 본격적으로 논쟁되고 제도화되어야 할 낙태 금지, 미혼모 문제 등 한 사회의 도덕과 가치관을 건드리는 사안을 어떤 프레임으로 구성할지는, 그 접근 방식에 따라 다른 결과가 나올 수 있다. 모성보호와 약자의 인권이라는 관점으로 접근할지, 여성의 재생산권·취업권·생활권·비혼권을 새로운 의제로 내세우면서 여성의 섹슈얼리티 등에 대한 새로운 도덕적 가치관을 정립하기 위해 싸울지, 무엇을 우선순위에 놓을지 등은 많은 논쟁과 판단, 그리고 전략적 선택이 필요한 부분이다. 이런 선택에서 여성 혐오를 하나의 근거로 삼는 것의 의미는 결코 작지 않다.

사실 성 평등은 성 평등이라는 이슈에만 몰입하면 풀리지 않는다. 경제 여건, 복지화 수준, 징병제 양상, 교육의 향배, 가족 관계 변화, 남북관계, 여성의 정치 세력화, 여성운동의 방향에 따라 달라지기 때문이다. 전업주부의 삶의 형태만 해도 그렇다. 노년층만 늘어나면서 인구수가 줄어드는 상황에서 언제까지 한국 사회가 전업주부의 삶을 가족을 위한 희생으로 수용할지 의문이다. 어찌 보면 여성은 가장 극단적인 잉여의 삶을 사는 집단으로 지목될 수도 있다. 그러나 1970~80년대와는 비교되지 않는 수준으로 높아진, 교육에서의 모성 역할을 생각해 보면 이 문제는 단순하지 않다. 저소득층 여성은 아이의 영·유아기 이후에는 고용 노동을 선택하지만, 고학력에 남편의 경제 능력이 좋은 여성들은 오히려 아이가 초등학교에 입학한 뒤에 직장을 관두는 경우가 많다. 이제 아이의 교육성과에 엄마의 역할이 결정적인 변수가 되었다. 게다가 '정답 육아법'에 대한 사회적 인식이 확산되고 그 요구가 커질수록 엄마들의 아이 교육에 대한 책임감, 능동적인 대응 능력이 갖는 의미 또한 커질 수밖에 없다. 따라서 쉽게 전업주부를 포기하지 않을 가능성도 크다. 그렇다면 성별화된 결혼 제도나 '여성은 외모, 남성은 능력'이라는 구도가 깨지지 않고, 고용 노동시장에서 대다수 여성이 처한 입지도 쉽게 변화하지 않을지도 모른다.

어떤 이슈가 전체 여성을 포괄하는 경우는 드물다. 이해관계는 엇갈린다. 남성들의 삶을 균형감 있게 바라보기 위한 시각 정립도 필요하다. 특히 청년층의 지독한 불안과 과도한 교육열의 폐해, 그리고 그들의 보수성을 제대로 파악할 필요도 있다. 성 평등이라고 하지만 여성 혹은 남성이라는 의미는 개개인에게 크게 와닿지 않을 수 있다.

그러나 방향은 중요하다. 전업주부에 대한 전략이 결혼 제도와 가족제도뿐만 아니라 여성의 고용 현실까지 관통하듯이, 많은 여성의 삶을 변화시킬 전략은 그 방향성이 가장 중요하다. 때로는 (비난을 받더라도) 훨씬 더 공격적으로 올바르게 설정될 필요도 있다. 이해관계가 다양한 여성의 목소리를 드러내는 과정에서, 때로는 선택하고 때로는 포기하는 집단이나 목소리도 있을 수밖에 없다. 불합리한 여성 혐오를 진정시키고 성 평등을 위해 합리적인 선택을 할 수 있는 내재적 힘과 믿음이, 여성운동을 하거나 여성학을 공부하는 이들, 그리고 성 평등이 필요하다고 믿는 많은 주체들 사이에서 잘 형성될 필요가 있다.

참고문헌

권인숙. 2013/08/05. "20대 여성은 왜 군가산점제에 찬성하나."『한겨레21』972호.
김경희. 2008. "한국여성민우회 20년이 만들어온 여성운동." 사단법인 한국여성민우회.
　　　『여성운동 새로 쓰기』. 한울.
나영. 2013/12/19. "혐오는 불안을 먹고 자라난다." 〈참세상〉. http://www.newscham.
　　　net/news/view.php?board=news&nid=72410

박인혜. 2011. 『여성운동 프레임과 주체의 변화』. 한울.

오찬호. 2013. 『우리는 차별에 찬성합니다』. 개마고원.

우석훈. 2014/01/07. "남성 솔로들의 여성 혐오." 『여성신문』 1272호. http://www.womennews.co.kr/news/64666

우에노 치즈코(上野千鶴子). 2012. 『여성 혐오를 혐오한다』. 나일등 옮김. 은행나무.

최성용. 2013/08/08. "억울함, 분노, 여성혐오에 말 건네기." 〈레디앙〉. http://www.redian.org/archive/58698

최은영. 2013/10/16. "한국사회의 여성혐오." 『고대대학원신문』. http://www.koreapas.com/bbs/view.php?id=kutimes&no=4514

하재근. 2013/03/13. "여자도 남자도, 어머니가 싫다." 『시사저널』 1221호. http://www.womennews.co.kr/news/64666

『세계일보』. 2013/10/14. "양성평등 '아직도 걸음마' … 한국 31위." http://www.segye.com/content/html/2013/10/13/20131013002920.html

11

소통

진영 논리는 민주주의의 적이다

서병훈

말이 통하지 않는 사회

2014년 벽두에 막스 베버의 경구가 떠올랐다. 온 나라가 '역사 교과서' 문제로 홍역을 치른 시점이었다. 말이 통하지 않는 사회, 사사건건 얼굴 붉히며 소리 지르는 사회를 살아가야 하는 비감悲感이 최고조에 달하고 있었다.

지금부터 1백 년 전, 제1차 세계대전의 격랑 속에서 독일 청년 학생들이 베버를 찾아왔다. 전쟁의 상처를 치유할 '복음'을 듣기 위해서였다. 그러나 베버는 그들에게 주술呪術에 대한 환상을 버리라고 충고했다. 시대가 바뀌었다는 것이다. 그러면서 강단에서 정치를 배제해야 한다고 강조했다. 학생들에게 자신의 편향된 정치적 입장을 강요하는 것은 진정한 교사가 할 일이 아니라고 했다. 베버는 '객관적 사실fact을 인용하는 척하면서' 자기주장을 암시하는 것을 무엇보다 비판했다.

2014년 초 일선 고등학교에서 '친일·독재를 미화한 역사 교과서'의 채택을 줄줄이 취소하자, 일각에서는 "우리 국민의 건강한 역사의식을 잘 보여 준다."며 반색했다. 그러나 다른 쪽에서는 '집단 짓밟기'와 '마녀사냥'이 사태의 본질이라고 규정했다. 우리는 같은 하늘 아래 이렇게 서로 다른 세상을 살고 있다.

문제가 된 것은 고등학교 과정 역사 교과서였다. 각 고등학교가 8종 검인정 교과서 중 하나를 자율적으로 채택하면 그만이었다. 이 과정에서 우리 사회는 두 쪽으로 갈려 다투었다. 도저히 접점이 보이지 않았다. 반목과 저주가 이번에도 어김없이 재연되었다. 베버는 대학생들을 상대로 한 강연에서 '교육의 정치화'를 심각하게 염려했다. 고등학교 역사 교과서라면 그 불편부당의 중요성은 갑절 이상으로 커진다. 당연한 역사적 요구 앞에서 우리 사회는 둘로 갈라졌다. 양쪽 모두 "권력자와 소수 기득권층의 입맛에 따라 역사 기술記述이 좌우돼서는 안 된다."고 역설했다. 내세우는 명분은 토씨 하나 다르지 않았다. 그럼에도 다시 안 볼 사람들처럼 싸웠다.

철도 파업이 그렇고, 신부들의 시국 발언도 그렇다.[1] 사안이 생길 때마다 한국 사회는 진보와 보수로 갈려 육박전을 벌인다. 광우병 시위가 그랬고, 밀양 송전탑 다툼도 그렇다. 그냥 싸우는 것이 아니다. 모든 싸움이 하

---

1 현재 『한겨레』와 『중앙일보』가 '사설 속으로'를 공동 기획해 연재하고 있다. 두 신문의 관점은 너무 다르다. 이를테면 2014년 세모의 철도 파업에 대해 한쪽에서는 철도 노조가 "당장 명분 없는 파업을 끝내고 현장으로 복귀해야 한다."고 주장했지만, 다른 쪽에서는 노조에 대한 강경 대응을 문제 삼으며, "법의 이름을 빌려 노조를 탄압하지 말 것"을 요구했다. 정의구현사제단의 시국 발언에 대해서도 『중앙일보』는 "편향적인 정치 행보를 하고 있는 일부 사제들의 반성"을 촉구한 반면, 『한겨레』는 "보려는 달은 보지 않고 달을 가리키는 손가락에 묻은 때만 탓하는" 박근혜 정부의 억지를 비판했다.

나같이 진영 간 대결로 비화된다. '강强 대 강强' 맞대결로 치달으면서 중간지대는 아예 진공상태가 되고 만다. 사안은 많아도 제대로 매듭을 짓는 경우가 드물다. 어느 방향이든, 옳다 그르다 결론이 나야 부당한 주장을 편쪽에 책임을 물을 수 있다. 억지 주장, 편파 논리를 사회의 이름으로 단죄할 수 있어야 미래를 향해 진전할 수 있다. 그러나 우리 사회에서는 그렇지 못하다. 진영 뒤에 숨어 모두 자신이 승자라고 강변한다. 상대방의 주장은 물론, 그 존재이유마저 인정하려 들지 않는다. 그 결과 첨예하게 엇갈린 사회적 논쟁이 벌어질 때마다 상대 진영을 향한 증오심이 누적되고 있다. 진영 논리가 갈수록 강고해진다.

이제 우리가 '단일민족'을 자랑할 때는 지났다. 생물학적 구성은 몰라도 사회학적 디엔에이DNA는 확연히 바뀌었다. 각자 주관에 따라 자기 기호와 이익을 내세우는 것이 당연한 시대가 되었다. '다름'과 '차이'에 익숙해져야 마땅한 시대를 살고 있는 것이다. 자유·민주 사회에서 다원주의pluralism는 필수적이다.

그러나 지금 한국 사회에서 목격되는 갈등, 더 구체적으로 진영 간 반목과 편 가름을 다원주의적 덕목으로 치부하기에는 그 상처가 너무 깊다. 그 모양새도 너무 조잡하고 천박하다. 진영 다툼이 지속되는 한 논리는 설 자리가 없다. 말이 통하지 않는 사회, 이성이 위력을 발휘하지 못하는 곳에서는 민주주의가 고사할 수밖에 없다.

진영 논리의 폐해

우리 사회에는 여러 형태의 운동가들이 있다. 진보나 보수 각 진영별로 선봉장 역할을 하는 사람들이 꽤 있다. 이들은 쟁점이 생길 때마다 적과 아군의 이분법 논리에 따라 편을 가른다. 우리 쪽 논리는 무조건 타당하다며 강변한다. 반면에 상대의 말은 들어볼 필요가 없다고 단정한다. 합당한 논리마저 배격된다. 그야말로 '전부 아니면 전무'라는 양단 논리가 동원된다.

게다가 진영주의자들은 목적이 수단을 정당화한다는 도그마에 갇히기 십상이다. 자신의 주장이 옳다는 신념이 지나쳐, 어떤 수단도 마다하지 않는 것이다. '수정주의자'라고 비웃음을 샀지만 베른슈타인Eduard Bernstein은 "오늘이 내일의 어머니이고, 수단이 목적의 성격을 규정한다."는 절언絕言을 남겼다. 그 말을 기억해야 한다.

세상은 이분법 논리로 재단할 만큼 단순하지 않다. 우리 편이라고 해서 항상 옳은 것은 아니며, 상대편이라고 해서 절대적으로 나쁜 것도 아니다. 적당한 혼재야말로 우리가 사는 인간 세상의 본질이다. 흑백 이분법 진영 논리에 갇히면 논리가 살지 못한다. 논리가 힘을 못 쓰면 민주주의도 살지 못한다. 반反논리가 활개 치는 곳에서는 전체주의가 힘을 얻는다. 한국 사회에서 진영 논리가 심화되는 것을 걱정하는 일차적 이유가 여기에 있다.

우리 사회에서는 사람을 특정 범주에 집어넣고 규정하는 일을 예사로 한다. 그런데 범주라는 말의 의미는 결코 만만치 않다. 칼로 자르듯 명명백백하게 나뉘고 조금도 겹치는 부분이 없을 때 비로소 범주라는 말이 성립된다. 인간이 사는 세상에서 그런 엄격한 의미의 범주가 흔할 수 없다. 대개는 겹쳐서 흐릿하게 보인다. 단순 논리에 인이 박힌 사람이 아니라면 함부로 남을 나누고 범주화할 일이 아닌 것이다. 낙인을 찍기 위해서 그런다면 더더욱 안 될 일이다.

이제는 '종북'이라는 말은 낯설지도 않게 되었다. 보수 성향이 강한 일부 사람들은 북한에 대해 조금만 온정적 태도를 보이면 어김없이 종북이라는 딱지를 갖다 붙인다. 이들 눈에 북한은 흡수통일의 대상 그 이상도 이하도 아니다. 여기에서 한 치라도 벗어나면 종북이라는 카테고리를 무차별 적용한다. 그러면서 '종북 = 빨갱이 = 북한 추종 집단'이라는 저주를 확산한다.

물론 반대편의 낙인도 있다. 진보 진영 사람들은 '보수 꼴통'이라는 모멸적 용어를 즐겨 난사한다. 그것도 모자라 '극우'라는 주홍 글씨를 덧붙인다. 이런 사람들 사전에는 '합리적 보수'라는 개념이 설 자리가 없다. 노블레스 오블리주라는 말도 시들하게만 들린다. 자기들 마음에 안 들면 모두가 '꼴보수'라는 것이다.

진보와 보수라는 구분 짓기도 위험하기는 마찬가지다. 한국 사회에서는 주로 '분배'와 '북한'이라는 기준을 가지고 양자를 구분한다. 그러나 서양에서는 그 범주에 들어갈 만한 내용이 무척 많다. 따라서 어떤 사람을 진보 아니면 보수라는 두 범주로 나누어 구분한다는 것은 언어유희가 될 가능성이 크다.[2] 그럼에도 우리는 사람이나 집단을 그처럼 애매모호한 카테고리로 양분해 구획하는 데 익숙하다. 그만큼 논리의 비약이나 논리의 박약으로 이어지기 쉽다.[3]

---

2 이를테면 사형제를 둘러싸고 논란이 벌어질 때, 생명의 존엄함을 강조하는 사람을 진보, 법질서의 확립을 선호하는 측을 보수라고 부르는 것이 일반적이다. 그런데 같은 생명론자라도 낙태 문제가 현안이 되면 보수로 치부된다. 여성의 선택권을 강조하는 사람이 진보라고 통칭되기 때문이다. 따라서 어떤 쟁점에서, 어떤 기준으로 진보와 보수를 구별할지에 대한 엄격한 논의가 전제되어야 제대로 된 대화가 가능한 것이다.

3 이와 관련해 프랑스의 사상가 토크빌(Alexis de Tocqueville)이 재미있는 말을 남겼다. 그는 『미국의 민주주의』에서 민주주의 시대에 사람들은 복잡한 사물을 일일이 구분해 판

언어는 영혼이 깃들어 사는 집이다. 언어가 극단으로 치달으면 논리가 설 수 없다. 편 가르기(범주화)가 횡행하면 우리의 정신세계가 황폐해질 수밖에 없다. 무엇보다 이성이 작동할 수 없다. 이성이 고사하는 곳에서 민주주의가 어떻게 뿌리를 내릴 수 있겠는가.

몇 년 전 현직 판사가 대통령을 겨냥해 '가카 빅엿'이라고 조롱해 말썽이 난 적이 있었다. 처음 사달이 났을 때, 공직자의 처신, 나아가 공직자의 직무 외 발언 자유의 한계가 논란의 초점이었다. 제법 생산적인 토론이 전개되는 듯했다. 그러나 얼마 지나지 않아 정파 갈등과 이데올로기 대립이 전면에 부각되었다. 당시 이명박 대통령을 지지하느냐 또는 반대하느냐, 더 단도직입적으로는 우리 편이냐, 아니냐 하는 기준이 논쟁의 준거 틀이 되어 버렸다. 그러면서 진영 논리가 블랙홀처럼 다른 이슈들을 빨아들였다.

반反이명박 세력에게는 공직자가 공개적으로 표출하는 저급한 언어들은 아무 문제가 되지 않았다. 이명박을 신랄하게 비판하기만 하면 무엇이든 용납할 태세였다.[4] 친이명박 진영에서는 호재를 만났다고 생각했다. 그런 저급한 언동을, 상대방을 저주할 합리적 구실로 삼았다. 결국 집권 세력 대

단하기 힘들기 때문에 일반적인 개념을 좋아한다고 한다. 사물을 피상적으로 관찰해 그 유사성을 파악한 후에 거기에 공통 명칭, 즉 범주를 구획한다는 것이다. 토크빌은 여러 개의 사물에 동시에 똑같이 적용될 수 있는 법칙은 존재하기 어렵다면서, 일반 개념을 남발하는 민주사회의 한계를 꼬집었다.

4 이들 관점에서 '핵심'은 다른 데 있다. "'가카 빅엿'에 분개하는 이들이나 재임용 적격 운운하는 대법원도 정작 핵심 문제엔 관심 없어 보인다"(『한겨레21』 2012/02/13); "공직자들의 대통령 욕설에서 논쟁의 핵심은 표현의 자유가 아니라 대통령의 실패한 국정 그 자체가 돼야 한다"(『한겨레21』 2012/06/11).

비판 세력의 대리전으로 확산되면서 출발점과는 전혀 다른 방향으로 논란이 흘러가고 말았다. 공직자의 품위 문제에 한정해 논쟁이 전개되었다면 꽤 의미 있는 결론이 나올 법했지만, 결국 진영 대립으로 종결된 것이다.

모스카Gaetano Mosca는 지식인을 "자신의 사적 이익을 희생한 채 객관적 입장에서 공공 이익을 추구할 수 있는 유일한 집단"이라고 평가했다. 만하임Karl Mannheim도 "사회적 이해관계로부터 일정한 거리를 유지"하는 지식인을 그렸다. "배운 사람이 더하다."는 말도 있지만, 지식인에 대한 기대치는 동서양을 가릴 것 없이 높은 듯하다.

역사 교과서 파동이 났을 때, 한국의 어느 지식인 집단도 역사 기술이 권력과 이해관계로부터 자유로워야 한다는 사실을 부인하지 않았다. 그러나 과연 그럴까? 한국의 지식인들이 계급 이익에서 자유롭다고 할 수 있을까? 일련의 진영 다툼을 냉정하게 관찰할수록, "존재가 의식을 규정한다."는 마르크스의 말은 만고의 진리로 다가온다.

이데올로기라는 말은 원래 '관념의 과학'을 뜻했다. 그러다가 '목적 지향적'이라는 특성이 첨가되었다. 그러나 한국의 진영 다툼을 관통하는 이데올로기의 한가운데에는 이해관계가 작동하고 있다. 극단의 논리가 증폭되는 이면에는 이해타산이 자리 잡고 있다.

신문과 신문이 싸움을 벌이는데, 그것이 순전히 관념의 차이 때문이라고 믿는 사람이 얼마나 될까? 그렇게 서로 싸우던 신문들도 방송 앞에서는 한편이 된다. 광고 시장의 분할이라는 절체절명의 과제 앞에서 이데올로기는 천둥벌거숭이가 되고 만다. 이런 상황에서 언론더러 공기公器가 되기를 주문하는 것은 공염불에 불과하다.

존 스튜어트 밀John Stuart Mill은 대의 정부가 작동하기 위해서는 노동자든 자본가든 계급 입법class legislation, 즉 자기 진영의 이익을 대변하고자 하는 유혹을 극복해야 한다고 강조했다. 계급 이익을 넘어서지 않으면 언로가 트일 수 없다고 주장했다. 이익 앞에서 논리가 무력해지기 때문이다. 한국의 진영 다툼이 고약한 것은 계급 이익과 얽혀 있기 때문이다. 주고받는 말의 날이 선 것은 그만큼 이해관계가 첨예하기 때문이다. 진영 논리를 불식하기가 어려운 이유이다.

공론을 확립해야 한다

한국의 진보 진영은 '보수 꼴통'을 사람 취급하지도 않는다. 부패한데다가 민족의식도 박약하다고 단정한다. 반면에 보수 세력은 '종북'을 유치한 관념론자에다 이중인격자 정도로 치부한다. 이런 틀로 상대를 바라보니, 그들의 주장에 대해 서푼어치 존중심도 생길 수 없다. 그러나 극우이든 종북이든, 나름의 세계관 위에 서있다는 사실을 간과해서는 안 된다. 그 어떤 주장이든, 저마다의 역사적 경험과 긴밀히 맞물려 있다는 점을 반드시 기억해야 한다. 이런 가치관과 역사적 경험에 대해 그 누구도 독점적 우월을 장담할 수 없다. 민주주의 사회라면, 그 누구도 가치와 체험에 터를 둔 타인의 개인적 선택을 무시하거나 부정할 수 없다.[5] 그러니 남의 생각을 존중

---

5 『정의론』으로 유명한 존 롤스는 이를 합당한 다원주의(reasonable pluralism)로 설명했다. 미국에 살고 있는 유대인과 무슬림을 생각해 보라. 이들은 서로 용납할 수 없는 세계관을 가졌다. 그러나 동시에 상호 평등한 시민들이다. 상대방의 존재를 존중해야 하는 민주 사회에 살고 있는 것이다. 롤스는 철학적·윤리적·종교적 교리에 관한 한 평화 공존의

해야 하는 것이다.

단순 논법이기는 하나, 한국 사회의 발전과 변화를 '민주화'와 '근대화'의 두 축으로 설명하는 사람들이 많다. 온전한 국가 생활을 영위하자면, 둘 중 어느 하나도 내버릴 수가 없다. 중요한 것은, 각자의 가치관과 개인사적 체험이 그런 중심축과 긴밀하게 연결되어 있다는 사실이다. 보릿고개의 고통을 잊지 못하는 사람은 근대화에 방점을 두겠지만, 민주화 과정에서 박해받은 사람은 인권에 우선적 가치를 부여할 것이다. 따라서 '민주화'가 '근대화'를 백안시하고, '보릿고개'가 '인권'을 홀대하는 것은 민주주의의 근본 원리와 어긋난다.

상대방의 존재를 부정할 수 없다면, 그들이 하는 말에 대해 최소한의 예의를 갖추어야 한다. 진영의 틀에 갇혀 남의 말을 배격해서는 안 된다. 볼테르는 "나는 당신의 말에 동의하지 않지만, 당신이 그런 말을 할 권리를 목숨을 걸고 지키겠다."고 말했다. 2백 년도 더 된 먼 옛날에 그런 말을 한 것이다. 민주주의를 움직이는 근본 원리의 하나는 '내 생각이 틀릴 수도 있음'을 인정하는 것이다. 자신의 생각이 전적으로 옳다고 믿는 것은 십중팔구 착각이요 아집이요 독선이다. 이것만큼 민주주의에 해로운 것도 없다.

인간 사회에서 다원주의가 불가피한 이유를 미국의 철학자 롤스는 인간의 본질적 한계에서 찾는다. 흔히 재화의 부족과 이기심, 또는 편협함 때문에 사람들 사이에서 의견 다툼이 생긴다고 생각한다. 그러나 롤스는 인간이 아무리 선한 의지를 가지고 있다 하더라도 인간 본연의 한계, 즉 이해

당위성을 역설하며, 이것이 민주 사회의 운명이라고 주장했다.

능력의 불완전성 때문에 도덕적 문제에 대해 의견이 엇갈리는 것을 피할 수 없다고 주장한다. 다시 말해 도덕적·지적으로 성숙한 '이성적인 사람들'이라 하더라도, 인간의 이성을 흐리게 만드는 '판단의 한계'burden of judgement를 극복할 수 없다. 이것이 인간 실존의 모습이다. 따라서 사람들 사이에서 의견 불일치, 특히 '합당한 의견 불일치'reasonable disagreement가 생길 수밖에 없다. 롤스는 이는 인간의 숙명과도 같다고 한다. 다원주의가 현대사회의 '필수품'과도 같은 이유가 여기에 있다.

같은 맥락에서 포퍼Karl Popper는 인간 삶에서 절대 진리란 불가능한 희망이라고 생각했다. 그가 생각할 때, 정면으로 진리를 찾는 것은 어려운 일이다. 그래서 그는 우회하는 방법을 제안했다. 지금 이 명제가 틀리지 않았는지 검토해 보고, 틀린 것이 확인되지 않으면 그것을 진리로 받아들이되, 이를 어디까지나 잠정적 진리라고 생각하자는 것이다. 언제 틀렸다고 입증될지 모르기 때문이다. 굳이 포퍼의 말을 인용하지 않더라도 우리 삶은 전부 이런 식이다. 따라서 내 주장이 절대적으로 옳다고 밀어붙일 일이 아니다.[6]

그러나 진영 논리에 빠져 있는 한국의 운동가들은 자신의 무오류성을 확신하는 듯하다. 자기 생각이 절대 옳다고 착각하기 때문에 남의 의견을

---

6 포퍼에 따르면, 자신의 주장이 절대 옳다고 믿는 사람들은 '닫힌' 사람들이다. 그런 사람들이 모여 사는 곳은 '닫힌 사회'이다. 절대 진리를 신봉하니, 자신과 입장이 다른 사람을 용납할 수 없어서 전체주의가 활개를 친다는 것이다. 그 반대가 바로 '열린 사회'이다. 내 주장이 틀릴 수 있음을 인정하고 이를 부끄러워하지 않는 사람들이 모여 사는 곳이다. 이런 사회에서는 언로가 열려 있다. 자유 토론이 가능하다. 맹목적 진영 논리가 발을 붙일 수 없다.

깡그리 무시할 수 있는 것이다. 그러나 이는 근본적으로 잘못된 발상이다. 민주 사회의 시민이라면 '내가 틀릴 수 있다.'는 철칙 앞에서 겸손해야 한다. 내 생각이 잘못되었을지 모른다는 사실을 인지한다면 어떻게 남의 말에 귀를 막을 수 있겠는가?

자유주의 사상가 존 스튜어트 밀은 인간의 '오류 가능성'에 주목했다. 내 생각이 늘 틀릴 수 있다는 엄연한 현실을 직시했다. 그는 부족한 인간이지만, 남의 도움을 받아 조금씩 진리에 접근할 수 있다고 믿었다. 특히 타인의 건설적 비판은 무엇으로도 살 수 없을 만큼 소중하다고 역설했다. 밀은 보수와 진보의 관계에 대해서도 주목할 만한 말을 남겼다. 보수의 불완전함은 진보가 감당해 주고, 진보의 부족함은 보수가 채워 준다고 강조했다. 밀은 19세기 영국 진보주의를 개척한 사람이었다. 그는 원래 보수주의자들을 싫어했다. 그런 그가 『자유론』에서 이렇게 말하고 있다.

> 정치에서도 정당들이 무엇은 바꾸고 무엇은 지켜야 한다는 분명한 판단 아래 질서와 진보를 모두 포용할 수 있을 정도로 정신적인 그릇이 커질 때까지는, 질서 또는 안정을 추구하는 정당과 진보 또는 개혁을 주장하는 정당 둘 다 있는 것이 건전한 정치적 삶을 위해 중요하다는 생각이 거의 상식이 되다시피 하고 있다. 이 두 가지 상반된 인식 틀은 각기 상대방이 지닌 한계 때문에 존재 이유가 있다. 그러나 분명한 것은 바로 상대편이 존재하기 때문에 양쪽 모두가 이성과 건강한 정신 상태를 유지할 수 있다는 점이다(밀 2014, 94).

밀은 상대의 비판 때문에 진보와 보수 등 양쪽 모두가 건강한 정신 상태를 유지할 수 있다고 한다. 얼마나 멋진 말인가. 자신의 한계를 겸허하게 인정한다면 남의 말을 듣지 않을 수 없다. 오히려 타인의 비판에 비추어 자기 생각을 견고하게 만들 수 있음을 고마워해야 한다. 남이 하는 말만 잘 들어도 문제의 절반은 해소된다. 그렇다면 아무리 듣기 싫은 말이라 하더라도 한 번쯤 경청해 봐야 하는 것이다.[7]

우리 사회에서 쟁점이 되는 사안들은 거의가 복합적인 성격을 띤 것들이다. 따라서 관점에 따라 모두 일리 있는 내용들이 얽혀 있다. 여기에다 각자의 세계관까지 혼재하면 엄정한 토론이 불가능해진다. 작심하고 진영 논리로 치장해 들어오면 더 말할 나위도 없다. 복잡한 사안일수록 논점을 최소화해야 한다. 어려운 논의는 뒤로 미루고 우선 토론 가능한 쟁점부터 협상 테이블에 올리는 것이다. 앞서 말했듯이 '가카 빅엿'이라는 막말을 한 판사가 몰고 온 논란에 대해 공직자의 품위 또는 발언 자유의 한계라고 하는 '기술적' 쟁점에 대해서는 얼마든지 객관적인 토론이 가능하다. 품위 문제와 정치적 판단을 별개로 취급했으면 논점이 훨씬 간단했을 것이다. 실제 그런 방향으로 토론이 전개될 수도 있었다.

역사 교과서 파동도 마찬가지다. 사관史觀은 어차피 사람에 따라 이야기

---

7 밀은 이상주의에 빠진 사람이었나 보다. 그는 대의 민주주의가 최선의 정치체제인 이유, 아니 그것이 성공하기 위한 조건으로 '토론을 통한 설득 가능성'을 주목했다. 앞에서도 말했듯이, 밀은 '계급 입법'의 위험을 매우 경계했다. 그런 밀도 궁극적으로는 이성의 힘에 기댈 수밖에 없었다. 건강한 이성을 가진 사람이라면 남의 말을 기꺼이 듣고, 자기 생각이 틀렸다면 이를 흔쾌히 고칠 수 있으리라고 기대했다. 표 대결을 하면 다수 앞에서 소수는 늘 패자일 수밖에 없다. 그러나 소수가 뛰어난 명분과 논리로 상대방을 설득할 수 있다면 이야기는 달라진다. 이런 대의정치의 이상이 작동하려면 우선 남의 말을 들을 수 있어야 한다.

가 엇갈릴 수밖에 없다. 그러나 명백한 기술적 오류에 대해서는 사관과 관계없이 토론할 수 있고 얼마든지 바로잡을 수 있다. 그러나 오류와 사관이 한 번에 얽히면 감정 대립이 격화된다. 기술적 오류마저 사관의 결과인 양 오해가 오해를 낳게 된다. 따라서 기술적 쟁점을 중심으로 논점을 국지화하는 것이 한국 사회를 무의미한 진영 대결에서 벗어나게 할 방법이 될 수 있다.

우리 사회를 격동시키는 여러 논점들은, 크게 보면 진보와 보수라고 하는 두 대립 축에 바탕을 두고 있다. 여기에 이해관계가 엇갈리면 자기 입장을 내려놓기가 더 어려워지므로 합의점에 도달하기 어렵다. 그러나 그 내용을 들여다보면 지금처럼 나라가 갈라질 만큼 근본적인 인식 차이가 나는 것도 아니다. 사소한 오해나 무지, 또는 근거 없는 편견 때문에 의견이 갈리는 경우가 많다. 마음먹기에 따라 얼마든지 접점을 찾아 합의를 도출할 수 있다.

그래서 '훈수꾼'의 역할이 중요하다. 이해 당사자가 아닌 사람, 특히 사회적으로 존경받는 사람이 한마디 하면 큰 영향력을 줄 수 있다. 논리가 궁한 쪽에서 계속 억지를 부리기가 어려워지는 것이다. 하지만 불행히도 우리 사회에는 존경받는 어른이 드물다. 어른이 없는 사회에서는 싸움을 말리기가 더 힘들다. 그렇다면 언론이 그 공백을 메꿔 주어야 하는데, 오히려 편견을 확대재생산 하는 데 앞장서는 경우가 많다. 공론이 형성되지 않으니 억지 진영 논리가 득세하는 것이다.

그러나 희망이 없지는 않다. 치열하게 갈려 싸우는 집단들도 사법부의 판단에 대해서는 그런대로 수용한다. 당선 무효 판결 또는 의원직 상실에 해당되는 형량을 선고받은 정치인들이 침묵을 지키는 것만 봐도 그렇다.

물론 판사들도 이념이나 정치적 성향이 제각각이기에 판결에 불만을 가질 수 있다. 그럼에도 공식적인 판결에 대해서는 공공연히 시비를 걸지 못한다. 문제는 사법부가 정치적 판단을 도맡는 것이 좋지만은 않다는 데 있다. 국민의 선택을 받지 않은 판사들이 정치적 결정을 주도하는 것은 민주주의의 기본 원리와 부합되지 않기 때문이다.

그렇다면 우회하는 방법이 있을 것이다. 주요 정당들이 동의한다는 전제 아래, 국가적 현안에 대해 일종의 '국민 배심원'을 활용하면 어떨까? 이를테면 사회학자나 정치학자 등 전문가 수천 명 가운데 20~30명을 무작위 추출해 배심원 역할을 맡기는 것이다. 이들 배심원이 양측의 발언을 경청한 뒤 평결을 내리면, 사회적 정당성을 지닌 공론이 형성될 수 있다.

이렇게 공론이 형성되면 사리에 맞지 않거나 국민의 뜻에 어긋나는 진영 논리가 득세하기 힘들 것이다. 터무니없는 궤변이나 이해관계에 얽혀 진실을 호도하는 작태를 여론에 힘입어 질타할 수도 있게 된다. 공론을 통해 시비를 가린다면, 진영 뒤에 숨어 기생하는 사이비 민주주의자들의 존립 기반을 허물 수 있을 것이다.

어느 집단이든 강경파의 논리는 명쾌하게 들린다. 군더더기 없이 직선적으로 내달으니 시원하기까지 하다. 그래서 일촉즉발의 전운이 자욱할 때는 강경파가 득세하기 마련이다. 그러나 복잡한 사안일수록 명쾌한 논리에는 허점이 있을 수밖에 없다. 반면에 이모저모를 따지는 온건파는 좀처럼 주도권을 잡기 어렵다. 그럼에도 일을 되게 만드는 것은 대개 온건파이다. 역사적으로 증명되듯, 진보든 보수든, '종북'이든 '꼴보수'든, 각 진영의 온건파에게 힘을 실어 주어야 한다.

문제는 한쪽에서 강경파가 목소리를 높이면 저쪽에서도 덩달아 강경파가 힘을 얻게 된다는 사실이다. 양쪽의 과격파가 맞불을 놓으면 파국을 피할 도리가 없다. 1970년 칠레의 사회주의자 아옌데Salvador Allende는 선거를 통해 대통령이 되었다. 그러나 소수파 대통령 아옌데는 집권층 내부의 강온 대결 때문에 갈피를 잡을 수 없었다. 온건 좌파는 힘이 약하니 합법적 개혁이 필요하다고 주장했다. 반면에 강경 좌파는 바로 그렇기 때문에 극한투쟁을 해야 한다고 강변했다. 결국 강경 좌파가 주도권을 잡았다. 그러자 보수 진영에서도 강경파가 일어섰다. 강과 강이 맞붙었다. 그 결과는 비극으로 귀결된 쿠데타였다.

어떻게 해야 강경파들의 힘을 소진시킬 수 있을까? 우리 사회에서 좌우 양측의 강경파들은 나름의 확신을 가지고 있다. '양심범'을 자임한다. 이런 사람들을 논리로 설파하거나 강제로 해산할 길은 없다. 강경파를 분쇄하는 데 골몰해서는 실익이 없다. 현실적인 방법은 그들을 무시하는 것이다. 그들을 내버려 두고 양 진영의 온건파에 초점을 맞추어야 한다. 온건 세력이 움직이면 중도 또는 부동층도 함께 움직이므로 대세를 확보할 수 있다. 온건파에 힘을 실어 주면 진영 논리를 부추기는 강경파는 그 힘을 잃게 될 것이다.

이데올로기는 가라

민주 사회는 '평등한 자유'에 바탕을 두고 있다. 민주 시민이라면 그 누구도 상대방의 존재이유를 부정해서는 안 된다. 아무리 밉더라도 다른 사람들의 발언권을 존중해 주어야 한다. 이것이 민주주의의 출발점이다.

진영 논리는 이런 민주주의의 토대를 그 근본에서부터 허물어뜨리고 있다. 이데올로기의 미망에 사로잡힌 나머지, 남의 말을 듣지 않는다. 상대방에 대한 도착적 저주를 정당화한다. 이런 진영 논리는 이익과 아집을 분식扮飾한 거짓 이데올로기일 뿐이다. 이런 껍데기는 정녕 사라져야 한다.

사람이 모여 사는 세상에서 '사필귀정'은 기대하기 힘들다. 다양한 가치관이 혼재하는 민주사회에서 특정 신념이 절대 우위를 차지한다면 그것이 오히려 문제가 될 것이다. 그러나 우리는 특정 시·공간을 살아가면서 그 시대적 소명을 공론으로 추출할 수는 있다. 이런 공론에 바탕을 둔 국가정책이어야 정당성을 확보할 수 있는 것이다.

안타깝게도 한국 사회에서는 공론이 없다. 정론도 보이지 않는다. 옳은 쪽의 손을 들어주고, 억지 주장을 편 쪽에 부끄러움을 안겨 줄 어른이 사라지고 말았다. 그 틈바구니에서 반민주적·반논리적 진영 다툼이 기승을 부린다. 한국 민주주의가 지지부진한 큰 이유가 여기에 있다.

참고문헌

밀, 존 스튜어트(John Stuart Mill). 2014. 『자유론』. 서병훈 옮김. 책세상.

12

세 계 시 민

세계시민 연대, 어떻게 실천할 것인가?

이성훈

한국 사회의 화두가 된 세계시민

언제부턴가 세계시민이 한국 사회의 유행어이자 화두가 되었다. 1990
년대 IMF 외환 위기를 전후해서 벌어진 세계화 논쟁에 비하면 큰 논란 없
이 확산되고 있다. 1990년대 탈냉전 이후 한국 사회는 정치·경제·사회 등
모든 측면에서 급속히 글로벌화되어 가고 있다. 자연스럽게 한국 기업의
해외 진출과 외국계 자본의 국내 투자, 이주 노동자와 결혼 이주민의 급격
한 증대, 그리고 공적 개발 원조ODA 증액에 따라 개발도상국의 빈곤 문제
가 한국 사회에 주요 의제로 등장했다. 특히 2007년 반기문 전 외교부 장
관이 유엔 사무총장에 선출되면서 국제기구 진출과 글로벌 리더십에 대한
관심도 높아지고 있다.

세계시민이라는 용어는 최근 프로그램, 사업 또는 교재 이름에 자주 사
용된다. 구호단체인 월드비전의 '세계시민학교'과 굿네이버스의 '세계시민

교육 캠페인', 부산의 '세계시민사회센터', 2011년 말 세계개발원조총회 사전 행사로 열린 '부산 세계시민사회포럼', 국제개발협력민간협의회KCOC의 개발 인지 교육 교재『우리는 세계시민』등 다양하다. 그리고 '세계시민 육성'을 학교교육의 목표로 내세우는 수가 늘어나고 있다. 기업에서도 글로벌 사회 공헌 확산과 함께 "글로벌 시티즌십" 보고서를 발간하는 일이 늘고 있다. 한편 참여연대는 2002년부터 계간지『시민과 세계』를 발간해 왔고, 최근에는 마크 게이어존Mark Gerzon의『당신은 세계 시민인가』라는 도전적인 제목의 책이 출간되기도 했다. 진보 진영 또한 '노동은 세계시민의 언어'라고 주장하며 세계시민 담론에 동참하고 있다.

이 같은 사례에서 보듯 세계시민 용어는 국제화·다문화 시대의 맥락에서 청소년 학교교육, 개도국 원조와 국제 개발 협력 분야 그리고 세계화의 맥락에서 철학과 국제 관계학, 그리고 노동 등 진보적 사회운동 등 진보·보수 이념을 넘나들면서 공통의 프레임으로 사용되고 있다. 먼 과거 고대 그리스 시대 철학자의 사변적 개념으로 교과서에 언급되던 사해동포주의 cosmopolitanism가 21세기 세계시민이라는 이름으로 뒤늦게 부활한 듯하다.

세계화, 지구화와 세계시민

세계시민 개념은 세계화와 밀접하게 관련된다. 세계화는 세계시민의 배경이자 조건이기도 하다. Globalisation의 번역어인 '세계화'는 매우 논쟁적인 개념으로 다양한 의미로 사용된다. 입장에 따라 '한식의 세계화'나 '반세계화'처럼 각각 긍정적·부정적 의미로 상반되게 쓰이기도 한다. 1990년대 초반 '세계화'를 영어로 Segewha라고 옮기기도 했다. 일부에서는 세계화를 국제화internationalization, 근대화modernization 또는 서구화westernization와 같은 의미나 그 연장으로 이해하기도 한다.

이 같은 개념의 혼란 문제를 해소하기 위해 Globalisation을 세계화와 지구화로 달리 번역해 사용하기도 한다. 국제화가 국가 간 상호작용의 증대를 의미한다면 세계화와 지구화는 이런 상호작용의 증대를, 국가를 중심에 놓지 않고 세계 전체의 관점에서 바라본다. 세계화든 지구화든 공통적으로 국가 간, 지역 간 상호작용이 양적·질적으로 커져 상호 의존성이 심화하는 현상을 가리킨다. 보통 세계화는 경제적 측면을 강조할 때 사용하고, 지구화는 정치·경제·문화 등 다차원적인 현상을 설명하는 개념으로 사용한다. 그러나 세계화와 지구화를 혼용하기도 한다. 예를 들어 '한류의 세계화', '한식의 세계화', '인권의 세계화'라는 표현처럼 한국적인 것 또는 특정 가치가 국경을 넘어 세계로 확산될 때 세계화라고 지칭한다.

지구화 개념과 관련해 지구촌Global Village이라는 개념도 널리 사용되고 있다. 세계시민 교육에서 자주 활용되는 "세계가 1백 명의 마을이라면……"이라는 글에서처럼 지구화가 가속화되면서 시·공간 차이가 줄어 한 마을에 사는 것과 같은 경험을 하게 된다. 한국국제협력단KOICA의 지구촌 체험관, 지구촌나눔운동Global Civic Sharing, GCS 등에서 '지구촌'은 단체 프로그램뿐만 아니라 드라마, 노래, 심지어 쇼핑몰 이름으로 사용되기도 한다.

세계화의 기원으로는 15세기 유럽의 '신대륙' 발견, 더 거슬러 올라가 칭기즈 칸의 몽골제국 건설까지 언급된다. 그러나 현재적 의미의 세계화는 보통 1990년대 초 냉전 이후 시대를 말한다. 즉 세계가 자본주의와 공산주의 또는 사회주의 이념에 따라 동서로 구분되었던 냉전이 끝나고 시장 자본주의의 단일한 체제로 통합되어 가는 경제적 현상과 그 과정을 의미한다. 경제적 의미의 세계화는 상품·서비스·자본·노동 등이 국경을 넘어 자유롭게 이동하는 것을 말한다.

1990년대 이후의 세계화를 그 이전 시기와 구분해 '신자유주의 세계화'라고 지칭하기도 한다. 경쟁력과 효율을 명분으로 자본시장 자유화, 탈규제, 민영화, 노동시장 유연화, 사회보장 축소 정책 등을 중심으로 추진된 신자유주의 세계화는 2008년 미국발 금융 위기가 발생하면서 구조적 문제점이 드러났다. 그러나 한국을 비롯한 적지 않은 나라에서 신자유주의 세계화 정책이 지속되고 있다.

이런 경제적 세계화에 주목한 진보 진영 내부에서는 이매뉴얼 월러스틴Immanuel Wallerstein의 『근대세계체제』(세계체제론)와 안토니오 네그리Antonio Negri와 마이클 하트Michael Hardt의 『제국』 논쟁이 전개되었다. 특히 『제국』은 세계시민과 유사성이 있는 다중Multitude 개념을 제시해 세계적 차원에서 민주주의의 주체와 역할 관점에 대한 논의를 진행했다.

한편 세계화는 지구지역화Glocalisation 또는 지구도시화Glurbanization 개념과 함께 사용된다. 전자가 Globalisation과 Localization의 합성어라면 후자는 Globalization과 Urbanization의 합성어이다. 지구지역화란 지구화와 지역화(지방화)가 동시 진행되는 현상을 말한다. 이에 반해 지구도시화는 지구화와 도시화가 동시에 진행되는 데 주목한다. 둘 다 지구화의 다차원성·다면성을 보여 주는데, 국가가 아닌 지역 또는 지방, 도시가 세계화 또는 지구화의 중요한 행위자임을 부각한다.

두 복합 개념이 보여 주듯이 오늘날 도시는 세계화 또는 지구화에서 중요한 행위자로 등장했다. 도시는 세계 자본주의에서 생산과 소비의 중심지이자 지구적 문화를 창조하는 공간이기도 하다. 이미 지방정부는 세계지방

정부연합UCLG과 환경 분야의 자치단체국제환경협의회ICLEI를 통해 국제 연대 활동을 활발히 전개하고 있다.

이 밖에 최근 사례로는 국가가 기후변화 문제를 국제 협력을 통해 제대로 해결하지 못하자, 도시가 도시 간 협력을 통해 해결하려는 시도인 도시기후리더십그룹Cities Climate Leadership Group, C40을 들 수 있다. C40은 세계온실가스 중 80퍼센트 이상을 배출하고 있는 대도시들이 기후변화에 적극 대응하기 위해 2005년 발족한 세계 대도시 협의체로, 런던·뉴욕·파리 등 40개 정회원 도시와 16개 협력 회원 도시로 구성되었다. 1차 회의는 2005년 런던에서, 2차 회의는 2007년 뉴욕에서 개최되었으며, 3차 C40 정상회의는 2009년 5월 서울에서 개최되었다.

인권 분야의 최근 사례로는 광주시가 2011년부터 주최한 세계인권도시포럼WHRCF을 들 수 있다. 이를 통해 '인권 도시'가 국제적으로 확산되고 있으며, 유엔 인권이사회는 2013년 '지방정부와 인권'에 대한 결의안을 채택하기도 했다. 독일 사회학자 울리히 벡Ulrich Beck은 도시(특히 항구도시)의 역할에 주목해 서구에서 제1의 근대가 국가에 의해 주도된 반면, 세계화 시대에는 도시가 제2의 근대를 주도한다고 주장하기도 했다.

한편 세계화와 관련해 최근에는 '글로벌 거버넌스'라는 개념이 자주 사용된다. 글로벌 거버넌스란 정부·국제기구·시민사회·기업 등 다양한 행위자의 협력을 통해 지구적 문제를 해결하는 방식을 의미한다. 유엔 창설 50주년인 1995년 글로벌거버넌스위원회GGC가 발표한 "우리의 글로벌 이웃"Our Global Neighborhood 보고서를 통해 정식화된 이 용어는 세계화와 함께 정부와 학계에서 매우 광범위하게 사용되고 있다.

세계시민이라는 용어는 앞서 언급한 국제화·세계화·지구화 그리고 글로벌 거버넌스 등과 연관되어 사용되고 있다. 즉 세계시민은 1990년대 탈냉전·세계화 시대에 국경과 이념의 장벽이 약화되고, 시간과 공간의 제약이 완화되면서 글로벌 차원의 상호 의존성이 강화된 맥락에서 등장한 개념이라고 할 수 있다. 한국의 경우 이 시기에 여행 자유화로 많은 국민이 전 세계 곳곳을 자유롭게 여행할 수 있게 되고, 개도국에 대한 봉사 활동 등을 통해 지구촌 빈곤을 직접 경험하고, 국내적으로는 이주민이 급격히 유입되어 다문화 사회로 진입하면서 등장한 개념이라고 할 수 있다.

한편 세계시민은 복합적 정체성을 의미하기도 한다. 오늘날 개인은 특정 국가의 국민으로서 정체성을 지니는 동시에 국가 내 특정 지방이나 도시에 대한 소속감도 지닌다. 그리고 유럽이나 아시아처럼 대륙적 차원 또는 세계적 차원의 다양한 경험을 하면서 초국가적·세계적·지구적 정체성을 동시에 경험하고 만들어 간다. 이런 복합적 세계시민의 정체성은 어느 차원으로도 환원할 수 없는 성격을 지닌다.

세계시민의 정의와 의미

세계시민은 Global Citizen의 번역어이기도 하다. Global Citizenship은 보통 세계시민 의식 또는 세계시민권으로 번역한다. 세계시민과 유사한 개념으로 세계인 또는 지구인EarthHuman이라는 개념도 사용된다. 2008년부터 해마다 5월 20일 국내에서 시행되고 있는 세계인의 날Together Day 행사와 세계지구인연합회World EarthHuman Alliance은 세계시민과는 의미를 달리한 세계인·지구인이라는 개념을 사용하고 있다.

최근에는 기업에서 글로벌 시민권Corporate Global Citizenship이라는 개념을 사용하기도 한다. 자선적인 기업의 사회적 책임CSR을 넘어 공유 가치CSV 패러다임이 등장하면서, 글로벌 사회문제 해결을 기업의 가치와 전략으로 수용하는 것이다.

한편 세계시민이란 세계와 시민의 합성어이기도 하다. '세계'는 지정학적·지문명적 개념이다. 세계관의 정의에서 보듯이 세계관은 특정 시대와 지역의 지배적인 종교와 문화를 반영하고 있다. 더 나아가 세계관은 특정 국가나 계층의 사고와 이해를 반영한다. 따라서 물리적으로 세계는 하나이지만 세계에 대한 이해 또는 인식은 매우 상이하다.

한편 시민은 일차적으로 국민nation과 대조되는 개념이다. 법적으로 특정 국가의 국적을 획득하면 국민이 된다. 그러나 모든 국민이 자동적으로 시민이 되는 것은 아니다. 한편 시민은 도시에 사는 사람urban dweller을 의미하지 않는다. 도시에 산다는 것만으로 시민성을 지니는 것은 아니다. 시민은 국적, 살고 있는 장소에 상관없이 시민성civility 또는 시민적 가치를 수용하고 실천하는 사람을 말한다. 이런 시민으로 구성된 집단을 보통 시민사회라고 한다. 즉 시민은 법적·행정적 개념이 아니라 정치적·윤리적 개념으로 이해할 수 있다.

이런 세계와 시민을 어떻게 연결하는지에 따라 세계시민을 다양한 방식으로 해석할 수 있다. 크게 '세계적 시민', '세계적 도시에 사는 시민', '세계(국가)의 시민' 등 세 가지로 해석할 수 있다.

첫째, '세계적 시민'은 Global Citizen의 의미로, 법적으로 특정 국가의 국민이지만 자국의 국경을 넘어 글로벌 문제에 관심을 기울이거나 관련 활동을 하는 시민을 의미한다. 국제적 문제를 자신이 속한 국가나 지역의 관점이 아니라 국제적·세계적 관점에서 이해하고 실천하는 것을 의미한다.

둘째, '세계적 도시에 사는 시민'은 다인종·다문화적 특성을 지니는 글로벌 도시에 사는 시민을 의미한다. 뉴욕·파리·런던·제네바 등이 대표적이다. 현재적 의미의 코스모폴리탄Cosmopolitan이라고 할 수 있다. 도시 철도를 의미하는 메트로Metro에서 기인한 메트로폴리탄이 대도시의 물리적 환경을 의미한다면, 코스모폴리탄은 문화적·윤리적 측면을 말한다.

셋째, '세계의 시민'은 '세계국가' 또는 '세계 공화국'의 시민을 의미한다. 즉 한국 국민 또는 일본 국민처럼 민족을 단위로 구성된 국가가 아니라 전 세계 시민이 하나의 국가 체제하에 통합된 경우라고 할 수 있다. 영어로는 Citizen of the World Republic이라고 표현할 수 있다. 일본의 철학자 가라타니 고진柄谷善男이 『세계공화국으로』에서 주장하는 가상의 개념이다. 국가의 연합인 United Nations가 아니라 글로벌 국가 또는 세계국가의 국민이라고 할 수 있다.

어떤 방식으로 이해하든 세계시민은 일국적 차원의 시민 의식이 국경을 넘어 전 세계로 확산되는 것을 의미한다. 세계국가 또는 세계정부가 없는 상황에서 세계시민은 지구적 차원의 참여 민주주의를 의미한다. 일국적 차원의 민주주의로 해결할 수 없는 글로벌 문제를 해결하려 하는 시도인 것이다.

유엔은 세계정부가 아니라 국가를 대표하는 정부 간 기구이다. 따라서 유엔 체제에서 국민을 대표하는 것은 정부이다. 그러나 정부 간 기구인 유엔만으로 세계의 문제를 다루기에는 역부족이다. 유엔에 참여하는 대부분의 국가는 글로벌 이익보다는 '국익'을 앞세우기 때문이다. "국가는 세계적 문제를 다루기에는 너무 작고 지역의 문제를 다루기에는 너무 크다."라는 표현은 이런 한계를 지적할 때 사용된다.

최근 널리 사용되는 글로벌 거버넌스Global Governance는 세계시민의 참여를 강조하고 있다. 글로벌 거버넌스란 세계정부world government가 부재한 상황에서 국가·국제기구·시민사회·기업 등 다양한 행위자가 서로 협력해 글로벌 문제를 대처하는 방식을 의미한다. 세계시민은 일국의 시민이지만 국가로부터 자율성을 지닌 자발적 결사체, 즉 NGO를 만들어 글로벌 문제의 해결에 참여하고 있다.

'세계화'라는 개념이 논쟁적·부정적인 의미로 사용되는 데 반해, 세계시민은 긍정적 의미로 수용·사용되고 있다. '세계화가 살 길'이라고 주장하는 친세계화이든 탈세계화나 반세계화를 주장하는 사람이든, 세계시민 개념에 대해서는 대체로 긍정적인 맥락에서 사용하고 있다. 실천적인 측면에서 세계시민 개념은 여러 의미로 해석될 수 있다.

첫째, 보편적 가치의 수용을 의미한다. 평화, 인권, 생태 지속성, 성 평등과 같이 시민사회가 주장하고 옹호하는 보편적universal 가치이다. 글로벌 공공재Global Public Goods로도 표현된다. Universal Declaration of Human Rights를 세계인권선언으로 번역하듯이 세계시민에는 보편성의 의미가 담겨 있다. 시대와 지역의 차이에도 불구하고 보편적으로 수용·실천되어야 한다는 의미이다. 한편 유네스코는 2000년대 초반 보편 윤리Universal Ethics 정립을 시도했다. 즉 세계시민이란 국가 간 또는 서로 다른 종교와 문화 간의 대화를 통해 보편적 가치를 정립하고 이를 실현하려는 노력을 의미한다.

둘째, 국경을 넘어선 시민의 연대 의식과 실천 활동을 의미한다. 서로 국적은 다르지만 '국익'을 넘어서서 보편적 가치와 공익에 반하는 정책과 관행에 저항하는 연대 의식을 말한다. 여기서 세계는 정치적인 개념으로 사용된다. 과거 냉전 시기에는 세계를 '제1세계', '제2세계', '제3세계'로 구분해 지칭했다. 오늘날은 극빈층을 의미하는 '제4세계' 또는 북반구의 부유한 국가Global North와 남반구의 빈곤한 국가Global South로 구분하는 개념을 사용한다. 한편 2004년 말 인도네시아 아체의 쓰나미 재해와 최근 필리핀의 하이얀 태풍 사태의 경우에서 보듯이 세계시민은 재난 발생 시 국적을 불문하고 전 세계가 자기 가족의 일인 것처럼 도움의 손길을 펼치는 연대 활동으로 나타난다. 오늘날도 부당하게 감옥에 갇히거나 고문당하는 수많은 양심수를 위해 전 세계 곳곳에서 항의 편지가 전달되고 시위가 벌어지고 있다. 국가와 무관하게 시민의 자발성에 기초해 이루어지는 활동이다. 이런 맥락에서 세계시민은 사회경제적 약자와 재난 피해자, 인권침해를 당하는 사람과의 직접 연대를 말한다.

셋째, 글로벌 문제에 대한 공통의 책임 의식을 의미한다. 글로벌 민주주의라고도 할 수 있다. 대표적인 사례가 기후변화이다. 온실효과에 의한 지구 온도 상승은 지구 생태계 전체를 위협하고 있고, 글로벌 차원에서 협력하지 않고는 해결할 수 없는 문제가 되었다. 리비아·시리아에서 벌어진 특정 사태에서 보듯이 대규모 인권침해는 이제 내정 간섭이 아니라 국제사회가 공동으로 해결해야 하는 책무로 자리 잡았다. 반인륜적 범죄Crime against Humanity를 처벌하기 위해 보편적 관할권을 행사하는 국제형사재판소International Criminal Court, ICC와 유엔이 2005년 채택한 보호 책임Responsibility to Protect 원칙 등은 이를 반영하고 있다. 극심한 빈곤 문제를 해결하기 위해, 1970년대 초 유엔총회에서 결의한, 국민총생산GNI의 0.7퍼센트까지 해외 원조를 늘려야 한다는 캠페인도 이런 책임 의식을 반영하고 있다. 세계시민은 특정 국가 홀로 해결할 수 없는 초국경적 문제에 대해 주요 관련 국가, 국제기구 또는 실효성 있는 글로벌 거버넌스를 요구하고 있다.

넷째, 세계 공화국의 실현을 의미한다. 즉 국가와 자본에 종속되지 않고 전쟁과 빈곤 등 구조적인 글로벌 문제를 제도적으로 해결하는 이상으로서 세계 공화국을 구현하려는 노력을 의미한다. 특히 불안정한 국제기구와 글로벌 거버넌스의 한계를 넘기 위한 이런 시도는 비현실적인 것으로 간주되지만, 가라타니 고진의 『세계공화국으로』에서 보듯이 다양한 이론적·실천적 시도가 이루어지고 있다.

세계시민 연대와 한국 시민사회

세계시민의 가치와 개념의 실천을 시민사회에서는 국제國際 연대로 표현한다. 일부에서는 국제 연대라는 표현이 여전히 국가 중심적이기 때문에 민제民際 연대로 불러야 한다고 주장하기도 한다. 국제이든 민제이든 그 의미를 풀어서 쓰면 국제적 차원에서 전개되는 시민 단체 간의 연대 활동이라고 할 수 있다. 한국 시민사회의 국제 연대 활동의 내용과 형식은 시대에 따라, 특히 민주화와 경제 발전의 정도에 따라 다양하게 발전해 왔다. 큰 흐름에서 봤을 때, 과거 국제 연대가 외국으로부터 국내 시민사회에 대한 일방적인 지원을 의미했다면, 현재에는 국내 및 국제 문제를 해결하기 위해 서로 협력하는 쌍방향으로 변화해 왔다. 이런 변화는 국제 연대의 내용과 형식에서 크게 네 단계로 나누어 설명할 수 있다.

첫 번째 단계는 국제적으로는 냉전, 국내적으로는 개발 독재 시기였던 1960년대부터 1980년대까지 기간이다. 이 시기의 국제 연대는 외국, 특히 유럽과 미국의 지원을 의미했다. 민주화와 인권 운동 및 빈곤 퇴치 관련 해외 지원은 한국이 빈곤과 독재를 동시에 극복하는 데 상당 부분 기여했다.

이런 지원이 있었기에, 군사정권의 탄압이 혹독했음에도 양심수 석방과 민주화 운동의 맥을 이어 갈 수 있었고, 당시 열악했던 한국 시민사회의 인프라를 조성할 수 있었다.

두 번째 단계는 30년 군사독재가 종식되고 국제적으로 탈냉전이 시작된 1990년대 기간이다. 1991년 남북한 유엔 동시 가입과 1990년대 초중반 유엔 주도의 대규모 국제회의(1992년 리우 환경회의, 1993년 비엔나 세계인권회의, 1995년 코펜하겐 사회발전정상회의, 1995년 베이징 여성대회 등)에 한국의 시민사회 단체가 대규모로 참여하면서, 과거와 달리 고립에서 벗어나 국제 시민사회 네트워크에 본격 참여하기 시작했다. 한편 큰 규모는 아니지만 한국의 시민사회 단체는 동티모르 독립운동, 미얀마(옛 버마) 민주화 운동 등 아시아 시민사회의 연대 활동에 참여했고, 아시아 시민사회 네트워크에도 적극 참여하기 시작했다. 이런 경험을 토대로 한국의 시민사회는 쌍방향적 국제 연대를 전개할 기반을 마련했고 세계시민 의식에 눈뜨는 계기가 되었다.

세 번째 단계는 신자유주의 세계화 반대 운동이 국제적으로 확산되던 1990년대 후반과 2000년대 초반까지의 기간이다. 1997년 IMF 외환 위기를 계기로 신자유주의 금융 세계화의 폐해를 직접 경험한 한국의 시민사회, 특히 진보적 노동과 농민운동은 1990년대 후반부터 글로벌 반세계화 시위에 적극 참여했다. 1999년 시애틀을 시작으로 세계무역기구WTO 각료 회의에 반대하는 일련의 국제회의(2002년 멕시코 칸쿤, 2005년 홍콩)에서 한국의 노동 및 농민운동 단체의 활동은 세계적으로 주목받았다. 이런 반세계화 운동은 이후 한미 자유무역협정FTA과 관련해 2008년 촛불 시위로 나타났고 이후 쌍용자동차, 한진중공업, 철도 노조 파업 등으로 이어져 왔다.

표 12-1 | 한국 시민사회의 국제 연대 발전과 시기적 특성

시기	주요 특성	주요 사건과 계기
1960년대~ 1980년대 중반	해외의 한국 민주화 및 통일 운동 지원	민주화 및 양심수 석방 운동, 통일 운동
1990년대	유엔 주도의 국제회의 참가와 아시아 연대 운동	1992년 유엔 리우 환경개발회의 1993년 빈 세계인권회의 1995년 베이징 세계여성대회 2000년 유엔 밀레니엄 정상회의 　　　동티모르 독립
1990년대 후반 ~2000년대 중반	반세계화 운동 활성화	1997년 IMF 금융 위기 1999년 시애틀 WTO 각료회의 2001년 세계사회포럼 (WSF) 2002년 칸쿤 WTO 각료회의 2005년 홍콩 WTO 각료회의
2000년대 중반 이후	개도국 빈곤 퇴치와 국제 개발 협력 활성화	1999년 KCOC 창립 2005년 GCAP 창립 2010년 OECD DAC 가입 　　　서울 G20 정상회의 　　　KoFID 창립 2011년 부산 세계개발원조총회

　네 번째 단계는 개도국의 빈곤 문제에 대한 관심이 고조된 2000년대 중반부터 현재까지의 기간이다. 1996년 OECD 가입, 2010년 OECD 개발원조위원회DAC 가입과 함께, 빈곤한 개도국에 대한 개발원조가 본격화되면서 국제 개발 협력을 전문으로 하는 시민사회 단체가 이 시기에 본격적으로 등장하기 시작했다. 1999년 해외원조단체협의회의 창립(2012년 국제개발협력민간협의회KCOC로 명칭 변경)과 2005년 새천년개발목표MDGs 캠페인을 위한 지구촌빈곤퇴치시민네트워크의 출범으로 한국 시민사회에서 국제 개발 협력 운동이 본격적으로 시작되었다. 그리고 2010년 G20 서울 정상회의와 2011년 부산 세계개발원조총회를 계기로 정책 애드보커시 활동의 중요성이 부각되었고 국제개발협력시민사회포럼KoFID이 2010년 출범했다.
　한국의 시민사회는 지난 50년간 여러 단계에서 다양한 경험을 축적했고 이를 토대로 국제 연대는 현재 여러 분야에서 다양한 방식으로 확산 및 심화되고 있다.

2000년대 초반 경희대학교·성공회대학교 등 일부 대학에서 NGO학이 도입되었고, 아시아와 아프리카 학생과 시민사회 활동가의 연수 및 유학이 지속적으로 늘어나고 있다. 2001년 필리핀에 한국 시민사회 단체 활동가 연수 센터로 출범한 아시아 NGO센터, 아시아 환경 허브로 전환한 환경재단, 동아시아연구원, 국제민주연대, 휴먼아시아, 아시안브릿지 등 아시아를 무대로 활동하는 전문 단체들이 급속히 늘어나고 있다. 그리고 국내의 이주 노동자와 결혼 이주민, 난민을 지원하는 단체도 늘고 있는 추세이다.

한편 5·18기념재단의 광주아시아포럼, 민주화기념사업회의 서울민주주의포럼 등 아시아 민주주의를 논의하는 포럼이 지속적으로 개최되어 왔다. 이런 흐름을 배경으로 2013년 개발 협력 분야 협의체의 네트워크로 출범한 아시아개발연대Asia Development Alliance, ADA, 민주주의 분야 시민사회 단체의 연대체인 아시아민주주의네트워크Asia Democracy Network, ADN가 한국 시민사회의 주도로 출범했다.

최근 한국 기업의 해외 진출이 활발해지면서 해외에서 한국 기업이 자행하는 인권침해와 환경 파괴를 감시하는 운동이 본격화되기 시작했다. 한편 국제 시민사회 단체의 한국 진출도 활발히 이루어져 2011년 그린피스가 한국에 지부를 개설했고 2013년 세계자연보호기금wwf과 아쇼카재단이, 2014에는 옥스팜이 국내에 시무소를 개설했다.

어떻게 세계 시민 연대를 실천할 것인가 : 도전과 과제

『당신은 세계 시민인가』에서 지은이는 세계시민이 되는 네 단계를 다음과 같이 제시한다. 첫째, '목격하기: 눈을 뜨는 것', 둘째, '배우기: 지성을 깨우는 것', 셋째, '통하기: 관계를 형성하는 것', 넷째, '지구적으로 협력하기: 함께 일하는 것'. 분야에 따라 단계가 다르지만 대체로 한국의 시민사회는 이제 첫째, 둘째 단계에서 셋째, 넷째 단계로 급속히 진화하고 있는 것으로 보인다.

현재 대부분의 한국 시민사회 단체가 직간접적으로 국제 연대 또는 세계시민 연대와 관련해 활동하고 있다. 이를 분명하게 의식하지 않을 수도 있지만, 국내와 국제 활동을 인위적으로 구분하기가 어려울 정도로 국제 연대가 주류화·일상화되었다. 국제 연대의 필요성과 당위성에 대한 공감대가 폭넓게 확산되면서 각 분야에서 국제 연대를 전문적으로 수행하는 단체가 점차 늘고 있다. 특히 개도국의 빈곤 퇴치를 주된 목적으로 설정해 활동하는 개발 분야 시민사회단체의 수가 급속히 증대하고 있다. 개도국 빈곤 퇴치 활동은 동남아시아와 남아시아를 넘어 중앙아시아 및 아프리카로 활동 반경이 확대되어 가고 있다.

그러나 이런 양적 확대에도 불구하고 한국 시민사회의 국제 연대 활동 또는 세계시민 실천 활동은 다양한 도전에 직면해 있다. 첫째, 글로벌 문제에 대한 전향적 인식과 적극적·체계적인 참여가 부족하다. 일부 국제 연대 단체와 활동가의 노력에도 불구하고 한국 시민사회의 지구적 민주주의와 인권, 빈곤과 불평등, 분쟁과 환경 파괴 등 '지구적 공공재'와 정의에 대한 관심과 이해 수준이 매우 낮다. 최근 세계시민 교육 또는 개발 인지 교육이 확산되면서 개선되고 있지만 실천적인 면에서는 아직 전문성이 취약한 편이다.

현재의 세계 10위권 경제력과 유엔 사무총장을 배출한 정치력이 있음에도 아직 시민사회에는 오래된 '피해 의식'과 '자민족 중심주의' 관념이 뿌리 깊게 남아 있다. 특히 분단과 군사독재, 지속적인 안보 불안과 IMF의 부정적 경험은 그런 관념을 더욱 강화했다. 국내에 있는 이주 노동자, 결혼 이주 여성, 탈북자 등에 대한 배타적·적대적 태도는 이런 피해 의식이 왜곡되어 나타난 것으로 볼 수 있다.

국제 연대 활동에서 지나친 자국 중심주의는 참된 의미의 국제 연대에 걸림돌이 되곤 한다. 특히 우리나라에도 빈곤과 차별 등 많은 문제가 많은데 외국에 관심을 갖는 것은 시기상조라거나, 우리 문제를 해결한 뒤에 국제적인 역할을 해야 한다는 식의 '단계론'적 사고는 여전히 국제 연대의 진전을 가로막고 있다. 세계화가 급속히 진전되면서 국내·국제 문제의 경계 및 구분이 불명확해졌고, 이에 따라 국내 문제와 국제 문제를 인위적으로 구분하는 대신에 서로의 연관성을 이해하고 동시에 접근하는 노력이 더욱 강조된다. 특히 개도국의 빈곤이라는 공통의 원인에서 비롯된 이주민 발생과 해외 원조처럼 '한국 속의 세계'와 '세계 속의 한국'을 동시에 연관해 이해하는 것이 매주 중요하다.

둘째, 아시아 시민사회 연대에서 더욱더 적극적인 리더십 역할을 강화하는 것이다. 동북아시아와 동남아시아로 구성된 동아시아에서 한국이 차지한 지정학적 위치로 인해 한국의 시민사회는 전략적으로 리더십 역할을 하는 데 유리하다. 게다가 지역 내 헤게모니 국가인 중국과 일본 그리고 미국과 달리 중소 강국인 한국은 다양한 국제 규범과 협력 제도를 주도함으로써, 좀 더 평등하고 호혜적인 지역 통합을 주도할 잠재력을 지니고 있다. 그 과정에서 통일을 남북한의 화해 협력을 넘어 동북아시아, 더 나아가 동아시아의 인권과 평화 체제를 구축하는 지렛대로 활용할 필요가 있다. 이를 위해 경제력 같은 하드 파워와 한류 같은 소프트 파워를 효과적으로 결합한 스마트 파워를 이용해 공공 외교를 강화하고, 여기서 시민사회가 더욱더 전략적인 역할을 할 필요가 있다.

이를 위해서는 아시아 시민사회의 현재 및 미래 지도자에게 한국에서 다양한 교육 연수 기회를 제공해 한국 시민사회와의 교류와 연대의 네트워크를 강화하고, 한국 시민사회 내 아시아 지역 전문가, 특히 시민사회 전문가를 양성해야 한다. 이를 위해서는 아시아 지역에서 해외 봉사단 경험을 지닌 재원을 적극 활용하고, 아시아의 국제 시민사회 단체에 한국 시민사회 활동가를 진출시킬 필요가 있다. 이를 전문적·제도적으로 수행할 기관을 전략적으로 양성하는 것도 필수적이다. 이 과정에서 정부는 시민사회의 자율성과 자발성을 존중하는 범위 내에서 지원을 아끼지 않고 파트너십을 발전시켜야 한다.

셋째, 국제사회에서 리더십 역할을 수행하기 위한 중·장기적 전망과 전략을 수립하고 개발하는 것이다. 1990년대 이래 한국 시민사회에서 국제 연대가 일상화되었지만, 아직 체계적인 국제 연대의 청사진과 이를 이행할 로드맵이 수립되어 있지는 않다. 종합적인 비전과 정책 프레임 워크가 없기에 현재의 국제 연대 운동은 연이어 발생하는 다양한 국제 이슈에 즉자적으로 대응하고 대책을 수립하는 수준에 머물러 있다. 시민사회는 지난 20년간의 국제 연대 운동을 비판적으로 반성하면서, 가깝게는 2020년, 멀게는 2030년을 전망하고 준비하는 장기 마스터플랜을 수립할 필요가 있다.

이를 위해서는 개별 단체나 특정 영역뿐만 아니라 전 영역의 시민사회 단체와 대학 및 연구 기관, 정부와의 전략적 협력이 요구된다. 이 마스터플랜에는 시민사회의 비전과 전략이 담겨야 하고, 그 계획을 실행할 전문 인력을 확보하는 한편 재원을 마련해야 한다. 특히 교육과정에 인권과 민주주의, 평화, 환경, 노동, 개발 협력 등 시민사회의 분야별 지식뿐만 아니라 이를 통합적으로 이해하고 국내외적으로 연결해 실천하는 방안을 포함해 유기적·실천적 지식인을 양성하는 것이 중요하다.

특히 한국 시민사회의 주요 의제이자 운동으로 부각된 국제 개발 협력 분야 운동과 다양한 영역의 시민사회 단체의 협력이 매우 중요하다. 세계화 시대 국제 개발 협력이 '형식'이라면 여성·인권·환경·평화 분야의 시민사회 운동은 '내용'을 담고 있기에, 이 둘의 만남에 따른 시너지 효과를 창출하는 것이 매우 중요하다.

참고문헌

가라타니 고진(柄谷善男). 2007.『세계공화국으로』. 조영일 옮김. 비(도서출판b).

게이어존, 마크(Mark Gerzon). 2010.『당신은 세계 시민인가』. 김영규 옮김. 에이지21.

네그리, 안토니오(Antonio Negri)·마이클 하트(Michael Hardt). 2001.『제국』. 윤수종 옮김. 이학사.

월러스틴, 이매뉴얼(Immanuel Wallerstcin). 2013.『근대세계체제 1』. 김명환·나종일·김대륜·박상익 옮김. 까치.

_____. 2013.『근대세계체제 2』. 서영건·현재열·유재건 옮김. 까치.

_____. 2013.『근대세계체제 3』. 이동기·김인중 옮김. 까치.

제 4 부

경제민주주의

13

경 제 민 주 화

경제민주화에 관한 몇 가지 생각

박종현

경제민주화가 경제의 발목을 잡는다고?

2007년 대선 때 국민적 관심사는 돈을 많이 벌게 해줄 대통령이 누구인지에 있었다. 수많은 부패 의혹에서 자유롭지 못했던, 대기업 최고 경영자 출신 정치인을 대통령으로 만든 것은 그처럼 뒤틀린 시대정신이었을지도 모른다. 하지만 2012년 대선 때는 달랐다. 재벌 개혁, 골목 상권과 하청 업체 보호, 양극화 해소, 복지국가 건설과 같은 내용이 대선의 핵심 공약으로 등장했던 것이다. 물론 경제민주화 공약은 새 정부 집권 이후 물속 깊이 가라앉아 버렸다. 하지만 표가 필요해지면 언제라도 수면에 올라올 것이다. 경제민주화 공약을 낳았던 현실의 문제는 해결되지 않은 채 그대로 남아 있으며, 상황은 더욱 나빠지고 있기 때문이다.

그렇다면 경제민주화란 무엇일까? 경제민주화는 수요와 공급처럼 명쾌하게 정의되거나 경제학 원론 교과서에도 실리는 종류의 개념은 아니다.

대표적인 정의가 따로 있지도 않다. 그간 경제민주화라는 이름으로 제시된 여러 논의들을 종합적으로 고려할 때, 대략 다음과 같은 내용으로 요약할 수 있을 것 같다. 사회경제적 약자들이 그보다 우세한 위치에 있는 대기업이나 고용주와 대등하게 경제활동을 펼치고 공평한 경제적 기회를 가질 수 있도록 법과 제도를 정비하는 일, 부자나 주주는 물론 모든 국민에게 경제적 자유와 정의의 약속을 확장하려는 노력, 경제 권력에 의한 민주주의의 훼손을 방비하는 일, 1인 1표라는 정치적 민주주의의 핵심 원리를 경제 영역에 적용하는 시도 등이다.

우리는 이런 논의들을 염두에 두고 다음과 같이 경제민주화를 정의해 보려 한다. 즉 경제민주화란 시장에 대한 사회의 개입이자, 이해 당사자의 권리와 공동선의 가치를 시장의 문턱을 넘어 기업 내부에까지 관철하려는 공동체의 의지이다. 기업은 많은 이들에게 경제적 생존의 기반이자 삶의 터전이며, 하루 중 많은 시간을 바치는 공간이다. 이 점에서 기업을 살 만한 곳으로 가꾸는 것은 대단히 중요한 문제가 된다.

모두가 경제민주화의 타당성에 공감을 표명하는 것은 아니다. 특히 규제받지 않는 시장의 능력을 예찬하고, 기업 활동의 자유를 강조하며, 주주의 재산권 보호를 역설하는 사람들은 경제민주화에 대해 대단히 부정적이다. 국민 전체의 보편적 이익이 아니라 특정 집단의 이익을 위해 추진된다거나, 건강한 도덕의식이 아니라 경제적 강자에 대한 적대감이나 시기심 위에 서 있다거나, 정책의 합리성을 논의하기보다는 도덕적 가치를 앞세우기에 의도한 목적은 달성하지 못한 채 경제의 발목만 잡으리라는 것이다.

이들에게 경제라는 공간은 자유와 효율의 원리에 의해 물질적 풍요를 달성하는 자기 완결적인 장소로서, 인류의 번영과 발전에 결정적으로 기여하는 대단히 소중한 곳이다. 반면에 정치라는 장은 벌거벗은 집단 이기주의가 힘의 논리에 의해 부딪치고, 시기심을 비롯한 인간의 비합리적 정념이 분출되는 부정적인 공간으로 폄하된다. 이런 입장에서는, 경제에 대한 정치의 간섭인 경제민주화란 내버려 두면 알아서 잘 굴러갈 경제의 발목을 잡는 불필요하고도 자기 파괴적인 행위이다.

경제는 정치로부터 간섭받아서는 안 된다?

경제란 특별한 것이라거나 경제는 정치와 분리되는 것이 바람직하다는 인식은, 인간의 여러 활동 중 먹고사는 문제가 가장 중요하다는 판단과 관련이 깊다. 이런 입장이 극단화되면 '도덕이 밥 먹여 주느냐?' 혹은 '경제성장 없는 민주주의도 없다.'는 주장이 된다. 이런 주장은, 비록 위악적이기는 하지만, 세상을 당위의 눈으로만 보려는 이상주의자들에 맞서 현실의 냉혹한 섭리를 꿰뚫고 있는 현명한 이들의 충고처럼 보이기도 한다. 하지만 이는 도덕이나 민주주의, 정치의 껍질만을 천박하게 이해하고 있을 뿐이다. 그리고 경제적 문제, 곧 희소한 자원을 어떤 원리에 의해 누구에게 분배할지의 문제가 경제 이외의 문제들과 맺고 있는 관련을 도외시한다는 점에서 한계가 매우 크다. 정치란 이해관계가 다른 여러 개인들이 하나의 집단을 형성해 갈등을 조정하고 함께 세운 공동의 목표를 실현해 가는 과정이다. 그리고 이런 목표를 세우고 실현하는 과정에서 다수의 의사를 반영하는 것이 바로 민주주의이다. 그러므로 정치가 불필요한 세상이라면 개인들의 이익이 자동적으로 조화를 이루어야 할 텐데, 이는 유토피아에서나 가능한 허구적 전제에 불과하다.

그런데 경제는 특별하므로 정치와 분리되어야 한다는 주장은 시장이 가장 훌륭한 자원 배분 기구라는 믿음으로 뒷받침된다. 시장의 권능 문제는 경제민주화 논의의 타당성을 좌우하는 결정적인 요인 중 하나라는 점에서 상세히 검토해야 한다. 자유방임 시장을 옹호하는 논거가 단일하지는 않다. 크게 효율·공정·자유 등의 요인으로 구분되는데, 각각의 논점을 간단히 살펴보자.

경제학자들이 가장 좋아하는 단어는 '인센티브'

오늘날 많은 경제학자들이 가장 좋아하는 단어는 아마도 인센티브일 듯싶다. 세계적으로 가장 많이 팔리는 경제학 교과서인 『맨큐의 경제학원론』 7판을 인터넷 서점 '아마존'에서 검색해 보면, 인센티브라는 단어가 모두 112번 나온다. 또한 지난 시대의 대표적 교과서로, 1948년 발간된 『새뮤얼슨의 경제학』 초판본에는 이 단어가 불과 14번 등장한다. 숫자만 차이 나는 것이 아니다. 새뮤얼슨Paul Samuelson이 인센티브에 별다른 의미를 부여하지 않았던 데 반해, 맨큐Gregory Mankiw는 인센티브를 경제학의 가장 중요한 원리로까지 격상시킨다. 『괴짜경제학』으로 잘 알려진 스티븐 레빗Steven D. Levitt과 스티븐 더브너Stephen J. Dubner는, 경제학의 핵심은 사람들이 인센티브에 반응한다는 것이며, 나머지는 그 주석에 불과하다고 해도 과언이 아니라고 말한다. 이때 인센티브란 사람들로 하여금 보상이나 징벌을 기대하게 함으로써 특정한 행동을 유도하는 것이다. 이 입장에서 보면, 인간이란 편익이 커질 것으로 기대되면 관련 활동을 늘리고, 비용이 늘어날 것으로 예상되면 반대로 행동하는 존재이다. 이때 경제학자들이 사용하는 인센티브의 어법은 맥락에 따라 자극·동기·유인 등 다양한 의미를 지니며, 좁게는 경제적 유인과 동의어로 사용되는 경우가 많다. 하지만 무엇보다도 이 개념에는 사람이란 선택의 동물로, 자신에게 일어날 결과를 중심에 놓고 선택한다는 인간관이 숨어 있다.

경제학자들에게 사람들이 인센티브에 반응한다는 것은 일종의 자연법칙이자 섭리이다. 봄이 가면 여름이 오고, 무릎을 치면 다리가 올라오는 것과 같은 것이다. 경제학자들은 이런 섭리에 맞서지 말라고 설교하는데, 특히 시장에 개입하는 것을 가장 경계한다. 가령 저숙련 계층의 생계를 지원하려는 최저임금제가 외려 실업을 늘린다거나, 사회보장 재원을 확보하기 위한 부자 증세가 세수를 줄인다는 주장이 대표적인 사례이다. 이들의 처지에서 보면, 나아가 맨큐 경제학의 세례를 받은 일반인의 시선으로 보면, 최저임금제의 실패는 예정된 셈이다. 임금을 올리는 것은 노동 공급을 늘리는 대신에 노동 수요를 줄임으로써 실업을 키울 수밖에 없기 때문이다.

그러나 최저임금제가 고용을 일부 줄였다는 실증 연구가 있는 반면, 소기의 성과를 거뒀다는 연구 결과도 많다. 분명한 것은 최저임금의 상승이 실업을 늘릴 수밖에 없다는 추상적 논리와 구체적 현실 사이의 간격이 대단히 크다는 점이다. 인센티브에 주목해 최저임금이 실업을 늘릴 것이라던 주장은 '여타 조건 불변'을 전제로 성립한다. 그러나 최저임금이 노동자들의 작업 의욕이나 생산성을 높이면 고용주가 굳이 노동 수요를 줄일 필요는 없다. 또한 최저임금제 덕분에 노동자의 구매력이 많이 늘어 장사가 잘되면 오히려 고용이 늘어날 수도 있다.

사람들이 인센티브에 반응한다는 사실을 부인할 수는 없다. 즉 사람들은 자신의 행동이 가져올 결과를 염두에 두고 선택한다. 그러나 철학자 조

지프 히스Joseph Heath의 표현에 따르면, 현실의 사람들은 자기 행동의 결과는 물론 자기 행동을 지배하는 원칙도 함께 고려하며 선택한다. 즉 사회적 규범이나 도덕과 같은 원리도 사람들의 선택과 행동에 영향을 미친다. 이들은 사람들 내부의 독자적인 동기와 맞물려 사람들의 선택에 강력한 영향을 주기도 한다. 이는 인센티브가, 맨큐나 레빗 등이 선전하는 것과는 달리, 사람들의 행동을 예상하는 데 결정적이지 않음을 의미한다. 따라서 시장 개입의 정당성을 사전에 봉쇄하는 정당화 논리로서 인센티브를 강조하기보다는, 시장 개입을 통해 소기의 성과를 거두려면 인센티브 문제를 같이 고려해야 한다는 참고 사항 차원으로 새롭게 자리매김할 필요도 있다.

자유 시장에 대한 개입은 효율을 해치는가?

더 일반적인 차원에서 효율을 내세우며 자유 시장을 옹호하는 주장의 한계도 비슷하다. 자유 시장의 대표적인 옹호자인 하이에크Friedrich August von Hayek는 시장이란 각 개인들의 의도하지 않은 행위들에 의해 생겨나고 진화해 가는 사회제도라고 보았다. 시장은 개인이나 집단의 계획 없이도 인간의 활동을 훌륭하게 조직하고 사회에 자연적 안정을 제공하는 자생적 질서의 공간이다. 시장이 효율을 제고하는 방식을, 크게 인센티브 효과와 정보 전달 효과로 요약할 수 있다. 시장은 거래의 쌍방으로 하여금 각자 부담할 비용과 자신에게 돌아올 이익만을 근거로 의사 결정을 하게 만드는 자원 배분 기구이다. 이 경우 시장 참가자들은 자신의 이익과 비용만 고려하므로, 비용을 낮추고 이익을 높이기 위해 최선을 다할 강력한 유인을 갖게 된다는 것이다. 또한 시장이 제공하는 가격기구의 역할도 크게 주목받았다. 시장에서 수요자와 공급자의 상호작용으로 형성되는 가격은 거래 대상들에 대한 사람들의 선호와 기술적 조건 들을 투명하게 드러낸다고 상정된다. 따라서 사람들은 가격의 오르내림을 관찰함으로써 시시각각 발생하는 경제적 상황의 변화를 파악하고, 그 변화에 대응해 자신의 행동을 조정해 감으로써 자원의 효율적 배분을 이룬다. 그러므로 경제민주화의 이름으로 사회적 개입을 통해 시장의 자생적 질서를 바꾸려는 시도는 인간의 '치명적 오만'이며, 애초에 달성하려던 목적은 이루지 못한 채 효율만 망칠 우려가 크다는 것이다.

물론 효율의 문제는 중요하다. 시장이 효율적인 자원 배분 기구라는 사실 또한 부인할 수 없다. 하지만 시장이 효율을 제고하더라도 그 과정에서 인권이나 공정 경쟁, 자유와 같은 다른 중요한 가치를 크게 훼손한다면, 그런 효율 추구 방식이 사회적으로 용인되기는 어렵다. 이런 상황에서는 효율이 다소 저해되더라도 시장에 대한 개입이 정당화될 수도 있을 것이다. 그런데 많은 경우에는, 다른 중요한 가치들을 보호하기 위한 시장 개입이 장기적으로는 오히려 효율을 제고하므로, 효율과 민주주의 사이의 상충 관계가 크게 문제되지 않는다. 이때 중요한 것은 시장 개입 여부가 아니라 얼마나 슬기롭고 현명하게 개입할지이다. 시장 참여자들의 인성·가치관·도덕성, 정책 집행자들의 업무 역량과 공적 사명감, 정책 수행 프로세스와 개입 수단 등에 따라 전혀 다른 결과가 발생하기 때문이다. 특히 거래 쌍방의 경제적 교섭력이 동일하지 않아서 발생하는 인권침해 등을 개선하려는 시도들은 장기적으로 경제 전반의 효율을 크게 개선했다고 봐야 한다. 가령 노동자의 근무 조건이나 노동시간을 규제하는 〈근로기준법〉이 당장은 기업의 비용을 높이는 것처럼 보여도, 결국 노동자들의 건강과 근로 의욕을 고취해 생산성이 높아지고 경제 전반의 효율을 개선했던 것이다.

이런 사실은 효율에 기대어 시장 개입을 반대하는 사람들의 인간관이나 가격관에 오류가 있음을 보여 준다. 만약 인간이 비용과 편익의 계산을 통해 자신의 경제적 이익을 추구하는 이기적이고도 합리적인 존재가 아니라, 타인의 처지도 중요하게 고려하는 이타적·상호적 존재일 뿐만 아니라 비용과 편익의 계산에는 그리 능하지 못한 '비합리적' 존재라면, 인센티브 효과론은 그 근거의 상당수를 잃게 된다. 또한 거래되는 상품이 거래 쌍방 이외의 사람들에게도 영향을 미치거나, 거래 당사자들이 상품에 대한 정보를 완벽하게 알기 어려운 상황이라면 가격의 정보 전달 능력은 현저히 떨어진다. 그러므로 현실적으로는 조세 부과, 보조금 제공, 공시 제도 강화 등과 같이 시장을 제약하는 다양한 조치를 통해 사회 전반의 효율을 개선할 여지가 큰 셈이다.

시장과 공정성

그런데 시장에 대한 사회 개입을 반대하는 또 다른 논거로 공정성도 있다. 이들에 따르면 시장은 신분·외모·인종·성별·학력 등 어떤 자의적 기준과도 무관하게 모든 사람을 평등하게 대우하는 공정하고도 민주적인 공간이다. 시장은 자의적이거나 특수한 명령에 의한 강제가 아니라 추상적 원리의 강제, 곧 지불 의사 및 지불 능력에 따라 자원을 배분한다는 경기 규칙을 모든 참여자들에게 똑같이 적용함으로써 정의를 달성하는 해방적 공간으로 상정된다. 이처럼 누구든 게임의 규칙에 따르고, 게임이 공정하게 진행되면 그 결과는 기량과 운에 의해 결정되기 마련인데, 출발선에서는 승자가 누구인지를 알 수 없는 불확실한 게임이라는 점이 시장경제의 정당성을 결정적으로 뒷받침하는 논거이다.

그러므로 이런 시장에 개입하는 것은 기왕에 확보된 절차적 정당성을 훼손하고 자의성을 부과하는 나쁜 행위가 된다. 봉건제나 카스트제도는 출생에 따라 계층과 부가 결정된다는 점에서 결코 민주적이라고 할 수 없는 시스템이다. 이처럼 경제민주화란 자원 배분이 불공정하거나 자의적으로 이뤄지는 상황을 극복하려는 시도로 해석될 수 있으며, 이런 관점에서 시장은 경제민주화와 공명하는 부분이 분명히 있다고 봐야 할 것이다. 시장을 중심으로 경제활동을 벌이고 부와 소득을 시장 활동에 의거해 획득하는 사회에서는 능력과 재능을 지닌 사람이 더 큰 부를 가지며 법 앞의 평등도 더 잘 보장되기 때문이다. 시장은 최소한 형식적으로는 누구에게나 평등하게 기회를 보장하며, 모든 이들이 시장을 매개로 분투하고 경쟁할 수 있도록 허용한다.

자유의 보루로서 시장

하지만 경제민주화에 반대하는 사람들의 가장 큰 강조점은 자유에 있다. 이들에게는 정의·공정·평등·공익·덕성 등 여러 가치 중 가장 우선시되는 가치가 자유다. 이들은 인간이 천부적인 자기 소유권을 지니고 있다고 주장한다. 내 인생·노동력·인간성·재산·재화는 오직 나만의 것이므로, 사회가 개입해서는 안 된다는 것이다. 이들은 또한 자유로운 개인들이 자발적으로 거래를 행하는 시장은 대표적인 사적 자치의 영역이므로, 다른 사람들이 사회나 국가의 이름으로 이 영역을 침범하고 간섭할 권리가 전혀 없다고 믿는다.

이때 이들의 강조점이 주로 경제적 자유와 재산권의 보호에 있음에 주목해야 한다. 이들은 언론 및 표현의 자유 등 민주주의 사회를 지탱하는 결정적인 자유들이 유지되려면 우선 경제적 자유와 재산권이 지켜져야 한다고 오랫동안 주장해 왔다. 이들은 개인들이 경제적 선택을 스스로 자유롭게 해야 하고 자신의 돈을 자신의 뜻에 따라 사용해야 한다며 정부의 자유시장 개입에 반대한다. 정부가 국민의 돈을 사용하거나 공공의 목적을 위해 경제활동을 규제하는 것은, 공공선에 관한 국가의 관점을 이에 찬성하지 않는 이들에게까지 강요하는 행위로서 자유를 심각하게 침해한다는 것이다.

이 입장에서 보면, 경제민주화를 원한다면 시장에 개입할 것이 아니라 관치 경제로부터의 '자유화'에 힘써야 하며, 소득재분배 정책이나 복지국가 제도부터 철폐하거나 약화시켜야 한다. 복지국가는 세금을 높게 매기고 일률적인 사회복지 서비스를 제공해 개인들로 하여금 타인을 위해 희생할 것을 강요하고 자유로운 선택마저 방해할 뿐만 아니라 경제적 자유를 위축시켜 언제 전체주의로 이어질지 모르기 때문이다.

경제와 정치를 분리시키고, 특히 시장을 정치 논리가 들어와서는 안 될 일종의 성역으로까지 떠받는 시장 만능주의 또는 신자유주의 한계는 분명하다. 하지만 이런 지적 흐름이 출현하고 널리 인정받게 된 데는 지적 사기나 기득권층의 조작이라고 강변하기만은 어려운 그 나름의 역사적 맥락, 곧 시장이 해방적 기능을 담당했던 역사적 경험을 반영한 측면도 다소간 있다. 인류는 산업혁명 이후 비약적인 경제성장을 경험했는데, 이는 오랫동안 규제받던 시장이 전통과 인습의 굴레를 벗어던지고 해방된 것과 긴밀히 연결된다. 또한 시장은 중세의 신분제를 깨뜨리는 과정에서 큰 역할을 담당하며 민주주의를 확산하는 데도 기여했다.

그러나 시장경제가 사람들에게 기회를 균등하게 제공했다고 볼 수는 없다. 시장에서의 자원 배분은 지불 의사와 지불 능력에 기초한 '1원 1표' 원리에 서 있다는 점에서, 돈을 많이 가진 사람과 그렇지 않은 사람을 평등하게 대접하지는 않는다. 그리고 이런 상황에서 부와 소득의 분배는 부모가 누구인지와 같은 요인들에 크게 좌우될 수밖에 없다. 또한 현실의 시장에서는, 오스트리아학파나 보수적 자유주의자들이 거론하는 시장과 달리, 다수의 대등한 수요자와 공급자가 서로 자유롭고 독립적으로 거래하지 않는 경우도 많다. 사정이 그렇다면, 교섭력에 차이가 나는 당사자들에게 경제적 자유의 미명 아래 거래를 전적으로 맡기는 것은 결코 정당화되기 어렵다. 참가자들의 서로 대등하지 않은 힘의 차이가 거래 조건이나 결과에 결정적인 영향을 미칠 것이 분명하기 때문이다.

시장이나 기업은 '자기만의 방'이 아니다

내 소유물을 내 마음대로 처분하겠다는데 다른 사람들이 왜 간섭하느냐는 주장은 인간이 사회를 이루고 살아가야 한다는 기본 전제마저 사실상 부정하는 유아적 발상이라고 볼 수도 있다. 하지만 여기에 남에게 피해를 주지 않는다거나 법을 어기지 않는다는 단서가 추가된다면 만만치 않은 주장이 된다. 시장 자체가 기격을 통해 어떤 재화나 서비스가 얼마나 가치가 있는지를 나타내는 가치 평가 수단이며, 각자가 시장을 통해 거래되는 재화나 서비스에 어떻게 가치를 부여하든, 그것을 사회가 간섭하거나 규제하는 것은 자유에 대한 심각한 침해처럼 보이기 때문이다. 확실히 현대 국가는 개인의 사생활을 간섭하지 않는 것이 일반적이다.

그러나 시장이나 기업을 사적 자치라는 표현 아래 '자기만의 방'이나 '점포 뒷방'과 같은 사적인 공간으로 치부하는 것은 옳지 않다. 시장이나 기업은 여러 사람의 삶이 연결된 집합적 삶의 현장이기도 하다는 점에서 사회적 활동, 공공의 활동 공간이라고 봐야 한다. 설령 사적 자치의 공간이라 하더라도, 일단 그 안으로 들어가기만 하면 일련의 가치판단이 중단되는 순수 무균질의 공간일 수는 없다. 따라서 시장 거래나 기업 활동이 제3자들로부터 간섭받을 이유가 없다는 주장은 그 근거가 박약하다. 시장경제가 확대되고 자본주의 경제가 발전하면서 시장에 의해 그 가치가 평가되고 자원이 배분되는 부분들이 늘고는 있지만, 시장이 가치 평가 및 자원 배분과 관련해 배타적 지위를 요구할 정당성은 어디에도 없다. 오히려 시장이나 기업들의 영향력과 중요성이 커짐에 따라 이들의 활동이 얼마나 가치 있는 지를 가격기구 이외의 다양한 원리를 통해 사회적으로 평가하는 작업은 반드시 필요하며, 시장에 의해 가치판단이 새롭게 이루어지는 영역들의 경우 과연 그것이 사회 전체의 눈으로 볼 때 바람직한지에 대해서도 지속적인 토론과 판단이 요구되는 것이다.

정치적 자유, 적극적 자유의 중요성

사실 재산권을 중심으로 한 경제적 자유는 중세 왕정의 자유이자, 귀족들이 왕을 상대로 요구했던 자유이다. 반면에 현대 민주주의 시대에서 더 중요한 자유는 정치적 자유로서, 자신을 통치할 규칙을 스스로 정할 권리이다. 요컨대 간섭받지 않을 자유보다는 자신의 운명을 스스로 결정할 자유가 더 중요하다. 어떤 물건을 소비하고 어떻게 돈을 벌지를 결정할 자유보다는 법을 어떻게 정하고 정의의 원리를 어떻게 세울지를 스스로의 이성으로 결정할 자유가 중요한 것이다. 한편 칸트적 전통에서는, 선택의 자유를 존중한다는 점에서는 자유 지상주의자libertarian와 입장이 다르지 않지만, 그 선택의 조건들에 사회적 제약이 부과되어야 한다고 본다는 점에서는 이들과 입장이 갈린다. 이 전통에서는 개인의 경제적 자유란 결코 신성불가침의 권리가 될 수 없다. 사유재산권에는 일정한 제약이 반드시 요구되며, 정치적 자유를 위해서는 무엇보다 부의 세습에 대한 규제가 필요하다.

케인스John Maynard Keynes의 경우에는 오스트리아학파나 자유 지상주의자들의 자유관과 더 많은 차이를 보인다. 하이에크가 국가나 사회에 의한 강제나 간섭이 없는 소극적 자유에 주목했다면, 케인스는 적극적인 의미에서의 실질적 자유를 중시했다. 적극적 자유란 스스로 자신의 주인이 될 수 있는 자유, 자신의 잠재 역량을 충분히 실현할 자유를 뜻한다. 케인스는 사람들의 실질적 자유를 실현하는 '수단'에 불과한 경제적 자유가 '목적'으로 변질된다면, 수익성 논리가 사회의 모든 생활을 지배하고 사람들의 적극적 자유를 오히려 해칠지 모른다고 우려했다.

'1원 1표' 원리와 '1인 1표' 원리의 긴장과 타협

시장은 적절한 한계를 넘어서면 사회의 안정성과 정당성을 심각하게 위협한다. 시장에는 인간의 이기심과 맞물리면서 1원 1표 원리를 사회 전역으로 확장하려는 내적 동인이 있기 때문이다. 그러므로 1인 1표라는 민주주의 원리를 경제 영역에도 적용하는 것은 시장경제와 공동체가 공생할 최소한의 장치이다. '경제학의 아버지'인 애덤 스미스Adam Smith가 사회 전반의 복지를 강화하려면 경제 분야 정책이나 법·제도를 수립하는 과정에서 고용주 계급의 계속 커지는 영향력을 견제할 수 있어야 한다고 주장한 것도 이와 관련이 있다. 1인 1표 원리와 1원 1표 원리를 양립 불가능한 관계로 보는 것은 극단론이며 기계적 이분법에 불과하다. 오히려 현대자본주의는 두 원리 사이의 긴장과 타협의 역사로서, 시대와 장소에 따라 양자가 각기 달리 배합되었으나 원천적으로는 공존했다고 봐야 한다.

자유주의 원칙은 경제민주화의 최소 강령

이런 주제는 경제학·철학·정치학 등에서 주요한 관심사였다. 오랜 기간에 걸쳐 수많은 학자의 연구가 쌓였고, 이 과정에서 오늘날 경제민주화 논의의 훌륭한 준거가 될 견해도 제출됐다. 임마누엘 칸트Immanuel Kant의 사유 방식에 기초해 존 롤스가 명시적으로 개진한 원칙으로, 이는 경제민주화에 대한 '진짜' 자유주의의 입장이기도 하다. 사람들이 직면한 삶의 우연성이나 자의성에 따른 제약을 최소화하는 가운데 각자가 최선을 다해 시장에서 경쟁하고 그 결과에 승복할 수 있는 경기 규칙을 어떻게 만들지가 이들의 기본적인 문제의식이었다. 이들이 생각한 경기 규칙은 다음과 같이 요약될 수 있다. 가장 뛰어난 자에게 족쇄를 채우지 말고 모든 이가 동일한 경기 규칙 아래 최상의 경주를 펼치게 하라. 다만 경주가 시작되기 전에 미리 승전품이 승자에게 모두 돌아가지 않고 패자에게도 어느 정도 돌아갈 것임을 모두가 합의토록 하자. 이는 경제 영역에서의 공정한 경쟁을 최대한 보장하되, 경쟁의 승패를 가져올 요인 중 하나인 자연적 재능을 일종의 공동 자산으로 간주하자는 문제의식을 담고 있다. 타고난 재능에서 발생하는 이익을 경쟁의 패자도 나눠 가질 수 있도록 재분배를 허용함으로써 패자도 결과에 기꺼이 승복하고 다음번 경연에 다시 임하게 하자는 것이다.

이처럼 칸트나 롤스의 전통에서는 진정으로 자유로운 선택이 이뤄지기 위해서는 경제적 약자들의 교섭력이 뒷받침되어야 하고 사회적 안전망이 필요하다고 믿는다. 이때 이를 가능케 하는 다양한 사회적 시도가 바로 경제민주화인 셈이다. 이들은 개인의 자유를 무제한적 권리라고 주장하며 사회의 개입을 원천적으로 거부하는 자유 지상주의와는 전혀 다른 방식으로 개인의 자유를 세련되게 옹호하고 있다는 점에서 대단히 매력적이다. 이 원칙들이 경제민주화 논의의 명확한 출발점이 된다면, 경제민주화는 형용 모순이라거나 개인의 경제적 자유는 결코 침범해서는 안 될 신성한 권리라는 주장과의 소모적인 논쟁도 크게 줄일 수 있을 것이다. 또한 이 원칙들은 자신들이 스스로 결정한 경기 규칙에 따라 행동하도록 하되, 어떤 삶이 더 우월한지에 대한 판단과 선택은 독립적인 '개인'의 몫으로 돌린다는 점에서 선택의 자유와 건강한 시민사회의 공존을 가능하게 해줄 경제민주화의 최소 강령이라고 할 수 있다.[1]

---

1 이때 핵심은 공정 경쟁을 가능케 할 규칙을 명확히 설정하고, 이를 엄정하게 집행하며, 공정하게 판결하는 것이다. 이 점에서 자유주의 원리에 입각한 경제민주화가 제대로 이루어지려면 국가기구, 특히 행정부와 사법부의 공정성과 중립성을 확보하는 것이 가장 중요한 과제이다. 한편, 기업 내부의 통치 문제로 가면, 이들의 논의는 주주 자본주의를 옹호하는 논리로부터 이해 당사자 자본주의를 포용하는 논리에 이르기까지 다양한 스펙트럼을 보인다.

자유주의 원칙을 넘어서

하지만 이런 원칙만으로는 부족하다는 반론도 제기될 수 있다. 이런 자유주의의 규칙을 적용할 경우 규칙이 공정하더라도 능력이나 운, 주변적 요인 등으로 말미암아 시장 경쟁이 사람들 사이의 큰 격차로 귀결될 수 있기 때문이다. 재분배, 즉 2차 분배만으로는 불평등을 완화하기 어려우니 직접적 경제활동 과정에서 사람들 사이에 자율적으로 이뤄지는 분배, 즉 1차 분배와 직결된 경쟁 관련 규칙의 자유를 다소 제한하는 방식으로 바꾸자는 주장이 바로 그것이다. 이 입장에서 보면, 경량급 선수와 중량급 선수가 싸울 경우 중량급 선수에게 족쇄를 채워 링에 올리는 것이 공정하다. 대형 유통 업체의 입점을 허가제로 운영해 골목 상권 보호하거나, 밀어내기 처벌 강화법을 제정해 갑의 횡포를 막는 것이 구체적인 사례이다.

한편『정의란 무엇인가』로 우리에게 잘 알려진 마이클 샌델은 칸트와 롤스에 입각한 미국의 평등주의적 자유주의가 경제성장과 분배 정의를 함께 중시하는 노선을 추구했는데, 이런 노선이 시민들을 능동적인 정치적 주체로 키우기보다는 가치판단을 멈춘 수동적인 소비 주체로 만들었다고 비판한다. 제2차 세계대전 이후 1970년대까지 주요 선진국들에서 경제정책의 근간을 이루었던 케인스주의에 대해서도 비슷한 비판이 가능하다. 총수요를 늘리는 데만 주력했을 뿐 수요의 성격이나 소비자의 바람직한 선호에 대한 문제의식을 찾아보기는 어렵기 때문이다. 자본주의 황금시대의 전형적 이념이었던 케인스주의는 이 점에서 개인의 다양한 가치관에 대해 관여하지 않는 중립주의적 자유주의 정치철학[2]과 공명하는 부분이 크다. 비판적인 입장에서 보자면, 제2차 세계대전 이후의 이런 케인스주의가 가치 있고 좋은 삶은 무엇이며 이를 어떻게 이룰 수 있는지를 공론장에서 함께 논의할 여지 자체를 없앴다는 평가도 가능할 것이다.[3] 그리고 오늘날 선진국에서도 광범위하게 목격되는, 사회에 대한 불만과 정치에 대한 환멸 또한 공동체의 구성원으로서 모두가 함께하는 기쁨을 잃은 채 단순히 파이를 늘리는 경제적 문제에만 골몰한 결과로 해석될 수 있다.

기업의 목적을 공론장에서 토론하는 것이 필요하다

한편, 칸트의 자유주의에 기반을 둔 입장에서는 경제적 관계를 당사자들 사이의 사적 문제로 이해하고, 간섭받지 않을 자유나 선택의 자유를 여전히 가장 중요한 경제적 통치 원리로 삼는다. 의료·교육·고용 및 소득 안정 등에 관한 사회경제적 권리를 중시하지만, 강조점은 각자 자유롭게 선택할 수 있는 물질적 조건을 보장하겠다는 데 놓인다. 그런데 똑같은 복지

---

2 이는 인센티브를 강조하는 신고전학파 경제학자들의 기본 입장과도 맥락을 같이한다. 이들에 따르면, 사람들은 자신의 행동이 가져올 결과를 염두에 두고 자신에게 유리한 결과가 기대되는 쪽으로 더 많은 노력과 자원을 투입하는 존재이다. 이처럼 모든 인간이 쾌락과 고통의 고려나 개인적인 유·불리의 계산속으로 행동하는 존재들이라면 어떠한 선택도 그 자체로는 우열을 논할 수 없으며, 개인의 선택에 대한 불간섭이나 중립이 최선의 사회적 규칙이 될 것이다.

3 정작 케인스주의의 창시자인 케인스는 이런 불간섭주의와 거리를 두었다. 특히 젊은 시절의 케인스는 아름다움을 향유하고 친구들과 지적 교류를 벌이며 사회적으로 의미 있는 활동에 나서는 '좋은 삶'의 필요성을 주창했다. 우리가 상식적으로 알고 있는 케인스주의, 곧 전후 미국에서 막강한 영향력을 발휘했던 케인스주의의 그 '케인스'는 진정한 케인스가 아니었다는 주장도 가능하다.

국가를 운영하고 똑같은 재분배 정책을 펼치더라도 강조점이 어디에 놓였는지에 따라 그 의미나 결과는 적지 않은 차이를 낳을 수 있다. 칸트의 자유주의 전통에 서있는지, 아니면 아리스토텔레스의 공화주의 전통에 서있는지에 따라 말이다. 이들의 차이는 기업 내부의 통치와 관련한 사안에 대해 사회가 어떤 발언권을 가졌는지와 관련해 극명하게 드러날 것이다.

가령 얼마 전 스위스에서는 기업 내 급여 격차를 12배 이내로 제한하자는 제안이 국민투표에 부쳐진 바 있다. 이런 제안은 사회가 개별 기업의 사적 자치에 해당하는 내용에 직접 개입한다는 의미에서, 자유방임주의의 입장은 물론 칸트적인 자유주의의 입장에 입각하더라도 선뜻 동의하기 어려운 내용이다. 그러나 기업의 목적이 무엇인지를 공론장에서 함께 토론하고 기업이 추구해야 할 올바른 모습을 공론장에서 함께 규정할 필요가 있다는 공화주의의 입장에서 보면, 이런 시도는 개인의 선택권과 경제적 자유를 억압하기보다는 시장과 기업 속에서 원자화된 개인들을 공화국의 책임 있는 시민들로 고양하려는 의미심장한 노력이라고 평가할 수 있겠다.

기업의 주인은 누구인가?

오늘날에는 기업의 주인은 주주라는 것이 상식처럼 되었다. 주주가 기업의 주인이라는 것은 법률에도 명시되어 있을 뿐만 아니라 기업의 성장을 이끄는 데도 최선이라는 것이다. 주주는 기본적으로 배당을 통해 회사와 운명을 같이하는 존재인데, 배당이란 임금, 이자, 원자재 비용, 세금 등을 모두 지불하고 남는 나머지, 곧 잔여residual이다. 따라서 주주는 회사의 경영이 지지부진하면 한 푼도 가져가지 못하며, 그로 인해 기업 그 자체와 운명을 같이한다는 것이다. 여기에 더해 주주는 자신의 돈이 걸려 있기 때문에 기업의 운명을 진정으로 걱정하는 반면, 경영자나 종업원은 회사가 파산하더라도 다른 기업으로 옮길 수 있기 때문에 책임지거나 최선을 다하려 하지 않는다는 주장도 더해진다. 이런 '주주 주권론'의 입장에서 보면, 기업의 주인은 주주들이고, 기업의 존재 이유는 주주에게 가장 큰 수익을 안기는 데 있으며, 기업 지배 구조의 핵심은 실제 경영을 맡고 있는 경영자가 주주의 이익을 위해 최선을 다하도록 통제하는 데 맞춰져야 한다.[4]

하지만 주주 주권론은 이론적·현실적으로 한계를 지닌다. 이론적으로 보자면, 기업이 주주만의 소유물이라는 주장은 기업이 자금을 조달하기 위해 발행한 주식에 관한 소유권과 기업 전체에 대한 소유권을 마구 뒤섞은 것에 불과하다. 또한 역사적으로도 기업이 비용 절감에만 초점을 맞추고 수익과 주가 극대화에만 주력한 시기는 길지 않다. 특히 선진국에서는 대공황 이후 오랫동안 경영자와 노동자의 타협 속에서 기업의 매출을 늘리고 사회적 역할에도 의미를 부여했던 경영자 자본주의가 유지되었다.[5]

주주 주권론의 반대쪽에서 보면 기업은 주인이 있는 소유물도, 주주의

---

4 보수적인 경제학자들은 물론 자유주의 입장의 속해 있는 경제학자들도 기업의 본질이나 기업 지배 구조의 핵심 목표에 관한 한 주주의 주권을 인정하는 이런 입장을 크게 벗어나지는 않는다.

5 1980년대 이후, 사람들의 저축을 금융시장으로 더 많이 끌어들이는 방향으로의 정책 변화, 곧 금융 자유화와 증권화 속에서 기관투자가와 주식시장의 발언권이 커짐에 따라 주주 주권론은 현실적인 힘을 확보했다. 이런 입장에서 보면, 주주를 제외한 이해관계자들은 비용 절감의 대상으로 전락하며 주주들의 소유권을 가장 잘 배분하는 곳이 주식시장이므로 거기서 기업의 운명을 결정하도록 방임하는 것이 최선이 된다.

재산도 아니다. 특히 공화주의 입장에서 보면, 기업이란 사람들이 집단을 이뤄 타인을 염두에 둔 생산 활동에 참여하는 공간으로서, 기업 활동과 다양한 방식으로 운명을 함께하는 여러 이해 당사자들의 자치체가 된다. 또한 이 입장에서 보면, 기업은 사람들이 공동의 이익이라는 목표를 만들고 이를 실현해 가는 과정을 밟는다는 점에서 기업의 존재 자체가 정치적 행위이다. 이처럼 기업의 본질을 주주의 소유물이 아니라 이해 당사자들의 자치체로 이해하게 되면 기업의 목적도 달라진다. 이제 기업은 수익성이나 주가의 극대화를 위해 존재하는 장소가 아니라, 이해 당사자들의 참여와 숙의를 통해 공동의 이익을 규정하고 이를 잘 달성하기 위해 존재하는 공간이 된다.[6]

이와 관련해 민주주의란 그 자체가 숙의 과정이자 구성원들의 적극적 참여와 토론을 통해 공동의 집단적 이익을 확인하고 형성하는 것과 관계가 깊다는 점을 특히 강조할 필요가 있다. 이런 숙의의 과정 속에서, 각자의 사적인 이익은 공동의 집단적 이익으로 변화한다. 이 경우 집단적 이익은 사적 이익의 단순한 총계도 아니고, 구성원들 사이의 대립이나 투쟁도 아니다. 그보다는 오히려 이해 당사자들 각자의 일정한 기득권을 인정하고 이를 전제로 이뤄지는 진보적 타협의 숙의 과정으로, 이런 과정이야말로 경제민주주의의 핵심으로 주목될 필요가 있다. 기업을 이해 당사자들의 자치체로 보는 인식 전환 속에서는 이사회의 기능도 달라져야 한다. 이사회

---

6 주주 가치의 극대화란 미리 규정되어 기업 내부의 사람들에게 일방적으로 하달되는 목표이지만, 공동의 이익은 그 자체가 사람들의 숙의를 통해 함께 결정된다.

의 존재 이유는 이제 경영자 통제가 아니라, 공동 이익의 형성 및 이해관계의 조정에서 찾아야 하기 때문이다.

경제민주화와 좋은 삶

사람들이 각개 약진하는 고립적인 삶에 안주하지 않고 시민으로서 집단을 이루고 숙의하는 과정 자체가 민주주의의 핵심이다. 또한 이 속에서 공동의 목표를 세우고 함께 머리를 맞대며 힘을 모아 그 목표를 실현해 가는 것 자체가 '좋은 삶'good life의 핵심이기도 하다. 이 점은 특히 고대 그리스의 철학자들에 의해 강조된 바 있다. 고대 그리스에서 행복은 에우다이모니아 Eudaimonia로 표현되었다. 이는 주관적 만족 같은 심리적 상태가 아니라 인간성이 한껏 발휘되고 충족되어 사람들이 다들 찬양하고 바랄 만한 객관적 상태를 지칭하는 것으로, '좋은 삶'이라고도 불린다. 아리스토텔레스는 인간 본성이 정치 공동체, 곧 폴리스 속에서만 실현될 수 있다는 점을 강조했다. 그에 따르면 좋은 삶이란 덕성과 조화를 이루는 영혼의 활동이다. 또한 공적인 일에 참여하는 정치적 삶, 곧 공동체의 운명을 시민으로서 토론과 숙의를 통해 함께 결정하는 삶이기도 하다.

주식회사 형태의 기업이 '주주 주권론'의 큰 영향력 아래 이해 당사자의 자치체가 아니라 주주 가치 극대화 원리에 의해 지배되고 있는 현실에서 이들 기업을 이해 당사자의 자치체로 바꾸기란 매우 어렵다. 따라서 주주의 영향력이 상대적으로 덜하고 참여와 숙의의 원리를 자유롭게 펼칠 수 있는 협동조합이나 사회적 기업 등을 대상으로 자치체로서 원리를 구현하려는 시도가 더 가시적인 변화를 이끌어 낼 수도 있다. 이 점에서 최근 우리 사회에서 주목받고 있는 '사회적 경제'는 '경제민주주의'와 '좋은 삶'의 입장에서 옹호될 필요가 있다. 시장이 효율성 원리에, 국가의 재분배가 공평성 원리에 기초해 있다면, 사회적 경제는 호혜성 원리에 기반을 두고 있다. 자본이 노동을 고용하는 주식회사와 달리 노동자/소비자가 자본을 고용하는 협동조합이나, 사회적 목적의 달성에 우선순위를 두는 사회적 기업은 기술 진보와 세계화에도 불구하고 양질의 일자리 보호와 지역 경제의 자립적 순환이 가능함을 보여 주는 소중한 실험이다.

나아가 사람들은 협동조합을 세우고 운영하는 과정에서 정서적 만족과 행복감을 맛볼 뿐만 아니라 좋은 시민으로 살아가는 데 필요한 기술을 본격적으로 익히게 된다. 즉 그들은 복잡한 조직을 세우고 운영하는 과정에서 공동의 목표를 어떻게 명확하게 설정할지, 동료와 후원자를 어떻게 찾아내고 설득할지, 필요한 기술과 자원 들을 어떻게 하나로 묶을지, 필연적으로 발생하기 마련인 갈등을 어떻게 조율하고 해결할지를 배우게 된다. 이 과정에서 각자의 주관적 행복감이 고양될 뿐만 아니라 사람들은 공동체 속의 책임 있고 유능한 시민으로서 좋은 삶을 영위하게 된다. 요컨대 이들은 사회적 경제를 경험함으로써 다른 사람들과 함께 일하는 법은 물론, 자신의 행복을 타인의 행복과 일치시키는 법도 배우게 되는 것이다.

14

사회적 경제

선택 가능한 대안 경제로서
사회적 경제의 가능성과 과제

장원봉

사회적 경제 : 경제의 사회적 기능의 복원

사회적 경제는 경제의 사회적 기능을 복원하려는 시도이다. 19세기 자본주의 산업화로 말미암은 다양한 사회적 위험에 대처하기 위한 노동자들의 결사체나, 20세기 말 세계경제의 위기 속에서 야기된 실업과 복지 후퇴에 대응하기 위한 시민사회의 자발적 조직들은 사회적 경제를 통해 경제의 사회적 기능을 복원하고자 했다.

예로부터 경제는 경세제민經世濟民이라 하여, '세상을 다스리고 백성을 구제한다.'는 뜻으로 이해되었다. 최근에 '경제'는 '사람이 생활하는 데 필요한 재화나 용역을 생산·분배·소비하는 모든 활동'으로 개념화되고 있다. 따라서 경제는 백성들의 살림살이를 챙기기 위해 세상을 다스리는 셈법이었던 것이다. 경세제민이라는 말만큼 사회적 경제를 잘 설명하는 말을 찾아보기 힘들 것이다. 하지만 세상은 돈벌이 경제의 시장 권력에 의해 다스려지고 있으며, 국민경제는 시장을 통해 상호 이익의 관계를 실현하지 못하고 있다. 경제는 사회 구성원 전체의 편익을 위한 것이 아니라, 자본 증대를 궁극의 목적으로 함으로써 사회와 분리되어 갔다. 돈벌이 경제 논리에 의해 다스려지는 세상에서 구제받지 못한 백성들은 자신들의 행복에 필요한 사회적 자원의 배분을 국가와 시장에 맡긴 채, 선거철 유권자나 가격 신호에 민감한 소비자로서 제 역할을 제한해 왔다. 자본주의사회의 경제가 돈벌이 경제라는 시장 경쟁 논리로 제한될수록 경제는 비사회적인 경제가 되어 가고 있다.

이 글은 자본주의 돈벌이 경제가 지배하는 사회구조 속에서 경제에 대한 사회적 통제력을 어떻게 강화할 수 있을까 하는 문제에 대한 관심에서 비롯되있다. 따라서 여기서는 자본주의사회에서 경제의 사회적 기능을 복원하려는 다양한 시도로서 사회적 경제 개념을 제시할 것이다. 또한 실질적으로 자본주의사회 속에서 백성들의 어려움을 덜어 줄 선택 가능한 대안 경제로서 사회적 경제의 가능성 및 한계와 과제를 살펴보고자 한다.

사회적 경제란 무엇인가?

사회적 경제는 자본주의사회에서 발생하는 다양한 사회적 위험에 대응할 사회적 대처 방안으로 등장했다. 자본주의 태동기인 19세기 유럽의 사회적 경제는 결사체주의associationism에 근거한 협동조합 운동으로 설명된다. 모든 노동자들이 직면한 질병·산재·사망·실업 등의 위험으로부터 스스로를 공동으로 구제하려는 공제조합 설립이 그 시작이었다. 그리고 믿을 만한 재화와 용역을 노동자들이 이용 가능한 수준의 가격으로 조달하려 한 소비자 협동조합, 생산수단과 분리되어 경제적 수탈의 대상이 되어 버린 노동자들의 자주 관리 전략의 일환인 노동자 생산협동조합, 소규모 생산자들의 경제적 어려움을 지원하기 위한 농업협동조합과 신용협동조합 등은 그 시대의 사회적 위협으로부터 노동자들이 자신의 안녕을 지키려 한 집합적 대응 전략이었다.

사회적 경제는 자본주의사회의 비사회적 속성을 아래로부터 근본적으로 변혁하려 한 초기 사회주의나, 특정한 사회적 문제 및 집단에 내재한 어려움을 개선하려 한 사회 개혁주의, 만인에 대한 만인의 투쟁으로 나타난 사회 혼란 속에서 개인의 경제적 자유와 동기라는 가치를 지키기 위해 사회적 갈등을 관리하려 한 자유주의 등 다양한 사상적 기반 위에서 확장되었다.

20세기 서구 자본주의의 발전은 사회적 개혁을 실현하는 듯했다. 노동자들은 완전고용과 보편적 복지를 기반으로 하는 복지국가를 통해 사회적 안녕을 꿈꾸었다. 시장의 교환과 국가의 재분배라는 사회적 자원 배분 방식을 통해 사회적으로 필요한 재화와 서비스가 충족되는 듯 보였다. 노동자들이 실천해 온, 사회적 경제라는 협동적 자조 경제는 시장경제와 공공 경제에 흡수되거나 주변화되었다.

하지만 자본주의가 제공한 사회적 안녕은 그리 오래가지 못했다. 자본주의 확장기와 더불어 시작된 임금 인상과 이윤 압박, 작업장에서의 노동 강도 강화와 노동생산력 증진을 위한 기계화 조치, 시장 경쟁력 강화를 지향한 조직 규모 축소downsizing, 이윤율 추이로 이끌린 산업자본의 금융 자본화 과정 등은 '고용 없는 성장'이라는 자본주의 돈벌이 경제의 비사회성을 더욱 강화했다. 그 결과 복지국가를 지탱해 온 완전고용과 보편적 복지의 기반은 취약해졌다. 완전고용의 종결과 복지 재정의 축소 압박은 노동시장과 사회정책의 구조 변화를 수반했다. '사회적 배제' 혹은 '사회 양극화' 등으로 표현된 고용과 복지의 위기는 기존의 전통적인 시장과 국가 기능을 통해 구제될 것을 기대하기 어렵게 했다. 이는 경제의 사회적 기능을 복원할 필요성을 높임으로써 20세기 말 새로운 사회적 경제가 등장한 배경이 되었다.

시장과 국가를 통해 충족되지 못하는 지역사회의 필요를 해결하기 위한 시민 집단의 집합적 대응이 사회적 경제를 통해 시작되었다. 무엇보다 실업과 복지 축소에 대응하려는 다양한 시민 집단의 실천은, '사회적 기업'이라고 표현되는 독특한 형태의 경제조직을 통해 이루어졌다. 다양한 사회적 유용성을 가진 재화와 서비스를 제공해 지역사회의 결핍을 해소함으로써 사회적 편익을 증진하려 한 새로운 사회적 경제의 구상이, 자본주의 돈벌이 경제의 위협을 통제하기 위해 사회적 역량을 강화하는 방안으로 고려되었다. 최근 몇 가지 영역을 중심으로 이 같은 구상들이 시도되면서 경제의 사회적 기능을 복원하려 하고 있다.

첫째, 노동시장 취약 계층에 대한 고용 창출과 노동 통합의 노력이다. 노동시장에서 노동 인력의 수요자인 기업과 공급자인 노동자들의 권력이 비대칭적인 상황에서 노동자들은 일자리에 대한 통제권을 부여받지 못하고 있다. 특히 노동시장에서 경쟁력이 취약한 계층일수록 실업 위협에 노출되기 쉽다. 개인적인 자기 고용이 자영 창업이라면, 노동자 생산협동조합과 사회적 기업에서는 공동체의 자기 고용 전략을 채택했다. 노동시장의 고용 여력을 높이고, 장기 실업자와 장애인, 약물중독자 등 노동시장 취약 계층의 직업 통합을 꾀하는 노동 통합 사회적 기업work integration social enter-prise 등이 이에 속한다.

둘째, 지역사회에서 충족되지 못하는 다양한 사회 서비스를 제공하려는 노력이다. 이윤 창출 여력이 적어 시장에서 공급되지 않았고, 정책적 인식이 부재하거나 복지 재정이 부족해 국가를 통해 충분하게 제공되지 않았던 사회 서비스를 제공할 목적으로 다양한 사회적 경제 조직이 운영되고 있다. 노인, 장애인, 영·유아 등의 돌봄 영역에서 운영되는 돌봄 협동조합이나 사회적 기업을 비롯해, 보건·의료 분야의 의료 생활협동조합, 자원 순환 분야의 재활용 사회적 기업, 대안 교육 체계를 위한 교육 협동조합, 문화 격차를 해소하고 대안 문화를 공급하는 문화 분야 사회적 기업 등 수많은 사회적 경제 조직이 활동하고 있다.

셋째, 낙후된 지역사회를 사회적·경제적으로 재생하려는 노력이다. 국가의 불균형 발전으로 말미암아 낙후된 지역에서 야기되는 다양한 사회적·경제적 문제에 대처할 재생 전략으로서 사회적 경제의 진출이 확대되고 있다. 대규모 제조업 공장 유치나 국가 단위의 개발 사업 등에 의존하는 지역 재생 전략의 한계를 극복하려는, 지역사회의 자원과 역량을 활용한 내발적 재생 전략이 커뮤니티 비즈니스community business의 새로운 사회 투자 전략으로 고려되고 있다.

넷째, 사회적 배제에 대응하는 다양한 사회 통합 노력이다. 기존의 빈곤화가 경제적 곤궁 상태를 의미했다면, 사회적 배제는 여러 유형의 불평등이 강화되어 기본적인 사회적·경제적·정치적 활동에 참여하지 못하는, 기본적인 권리가 박탈되는 과정이다. 따라서 사회정책과 경제정책을 통합하려는 사회적 경제를 통해 무엇보다 고용과 복지의 권리를 회복할 사회 통

표 14-1 | 사회적 경제의 주요 개념들

출처	내용
자크 드푸르니(Defourny 1992)	사회적 경제는 주요하게 협동조합, 공제조합 그리고 비영리 조직에 의해 수행된 경제활동으로 이루어지며, 이들 조직이 지닌 원칙들은 ① 이윤보다는 구성원들 혹은 집합적 이해를 추구한다는 것, ② 독립적인 경영, ③ 민주적 의사 결정 과정, ④ 이윤 분배에서 자본보다는 사람들과 노동자들에게 우선권을 준다는 것 등이다.
클로드 비네(Vienney 1994)	사회적 경제는 일상생활에서 상대적으로 지배받고 영향을 받는 위치에 있는 행위자들이 시장과 정부가 제공하지 않는, 그러나 사회적으로 필요한 활동들을 수행하며, 그 원칙은 ① 구성원들 사이의 민주적 관계, ② 구성원들과 기업의 관계에서 구성원들에 의해 활동이 결정되는 것, ③ 기업과 구성원들 사이에 초과이윤 분배, ④ 재투자된 초과이윤은 집합적 소유권을 유지하는 것 등이다.
아달버트 에버스(Evers 1995)	사회적 경제는 복지 혼합 속에서 제3섹터를 시장 부문과 공공 부문, 비공식 부문 등 서로 다른 영역들 사이에서 그들의 자원과 원리 들을 매개하는 시민사회 내 공공 영역의 일부이다.
캐나다 퀘벡 사회경제위원회 (Chantier de l'economie sociale)	사회적 경제는 연대, 자율, 그리고 시민권의 가치를 바탕으로 설립된 연합체 기반의 실천들이며, 체화된 원칙은 ① 이윤 축적보다 구성원 혹은 지역공동체에 대한 서비스를 주된 목적으로 하며, ② 공적 프로그램과 차별화된 자율적인 경영, ③ 민주적 의사 결정 과정, ④ 이윤 배분에서 자본보다는 사람과 노동에 우선권을 두는 것이다.
레벡·멘델 (Lévesque and Mendell 2004)	사회적 경제는 ① 다양한 동원 자원들과 원칙들에 기초한 복합경제, ② 민간 부문, 정부, 가정경제 사이의 매개적 공간으로서 사회적 경제를 위치 짓게 하는 사회복지의 혼합경제, ③ 정부, 민간 기업 그리고 비공식적 가정경제와 구분되지만 그들과 교차되는 제3섹터 등으로 정의된다.
CEP-CMAF(2002)	사회적 경제는 ① 자본보다 개인과 사회적 목적을 우선시, ② 자발적이고 공개적인 조합원 제도, ③ 구성원들에 의한 민주적 관리, ④ 구성원과 이용자의 이해 조정 및 보편 이익, ⑤ 연대와 책임의 원리 보호 및 적용, ⑥ 공공 당국으로부터 자율적인 경영과 독립성, ⑦ 지속 가능한 발전의 목적과 구성원들의 이해 혹은 일반 이익을 위해 대부분의 초과이윤을 사용하는 것 등을 원칙으로 한다.
패트릭 맥매너스(McManus 2004)	사회적 경제는 한편에서는 민간 시장 부문과 다른 한편에서는 공공 부문 사이에 존재하는 활동 영역이며, 그것은 일반적으로 자원 활동, 지역사회 조직, 재단, 노동조합, 종교 집단, 주택조합, 협동조합 등 사회적 기업들을 포함한다.
장원봉(2007)	사회적 경제는 ① 국가와 시장에 의해서 충족되지 못하는 시민사회의 다양한 필요에 대응한다는 사회적 목적을 가지고, ② 폭넓은 시민사회의 주도성과 결속을 보장하는 참여주의 모델로서 사회적 소유를 실현하며, ③ 호혜와 연대의 원리를 토대로 축적되는 사회적 자본, 그것에 기초한 경제에 시민사회가 정치사회적으로 개입하는 전략이다.

합 프로그램이 제공된다.

이런 사회적 전통과 의미를 갖는 사회적 경제를 어떻게 개념화할 수 있을까? 물론 모든 사회 혹은 모든 시대에서 동의되는 사회적 경제의 정의는 존재하지 않는다. 이는 역사적 시기마다 각 사회가 직면한 조건에 따라 사회적 경제가 다르게 이해되었기 때문이다. 하지만 최근 논의되고 있는 사회적 경제의 주요 개념들을 정리하면 〈표 14-1〉과 같다.

사회적 경제를 개념화할 때 고려되는 몇 가지 구분 기준은 주체의 구성, 규범적 운영 원리, 자원의 조절 메커니즘 등이다. 첫째, 주체의 구성이라는 측면에서 사회적 경제는 협동조합, 공제조합, 비영리 민간단체 등 시민 집단이 주도하며, 둘째, 규범적 운영 원리라는 측면에서, ① 이윤보다는 구성원들 혹은 보편적 이익general interest을 위한다는 사회적 목적을 가지고, ② 이를 위한 초과이윤의 배분 원칙, ③ 구성원들의 민주적 운영 원리 속에서, ④ 관련 정부 기구나 기업으로부터 독립적으로 경영하게 하며, 셋째, 자원의 조절 메커니즘 측면에서 정부·시장·시민사회 등의 매개 공간에서 다양한 자원을 기초로 한 복합 경제 영역으로 개념화될 수 있다.

최근 한국에서 사회적 경제의 수용

한국에서 사회적 경제의 등장은 1919년 3·1운동 이후에 시작된 협동조합 운동에서 비롯되었다. 그 당시 협동조합 운동의 이상은 노동자계급의 경제조직을 건설해 자본가의 무리한 횡포에 대응한다는 것과, 일본 제국주의의 횡포로부터 조선의 경제를 구하는 것, 자립적인 소비자 조합과 생산조합의 조직을 통해 민중에게 경제적 이익을 제공하는 것 등이었다. 1920년대 지식인들을 중심으로 조선인의 경제적 자립을 위해 설립된 경성소비자조합과 목포소비조합은 한국 최초의 협동조합이었으며, 그 이후 도쿄 유학생 중심의 협동조합운동사協同組合運動社, 천도교 조선농민사朝鮮農民社, 기독교 YMCA의 농촌협동조합 등이 건설되면서 민간 협동조합 운동이 확대되었다. 그러나 이 운동은 일제에 의해 사회주의 운동으로 탄압받으며 1933년에 이르러 강제 해산되었다.

1945년 해방 이후에 좌우익 농민 조직들이 농업협동조합을 각자 구성하면서 협동조합이 확대되어 가는 듯했으나, 1958년 3월 정부는 농업은행과 농업협동조합을 발족하면서 농업 조합과 농업은행을 병립하게 해 정부의 직접 통제를 강화함으로써 이를 집권당의 정치 도구로 활용하고자 했다. 이후 군사정권은 1961년 8월 15일에 〈농업협동조합법〉과 〈농업은행법〉을 폐지하고 새로운 농협법을 제정해 종합 농협을 발족하면서 농협의 공사화를 추진했다. 이는 한국에서 자발적인 협동조합 운동이 발전하는 것을 강력히 가로막았다.

하지만 1960년대 5월 1일 부산에서 최초의 신용협동조합인 성가신용협동조합의 설립을 시작으로 확장된 신용협동조합 운동이나, 1970년대 초반 수도권특수선교위원회의 빈민 선교와 1970년대 중반 산업 선교 활동에 따른 신용협동조합 운동과 노동자 협동조합 운동, 그리고 1980년대 초반부터 관심을 받아 온 소비자 협동조합 등의 시도들은 한국에서 협동조합 운동이 지속적으로 모색·실천되어 온 전통이었다. 특히 1990년대 초반 빈민 운동 진영을 중심으로 진행된 건설·봉제 업종의 경제 공동체 운동을 통해 노동자 협동조합 운동을 새로운 지역 주민운동의 방향 속에서 실천하는 계기를 마련했다. 하지만 이 같은 협동조합 운동은 한국 사회에서 언제나 정부 통제 대상이 되어 왔으며, 사회운동 진영에서도 주류적인 사회 실천 도구가 되지 못했다. 한국 사회에서 협동조합 운동은 늘 자본주의의 주변적인 위치에서 대안적 경제 공동체를 제한적으로 실험해 보는 정도에 머물러 있었다.

하지만 1997년 말 외환 위기로 비롯된 경제적 위기 상황은 한국 사회에서 사회적 경제가 활발하게 시도되는 전환점이 되었다. 전국 각지에서 대규모 실업 사태에 대응하려는 시민 단체들이 설립되어 실직 가정에 대한 생계비 지원, 취업 알선, 각종 상담 사업 등 다양한 실업 구제 활동이 전개되었다. 정부도 실업자들에게 한시적으로 공익성 높은 사업의 일자리를 제공해 최소한의 생계를 보장할 공공 근로 사업을 추진했다. 이후 정부의 공공 근로 사업은 민간단체의 전문성과 경험을 활용해, 더욱더 생산적인 사업 추진을 위해 민간단체에 위탁되어 진행되었다. 다수의 민간 실업 단체들은 공공 근로 민간 위탁 사업에 참여했으며, 무료 간병 사업, 음식물 재활용 사업, 빈곤 가정 집수리 사업, 재활용 사업, 숲 가꾸기 사업 등 다양한 일자리 창출 사업을 전개했다. 공공 근로 민간 위탁 사업은 정부의 재정 조달을 통해 민간이 사회적으로 유용한 일자리를 창출할 여지를 만들어 내는 계기가 되었다. 이는 2000년도에 제정된 국민 기초 생활 보장 제도의 자활 사업을 통해 본격적으로 제도화되었다. 자활 사업은 지역 자활 센터를 설치해 운영되었으며, 근로 능력이 있는 최저생계비 수급권자의 자활을 촉진할 일자리를 제공하기 위해 추진되었다. 그리고 2003년 노동부에 의해 추진되었던 공공 근로 민간 위탁 사업이 사회적 일자리 창출 사업으로 전환되었다. 이 사업은 지역 고용정책 수단으로, 지역에서 비영리단체를 통해 사회적 일자리를 만들어 취약 계층에 일자리를 제공할 목적으로 추진되었다. '사회적 일자리'는 사회적으로 유용하지만 수익성이 낮게 평가되어 충분히 공급되지 못하던 사회 서비스 분야에서 민간 비영리단체에 의해 창출되는 일자리로 정의되었다. 일자리의 질이 낮고 정부의 재정에 의존해 지속성이 떨어지는 사회적 일자리 창출 사업의 한계를 극복하고자 2006년 7월 〈사회적기업 육성법〉이 제정되어 2007년 7월 1일 시행되었다. 이 법은 사회적 기업을 지원해 우리 사회에서 충분히 공급되지 못한 사회 서비스를 확충하고 새로운 일자리를 창출함으로써 사회 통합과 국민의 삶의 질 향상에 기여하는 것을 목적으로 했다. 이에 따라 노동부에서 시행된, 사회적 기업에 대한 육성 정책은 행정안전부의 마을 기업과 농림축산식품부의 농어촌 공동체 회사 등 유사 정책으로 확대되었다. 그리고 〈농업협동조합법〉 등 기존 여덟 개 개별법 체제에 포괄되지 못하거나, 〈상법〉에 의해 설립되기 어려운 경우 생산자·소비자 중심의 협동조합을 설립할 수 있게 〈협동조합 기본법〉이 제정되어 2012년 12월 1일 시행되었다. 이 법은 취약 계층에 대한 사회 서비스 또는 일자리 제공과 지역사회 공헌 활동을 수행함으로써 정부의 복지 기능을 보완하고, 일자리 창출 등을 목적으로 하는 비영리 법인격의 '사회적 협동조합'을 별도로 도입하고 있었다.

최근 구조 변화기에 접어든 유럽 복지 체제에서 사회적 경제가 고용 창출과 복지 제공의 새로운 수단으로 고려되고 있다면, 한국의 사회적 경제는 복지 체제를 효율적으로 확대하기 위한, 정부의 주요 정책 수단으로 고려되고 있는 셈이다.

한국의 사회적 경제 제도화 과정에서 나타난 한계와 과제

최근 한국 사회의 '사회적 일자리' 담론에서 확장된 사회적 경제의 제도화 과정은, 시장과 국가에서 충분히 공급되지 못한 사회 서비스 공급과 노동시장의 취업 애로 계층에 대한 일자리 제공을 절충하는 형태로 이해되어 추진되었다. 이런 '사회적 일자리' 담론의 제도화 과정은 '사회적 기업'이라는 전달 체계와 '협동조합'이라는 법인격을 인정하고 사회 서비스를 확대하는 방향으로 정착되어 갔다. 하지만 '사회적 일자리' 담론에서 제기한 문제의식이 한국에서 사회적 경제의 제도화 과정을 통해 제대로 정착되었는지는 부정적으로 평가된다.

첫째, 사회적 경제의 제도화 과정이 지나치게 시장 일자리를 지향한다는 점이다. '사회적 일자리' 담론에서 제기된 문제의식은 전통적인 시장과 정부에 의한 고용 창출 전략의 한계를 인정하는 데서 비롯되었다. 특히 대기업 집단의 성장을 통해 국가 전체의 경제를 이끌어 갈 수 있다는 기존 한국의 경제 발전 과정을 회의하면서 대안적인 사회 영역이 출현하리라 기대했다. 하지만 사회적 기업 육성 정책과 사회 서비스 확대 전략 모두 시장화를 지향하게 되었다. 고용노동부는 사회적 기업의 시장 생존력을 일관되게 강조했으며, 보건복지부는 사회 서비스를 확대하기 위해 지속적으로 시장화를 추진해 왔다.

둘째, 시장화를 지향한 정부의 사회적 경제 정책은, 초기에 정부 재정 의존도가 높기 마련인 사회적 경제 조직들을 제도적 동형화의 퇴행 위험에 노출시켰다. 조직 생존을 위해 자원을 정부에 의존하는 사회적 경제 조직들은 정부 정책의 틀에 자신들의 활동을 맞춰 갈 수밖에 없으며, 지역사회의 필요를 해결할 다양한 창의적 사업 방식과 사업 내용을 발굴하기보다는 정부의 지원 정책을 통해 지속적으로 자원 접근성을 높이려는 식의 퇴행이 이루어졌다. 이 같은 현상은 사회적 기업들의 과잉 고용 문제를 야기했다. 한편 정부 지원이 종료된 이후 시장 자립 문제에 곧바로 직면하면서 사회적 기업이 급격하게 시장화될 가능성이 컸고, 실제로도 일반 영리기업으로 퇴행했다.

셋째, 노동시장의 취업 애로 계층을 위한 대안적인 고용 창출 방안과,

사회적으로 유용하지만 수익성이 낮아 시장에서 제공되지 못하는 사회 서비스를 제공할 목적으로 제도화된 사회적 경제는, 시장화로 지향된 제도적 동형화의 환경 속에서 역설적으로 다시 문제의 근원지인 시장화로 퇴행하는 길에 접어들고 있다. 노동시장에서 취업 애로 계층은 사회적 경제를 통해 대안적인 고용 창출 방안을 얻지 못한 채 노동시장으로 내몰렸으며, 사회 서비스의 시장화는 복지 제공을 위한 수익성의 덫에 걸리는 역설이 일어났다.

이와 같이 한국에서 사회적 경제의 제도화 과정은, 시장과 정부의 보조적 역할을 수행하거나, 복지 수혜자에서 노동시장 취업으로의 이행을 위한 경과적 일자리 영역 정도로 사회적 경제를 주변적 위치에 놓이게 했다.

사회적 경제를 제도화하는 과정에서 나타난 시장 지향성을 띤 실용주의적·경제주의적 관점의 한계는, 사회적 경제의 특정한 사회적 공간, 즉 대안적인 사회 부문social sector을 인정하는 데서 극복의 실마리를 찾아야 할 것으로 보인다. 경제의 사회적 기능을 복원하고자 한 사회적 경제의 '사회적'이라는 이상을 어떻게 실현할지는 한국 사회가 안고 있는 사회적 경제 발전의 과제이다.

최근 사회적 기업의 제도적 동형화 경향과 전통적인 협동조합들의 탈상호주의 시장화 경향은, 사실 세계 각국의 사회적 경제가 현재 직면해 있는 도전이기도 하다. 그것에 대응할 과제는 다음과 같이 요약될 수 있다.

첫째, 사회적 경제가, 우리 사회가 안고 있는 다양한 사회문제를 해결할 수 있는 대안적 공공 영역을 구성해 가고 있다는 사실을 인정하는 것이다. 이는 사회적 경제가 단순히 시장과 정부의 공백을 메꾸는 실용주의적 정책 수단이 아니라, 지역사회의 필요를 해결하고자 다양한 시민 집단이 참여하고 협력해 구축된 새로운 공공 영역으로서 자원 배분에 있어 시장과 정부에 대한 대안으로서 그 역할을 할 수 있다는 기대에서 비롯된다. 실제로 스페인·포르투갈·캐나다 등에서는 사회적 경제가 각국 사회의 발전에 미치는 특별한 기여를 인정하고 이를 더 촉진할 사회적 경제법social economy act[1]이 제정되고 있다.

둘째, 시민 집단이 연대해 생성되고 있는 새로운 사회 영역으로서 사회적 경제를 정부의 정책 의지로 이끌어 갈 수는 없다. 특히 강한 국가와 약한 시민사회의 특징을 보여 온 한국 사회에서 국가 정책을 통해 사회적 경제를 확장해서는 지속성과 건강한 발전을 기대하기 어렵다. 따라서 국가가 풀뿌리에서 이루어지는 활동을 대체하는 대신, 활성화될 수 있도록 보충하는 역할을 해야 한다는 '보충성의 원리'는 사회적 경제 관련 정책을 마련하는 데서 중요한 고려 사항이 되어야 한다. 정부의 효과적인 정책 수단을 통해 사회적 경제를 급격하게 성장시키고자 하는 조급증은, 사회적 경제의 역량을 키우지 못하게 하는 커다란 장애 요인이 되고 있다.

셋째, 이윤 동기에 기초해 시장 교환이 이루어지는 시장 영역과, 권력의 재생산을 위해 재분배를 고려하는 정부 영역으로부터 대안적인 자원 배분을 위해 공공 영역을 구성해 가는 사회적 경제가 주도성을 잃지 않는 것이

---

1 최근 한국에서도 보수 여당을 통해 '사회적 경제 기본법'이 발의되었다. 하지만 자본주의 시장경제의 한계를 인정하면서 사회적 경제의 개념과 가치를 적극적으로 수용한다는 내용은 찾아볼 수 없다. 더욱이 사회적 경제가 새로운 사회적 부문으로 성장할 수 있도록, 사회적 경제의 실질적 역량 강화를 촉진할 수 있는, 보충성의 원리에 기초한 정부의 지원 정책은 여전히 국가 통제와 주도성을 강화하는 조치들로 대체되어 있다.

무엇보다 중요하다. 사회적 경제의 주도성은 시장과 정부로부터 독자적인 자율성을 유지하는 것과 더불어, 양자에 개입할 사회적 연대망을 자체적으로 어떻게 확보할지와 관계된다. 이탈리아나 프랑스와 같이 강한 협동조합 운동의 전통 속에서 우리는 다양한 사업 연합체의 건설을 확인할 수 있다. 사회적으로 필요한 재화와 서비스를 생산하는 협동조합들 사이의 다양한 사업 연합을 통해 시장과 정부에 대응할 역량을 강화함으로써 사회적 경제 조직들이 주도성을 잃지 않을 수 있는 원동력을 얻게 되었던 것이다.

한국의 자본주의사회 변화를 위한 사회적 경제 운동의 방향과 전망[2]

1990년대 말 외환 위기에서 비롯된 한국 자본주의사회의 위기는 기존의 국가 주도 경제성장 전략의 취약성을 고스란히 드러냈다. 이 시기를 거치면서 한국의 자본주의 변화는 금융시장 개방, 노동시장 유연화, 지속적인 수출 증대로 인한 경제의 대외 의존도 강화라는 특징을 보였다. 한국 자본주의의 신자유주의적 성격이 강화되는 과정이었다. 금융시장 개방은 시중은행으로 하여금 리스크가 큰 기업 대출보다는 안전한 가계 대출을 더욱 선호하게 하면서 기업의 투자 여력을 약화시켰다. 노동시장의 유연화는 정리 해고의 수용과 비정규직의 급증으로 고용의 질을 위협하며 노동자들을 근로 빈곤층으로 만들어 갔다. 대외 의존도가 높은 수출 위주 경제체제는 내수 시장을 더욱 취약하게 만들며, 국민경제의 순환을 저해했다. 이와 같

---

2 이 절은 장원봉(2012/05/22)을 일부 수정해 실었다.

은 시장 중심의 경제 변화는 사회적 양극화와 빈곤화를 강화하고 있다. 최근 한국 사회의 가장 커다란 화두는 이런 시장 중심 경제체제가 안고 있는 사회 양극화와 빈곤 심화를 극복할 대안적인 사회경제 체제로 어떻게 이행할 수 있는지이다. 한국 자본주의사회의 대안적인 사회경제 체제 이행의 경로에서 사회적 경제가 차지하는 위치는 자본주의의 생산과 소비를 어떻게 사회적으로 조직할 수 있고, 어떻게 경제에 대한 사회적 역량을 강화할지에 있다. 다시 말해 경제에 대한 시장의 주도권을 어떻게 다시 사회가 가져올지가 관건이다.

'보이지 않는 손'으로 시장 기능을 역설한 애덤 스미스에 의하면, 우리가 푸짐한 저녁 만찬을 즐길 수 있는 것은 푸줏간 주인, 어부, 농사꾼 들의 자비심 덕분이 아니라 그들의 이기심 때문이다. 그들이 그저 자급자족하고자 생산한 것이었다면 우리의 식탁 위에 그 음식들이 올라올 수 없었을 테니 말이다. 분명히 그들은 더 많은 부를 얻고자 남들보다 더 많이 생산하고, 더 많이 팔아야 했을 것이다. 여기에 시장의 명암이 존재한다. 사실 시장은 소비자들의 필요를 충족하는 재화와 서비스가 교환되는 장이기도 하지만, 이윤 동기에 의해 작동되는 경쟁의 각축장이기도 하다. 애덤 스미스는 시장의 자유로운 교환 기능을 통해 경제 주체들이 상호 이익을 가져가기를 기대했을 것이다. 하지만 자본주의 시장경제의 역사는 보이지 않는 자기 조절 기능의 순기능 대신, 독과점으로 지향되어 있는 이윤 극대화가 더 부각되었다. 삶의 필요를 충족하는 재화와 서비스를 자유롭게 교환하는 장으로서 시장경제의 기능은 이윤의 극대화가 실현되는 한에서만 가능해졌다. 이제 푸짐한 저녁 식탁은 자본주의의 이윤 동기가 충족될 때에만 기대할 수 있는 것이다.

자유로운 이기심의 경쟁질서가 모두의 욕망을 효과적으로 충족할지라도 주류 경제학자들의 가정은 온전히 신화가 되어 버렸다. 그 신화의 정체는 이런 것들이다. 첫째, 시장경제를 통한 상호 이익은 판매자와 구매자 사이의 완전한 정보의 공유를 전제한다. 그렇지 못하면 양자의 상호 이익은 확인되지 못한다. 하지만 구매자가 자신의 욕구를 완전하게 충족할 상품 정보를 갖기는 거의 불가능하다. 판매자는 늘 자신의 이윤 동기를 위해 구매자의 상품 구입에 부정적인 영향을 미칠 정보를 숨기려 하기 때문이다. 이 같은 정보의 비대칭성은 우리가 기대하는 행복의 질을 위협하고 있다.

둘째, 시장경제를 통한 욕망의 실현이 모두에게 허락되는 것은 아니다. 시장경제에서는 개인의 자유로운 선택이 제약받지 말아야 한다. 시장 경쟁에서 승리한 자는 더 많은 이윤을 얻고 시장을 확대해 시장 권력을 키워 간다. 시장 경쟁의 승리자들은 이제 자유로운 시장 교환의 장에서 상거래를 하지 않는다. 자신들의 권력을 실현할 시장을 만들어 간다. 그들의 시장에서는 자유로운 수요와 공급이 작동하지 않는다. 소비자들이 구매 여부를 판단하는 가격과, 가격을 결정하는 공급 모두 이들이 통제한다. 대기업의 독과점과 대형 할인 매장의 횡포 모두에서 이를 확인할 수 있다. 소수 집단에 시장 권력이 집중될수록 우리가 누릴 수 있는 행복의 양은 줄어든다.

셋째, 시장경제는 투자에 대한 장기적인 효과를 기대하기보다는 단기 순이익을 지향하는 주주들의 가치에 더 민감하게 작동한다. 따라서 시장경제의 참여자들은 건전한 상호 이익 교환보다는 단기적 이익을 얻을 기회주의적 선택을 강요받는다. 장기적 투자에 인색한 기업과 노동자들의 정리해고를 발표한 기업의 주가가 오르는 주식시장의 냉정함은 우리가 누릴 행복의 시간도 함께 줄여 간다.

마지막으로 시장경제는 구성원이 보편적으로 누려야 하는 공공재를 상품화함으로써 그 접근성을 제한하고 있다. 교육, 환경, 보건·의료, 교통, 안전, 자연 자원 등 공공의 이익과 직결된 분야에서 상품화가 이루어지면 각자의 지불 능력에 따라서 공공재에 대한 접근 가능성과 편익의 질이 결정된다. 시장경제 체계에서 공공재는 지속적으로 위협받고 있다. 교육의 질은 부모의 경제 수준에 따라 차별적으로 제공되고, 질병으로부터의 해방은 철저히 환자의 지불 능력에 달려 있다. 언제부터인지 물은 사서 먹는 것이 되었으며, 물의 맛은 자연과 가까울수록 좋아지는 것이 아니라 가구 소득에 비례하게 되었다. 시장경제에 의한 공공재의 위협은 우리가 누려야 하는 행복의 전용면적을 좁혀 간다.

마음씨 좋은 푸줏간 주인의 인심과, 팔팔한 생선으로 만선이 된 어부의 기쁨, 그리고 한 해 농사의 풍년을 기약하는 땀에 젖은 농심의 소박한 이기심은 촌스러운 추억으로 남아 버렸다. 시장 교환을 통한 상호 이익의 가능성은 희박해졌다.

그렇다면 사회적 경제는 시장경제의 매력적인 대안이 될 수 있는가? 사회적 경제는 오랫동안 경제의 사회적 기능을 위해 작동되어 왔다. 경제에 의한 사회 지배에 맞서 경제에 대한 사회의 역량을 강화하는 방식으로 시장경제에 도전해 왔다. 사회적 경제의 생산은 생산의 무정부성이라는 자본주의의 낭비적 요인을 줄여 가며, '살림살이의 경제'로서 필요의 경제적 관계를 만들려고 한다. 생산 노동은 자본에 의해 고용되지 않고, 역으로 노동이 자본을 통제하는 노동의 주도성을 회복시킨다. 자본주의 기업의 소유권은 기업의 통제권과 잔여 수익의 수취 권한으로부터 노동자들을 배제해 왔지만, 사회적 경제가 실현하고자 하는 사회적 소유는 노동자 협동조합을 통해 노동자들의 기업 통제권을 강화하도록 하며, 사회적 협동조합을 통해 지역사회로 소유권이 확장된다. 또한 사회적 경제에서 소비는 이윤 획득을 실현시키는 상품 구매 활동이 아니며, 생활 세계의 필요를 해결하기 위한 생산과 적극적으로 협력 구조를 맺어 필요를 공급하는 지향성을 갖는다. 이때 소비자는 이제 시장의 구매자가 아니라 생산자의 협력자로 등장한다. 소비자 협동조합과 생산자 협동조합은 필요의 경제를 달성할 적극적인 협동의 경제를 실현하는 협력자들이다. 이렇게 새롭게 구성되고 있는 경제활동을 기존 시중은행이 지원해 주기를 기대할 수 없기에 다양한 사회적 금융 기법이 실천되어 왔다. 전통적으로는 노동자들의 위험을 공동으로 구제하기 위한 공제조합과, 서민금융으로 태동한 신용협동조합이 사회적 경제를 뒷받침하는 사회적 금융이었다. 서민들의 예금과 보험료가 매달 시중은행이나 민간 보험 시장으로 흘러 들어가 대자본으로의 경제 집중을 더욱 강화하고 이윤 획득을 위한 자본주의 시장경제를 뒷받침하는 금융자본으로 축적되기보다는, 사회적 연대 기금을 통해 새로운 사회적 금융으로 축적될 수 있게 하는 것이다. 사회적 경제를 통해 생활 세계의 필요를 해결하기 위해 새롭게 구성되는 생산과 소비 체계는 지역사회 경제를 실질적인 지역 살림 경제로 전환할 수 있다. 지역 살림의 경제는 지역 순환 경제를 실현하며, 지역 경제를 복원해 지역사회의 활력을 촉진할 것이다. 사회적 경제는 생산자와 소비자, 구매자와 판매자 사이의 정보 격차를 이윤을 위한 기만으로 활용하지 않는 공동 결정 원칙을 만들어 냈으며, 초과이윤의 배타적인 소유를 제한하는 공동소유의 원리를 지켜 나갔다. 또한 사회적 경제는 상호 이익의 호혜적 관계 속에서 지속적인 신뢰를 통한 사회적 자본의 축적 방식을 마련했다. 무엇보다 자신들의 필요를 자조自助할 수 있는 자율적 생성 원리를 발견하게 되었다.

하지만 사회적 경제의 자율적 생성 원리는 사회적 자원 배분의 잔여적인 영역으로 제한되지 않는다. 사회적으로 필요한 재화와 용역이 제공되는 주요한 자원 배분은 국가의 재분배와 시장의 교환 영역에서 이루어진다. 사실 시민사회의 호혜적 연대 자원은 두 영역의 핵심 자원인 권력과 자본에 비해 직접 배분이 가능한 자원이 되기에 부족하다. 따라서 시민은 자신의 욕구를 충족할 자원 배분을 위해 국가와 시장에 참여하게 된다. 이때 국가와 시장에 대한 개입은 유권자와 소비자의 지위로 실현된다. 유권자와 소비자로서 시민의 지위는 국가와 시장의 자원 배분에 결정적인 역할을 하는 것으로 보이지만, 실제로는 정보의 비대칭성과 사후적 참여라는 제약으로 말미암아 주변화되어 왔다. 물론 사회적 경제가 시장경제의 모든 기능을 대체해 경제의 순기능을 온전하게 복원하기란 불가능하다. 그렇다고 해서 국가의 재분배 기능을 부정함으로써 자급 경제로 가자는 것도 아니다. 다만 단순히 시장의 가격 신호에 의해 등장하는 소비자나, 선거철에 자신의 권리를 타인에게 위임하는 유권자로서 자신들의 필요를 시장과 국가에 의탁하는 대신, 사회적 경제를 통해 다시 경제에 개입할 수 있는 역량이 발휘되기를 기대하는 것이다. 이것이 사회적 경제가 사회적 평등과 부의 재분배를 위한 정치적 저항으로부터 고립되지 않도록 해야 하는 이유이며, 시장의 귀퉁이에서 자립 경제로 자족하는 소박함에서 벗어나 다양한 협력의 관계망을 지역사회에서 만들어 가야 하는 이유이다.

사회적 경제가 지역사회의 필요에 대응하겠다는 분명한 자기 목적 아래 시민사회의 주도성과 결속을 보장할 실질적인 참여주의를 실현할 수 있다면, 다시 경제를 사회 구성원들의 상호 이익의 장으로 돌려놓게 되지 않을까? 이것이야말로 사회적 경제를 통해 행복을 계산하는 경제로 향하는 길이 아닐까?

참고문헌

장원봉. 2007. "사회적 경제의 대안적 개념화: 쟁점과 과제." 『시민사회와 NGO』 제5권 2호(가을/겨울).
_____. 2012/05/22. "행복한 경제를 만드는 협동조합운동." 사회투자지원재단 뉴스레터.

Chantier de l'economie sociale. the Quebec Task Force on the Social Economy. http://www.chantier.qc.ca
CEP-CMAF(European Standing Conference on Co-operatives, Mutual Societies, Associations and Foundation). 2002. "Social Economy Chart." http://www.socialeconomy.eu.org/IMG/pdf/2007_08_20_EN_charte-2.pdf
Defourny, Jacques. 1992. "The Origins, Forms and Roles of a Thrid Major Sector." in Jacques Defourny and José L. Monzón Campos eds. *Économie Sociale, The Third Sector*. De Boeck-Wesmael, s.a.
Evers, Adalbert. 1995. "Part of the Welfare Mix: the Third Sector as an Intermediate Area." *Voluntas* 6(2).
Lévesque, Benoît and Marguerite Mendell. 2004. "The Social Economy: Diverse Approaches and Practices." Working Document for SSHRC President.
McManus, Partick. 2004. "Definition of the social economy in North Ireland: Finding a way through." Social Economy Network.
Vienney, Claude. 1994. *L'Économie Sociale*. La Decouverte.

15

자주 복지

민주주의와 복지 확대가 동행하는 길

김진욱

누가 복지 실현의 주체가 될 것인가?

한국에 거주하며 한국의 전통 사회를 연구해 온 일본인 역사학자 미야지마 히로시宮嶋博史는 조선 사회를 '소규모 자급자족형 소농 사회'라고 묘사한다. 그의 이론에 따르면 조선 사회는 소규모 가족을 경영 주체로 하는 소농민이 하부를 이루고, 왕권을 정점으로 하는 관료제 국가가 그 위에 구축되어 있는 모습이다. 양반은 국가와 소농민 사이의 지배계급이라기보다는 관료제 국가의 구성 요소로 그려진다. 농민에 대해 독자적인 지배력을 행사하는 농업경영 주체였던 서구의 귀족과 조선의 양반은 전혀 다르다는 것이다. 결국 서구가 왕(중앙 권력)과 귀족(지방 권력) 및 피지배 농민이라는 3층 구조라면, 조선은 일군만민一君萬民의 2층 구조이다. 중앙집권화된 강력한 권력, 그리고 고립된 채 자급자족할 뿐 이를 넘어서는 분업적 상거래와 협력적 공동체가 결여된 백성으로 이원화된 세계가 조선 사회인 것이다.

외국인 관찰자로서 한국 사회를 경험한 그레고리 핸더슨이 『소용돌이의 한국 정치』KOREA: The Politics of the Vortex를 통해 묘사한 한국 사회도 미야지마 히로시의 풍경화와 흡사하다. 핸더슨에게 한국 사회는 '세계 역사상 희귀한 사례'라고 여겨질 만큼 독특하다. 한국처럼 지방 세력의 성장을 완전히 배제하고 중앙집권적 지배를 오랜 세월 흔들림 없이 지속한 나라도 드물다는 것이다. 영역 내 모든 자원(자연 자원이든 인적 자원이든)은 중앙의 단일 정점이 지배하며, 사람들은 놀라울 만큼 획일적으로 동일하면서 모래알처럼 고립되고 원자화되어 있다. 중앙으로 향하는 것만이 살 길이고, 중앙의 단일 정점에 얼마나 가까이 다가갈 수 있는지가 삶의 질을 좌우한다.

이른바 성곽도시를 거의 경험하지 못한 사회, 봉건영주와 대저택, 준독립적인 상인 사회, 도시국가, 길드, 그리고 독립적인 지위와 정치 행동의 중심지로서 충분히 존재할 수 있고 행동할 수 있는 응집력 있는 계급사회를 만들어 내지 못한 것이다. 그리하여 한국 사회는 단계적으로 대략 점점이 흩어져 있는 촌락, 작은 저자가 있는 소도시, 벌족이나 지역 소유의 서원이나 향교 내지 사찰로 구성되어 왔으며, 이들은 주로 국가권력과 개별적인 관계를 가지고 상호 간 교류를 해 왔다. 그리고 이런 사회는 전형적으로 원자화된 개체로 구성되어 있고, 개체 상호 간의 관계는 주로 국가권력에 대한 관계로 규정되며, 엘리트와 일반 대중은 그들 사이를 조정할 수 있는 집단의 힘이 취약하기 때문에 직접 대결하게 되고, 여러 사회관계의 비정형성과 고립을 특색으로 한다(핸더슨 2000, 44).

핸더슨에 의하면 한국 사회에서 삶의 방식은 각자도생을 원칙으로 하되, 협소한 개인의 영역을 넘어서는 나머지 모든 부분은 아무런 중간 매개

없이 국가 혹은 중앙 권력이 곧바로 관장하는 영역이 된다. 모든 구원과 절망, 고통의 근원은 국가이다. 성춘향을 구원하는 자가 마을의 유덕자가 아니라 중앙 권력의 대리인 이몽룡이라는 점도 의미심장하다. 중앙으로 향하는 노력이 부당하게 좌절될 때 다른 길은 없다. 중앙 진출 통로인 과거 시험이 막혀 버린 홍경래는 절망했고, 다른 길이 없기에 난을 일으켰다. 120년 전 갑오년에 농민을 고통으로 몰아넣은 실체는 무엇인가? 국가와 국가의 탈을 쓴 탐관오리의 수탈이다. 절망하고 고통 받으면서도 백성들은 항상 자신이 의지할 수 있는 군주를 희구한다. 또한 각자도생의 삶의 방식은 DNA처럼 우리 몸 속 깊숙이 박혀 있다. 다리가 불편해 기어가며 농사일을 하는 〈워낭 소리〉의 주인공 최원균 할아버지는 그의 이웃이 아니라 '늙은 소'와 동반해 오로지 혼자 힘으로 9남매를 키워 낸다.

> 한국에서 민주화 운동의 최대 목표는 권위주의에서 민주주의로 체제를 바꾸는 것이었다. 그러나 그들은 기존의 강력하고 확장된 국가의 권한 및 권력과 범위를 축소하거나 이를 민주적 통제하에 둠으로써 국가와 시민사회 간의 관계 구조를 변화시키는 문제들에는 큰 관심을 갖지 않았다(최장집 2009/12/07).

"기존의 강력하고 확장된 국가의 권한 및 권력과 범위를 축소"하기보다는 오히려 개혁적 대통령이 나와 그 큰 힘으로 (실질적 민주주의라고 표현되는) 시회경제적 삶의 문제를 해결해 주길 원했던 것이다.

사회경제적 삶의 문제의 해결, 즉 복지의 실현 주체를 개인 각자와 국가 권력의 2주체로 상정하는 것은 우리의 오랜 전통이다. 이들 중 어느 쪽에 궁극의 책임이 있는지를 놓고 생각의 차이가 있다. 보수는 전자를, 진보는 후자를 가리킨다. 그러나 이 두 가지 길뿐인가? 이 글에서는 '연대·협동으로 만드는 자주 복지自主福祉'의 길도 있다는 점, 그리고 오늘날 우리가 꿈꾸는 복지국가는 바로 이 길에서 출발했다는 점, 이 길을 통해 민주주의가 실현되어 왔다는 점을 말하고자 한다.

농업 사회에서는 삶에 필요한 물자를 자신의 토지에서 직접 구했다. 자본주의사회가 되면서 타인에게 노동을 제공하고 화폐소득을 급부로 받아 필요한 물자를 시장에서 구매하는 방식으로 조달했다. 따라서 실업이 복지를 위협하는 최대의 위험 요소가 되었다. 화폐소득을 상실하면 아무리 시장에 물자가 넘쳐 나도 그림의 떡이기 때문이다. 노동자들은 '연대·협동으로 만드는 자주 복지'의 방식으로 이 문제에 대처했다.

연대·협동으로 만들어진 자주 복지의 역사적 경험들

세계 최초의 실업보험은 노동조합의 자발적인 실업 공제 기금에서 출발했다. 1789년 스위스에서 이와 관련한 최초의 기록이 발견된 뒤, 1832년 영국 주물 노조를 시작으로 19세기 중후반 실직 조합원들에게 실업 급부를 제공하는 노조가 유럽 전역에서 생겨났다. 스웨덴에서는 1892년 인쇄공 노조를 필두로 1900년에는 전체 32개 노조 가운데 10개 노조가 다양한 형태의 실업보험을 운영하기에 이르렀다. 19세기까지 실업 공제 기금은 사실 노동조합 내부의 생활 부조 성격을 띠었다. 노조는 조합원들로부터 일정 금액의 기금을 만들어 실직한 조합원들에게 생계비를 보조했다. 별도의 기금 조직을 두지 않고 노동조합이 이런 활동을 수행한 것이다(이상동 2009/04/10). 19세기 후반에 설립된 많은 노동조합은 결성과 동시에 실업보험 사업을 실행했고, 이 기금을 운영하고 활성화하는 활동을 중시했다. 특히 덴마크와 스웨덴, 벨기에 같은 북유럽 국가의 노동조합은 상호부조 정신을 자신의 정체성을 구성하는 중요 요소 중 하나로 여겼다. 이렇게 노동자 자신의 연대·협동으로 만들어진 실업 공제 기금이, 이후 국가가 자금을 투입하거나 운영하면서, 오늘날 국가 복지 제도의 일환인 실업보험으로 발전했다.

노동자들의 상병傷病 위험에 대한 복지 대책도 '연대·협동으로 만드는 자주 복지'의 길에서 시작됐다. 세계 최초의 의료보험은 19세기 말 비스마르크가 마련한 프로이센의 질병 금고sickness fund이지만, 이에 앞서 노동자들의 상호 부조 체제가 이미 존재했다. 프로이센에서는 14세기 후반에 수공업체 수련공들이 독립적인 결사를 이루기 시작했는데, 이들 수련공 조합은 엄격한 내부 규율과 독립된 재판권을 가졌으며 상조 금고를 운영했다. 이 상조 금고를 통해 펼친 구제 사업들 가운데 가장 중요한 일은 환자 구완이었다. 대부분 외지에서 온 수련공들이 병들거나 다쳤을 때 가족이나 친지의 도움을 받기 어려운 경우 여기에 의존했다(박근갑 2009, 54-55). 비스마르크의 의료보험은 이런 전통의 상호 부조 체제에 가입강제를 도입하고 비용 부담 방식을 제도화하는 방식으로 마련되었던 것이다.

이와 같은 연대·협동으로 만들어진 자주 복지의 구조물들은 복지 제도의 원형을 넘어서서 민주주의의 기반이 되기에 이르렀다. 프로이센 수련공 조합의 상조 금고들은 상호부조 정신과 아울러 '자치행정'을 구현해 국가 통제에 대항하는 자율과 분권의 상징이 되었다. 당초 비스마르크가 구상한 것은 국가의 재정과 행정기관에 의해 운영되는 보험으로서 '국가사회주의'라고 명명되었다. 그러나 노동자들은 국가 재정에 의한 시혜를 거부하고 자신들의 부담으로 운영되는 보험을 선택했으며, 그 결과 보험을 운영할 권한을 손에 쥐었다. 국가에 빼앗기지 않은 상조 금고는 독일 사회민주당의 조직 기반이 되었으며, 노동자들의 연대와 단결, 투쟁의 기지가 됨으로써 사회주의 탄압법을 이겨 내고 민주주의로 항해할 무기가 되었다.

연대·협동으로 만든 실업 공제 기금 역시 민주주의를 위한 사회적 인프라로서 역할을 했다. 특히 북유럽에서 그러하다. 덴마크·핀란드·스웨덴은 유럽 국가들 중에서도 노조 가입률이 가장 높다. 이 국가들의 1980년대와 1990년대 노조 가입률을 보면, 벨기에와 노르웨이 등 그나마 가입률이 높은 유럽 국가들이 최고 60~65퍼센트였는데, 그보다 훨씬 높은 80퍼센트를 기록했다. 이렇게 노조 가입률이 높은 것은 주로 고용 보험제도 때문이었다. 다른 국가들에서 고용 보험을 모든 종업원이 가입하는 강제 조항으로 채택한 것과 달리, 이들 세 국가에서는 근로자들에게 고용 보험기금UIF 가입 여부를 선택하게 했고, 공식적으로는 국가가 규제하게 되어 있지만 실제로는 노조에서 기금을 설립·운영·관리해 왔다. 이런 형태의 고용 보험을 '겐트 제도'Ghent System라고 부르는데, 고용 보험에 가입하기를 원하는 근로자는 노조에 가입해야 하기 때문에 자연스럽게 노조 가입률이 높아질 수 있었다. 이는 곧 사회민주당의 조직적 기반이 튼튼하다는 것을 의미하며, 튼튼한 자율적 결사체로서 정당의 존재는 당연히 민주주의를 강화했다.

복지와 민주주의를 함께 발전시키는 노동금고

오늘날 사회복지 제도의 기원이 연대·협동으로 만드는 자주 복지에 있고, 그것이 민주주의를 확대·발전하는 데 기여해 왔다는 사실은, 한국 사회의 현실을 해석하고 나아가 복지를 꿈꿀 때 여러 시사점을 제공한다. 우리나라 노동조합 조직률과 노동협약 적용률은 모두 OECD 국가 가운데 최하위 수준인 10퍼센트(2008년) 정도이다. 노동조합에 대한 사용자의 적대적 태도와 정부 탄압 탓에 노동조합 조직률이 낮다는 견해가 많지만, 과연 그것이 전부를 설명하는지는 의문스럽다. 왜냐하면 1998~2008년까지 10년간, 역대 어떤 정부보다 진보적이고 노동권 보호적인 김대중·노무현 대통령 정부에서도 노동조합 조직률은 꾸준히 하락했기 때문이다. 한국노총에 비해 상대적으로 진보성과 투쟁성이 높다고 평가되는 민주노총의 하락세가 더 높은 것도 주목할 만하다. 노동조합을 조직하면서도 한국노총이나 민주노총 등 상급 단체에 가입하지 않은 미가맹 노동조합이 2003년 44개소에서 2009년 302개소로 폭증한 현상도 미래를 걱정하게 한다. 가뜩이나 낮은 노조 조직률이 상승하기는커녕 오히려 하락하는 것은 연대·협동의 사회 인프라가 전반적으로 취약해지고 더 악화됨을 의미하기에, 복지와 민주주의 확대·강화를 희망하는 이들을 불안하게 한다. 이 문제를 극복하기 위해 여러 방면에서 다양한 노력이 행해지고 있는데, 여기서는 '연대·협동으로 만드는 자주 복지'의 차원에서 노동금고勞動金庫를 소개하고자 한다.

노동금고란 협동조합 은행의 한 형태인데, 민주주의와 복지가 발달한 여러 선진국에서 이미 1백 년 전부터 생겨나 현재까지 왕성하게 활동하고 있는 신용기관이다. 영국의 협동조합은행Co-operative Bank, 미국 뉴욕에 있는 협동은행Amalgamated Bank of New York, 독일의 협동경제은행BFG, 핀란드의 근로자저축은행, 노르웨이의 지역 은행lands banken(1898년), 스웨덴의 협동조합저축금고(1908년), 오스트리아의 BAW-AG은행(1922년), 덴마크의 근로자지역은행, 일본의 노동금고 등이 이에 해당하며, 이들 은행의 국제 연대 기구로서 스위스의 국제협동조합은행이 있다. 그중에서 일본의 노동금고를 좀 더 자세히 살피면 다음과 같다.

일본의 노동금고는 노동조합과 소비 생활협동조합, 기타 노동자 단체가 행하는 복리 공제 활동을 위해 금융을 원활히 제공하고, 이들 단체의 발달을 촉진하며, 아울러 노동자의 경제적 지위 향상을 도모할 목적으로 결성된, 노동자가 주인 되는 협동조합 은행이다. 우리나라의 신용협동조합과 유사하지만, 회원 자격이 노동조합, 소비 생활협동조합 및 노동자로 한정된다는 점에서 다르다. 1950년 오카야마岡山와 효고兵庫에서 탄생해, 1953년 노동금고법이 도입되면서 제도적 기초가 마련되었고, 이후 전국 각지에서 활발히 설립되어 오늘에 이르고 있다. 2013년 12월 말 기준으로 노동금고는 예금이 18조2,800억 엔, 대출금은 11조8,400억 엔, 점포 수는 전국 638개에 이르며, 회원 수는 1,003만 명(간접 회원 포함)이다. 우리나라 최대 시중은행인 국민은행에 비해 약간 작은 규모이다.

역사적으로 살피면 1951년 산양전철노조山陽電鉄労組에 임금을 대출 융자하고, 1953년 닛코 무로란日鋼室蘭 쟁의 때 생활 자금을 융자했으며, 1959년 탄광 노조와 체신 노조를 지원하는 예금 운동을 전개하는 등 노동조합 활동과 노동운동을 직접적으로 뒷받침했다. 또한 지진 피해 구제를 위해 특별 대출을 실시하는 등 사회적 기능을 수행하는 한편, 회원인 노동자의 복지를 증진하고 자산을 형성하는 금융 활동을 펼쳤으며, 빈곤 문제 해결 활동을 지속했다. 오늘날에는 "노동금고는, 일하는 사람의 꿈과 공감을 창조하는 협동 조직의 복지 금융기관입니다."라는 이념을 표방하고 있다. 앞으로 일하는 사람들의 과제를 해결하는 플랫폼과 이들의 사회적 자본 구축을 돕고, 사회적 기업 및 비영리조직NPO 지원이나 환경보호 및 에너지 문제 등 사회적 가치를 실현하는 금융의 길을 모색 중이라고 한다. 노동금고에서는 일하는 사람이 직면한 과제와 관련해 다음과 같이 현실을 인식하고 있다.

- 급격한 구조 조정 등으로 이직 의사와 준비가 충분하지 않은 상태에서 다른 업종이나 규모가 다른 업종으로 전직해야 하는 등 높아진 이직률
- 정사원으로 근무하다가 비상근 내지 파견 사원이 되거나, 그 반대로의 전환, 사직 후 프리랜서로의 전환 등 신분 변화의 증대
- 직장으로 인한 주거지역의 변경
- 장기간 함께할 것이 보장되지 않아 발생하는 직장 내 사람들의 고립
- 회사에서 주어진 일에 보람을 찾기 어려워지는 점
- 사내에서 경험을 쌓을 기간·기회가 줄고, 직업 능력의 향상이 불가능하며, 급여 및 대우가 오르지 않는 현상
- 일의 미래가 불투명하고, 각종 부담이 증가해 노동의 결과로 희망을 얻지 못하는 점
- 취약층 확대, 홈리스화, 빈곤 재생산 심화
- 일과 삶의 균형 문제
- 지역 커뮤니티의 취약함

이 모든 것은 우리나라에서도 나타나는 현상이다. 좋든 나쁘든, 과거처럼 기업의 틀 안에서 일에 집중할 수 있는 시대는 끝났다. 과거에는 회사의 성장과 개인의 소득이 연결되어 회사에서 일하고 회사에서 출세하는 것이 보람과 목표가 될 수 있었다. 회사의 사업 구조가 바뀔 때도 일하는 사람은 부서나 계열사에 순환 배치되며 일자리를 보장받았다. 회사라는 틀이 일하는 사람을 지켰으며, 일하는 사람은 회사라는 기반 위에서 일을 배우고 성

장하고, 소득과 사회보장을 얻으며, 많은 시간을 보냈다. 그러므로 일하는 사람은 회사에 공동체 의식을 가질 수 있었고, 이는 기업별 노동조합의 기반이 되었다. 그렇지만 현재는 그렇지 않다. '일'은 기업이라는 틀에서 분리되었다. 기업의 안정적인 생존 자체가 더는 당연하지 않다. 경제사회 환경 및 경영 상황의 변화에 대해 과거처럼 기업이 완충재 역할을 할 수 없게 되면서, 그런 변화가 일하는 사람에게 직접 영향을 주었다. 일하는 사람은 자립하고 스스로 판단해 환경에 적응하며 성장 기반을 마련할 필요가 있다.

회사와 기업별 노동조합을 넘어서는 더 넓은 범위에서 노동자를 지원하고 이들의 복지를 담보할 필요가 생겼다. 이는 하나같이 국가에 의한 복지를 통해 해결되기 어렵다. 오히려 일하는 노동자의 가까이에서 해결을 도모하는 것이 더욱 타당하다. '연대·협동으로 만드는 자주 복지' 장치로서 노동금고가 그 역할을 할 수 있을 것이다.

우선 할 수 있는 것부터 시작하자

신자유주의가 세계를 석권하고 금융자본이 폭주한 결과, 전 세계적으로 작은 정부, 규제 완화, 경쟁 지상주의 정책이 취해지고, 소득재분배의 불공정과 소득 격차 및 빈곤이 확대되고 있다. 우리나라도 소득재분배의 악화, 비정규직 전환, 저소득자 및 빈곤층 증대, 빈곤의 대물림, 자살 급증, 저출산과 고령화 등 '희망 없는 사회'의 아픔이 호소되고 있지만, 유감스럽게도 아직 그 대안은 뚜렷하지 않다. 하지만 최근 각 방면에서 사회적 기업의 설립과 협동조합 결성이 폭발적으로 증가하고 있다. 노동금고도 협동조합 은행이라는 점에서 이런 조류와 함께할 수 있다. 협동조합 운동이 활발히 진행되는 과정에서 민주노총과 한국노총, 시민사회가 힘을 합해 '연대·협동으로 만드는 자주 복지' 장치인 노동금고 설립을 추진하기를 꿈꿔 본다.

많은 민주·진보 인사들은 노동, 환경, 복지, 윤리적 생산 등 사회적 가치가 실현되는 사회를 지향한다. 이를 위해 각종 금지명령과 처벌 법규의 제정을 추진하기도 하고, 정부 등 공공 부문에 대해 그 재정자금(국민 세금)을 사회적 가치에 부합되는 방향으로 사용하라고 요구하는 것을 통상의 해법으로 제시한다. 그러나 이런 방법만 있는 것은 아니다. 민주·진보 진영이 보유한 여러 자원을 잘 조직하는 것으로도 사회적 가치 실현을 도울 힘을 만들어 낼 수 있다. 가령 노동금고가 설립되어 노동자의 급여를 원천으로 상당한 예금을 확보했다고 가정하자. 이를 바탕으로 회원 노동자들을 위한 자동차 구입 자금 대출 업무를 했을 때, 이는 자동차 구입이라는 개별화된 소비 행위를 노동금고가 집단적으로 조직한 것이 되며, 이를 통해 종래에 없던 소비자의 힘을 구현하게 된다. 동시에 자동차 생산 과정에서의 노동문제를 해결한다는 사회적 가치의 실현과 관련해 당사자인 자동차 업체를 압박할 힘이 될 수도 있다. 한편 신용카드 업무까지 취급한다면, 유기농·친환경 제품을 생산하거나 지역공동체를 지원하는 기업을 실질적으로 뒷받침할 사회적 장치를 만들어 낼 가능성은 지금보다 커질 것이다. 이것은 상상이 아니다. 네덜란드의 트리오도스 은행Triodos Bank 등 사회적 은행이라 불리는 많은 은행에서 실제로 해내는 사업들이다. 노동금고가 기능적으로 이런 사회적 은행의 역할을 함으로써 국가권력이나 공무원에게 의존하지 않고도 사회적 가치를 실현할 방편을 얻을 수 있다.

자본주의사회에서는 대부분 누군가에게 노동을 제공하고 화폐소득을 얻어 살아간다. 같은 방식의 삶을 살아가기에 이해관계도 같은 최대 다수가 효과적으로 결합되지 못하고 있다. 10퍼센트에 불과한 낮은 노동조합 조직률이 이를 상징하며, 비록 노조로 조직되었어도 기업별로 분산되어 있어서 자신의 잠재력을 온전히 발휘하지 못하는 것이 지금의 형편이다. 오늘날 노동자들은 대개 거래 은행의 계좌 입금 방식을 통해 월급이나 급료 등의 반대급부를 수령한다. 노동자로서 급여 이체 계좌를 노동금고로 등록하는 일은 아주 간단한 노력으로도 할 수 있는 일이다. 이 간단한 행위로, 어쩌면 부담스럽고 거창해 보일지 모를 '연대와 협동'을 만들어 낼 수 있다.

지금까지 이 땅에서 삶의 방식은 강력한 중앙집권적 권력에 의존할 수밖에 없는 상태가 지속되었다. 지난한 노력으로 민주화가 일부 진행되었지만 아직 갈 길이 멀다. 많은 이들이 시민사회의 자율적 중간 결사가 더 많이 만들어지고 확산되어야 한다고 지적한다. 특히 정당의 발달이 강조되지만, 그에 국한되어서는 안 된다는 것도 당연하다. '연대·협동으로 만드는 자주 복지' 장치도 이 땅의 민주주의를 심화하는 데 쓰일 수 있다. 민주주의와 복지 확대가 병행 발전하는 다양한 길에 대한 관심을 나눌 필요가 있다.

참고문헌

박근갑. 2009. 『복지국가 만들기』. 문학과지성사.
이상동. 2009/04/10. "고용보험 15년, 아직 갈 길이 멀다." http://blog.naver.com/
　　　kimseye3/130046090638
최장집. 2009/12/07. "한국 민주주의, 어디서 와 어디로 가고 있나." 제7회 국가관리포럼강연.
핸더슨, 그레고리(Gregory Henderson). 2000. 『소용돌이의 한국정치』. 이종삼·박행웅 옮
　　　김. 한울.

제 5 부

논쟁

16

시 장 대 공 공 성 논 쟁

공공성 담론과 한국 진보의 기획,
논의의 성과와 과제

이병천

문제 제기 : 시장화 대 공공성

87년 민주화 이후 한국 자본주의의 진화는 시장화 또는 규제 완화와 민주적 공공성 강화라는 두 축 간 다툼이라는 관점에서 바라볼 수 있다. 전자는 재벌로 대표되는 소수 특권층과 이를 대변하는 정치권, 보수 언론 등 인사이더의 이익을 중심에 두고 불안하고 불공정하며 불평등한 '3불不' 격차 사회를 유지하면서, 그 낙수 효과를 통해 대중을 포섭하는 길로 가는 것이다. 후자는 3불의 격차·양극화 사회를 해체하고 갖지 못한 다수도 민주적 주권자, 동등한 이해 당사자로서 기본 몫stakes을 가지면서 함께 잘 사는 대한민국의 길, 즉 사회경제적 삶에서 민주공화국을 내실화하는 길을 추구하는 것이다. 이때 정부의 건전한 규제와 조정은 반드시 필요하다. 이는 우리 헌법에서도 말하고 있다(제119조). 또 프란치스코 교황Pope Francis은 "규제

없는 자본주의는 새로운 독재"라고 하면서 "새로운 형태의 가난을 만들어내고 노동자들을 소외시키는 비인간적인 경제 모델들을 거부하기를 바란다."고 설파한 바 있으며, 노벨경제학상 수상자 스티글리츠Joseph E. Stiglitz 또한 "규제는 경쟁을 보장하고, 힘의 남용을 막으며, 스스로를 보호할 능력이 없는 사람들을 보호하기 위해 고안된 규칙"이라고 지적한 바 있다.

시장화와 공공화라는 두 가지 길 사이의 '이중 운동'double movements 동학에는 1997년 외환 위기, 민주·개혁 정부 10년, 뒤이은 이명박 정부의 등장과 촛불 시위, 2008년 세계 금융 위기, 2012년 대선에서 민주·진보 세력의 패배와 박근혜가 이끄는 보수 정부의 재등장이라는 몇 가지 분기점이 있다. 국내적으로 이명박 정부의 실정과 세계적 금융 위기가 중첩된 매우 유리한 조건에도 불구하고 보수 세력의 재집권을 허용한 것은 민주·진보 세력에 특별히 뼈아픈 것이었다. 더구나 보수 세력은 시대 변화에 편승해 변신을 도모했으나, 복지의 대폭적 확대와 경제민주화를 약속해 집권했음에도 대국민 약속을 간단히 파기했다. 한국에서 여전히 과거는 힘이 세다. 2008년 세계 금융 위기와 월가 점거 시위를 분기점으로 하여 새 시대정신으로 떠올랐던 '변화'라는 열쇳말은 한국에는 잘 들어맞지 않는다.

철도 및 의료의 민영화, 나아가 전반적으로 박근혜 정부 정책 기조의 신자유주의적 '줄푸세'(세금은 줄이고, 규제는 풀고, 감시와 처벌로 사회 기강을 세운다)로의 회귀 상황과 마주해 다시 공공성이 사회적 화두로 떠올랐다. 시장화 대 공공화 간의 이중 운동이 다시 시작된 것 같기도 하다. 그런데 민주·진보 세력에는 지난 시기의 공공성 운동과 담론이 축적되어 있다. 적지 않은 논쟁이 있었고, 견해의 공유와 함께 이견도 보였다. 새로운 사건은 언제나 새로운 의미와 해법을 묻기 마련이다. 지난 시기 민주·진보 세력의 공공성 강화 노력은 세계화 시대의 지배적 흐름이었던 '관치에서 시장으로'라는 대세에 눌리고 여러 내부 약점이 중첩돼 힘겨운 싸움을 해야 했다. 2008년 세계 금융 위기 이후임에도, 이 같은 이중의 곤란은 박근혜 정부 시기 모양을 달리하며 공공성의 새 길을 여는 것을 여의치 않게 하고 있다. 이 글에서는 지난 시기 논의들을 검토해 그 자산이 무엇인지, 또 어떤 과제를 남겼는지를 살펴보려고 한다. 새 공공성 대안을 창안하는 데 필요한 작업인 셈이다.

공공성이라는 물음

민주화와 시장화 시대 한국에서 대두되고 실천된 공공성론은 구조 변화와 주체 변화의 양 측면에서 한국식 압축 신자유주의가 보여 주는 특성들 때문에 진보적 대항 담론으로서 갖는 의미가 매우 크다. 그만큼 논쟁적 지점들도 많다. 1997년 외환 위기 초까지만 해도 공공성론이 크게 대두되지는 않았다. 본격적으로 공공성론이 대두된 분기점은 김대중 정부의 실정이 뚜렷해진 정권 말기에 '연대와 성찰'을 주제로 한 한국사회포럼(한국사회포럼 조직위원회 2002)과 '신자유주의 세계화, 사회의 실종 그리고 공공성의 위기'를 주제로 한 대안사회포럼(대안연대회의 2002)이었다. 이후 노무현 정부 말기 한미 FTA의 추진, 그리고 이명박 정부 초기 미국산 쇠고기 수입 강행을 계기로 한 촛불 시위를 거치면서 공공성론이 신자유주의 공세에 대응하는 대항 담론으로 큰 흐름을 이루었다. 그러면서 시민운동과 민중운동이 함께 공공성론에 합류하고 연대하는 모양새가 나타났다. 우리는 한국사회포럼(한국사회포럼 조직위원회 2002), 대안사회포럼(대안연대회의 2002), 참여

사회연구소(2006, 2007)나 노동사회연구소(2008) 등과 이 흐름에 힘입어 축적된 여러 개별 연구들에서 다양한 공공성 논의를 읽어 볼 수 있다. 이 논의들은 서로 수렴하거나 여러 지점에서 갈라진다.

노동운동이 전개되는 과정에서 나타난 공공성론부터 살펴보자. 그 주요 담론은 '사회 공공성'론으로 불린다.[1] 노동운동의 경우 일차적으로 민영화에 대한 방어적 반대를 넘어서는 일이 절실했으며, 그러기 위해 공기업이 '사회적 공공성'을 지닌다는 점을 부각할 필요가 있었다. 사회 공공성론에 따르면 사회 공공성은 심화되는 빈부 격차와 양극화를 해소하고 구성원 모두에게 필요한 기초 생활을 사회적으로 보장한다는 평등과 연대의 가치를 담고 있다. 모든 사회 구성원은 자신의 경제적 능력과 무관하게 공공 서비스를 누려야 하며, 이를 위해 자본주의 체제라 해도 시장과 이윤 논리를 벗어나 이런 서비스가 생산·공급되어야 한다. 사회 공공성 운동은 교육 시장화, 의료 시장화, 연금 시장화, 기간산업 시장화, 농업 개방, 지적 서비스 상품화 등 사회 공공적 영역이 시장 논리에 지배되어 이윤 추구 대상으로 전락하는 것을 저지하는 것이다. 그리하여 사회 공공성은 소유의 사회화를 포함하는 탈시장화·탈이윤화라고 정의된다. 이런 의미에서 사회 공공성 운동에는 다음과 같은 두 가지 구성 요소가 있다.

첫째, 시장과 이윤이 아닌 **사회 연대적 부등가교환**에 기초한 경제 운영의 단초를 실험하고 이 성과를 사회적 담론으로 확장한다.

둘째, 자본주의에 비판적인 주체들을 형성한다. 이 과정에서 특정 집단

---

1 오건호(2008)가 대표적 논자다.

의 자기 이익을 넘어 다수 계층의 보편 이해를 지향하는 주체, 더 나아가 자본주의를 넘어 세상을 바꾸려는 주체들도 성장해 간다.

사회 공공성론이 갖는 큰 의미는 노동계의 공기업 민영화 반대 운동이 가진 조합적 이해관계 또는 소극적 방어 논리를 넘어, 그리고 관념적인 좌파 근본주의를 넘어, 우리 사회가 민주적 정치 공동체로서 지향할 공통 가치인 필요의 원칙을 분명하고 꾸준하게 제시했다는 데 있다. 공공 부문 서비스와 노동의 가치도 그 관점에서 옹호된다. 사회 공공성 운동이 노조의 정체성을 재구성하기 위한 '사회적 인정 투쟁'이라는 생각도 있었다. 특히 강조해야 할 것은 필요의 원칙이란 국가가 모든 사회 구성원에게 보편적인, 기본적 필요를 제공할 공적 책임(자선적 시혜가 아니라)을 지님을 의미한다는 것이다. 이는 대한민국의 헌법적 가치이기도 하다(제헌 헌법).

노동운동권이 사회 공공성론을 펴는 동안 시민운동권 또한 독자적으로 민주적 공공성론을 발전시켰다. 참여사회연구소·대안연대회의 등이 그 일익을 담당했는데 이들의 논의는 그간 시민 단체가 치우쳤던 중도 자유주의 또는 자유주의 정상화 지향 개혁론의 흐름을 전환했다는 의의를 갖는다. 신진욱(2007)은 공공성의 정의와 규범적 원칙을 제시했다. 그는 공공성의 복합적 의미를 다섯 가지로 들었다. 다수 사회 구성원에 대한 영향, 만인의 필수 생활 조건, 공동의 관심사, 만인에게 드러남, 세대를 넘어서는 영속성 등이다. 그리고 이들 의미에는 각각 책임성과 민주적 통제, 연대와 정의, 공동체 의식과 참여, 개방과 공개성, 세대 간 연대와 책임의 원칙이라는 규범적 가치가 내장되어 있다. 신정완(2007) 또한 공공성의 의미를 공중公衆의 시선에 대한 개방성, 의사결정 과정의 민주성, 기본적 재화와 서비스에 대한 모든 사회 구성원의 평등한 접근성, 비시장적 원리에 따른 자원 배분의 강화, 그리고 국민적 자산과 사회경제적 의제들에 대한 국민적 통제 등 다섯 가지로 들고 있다. 필요의 원칙(만인의 필수 생활 조건 또는 기본적 재화와 서비스에 대한 모든 사회 구성원의 평등한 접근성)을 제시하고 있다는 점은 노동계의 사회 공공성론과 공통된다. 그러나 이들은 사회 공공성론에 비해 공공성을 훨씬 폭넓게 정의하고 있다. 특히 공화주의 및 민주주의의 이론적 자원에 줄을 대고 있는 신진욱의 정의에서 공공성의 여러 가치들은 사회 공공성론이 제시한 평등 및 연대 가치를 포함해 훨씬 완결성을 가진 묶음으로 보인다. 그럼에도 시민 정치권의 공공성 정의에서도 여러 다양한 요소가 나열되고 있고, 그 요소들 간의 관계가 분명하지는 않다. 중요한 대목이 빠져 있다는 생각도 든다. 우리는 이상의 논의들이 보여 주고 있는 공공성의 의미론에서 미흡하거나 비어 있는 몇 가지 대목들을 다음과 같이 지적하고 싶다.

첫째, 우선 필요의 충족이라 해도 그 내용이 생각만큼 명확하지는 않다는 문제가 있다. 어떤 필요를 어디까지 공공재로 간주하고 나머지를 '사유재'로 시장 교환에 넘길 것인가? 그 경계는 어디인가? 이 문제는 간단하지 않다. 이 물음으로부터 탈상품화·탈이윤화해야 할 '필요' 또는 '욕구'를 둘러싼 해석의 정치, 공통의 필요를 창출하는 숙의의 정치가 나타날 수밖에 없다. 다시 말해 필요를 고정된 것이 아니라 동태적인 것, 발전적인 것으로 파악해야 한다. 그리고 공과 사의 제도적 측면과 규범적 측면을 잘 구분해야 한다. 공과 사의 경계 설정, 공공적 욕구의 실제적 내용, 나아가 욕구의 권리로의 정치적 인정이냐 탈정치화냐 등을 둘러싼 이중 운동 또는 쟁투의 동학이 불가피하다.[2]

둘째, 필요 원칙 또는 연대성이 유일무이한 공통 가치가 될 수는 없다는 문제가 있다. 늘 논란거리이지만 공공적 필요를 충족하는 데는 돈이 필요하다. '무상' 제공을 하려면 재원이 있어야 하고 세금을 거두어야 한다. 이는 기여 원칙을 동반해야 하고 대중(선거 때는 유권자)의 동의라는 관문을 통과해야 한다. 기여 원칙을 고려하는 가운데 어떻게 '필요에 따른 분배'를 해결할지의 문제가 제기된다. 이는 보편적 서비스의 양과 질의 문제, 또 경제적 효율이나 성장의 차원을 끌어 들인다. 우리는 오늘날 널리 민영화와 민자 사업, 외주화가 진행되고 있음을 알고 있다. 따라서 공공성의 요구는 지배적 권력 및 계급 관계에서 비롯되는 기득권의 저항과 함께 효율성을 달성할 방도를 둘러싸고도 시장 자본주의와 대면하지 않을 수 없다.

셋째, 공공성론은 공공 영역의 역할론에 국한되는가? 노동계의 사회 공공성론은 다분히 그렇게 보인다. 그렇다면 사적 자본주의는 그대로 방치하나? 만약 그렇게 할 수 없다면 반드시 '경제적 공공성'의 문제가 제기된다.[3] 시민 정치권의 공공성론은 이를 거론하기는 하지만 미흡하다. 공사 혼합경제에서 여전히 이익을 사유화하고 비용을 외부화 또는 사회화하는 사적 자

---

2 '욕구 해석의 정치'는 욕구를 해석 또는 이성화하는 능력과 정치화하는 능력을 필요로 한다. 그 능력의 배양 자체가 공적 과제다. 욕구의 내용과 관련해서는 크게 롤스의 기본재 접근, 아마르티아 센(Amartya Kumar Sen)과 마사 누스바움(Martha Nussbaum)의 역량 접근으로 대별된다. 두 접근의 혼합론도 볼 수 있다. 이 글은 센/누스바움의 접근을 우선적으로 옹호한다.

3 오건호는 '사회 공공성'이 의료 공공성, 교육 공공성, 주거 공공성, 연금 공공성 등 다양한 '부문 공공성'을 총괄 규정하는 용어라고 말한다. 만인의 보편적 필요를 보장하는 평등 및 연대 가치를 사회 공공성이라 규정하는 것이 더 나을 것 같다. 이런 의미의 사회 공공성은 '정치 공공성' 그리고 '경제 공공성'과 구분될 수 있다.

본 권력의 무책임을 어떻게 공공복리로 규율할지, 나아가 민간 부문과 공공 부문이 어떤 방식으로 결합되는 대안적 혼합 체제(이는 매우 다양하다)를 구상할지를 다루는 통합적인 사회·경제 공공성 담론 및 정책이 요구된다.

넷째, 공공성 담론은 단지 저항의 담론 아니면 통합의 담론일 뿐인가? 또 공공성은 자유와 충돌하는가? 공공성의 담론은 대항하는 힘들 간에 엄연히 존재하는 이해 갈등 및 욕구의 차이 또는 다양성을 긍정한다. 배제되고 억압받는 대중도 평등한 참여의 자유 몫을 가질 것을, 그리하여 대항하는 힘들 간에 견제와 균형의 수립할 것을 추구한다. 그렇게 평등한 자유의 상호 승인과 권력 공유 및 숙의를 통해 높은 길high road로 가는 시민 공동체의 창조적 활력이 생성될 것이다. 즉 공공성 담론은 참여·헌신·협력·창조를 통해 '저항에서 구성으로' 나아가려는 것이다. 바로 이것이 자유와 공공성이 같이 가는 민주공화적 공공성의 의미라고 생각된다.[4]

공공성론의 한국적 맥락과 장벽

인간의 노동력과 토지, 자본의 고삐 풀린 시장화는 이를 견제하는 적절

---

4 res publica는 인민의 것(les populi; the people's thing) 또는 인민의 관심사를 뜻하는데, 키케로에 따르면 "인민은 아무렇게나 군집한 사람들 전체가 아니라 법에 대한 동의와 공동의 이익으로 결속한 일정 규모의 회중"이다. 그렇지만 여기서 누가 참여하는지, 누가 인민인지, 어떤 법인지, 어떤 이익인지가 문제이다. res publica에 대한 키케로의 정의는 민주 공화적 공공성이 담아야 할 참여와 평등한 자유, 갈등, 협력, 창조라는 핵심 지점들을 빠트리고 있다. 키케로는 대표적인 '귀족적 공화주의자'로서 원로원의 귀족정치를 옹호하고 평민의 정치 참여와 권리 신장에 반대했다.

한 대항 운동이 나타나지 않고 비시장적인 재분배와 호혜의 통합 형태로 적절히 조절되지 않을 경우, 사회를 하나의 공동체로서 지속될 수 없게 만들 것이다. 그것은 대항 운동을 낳기 마련이며, 폴라니Karl Polanyi가 말했듯이 시장화와 사회 보호의 '이중 운동'이 시장 자본주의의 역사를 관통한다. 그런데 나라마다 이중 운동 역사는 다양하며 갖가지 우여 곡절이 있다. 고삐 풀린 자본주의의 출구가 반드시 공동성과 공통 감각을 키우는 민주적·진보적 공공성 길로만 열려 있는 것도 결코 아니다. 왜 그럴까?

서구식 '선진적' 신자유주의가 (일종의 타협 체제인) 복지국가가 발전된 후 그 반격으로 나타난 데 반해, 한국식 신자유주의는 복지국가 단계('자본주의 2.0')를 생략하고 압축 근대화를 본떠 압축 시장화 형태로 출현했다. 즉 한국식 신자유주의는 '압축 시장화형 신자유주의'compressed neoliberalism라 할 수 있다. 국내총생산GDP 대비 복지 지출로 보면 한국은 OECD 평균 수준에 미달함은 물론, 신자유주의 중심국이라는 미국보다 더 아래쪽이고 멕시코 다음으로 꼴찌다. 한국의 국가는 관료·권위주의 측면에서는 매우 강하지만 공적 사회국가 역할에서는 매우 약하고 저발전되어 있다. 또 노동시장의 경우, 노동자 과반이 비정규직이고 한번 일자리를 잃으면 재취업하기가 매우 힘들다. 그리고 창업하거나 실패할 때 재기하기도 정말 어렵다. 이 역시 미국보다도 훨씬 열악하다. 그만큼 물질적 동의 기반이 취약하고, '이는 대중이 감내하기 어려운 수준이다. 그렇다면 신자유주의 공세에 대한 대중적 저항도 그만큼 거세고 저항적 동의 저변이 넓어야 마땅하지 않을까? 현실은 그렇지 않다. 각자도생 경향이 심하다. 이 또한 한국의 발전 경로가 보여 주는 중요한 특징인데 이 한국식 '이중 운동의 역설'을 어떻게 봐야 할까? 공공성 논의는 압축 시장화에도 불구하고 왜 공공성 의제의 저변과 사회적 지지가 약한가 하는 문제와 마주해야 한다. 이는 운동의 새로운 진로를 모색하는 데서도 필수적이다.

한국사회포럼(한국사회포럼 조직위원회 2002)에서 우리는 관련 논의들의 일단을 볼 수 있다. 이 포럼은 노동·민중운동과 시민사회 운동을 모두 아우르며 신자유주의에 대항하는 '연대와 성찰'의 길을 모색했다. 당연히 공공성 강화와 재구성은 연대와 성찰의 핵심 의제였다. 여기서 제기된 중요한 논점과 견해 들을 정리해 보면 다음과 같다.

- 관치에 대한 염증이 공공성의 부정으로 확대되는 '편향'이 있다. 공기업 사유화에 맞서 경영 지배 구조의 민주화 방안을 모색하는 등 이를 극복하는 공공성 담론을 재구성할 방안이 필요하다.
- 공공성은 새로운 세기 진보의 열쇳말이며, 공공성 담론의 새로운 확장이 요구된다. 공기업의 사유화와 해외 매각은 시민사회 전반의 관심사이자 공공성 일반의 문제임에도 노동조합의 절규를 통해 문제가 부각되었다는 것은 한국 사회운동의 협소한 기반을 반영한다. 발전노조 파업 등은 정권과 자본의 공세에 대항하는 노동운동의 역할과 공공적 역할을 잘 부각시켰다.
- 한국 사회에서 신자유주의가 일정하게 대중적 설득력을 가지고 파급될 수 있었던 것은 여전히 남아 있는 전근대성에 기인한 측면이 있다. 신자유주의 파급력은 어느 정도 우리 사회의 전근대성과 일반 민주주의의 결여가 빚어낸 정치적 반작용이다. 전통적 민중운동은 이런 지점을 놓치고 시민운동은 이 상황을 자유주의 정치 공간으로 협소화하지 않았는지에 대해 사회운동 진영 전반의 자기 점검이 필요하다.

- 공공 부문은 대부분 개발독재 체제에서 형성되었고 낙하산 인사, 경영 무책임의 고질화, 서비스 수혜자에 대한 배려 부족 등 구조적 문제를 안고 있다. 이로부터 공공 부문의 부패나 비효율이 배태되어 왔다. 공공 부문 경영 관련 의사 결정이 노동조합에는 감추어져 있고, 시민 단체나 국민의 감시·감독 장치도 존재하지 않는다. 공공 부문의 방만 경영은 노동자들의 문제가 아니라 시스템의 문제이고, 관료들이 거대 공기업을 좌지우지하는 관치 경영이 주범이다. 의사 결정 구조의 민주화, 책임 경영의 구현, 대민 서비스의 혁신이 요구되며, 이를 통해 부패나 비효율을 털어 내야 한다. 그러나 정부는 부패나 비효율을 관치 경영, 운영의 비민주성에서 찾지 않고 소유 구조의 특성으로만 치부해 사유화를 강행한다.
- 신자유주의 대항 담론이 미약했다. 이는 한국 사회 중간 계층이 정권교체와 IMF 위기를 계기로 신자유주의적 사회체제 재편에 동의했기 때문이다. 특히 온건한 개혁을 표방하는 시민운동 단체들이 재벌 개혁을 명분으로 노동 배제적인 신자유주의를 개혁의 관점에서 용인했다. 시장 원리의 도입이 관료주의를 척결할 유력한 수단으로 여겨졌다. 교육 분야에서 공공성 확립은 신자유주의에 대한 대처 방안과 함께 관료주의 척결 문제를 어떻게 해결할지, 뿌리 깊은 가족 이기주의와 학벌주의를 어떻게 극복할지에 달려 있다.

사회 포럼에서 제기된 이상의 생각들은 문제의 중요한 지점을 짚고 있는 것으로 보인다. 지금도 충분히 현재적 의미를 가진 논점들이다. '관치 경영'은 개발독재 체제 이래 재생산되고 있지만, 바로 이 '관치에 대한 염증'이 민영화 등 신자유주의 시장화를 용이하게 했고 공공성 저발전의 질곡이 되고 있음은 지금도 다르지 않다. 관료주의와 가족주의, (특히 교육 문제와 관련된) 학벌주의와 함께 중간 계층이 신자유주의 재편에 동의하고 온건 시민운동 단체들이 신자유주의 개혁을 용인했다는 지적이 나왔다. 공기업 민영화와 해외 매각 사태에 저항하는 노조의 '공공적' 투쟁 역할도 부각되었다. 특히 신자유주의가 일정하게 대중적 설득력을 가졌다고 하면서 여기에는 한국 사회의 전근대성에 기인한 측면이 있다는 지적은 주목할 만하다. 그런데 이 문제에 대해 민중운동과 시민운동 모두 잘 대처하지 못했다고 평가되었다. 즉 민중운동은 이 지점을 놓쳤고, 시민운동은 이 상황을 자유주의적 개혁 중심으로 협소화했다는 것이다.

우리가 '한국식 이중 운동의 역설'이라 부르는 문제는 더 다각도로, 심층적으로 짚어 봐야 할 중요한 사안인데, 이에 대한 또 다른 논의는 참여사회연구소(2007)에서 이루어졌다. 사회 포럼과 비슷한 취지의 지적은 여기서도 볼 수 있다. 시민사회에서는 오랫동안 '공론장' 담론이 범람한 반면, 공공성 담론은 빈곤했다거나, 시민 단체들의 경우 주로 공개성으로서의 공공성에 집중했을 뿐 '평등으로서의 공공성' 또는 '사회경제적 민주주의로서의 공공성'에 대한 몰입도가 낮았다는 지적 등이다. 나아가 신자유주의가 나름대로 국내 특권을 허무는 '해방적 효과'를 가지면서 사회경제 양극화를 조장한 것이 대처하기 어려운 대목이었다면서, 여기서 시민운동이 사회경제 공공성을 강화하는 운동을 적절히 펼치지 못한 실책을 범했다는 비판도 있었다. 이런 지적들은 한국 사회가 가진 전근대적 측면 때문에 신자유주의가 일정 정도 대중적 설득력이 있었고, 이 상황에서 시민 단체가 운동을 자유주의 개혁 중심으로 협소화했다는 앞서의 지적과 일맥상통한다. 이와 관련되지만 또 다른 관점에서 시민운동이 이른바 '자유주의적 공공성'에 치중했다고 보는 견해가 있다. 이 견해에 따르면 재벌 개혁 방편이었던 소액 주주 운동은 신자유주의적 공공성 운동일 뿐 자유주의적 권익 운동에도 미달하는 것이다.[5]

참여사회연구소 논의는 시민운동에 대한 자기 반성적 지적뿐만 아니라 노동·민중운동의 문제점도 함께 짚었다. 문제점은 다음과 같이 대단히 많다. 노동운동은 '민영화 반대, 고용 보장, 노조 보호 = 공공성 확보'라는 등식에 만족하는 경향이 강하거나 '무엇에 대한 반대'에 집중되어 있었다. 공공 부문 노조나 전교조 등이 비교적 높은 수준의 보호를 받아 온 노동자들의 이익을 대표함으로써 이들 주도의 공공성 담론이 비정규직, 영세 영업자, 광범위한 서민 대중의 호응을 받기 어려웠다. 또 재야 급진파나 제도권 진보 정당의 경우 전통적인 'NL/PD' 구도가 끈질기게 지속되었다. 물론 문제를 사회운동의 주체적 측면 탓으로만 돌릴 일은 결코 아니다. 논자들이 공통적으로 강조해 지적한 것은 권위주의적 산업화와 민주화 시대 간 지배 논리의 (이분법이 아니라) 연속성이다. 즉 박정희 시대 이래 한국 사회에 뿌리내려 온 소유적 시장 사회와 수동 혁명적 발전주의 원리가 민주화 이후에도 철저히 관철되었으며, 특히 노동운동에 대한 국가와 재벌 권력의 강한 봉쇄 전략이 성공해 대기업 노조들이 이익 단체 성격을 갖게 되었다는 것이다. 그리하여 우리 시민사회 운동 전반의 주소에 대해 다음과 같은 결론이 내려졌는데 이는 매우 적절해 보인다.

---

5 이는 소액 주주 운동의 한계에 대한 비판으로 이해할 수 있다. 그러나 그 이중성을 보지 않는 너무 단순한 생각이다. 더 자세한 비판적 논의는 이병천(2012)을 참고할 수 있다.

이상의 사정은 결국 한국 사회운동의 사회적 기반이 아직 매우 협소하다는 점을 반영하는 것이라 할 수 있다. 비정규직 노동자 등 공공성 강화에 대한 가장 절박한 요구를 가진 사회집단은 아직 잘 조직되지 않았고 노동운동이나 시민운동 등에 의한 '대의代議의 대행'도 잘 이루어지지 않았다(신정완 2007, 46).

그렇다면 난관을 극복하는 방안은 어디에 있을까? 한 논자에 따르면 문화적 차원에서 공공적 의제의 헤게모니적 재구성이 요구된다. 특히 공공성 투쟁을 수행하는 사회 세력의 특수 이익과 공중의 보편 이익을 화해시키는 일이 중요하다. 또 공공성 투쟁은 노동·시민운동 연대를 효과적으로 형성할 계기가 될 수 있고, 그렇게 되어야 한다. 시민사회 세력과 진보 정당의 동맹 등 정치적 기회 구조를 개선하는 일이 필요하다. 그리고 사회운동 세력은 자신의 생각을 잘 전달할 수 있는 도덕적 언어를 개발해야 한다. 유사한 견해는 또 다른 논자에서도 볼 수 있는데, 잠재적 수혜자와 공공성 담론 주도 집단 간의 괴리를 좁힐 것, 공공성 의제와 담론을 한국인의 평균 심성에 부합되는 방향으로 개발할 것, 관치를 공공성과 동일시하는 통념을 깨트릴 것, 대중적 용어 또는 인식 프레임을 개발할 것, 담론의 내실을 확보할 것 등이 핵심 과제로 제시되었다.

결론적으로 공공성 의제에서 사회운동과 '진보 진영'이 보수주의자가 될 수도 있는(또 그렇게 되기도 했던) 상황, 여러 세력들이 특수 이익으로 쪼개져 있고 중심적 주체가 없는 상황, 다수 대중이 소유적/자산적 개인주의와 각자도생에 포박되어 있는 상황에서, 보편적 공공성 운동의 새 길이 얼마나 큰 난관과 마주하고 있는지 잘 알 수 있는 것이다.

공공성의 역사적 위상과 대안 비전

지난 시기 한국의 공공성 강화 운동이 직면했고 지금도 벗어나지 못하는, 구조와 주체 양쪽에 걸려 있는 매우 높은 장벽을 생각하면, 이 운동이 어떤 역사적 위치에 서있는지, 어떤 미래 대안 비전을 갖고 있는지 등의 물음은 한가로워 보일지 모른다. 주요 시민 단체들이 이런 류의 문제에는 큰 관심을 두지 않고 주로 당면 이슈 투쟁에 치중한 것도 그래서인지 모르는데 그들은 줄곧 이른바 '전략적 모호성'을 내세우곤 했다. "장기에는 우리 모두가 죽고 만다."는 케인스의 유명한 말도 있다. 틀린 말은 아니다. 그렇지만 단기 못지않게 장기도 중요하다. 우리는 한 걸음을 떼더라도 어디로 가는지 알고 그 방향으로 걸어가야 할 것이다. 그렇지 않으면 길을 잃고 지치게 된다. 공공성 운동은 방어적 운동에서 능동적 운동으로, 더 나아가 대안 비전과 전략을 가진 운동이 되어야 한다.

정책과 제도를 바꾸면서 어떤 개혁·변혁 과정을 거쳐 어떤 대안을 추구할지의 문제가 논의될 필요가 있다. 즉 중·장기적 시간대 한국 사회의 발전 전망 속에서 공공성을 강화하는 운동의 전략적 위상을 어떻게 자리매김해야 할지의 문제다. 당면 정세적 의제, 개별 이슈들을 둘러싼 다툼과는 별개로, 공공성 운동은 이 전략적 위상과 대안 비전에서 여러 갈래로 나뉜다. 이 견해 차이 또는 대립은 공공성 운동이 '저항적 연대' 운동을 넘어 대안 운동, 다시 말해 보수 세력의 신자유주의 공세에 맞서는 '통합적 대항 헤게모니' 운동이 되기에는 역부족이며 넘어야 할 산이 많음을 잘 보여 준다.

다시 사회 공공성론의 대표 논자인 오건호의 견해로 돌아가 보자. 그의 생각의 출발점은 국가 독점 사회주의의 역사적 실패 경험 이후 새로운 대안 운동은 (연역적이 아니라) 귀납적으로 대안적 상을 축적해 가는 먼 길을 걸어야만 한다는 것이다. 그러면서도 사회 공공성 운동이란 단지 자본주의 체제 내부를 개선하거나 재생산하는 데 머무는 개량주의 운동은 아니라고 말한다. 다시 말해 자본주의 체제를 바로 넘어서는 운동은 아니지만, 체제를 넘어서려는 '잠재성'을 지닌 운동이라는 것이다. 이유는 두 가지다. 첫째, 탈상품화 경제 운영의 단초를 실험하고 이 성과를 사회적으로 확장하는 것이 진보적 사회화의 기초를 놓게 될 것이다. 둘째, 이 실험 과정에서 특정 집단의 자기 이익을 넘어 다수 계층의 보편 이해를 지향하는 민중적 주체, 나아가 시장 논리와 대항하며 자본주의를 문제시하고 이를 넘어 세상을 바꾸려는 주체들이 성장해 갈 것이다. 이런 두 가지 점에서, 아직 자본주의를 '넘어서는' 대안 투쟁은 아니라 해도 '넘어서려는' 비판 운동이라는 것이다.

오건호의 이런 주장은 상당 부분 타당한 것으로 보인다. 그의 생각은 교조적 좌파 근본주의와 결별하고 있다. 이제 연역적 운동이 아니라 귀납적 운동이 불가피하며 실험과 학습의 과정이 중요하다고 말한다. 매우 적절하다. 공기업 운영의 대안상으로 '사회적 공공 운영 체제'나 '사회 공공 회계' 등도 제시되었는데 이 또한 매우 의미 있는 대안 논의이다. 그러면서도 사회 공공성론은 자본주의 체제를 넘어서는 이른바 '비개혁주의적 개혁'의 전망을 갖고 싶어 한다. 그러나 이 논리는 여전히 추상적 수준에 머물러 있다. 우리는 여러 부문 운동들 또는 국지적 운동이 어떻게 국민경제 전반에 걸쳐 자본주의를 넘어서는 실험이나 주체 형성으로 나아가는지, 그 체제 대안의 **이행 경로**를 듣지는 못한다(물론 오늘날 이를 자신 있게 제시하는 논의를 보기는 어렵다). 그뿐만 아니라 혹시 오건호가 대기업이나 공공 부문에 소속된 노조를 중심 주체로 생각하고 있는 것인지(사회 공공성론은 공기업 민영화 반대론의 흐름 속에서 제기되었다)도 알 수가 없다. 아니면 혹시 재벌 국유화 같은 것을 염두에 두고 있었던 것일까? 그런데 사회 공공성론은 공공 부문 전환에 초점이 있었기 때문에 재벌이 주도하는 사적 자본주의경제를 어떻게 공공적 가치에 입각해 규율하고 대안 모델을 구축할지의 문제는 비어 있다. 즉 사회 공공 대안론에는 공사 혼합 경제상에 대한 논의가 없었다. 이런 상태에서 사회 공공성 운동이 자본주의를 '넘어서려는' '잠재성'을 지닌 운동이라고 말하는 것은 공허해진다.[6]

마지막으로 주체 전환의 측면에서도 사회 공공성론의 시야는 좁아 보인다. 민영화·외주화를 포함한 신자유주의 공세 앞에서 공공 부문 노동자들의 대응은 물론 매우 중요한 의미를 갖는다. 그러나 오늘의 한국 사회에서 대기업이나 공공 부문 노동자들이 사회·경제 공공성의 민주적 재구축 주체로서 갖는 능력은 제한적으로 보인다. 가장 위험에 크게 노출되어 있는 비정규직 노동자, 실업자 그리고 자영업자 등의 대응이 기대되지만 현재로서 그 조직적 대응력은 취약하다. 한국식 시장 자본주의 체제에 맞서는 발본적인 주체적 능력은 노동 세계와 함께 생활 세계 안에서, 더 넓고 깊은 공동체 안에서 여러 갈등 층위들과의 마주침과 기대 지평의 공유 경험 속에서 솟아나지 않을까?

그런데 우리는 노동·민중운동권 내에서 사회 공공성론에 대한 두 가지

---

6 오건호는 이후 '내가 만드는 복지국가' 운동에 나섰다. 이 운동의 전략적 위상과 전망은 사회 공공성 운동과는 달라 보이며 사회민주적 복지국가론과 친화적이다.

입장의 비판을 주목하게 된다. 하나는 국유 사회화론(계획화론)이고 다른 하나는 자율적 사회화론이다. 먼저 국유 사회화론에 따르면, 국가독점자본주의 단계론과 반독점 사회화는 소유의 사회화, 계획적 조절, 대중적 통제를 포괄하는 개념인 데 반해, 사회 공공성은 사회화의 이 세 요소를 포함한다 해도 낮은 수준의 사회화를 의미할 뿐이다. 국유 사회화론의 입장에서 볼 때 사회 공공성은 그 하위 범주로 자리매김된다. 그뿐만 아니라 이 낮은 사회화조차 사적 독점의 지배와 시장 경쟁을 인정하고 있어 제한적이다. 낮은 수준의 제한된 사회화라 해도 국가독점자본주의 단계에서 사회 공공성 운동의 의미는 인정된다. 그러나 그 실체는 체제 내 개량에 머무르는 '사회 개혁'이다. 따라서 사회 공공성론으로는 자본주의의 이행을 논할 수 없으며, 국유 사회화론의 입장에 서서 공공 부문을 사회화의 구성 요소로 인식하고 더 높은 사회화 운동으로 나아가는 문제를 고민해야 한다는 것이다.

다른 한편 자율적 사회화론이 존재한다. 이에 따르면 국유 사회화론은 거창하기는 하지만 당위적·연역적이며 강단적 주장을 넘어서지 못한다. 오히려 사회 공공성론이 구체적 현실에 기반을 두면서 공공성 개념을 역동화한 것으로서 긍정적으로 평가되어야 한다. 그렇지만 사회 공공성론 역시 국유 사회화론과 마찬가지로 체제적 이행 경로를 제시하지 못하는 공백 지점을 갖고 있다. 자율적 사회화론에 따르면 사회 공공성론, 국유 사회화론은 '양적 관점의 사회화'에 머물러 있는데, 중요한 것은 그게 아니라 대중적 통제의 '질'이며 방어적 투쟁을 공세적 투쟁으로 전환할 대중적 계기를 만들어 내는 것이다. 그리하여 질적 사회화는 노동자 자주 관리를 포함해 사회 전 영역에서 평의회적이고 코뮌적인 자치가 이루어질 때 실현될 수 있다. 이런 생각을 바탕으로 가능한 지점에서 아래로부터 자율적 사회화를 실험하면서 대중의 자치 능력을 키워 가야 한다는 것이다. 구체적으로 교육·문화·의료·노동 등 각 부문에서 노동자·민중이 스스로 상호부조 체계를 구축해 자율적으로 생산·유통·소비 과정을 사회화하는 일, 또 각 부문 운동 단위들이 협력해 지역 내에서 생협, 교육, 문화, 보건·의료를 포괄하는 상호부조적 체계를 만드는 일 등이 방법으로 제시된다.

국유 사회화론과 국가독점자본주의론에 대해 할 말은 별로 많지는 않다. 한국 사회운동 일각에서 이 이론이 여전히 목소리를 갖고 있다는 것 자체가 흥미롭다. 이 흐름에서 공공성론이 주로 규범론에 치우친 한계, 특히 '경제 공공성'론의 공백을 짚고 있는 것은 경청할 만하다. 그러나 공공성론을 사회화론의 하위 범주 또는 비과학적 담론이라 생각하는데 그것은 하나만 알고 둘은 모르는 이야기처럼 생각된다. 국유 사회화론은 '자본주의 발전 법칙'에 의존하는 나머지, 공공성론의 핵심 요소에 해당하는바 어떻게 노동자를 포함한 '부분 주체'들이 집단행동의 고질적 딜레마를 극복하고 보편적인 공공적 이해와 욕구를 창조할지, 주체와 구조 양면에서 대중적·대항적 공공성을 어떻게 생성할지에 대한 고민이 흐릿하다. 또 무정부적 시장 자본주의와 국유 계획 사회주의라는 빛바랜 이분법에 갇힘으로써 소유권이 권리의 다발로 구성되어 있다는 것, 그 때문에 스웨덴 모델에서 보듯이 자본의 기능과 투자의 사회화를 통한 민주적 개혁의 경로가 열려 있다는 사실을 무시한다. 그리고 국유 계획화가 얼마나 심각한 권력 집중과 '반사회적 사회화'를 초래할 수 있으며, 소유 형태와 정치경제적 조정의 복잡한 문제를 단순화하는지도 돌아보지 않는다(해링턴 2014 참조).

오히려 아래로부터 자율적 사회화를 실험하며 대중의 자치 능력을 키운다는 생각에 경청할 대목이 훨씬 많아 보인다. 자율적 사회화 또는 자치 사회화론은 국가를 경유하는 대안이 아니라 국가 밖의 대안, 즉 자치 민주주의를 추구한다. 국가 밖에서 "자본주의를 침식"[7]하는 길을 찾는 이 대안은 경제적 합리성의 지배를 허용하기 십상인, 국가 안에서 이뤄지는 자본주의 민주화 길의 한계를 넘을 수도 있는 잠재력을 갖고 있다. 최대한 낙관적으로 볼 때(최대주의) 그렇다는 이야기이다. 그러나 이 대안론에도 문제점도 있다. 거시 정치 공동체 수준의 포괄적인 공적 대응을 경시하거나 회피하는 경향이 있다는 것이다. 국지적 전략은 소공동체의 자조 노력에 빠지고 지배 체제의 귀퉁이나 틈새에서 자족할 위험을 안고 있다(하비 2014, 149-155, 256-256 참조). 그 때문에 자율 사회화론은 잘될 경우는 국가 중심적 길의 한계를 극복하는 풀뿌리 역량 강화 전략이 될 수도 있지만, 잘못되면 시장주의 '작은 정부' 전략이 국가의 공적 책임을 회피하고 사회에 책임을 전가하는 온정주의적 보충물로 동원될 수도 있다. 복지국가가 아니라 복지사회로 가야 한다는 주장도 그런 위험에서 자유롭지 않다(사이토 준이치 2009, 99-100). 더구나 소공동체의 운명이란 언제나 대규모 사회의 동태와 결정에 의해 크게 흔들리기 마련임을 알아야 한다.

이렇게 생각할 때 대안적 공공성론은 언제나 억압받고 배제된 대중이 거시 정치 공동체 수준에서 구성원으로서 어떻게 정당한 몫을 가져야 하는지, 그들의 집단적 참여와 창의를 가능케 할 사회경제 체제는 어떤 것일지를 고민하고 모색해야만 한다. 국가를 경유하는 길과 국가 밖의 길은 서로

---

7 "자본주의를 침식한다"(eroding capitalism)라는 말은 에릭 올린 라이트(2014/07/21)가 쓴 표현이다.

갈등 지점을 갖고 있다. 이를 인식하면서 우리는 국가 수준에서 민주적 통제 및 약자의 대표성을 확보하는 길과 아래로부터 자치 역량을 강화하는 길이 시너지를 내는 한국형 착근 전략을 논의하지 않을 수 없다. 비시장적 사회 통합을 호혜와 재분배로 파악했던 폴라니의 사고를 따라 우리는 이 착근 전략을 공공성의 이중 전략이라 불러도 좋겠는데, 이 전략은 뿌리 없는 관념적 급진주의가 아니라 공동의 역사적 경험과 기억, 그 비판적 재구성에 기반을 두어야 할 것이다.

민주적 공공성의 한국형 착근 전략으로

세계화 시대 한국은 압축 성장 개발주의 시대 이후 복지국가와 민주적 재벌 개혁을 건너뛴 압축 시장화와 '줄푸세'의 세례를 받았다. 시장화(규제 완화 및 민영화) 강화와 민주적 공공성 강화 간의 이중 운동 동학이 한국 자본주의의 진로를 좌우하는 기본 축이 되었다. 이에 따라 공공성론은 진보적 대항 담론으로서 갖는 의미가 매우 컸다. 이 글은 지난 시기 공공성 담론을 검토하며 그 자산이 무엇인지 어떤 과제를 남겼는지를 살피려고 했다.

우선 공공성의 의미와 관련해서는 필요 또는 욕구를 동태적으로 파악하는 욕구 해석의 정치가 요구된다는 점, 사회 공공성과 경제 공공성을 통합적으로 파악해야 한다는 점, 그리고 공공성과 갈등, 공공성과 자유를 통합적으로 파악해야 한다는 점을 지적했다. 둘째, 공공성론의 맥락 및 공공성 실현의 장벽과 관련해 한국식 신자유주의가 복지국가 단계를 생략하고 압축 시장화 형태로 발전했음에도 공공성 의제의 저변과 사회적 지지가 넓지 않은 현상을 '이중 운동의 역설'이라 규정했다. 그러면서 한국의 민주적 공공성론이 각자도생과 불신의 벽, 온정적 시혜주의를 넘어 대중의 폭넓은 동의를 얻을 수 있는 대안 전략과 비전을 구성해야 할 지난한 과제를 안고 있다고 지적했다. 셋째, 공공성의 역사적 위상 및 대안 비전과 관련해서는 국가 안의 길(사회민주적 '공생 대안')과 국가 밖의 길(자치적 사회화라는 '침식 대안') 간에 엄연한 갈등이 존재함을 인정했다. 그러면서도 두 길이 서로 만나 상생의 시너지를 낼 수 있는 공공성의 한국적 착근 전략이 요구된다고 주장했다.

2014년 4월 16일 세월호 참사는 재난 위험에 대비하는 안전 사회 이슈의 부상은 물론, 보다 넓게 시장화 대 공공화 간 이중 운동의 재개를 가져오는 새로운 분기점이 될 것이다. 국가는 재난 구조조차 민영화·영리화하면서 안전 규제를 해체하고, 탐욕 자본은 상습적인 과적 운항으로 돈벌이에 급급할 만큼 지배 권력이 위험과 책임을 아래로 떠넘기는 극도의 '민관 합작' 무책임·무능 체제가 구축되었다. 대안적 공공성의 재구성 길을 추구하는 한국의 민주·진보 세력은 다시 깨어나 지난 시기 공공성론의 자산을 디딤돌로 삼아 죽은 자의 호소에 응답해야 할 엄중한 책무를 지고 있다.

참고문헌

노동사회연구소. 2008. "(특집) 공공 부문 민영화와 사회 공공성 투쟁." 『노동사회』 제133호.
_____. 2008. "노동포럼: 사회 공공성 투쟁의 오늘과 미래." 『노동사회』 제134호.
대안연대회의. 2002. "신자유주의 세계화, 사회의 실종 그리고 공공성의 위기." 대안사회포럼.
라이트, 에릭(Erik Olin Wright). 2014/07/21. "서울 성미산 마을은 '리얼 유토피아'의 한 증거." 『한겨레』.

사이토 준이치(齊藤純一). 2009. 『민주적 공공성』. 윤대석 외 옮김. 이음. [『公共性』. 岩波書店 2000]

사회공공연구소. 2008. 『자본의 신자유주의, 노동의 사회 공공성: 시장만능주의 시대 사회 공공성 운동의 길을 묻는다』. 창립기념토론회.

신정완. 2007. "사회공공성 강화를 위한 담론 전략." 『시민과 세계』 제11호.

신진욱. 2007. "공공성과 한국사회." 『시민과 세계』 제11호.

오건호. 2008. "노동조합의 사회공공성 운동, 성찰과 과제." 사회공공연구소 창립 기념 토론회.

이병천. 2012. 『한국 경제론의 충돌』. 후마니타스.

이병천 외. 2014/05/27. "(좌담) 공공성 무너진 나라 6: 진단과 대안." 『한겨레』.

이병천·홍윤기. 2007. "두 개의 대한민국을 넘어서: 세계화 시대 시장화 대 공공화의 투쟁." 『시민과 세계』 제11호.

참여사회연구소. 2006. "공공성과 한국 사회의 진로." 창립 10주년 기념 심포지엄.

_____. 2007. "공공성, 민주주의 그리고 한국 사회: 저항에서 구성으로." 『시민과 세계』 제11호.

참여연대. 2012. 『고장난 나라 수선합니다』. 이매진.

하비, 데이비드(David Harvey). 2014. 『반란의 도시』. 한상연 옮김. 에이도스.

한국 사회포럼 조직위원회. 2002. "연대와 성찰: 신자유주의와 공공성 담론." 사회포럼.

해링턴, 마이클(Michael Harrington). 2014. 『오래된 희망 사회주의』. 김경락 옮김. 메디치.

17

역 사 논 쟁

역사 전쟁의 전선'들'

김정인

역사 전쟁과 과거사 문제

오늘날 지구 곳곳에서 벌어지는 역사 전쟁은 보수 권력 대 진보 역사 간의 대결 양상을 보이는 보편성을 갖고 있다. 20세기 이후 역사학에서는 강자보다는 약자, 가해자보다는 피해자의 눈으로 역사를 재구성하는 진보적 경향이 주류를 형성하고 있다. 그렇기 때문에 애국주의를 강조하는 보수 권력과 피지배계급·소수자·다문화에 주목하는 진보 역사의 충돌은 필연적이다. 아직 보수 권력이 국가를 통해 국정 방식으로 역사 교육을 통제하는 나라도 존재한다. 하지만 대부분의 나라에서는 검인정 혹은 자유발행 제도 아래 역사학자들이 역사 교과서를 집필한다. 이 역사 교과서에 대해 보수 권력이 애국 사관이 아닌 자학 사관에 입각했다고 공격하면서 역사 전쟁이 발발하는 것이다.

영국과 미국에서는 1980년대 대처와 레이건 집권기에 보수 권력의 이

넘 공세로 역사 전쟁이 발발했다. 보수 권력은 비판적 역사학, 즉 '밑으로부터의 역사'의 주류화를 우려하고 비판했다. 영국에서는 대처가 나서서 "모든 세대가 우리 민족사를 그릇되게 이해하고 평가 절하하는 교육을 받아 왔다. 우리나라의 사회주의 학자와 저술가들은 우리 역사상 가장 위대한 진보가 이루어진 바로 그 시기, 영국이 다른 국가보다 가장 앞서 나갔던 바로 그 시기를 가장 암울한 시기로 묘사했다."며 비판했다. 영국과 미국의 보수 권력은 역사교육을 쇄신한다며 자국사의 비중을 높여, 조국의 번영에 대한 자부심을 함양하는 애국주의 교육에 충실하라고 압박했다. 노예무역, 제국주의, 자국이 외국에서 저지른 악행 등을 서술하는 것은 자학 사관이라며 배격했다.

미국에서 또다시 1990년대 역사학자들이 숙고 끝에 작성한 역사교육 지침서인 "역사 표준서"National Center for History in the Schools를 놓고 거센 역사 전쟁이 일어났다. 이 지침서는 다문화주의와 비서구 문명, 그리고 여성과 흑인의 역사 등을 포용하는 관점에서 작성되었다. 이에 대해 보수 권력은 미국의 과거를 험악하고 음울한 시각에서 보고 있으며 젊은이들에게 "우리나라는 본디 악하다."라는 믿음을 심어 줄 우려가 있다고 비판했다. 서구 문명에 대한 악의적 공격을 일삼은 반역자의 관점에 입각했다고 맹공을 퍼붓기도 했다. 영국에서도 보수 권력이 '오랜 세기에 걸쳐 자유·민주 사회가 어떻게 발전했는지를 배워야 할까? 아니면 억압받고 주변화된 사람들의 역사를 배워야 할까?' 등의 문제를 제기하며 역사학과 역사 교과서를 비판하는 일이 반복되었다.

이처럼 역사 전쟁은 역사의 교훈적 성격을 강조하는 보수 권력과 역사의 성찰적 성격을 강조하는 진보 역사 간의 갈등이기도 하다. 그것은 곧

'기억해야 할 과거, 망각해야 할 과거'에 대한 인식 차이와 연결된다. 즉 대부분의 역사 전쟁에서 과거사 문제가 쟁점으로 부상한다. 가령 오스트레일리아에서 역사 전쟁은 보수 권력 측에서 '역사학이 오스트레일리아 사람들에게 원주민에 대한 범죄로 가득한 과거사를 가르치고 있다.'고 비판하면서 발발했다. 1996년부터 2007년까지 총리를 지낸 존 하워드John Winston Howard는, 오스트레일리아 원주민에 대해 동정적인 역사학을 과도한 도덕주의에 입각한 자학 사관이라고 비판했다.

20세기 독일에서 벌어진 역사 전쟁을 분석한 『무기가 된 역사』의 저자 에드가 볼프룸Edgar Wolfrum은 책 끝머리를 이렇게 맺고 있다.

> 우리는 한 가지 분명한 사실을 알 수 있다. 과거를 둘러싼 싸움은 아직 끝나지 않았다는 것이다. 오히려 그 반대다. 미래의 선택에 결정적 영향을 미치는 과거 해석의 주도권을 쟁취하려는 투쟁은 계속되고 있다. 과거의 미래는 이제 — 다시한 번 — 시작되었다(볼프룸 2007, 252).

흔히 독일은 과거 청산의 모범국으로 알려져 있다. 나치 독재가 자행한 유대인 대학살의 역사를 국가와 국민 모두가 적극적으로 나서서 청산한 나라라는 것이다. 특히 독일과 같은 패전국임에도 난징 대학살, 일본군 위안부 등의 전쟁 범죄를 외면하거나 부정하면서 제대로 된 과거 청산을 거부하는 일본과 대조적인 자세를 보인다는 점에서 높은 평가를 받아 왔다. 하지만 독일의 '성공한' 과거 청산은 일사불란한 궤적이 아니라 지난한 험로를 거쳐 차곡차곡 쌓아올린 성과다. 서독의 과거 청산은 1945년 미군 점령기부터 시작되었으나, 대중적인 공감대를 얻은 것은 1960년대 이후의 일이라고 한다. 그리고 1969년 서독 역사상 처음으로 사회민주주의자인 구스타프 하이네만Gustav Heinemann이 대통령에, 빌리 브란트Willy Brandt가 수상에 선출되면서 강력한 과거 청산이 추진되었다. 이 과정에서 나치 독재에 반대했던 사회민주주의 진영의 노동자 저항운동이 재평가되었고, 정부는 동유럽 사회주의 국가의 희생자들에게 용서와 화해를 구했다. 그러자 보수 세력이 반발했다. 그들은 과거 청산이 좌경적이며 동독의 반파시스트 신화를 맹목적으로 찬양하는 '친동독' 차원에서 추진되고 있다고 공격하면서 이로 인해 독일이 정체성의 위기를 맞게 되었다고 주장했다.

과거 청산을 둘러싼 갈등은 1986~87년의 '역사가 논쟁'에서 절정에 달했다. 여기에는 많은 역사가들이 참가했으나, 학문적 차원의 토론보다는 진영 논리에 입각한 정치투쟁의 양상을 보이는 경우가 더 흔했다고 한다. 좌파 자유주의 역사가들은 나치 독재와 유태인 대학살에 대한 지속적인 속죄의 노력을 거듭 강조했다. 반면에 보수 역사가는 이처럼 독일을 상처 받은 민족으로 만드는 자학 사관은 극복되어야 한다고 반박했다. 서독이 패전 이후 40년간 눈부신 성장을 이루었으므로 더는 불행의 역사만을 강조하지 말자는 것이다.

독일의 분단국 시절 과거 청산을 둘러싼 역사 전쟁을 들여다보면서 김대중 정부와 노무현 정부 시절 과거사 청산 과정에서 발발한 역사 전쟁을 떠올리게 된다. 한국에서는 이승만 정부에 의해 친일 청산이 좌절된 이후 독재 정치가 오래도록 이어져 왔다. 그리고 4·19와 5·18이라는, 시민의 고귀한 희생 위에 민주화가 만개하면서 1997년 평화적 정권 교체가 이루어졌다. 그렇게 김대중 정부에 연이어 노무현 정부까지 집권한 10년을 상징하는 키워드 중 하나가 과거사 청산이다. 김대중 정부부터 의문사진상규명위원회를 설치하는 등 과거사 진실 규명이 추진된 가운데, 본격적인 정부 주도의 과거사 청산은 노무현 정부에 의해 이루어졌다. 국정원·국방부·경찰 등 권력기관 단위의 과거사 관련 위원회가 민관 합동으로 생겨났으며 진실과화해를위한과거사정리위원회·군의문사진상규명위원회·친일반민족행위진상규명위원회 등이 출범했다.

이런 과거사 청산에 대해 보수 권력은 자신들의 정체성 혹은 헤게모니에 심각한 손상을 입게 될 것을 우려했다. 때마침 뉴라이트가 등장하자 보수 권력은 대대적으로 환영하며 전폭적으로 지원했다. 뉴라이트는 과거사 청산에 대해 "국민적 예지를 모아 선진국 건설에 일로매진해야 할 이 무한 경쟁의 시대에 자학 사관을 퍼뜨리며 지배 세력 교체와 기존 질서 해체를 위한 '과거와의 전쟁'에 자신의 명운을 걸고 있다."고 맹렬히 공격했다. 이어 한국 근현대사 교과서에 대한민국 정체성을 부정하는 '친북 좌파적 교과서'라는 꼬리표를 붙이며 역사 전쟁의 포문을 열었다.

과거사 청산에 반발하며 뉴라이트가 순식간에 세력화하고 역사 전쟁을 도발한 지 10년이 지났건만 끝이 보이질 않는다. 역사 전쟁이 계속 확전되는 양상을 보인 데는 이유가 있다. 보수 권력이 정권을 장악하면서 교육부라는 정부 기관이 직접 역사 전쟁의 도발자로 나섰기 때문이다. 뉴라이트가 『한국 근·현대사: 대안 교과서』(이하 『대안 교과서』)를 발간하면서 역사 전쟁이 뜨겁던 2008년에 교육부는 자신들이 검정 승인했던 한국 근현대사 교과서 내용을 새삼스럽게 문제 삼아 수정을 지시했다. 이명박 대통령도 "북한에 정통성이 있다는 교과서가 있다."고 언급하며 교육부를 거들었다. 결국 교육부는 금성출판사에서 출간한 『한국 근·현대사』의 저자들에게 소송당하는 처지에 놓였다. 박근혜 정부의 교육부는 함량 미달인 교학사 한국사 교과서를 검정 통과시킨 뒤 끝없이 비호하는 행위를 서슴지 않으며 역사 전쟁을 도발했다. 지금도 한국사 교과서의 국정화를 검토하는 등 보수 권력의 전사로서 소임을 다하고 있다..

앞서 살펴보았듯이 역사 전쟁은 세계 보편 현상이다. 하지만 과거사 문제가 빚어낸 역사 전쟁의 전선, 즉 논쟁적 대립 구도는 나라와 사회마다 구체적 양상을 달리한다. 이제부터는 한국의 역사 전쟁의 전선이 갖는 특징을 살펴보도록 하자. 역사 전쟁의 한편은 보수 권력의 대변자인 뉴라이트이고, 다른 한편은 역사학계다. 물론 역사학계가 모두 진보적이라 할 수 없으며 뉴라이트 계열의 학자도 있다. 하지만 역사학계에서는 진보적 흐름이 주류이고 역사 전쟁으로 역사학과 역사교육의 전문성이 심각히 침해당한 까닭에 오히려 결속이 강화되는 양상에 주목해 일단 역사학계로 통칭하고자 한다.

건국절 논쟁 : 민족 정체성 대 국가 정체성

뉴라이트의 등장과 함께 8월 15일을 광복절이 아닌 건국절로 기념하자는 주장이 제기되었다. 『대안 교과서』는 그 이유를 다음과 같이 제시하고 있다.

1945년 해방만으로 해방의 진정한 의미가 성취된 것은 아니었다. 해방의 진정한 의미는 1948년 자유·인권·시장 등의 인류 보편의 가치에 입각하여 대한민국이 세워짐으로써 비로소 확보될 수 있었다. 지난 60년간 대한민국의 건국이념은 한국인의 삶을 자유롭고 풍요롭게 만들었다. 앞으로 다가올 통일 한국도 대한민국의 이념에 입각하지 않으면 안 된다. 종래 광복절을 해방절로만 기억해 온 것을 지양하고, 보다 중요하게 건국절로 경축해야 한다(교과서포럼 2008, 144).

이처럼 뉴라이트는 결과론적인 역사 인식을 바탕으로 건국의 의미를 강조하고 있다. 즉 대한민국은 식민지를 경험한 나라 중 비교할 나라가 없을 정도로 유례없는 고도성장과 민주화를 동시에 성취한 모범 국가로서 성공했으므로 건국의 의미가 매우 크다는 것이다. 외부로부터 주어진 해방보다는 스스로 일구어 낸 성공의 역사가 자랑스럽고 그 성공 신화가 바로 대한민국 정통성을 입증하는 것이니 8·15를 건국절로 기념하자는 것이다.

뉴라이트가 수년간 추진한 건국절 제정 움직임은 2008년 이명박 정부가 '건국 60년 기념사업 추진기획단'을 국무총리실 산하에 설치하면서 현실화되어 갔다. 하지만 역사학계가 광복절 직전인 2008년 8월 12일에 "건국절 철회를 촉구하는 역사학계의 성명서"를 발표하면서 건국절 제정 운동은 수그러드는 양상을 보였다. 성명서에는 설득력이 높은 엄중한 진실이 실려 있기 때문이었다.

1949년 9월 국회에서 국경일 제정을 검토할 때에 정부는 독립기념일을 제안하였으나, 국회는 이를 광복절로 명칭을 바꾸어 법안을 통과시켰다. 이는 1945년 8월 15일 일제로부터 해방된 날과 1948년 8월 15일 대한민국 정부를 수립한 날을 동시에 경축하기 위한 것이었다. 즉 광복절의 명칭은 해방과 정부 수립을 동시에 경축하는 의미를 갖고 탄생한 것이다. 이와 같은 의미를 갖고 있는 광복절을 건국절로 명칭을 바꾼다면 이는 1949년 8월 15일의 대한민국 정부 수립만을 경축하자는 것으로 된다. 즉 광복절의 의미는 반쪽으로 축소되는 것이다.

해방절과 건국절을 동시에 품은 기념일의 이름이 바로 광복절이었다는 진실이 만천하에 드러나자 건국절 제정 논리는 졸지에 대중적 설득력을 잃고 말았다. 이런 반전은 8·15에서 대한민국 정체성의 탄생보다는 '민족 해방 = 민족 독립'이라는 민족 정체성의 회복에 더 큰 의미를 두는 대중적 역사 상식에 기반을 둔 것이라 할 수 있다. 광복에 건국의 의미가 이미 포함되어 있다는데 굳이 해방의 의미를 완전히 버리는 건국절을 제정하려는 건 지금도 설득력 없는 무모한 시도가 아닐까?

이처럼 8·15를 바라보는 두 개의 시선은 민족 정체성과 국가 정체성 중 어디에 비중을 두는지에 따라 나뉜 것이기도 하다. 뉴라이트가 도발하고 역사학계가 방어하고 공격하는 양상을 띠는 역사 전쟁의 확전에는 늘 정치도 한몫한다. 노무현 대통령과 이명박 대통령의 광복절 경축사를 비교해 보자. 2007년 노무현 대통령은 "존경하는 국민 여러분, 북녘 동포와 7백만 해외 동포 여러분"으로 경축사를 시작했다. 이어 "62년 전 오늘, 우리 민족은 일본 제국주의의 압제에서 해방되었습니다. 그날 우리는 가슴 벅찬 기쁨으로 서로 얼싸안고 감격의 눈물을 흘렸습니다."라고 언급해 해방으로서 광복절의 의미를 되새겼다. 민족사적 차원에서 광복절을 기념하는 경축사는 다음과 같이 계속된다.

그러나 이 과정에서 반드시 풀어야 할 하나의 큰 숙제가 있습니다. 지금도 우리는 냉전의 굴레를 극복하지 못한 채 세계 유일의 분단국가로 남아 있습니다. 총성은 멎었지만, 아직 평화에 대한 확신을 갖지 못하고 있습니다. 더 늦기 전에 우리는 이런 상황을 극복하고 민족의 새로운 미래를 열어 나가야 합니다. …… 62년 전 우리는 분단을 우리 힘으로 막지 못했습니다. 그러나 남북이 함께 협력하고 공동 번영의 길로 나아가는 것은 지금 우리의 의지에 달렸습니다.

이렇게 노무현 대통령은 광복절 경축사에서 남북 분단은 민족적 비극이요 고통이라며 통일이 민족적 지상 과제임을 확인시키고 있다.

반면에 이명박 대통령의 2008년 광복절 경축사는 "존경하는 국민 여러분, 재외 동포와 국가유공자, 그리고 내외 귀빈 여러분"으로 시작된다. 북녘 동포가 사라진 것이다. 이어 "60년 전 오늘 바로 이 자리에서 대한민국 정부 수립이 선포되었습니다."라고 해 건국으로서 광복절의 의미를 부각시켰다.

저는 오늘 분명히 말하고자 합니다. 대한민국 건국 60년은 성공의 역사였습니다. 발전의 역사였습니다. 기적의 역사였습니다. …… 건국 60년 우리는 자유의 가치를 지키기 위해 자유를 위협하는 모든 것들과 당당히 싸워 왔습니다.

이렇듯 이명박 대통령은 대한민국 건국 60주년이 갖는 긍정적 의미를 강조했다.

두 개의 광복절 경축사는 민족 정체성과 국가 정체성 중 어디에 초점을 두느냐에 따라 광복절의 의미를 전혀 다르게 짚어 낼 수 있다는 걸 보여 주고 있다. 오늘날도 역사학의 주류는 민족 정체성을 중시하는 민족주의적 역사 인식에 기반하고 있다. 역사학자인 서중석은 "국가는 영속성을 기본 전제로 한다. 현재 남과 북은 그런 면도 있고 그렇게 되도록 노력하는 세력도 있을 수 있으나, 언젠가 하나의 국가 = 민족국가를 가졌을 때 비로소 영속성이 갖춰진 것으로 인식하는 것이 일반적일 것이다. 한국인처럼 우리는 1민족이라는 인식을 강하게 갖고 있는 민족도 드물다. 따라서 현재 남과 북은 2민족 2국가적인 면도 있지만, 한국인의 의식에 맞춰서 판단한다면 불완전한 또는 특수한 형태의 1민족 2국가 체제로서 1민족 1국가를 지향하고 있다고 보아야 할 것이다."라고 주장한다. 이에 따르면 1948년에 수립된 국가는 미완성의 분단국가에 불과하다. 그러므로 1948년 8월 15일은 대한민국이 건국된 날이 아니라 정부가 수립된 날인 것이다.

이처럼 강력한 통일 민족주의에 대해 뉴라이트는 서로 다른 정치체제인 남북한의 두 국가를 통일하자는 것은 곧 사실상 자기를 키워 준 국민국가에 대한 부정이라고 비판한다. 국가 정체성에 대한 홀대는 곧 반국가적인 행위라는 것이다.

뉴라이트는 건국절로 상징되는 대한민국 국가 정체성을 만들어 낸 애국적 영웅으로 이승만을 내세운다. 1990년대부터 약동하던 이승만 영웅화 프로젝트는 2011년 이승만 동상 제막으로 절정을 이뤘다. 이승만 대통령 동상 제막식에서는 "건국 대통령 이승만 박사의 역사적 업적을 폄하하고 음해하는 것은 대한민국의 역사적 정통성과 국가 정체성을 부정하는 일"임이 선언되었다. 뉴라이트의 이승만 영웅화 프로젝트는 '이승만 = 독재자'의 이미지를 만든 1950년대도 이승만이 대통령이었기에 어느 정도 발전한 것이라는 주장으로 이어진다. "만일 당시 김구가 대통령이었다면 어떻게 되었을지 걱정된다."라는 발언까지 등장한다. 이 논리대로라면 김구는 당시 대한민국 수립에 반기를 들고 북한과의 통일국가 건설에 매진한 매국적인 인물일 뿐이다. 하지만 이승만에 대한 역사학계의 평가는 냉혹하다. 친일 청산을 고의로 방해하고 민족 분단에 책임이 있으며 독재의 길을 연 초대 대통령일 뿐이다. 그러므로 이승만에 대한 '건국의 아버지 대 독재자'라는 대립 구도는 쉽게 허물어지지 않을 듯하다. 이승만을 적나라하고 혹독하게 비판한 민족문제연구소의 다큐멘터리 〈백년전쟁〉과 뉴라이트가 이를 반박하기 위해 제작한 다큐멘터리 〈생명의 길〉을 비교해 보면 그 간극을 확연히 감지할 수 있다.

앞에서 살펴보았듯이, 뉴라이트의 건국절 주장은 1948년 이후 대한민국사의 성공이라는 결과론적 역사 인식의 반영물이다. 이에 대한 역사학계의 비판은 1948년 이전의 민족사에 주목해 왜 건국절이라 부를 수 없는지에 초점을 맞추고 있다. 1948년 8월 15일 대한민국 건국의 의미를 건국절 차원까지 끌어올려 부각시키려면 그날이 갖는 독립의 의미를 강조해야 하는데, 그것은 해방 3년사가 미국에 의한 군사점령 기간이었다는 비판적 역사 인식을 전제한다. 하지만 뉴라이트는 미군정 3년의 역사를 결코 부정적으로 인식하고 있지 않다. 또한 건국절이 제정된다면 대한민국 건국 공로자도 함께 주목받게 될 것이다. 그 건국 공로자로 추대 가능한 사람 가운데 상당수는 반민족 친일 행위로부터 자유롭지 못하다. 그러니 건국절의 제정이 곧 친일파의 행위를 '문명의 사도'였다고 하는 적극적인 합리화로 이어질 가능성이 높다. 그것은 곧 민족운동사의 격하를 의미하는 것이기도 하다. 그렇기 때문에 뉴라이트의 건국절 제정 시도가 반민족적이라는 게 역사학계의 주장이다. 역사학자인 신주백(2009, 76)은 분명하게 선언한다.

1948년 8월 15일에 출범한 대한민국은 분단국가이며 이날은 '대한민국'이 건국된 기념적인 날이기는 하지만 민족 구성원 모두가 바라던 '건국'은 아니었다. 이날의 건국은 기념할 수는 있지만 그날이 진정한 건국절이 될 수는 없는 것이다.

민족-반민족 전선 : 친북 프레임 대 친일 프레임

뉴라이트와 역사학계 간의 역사 전쟁의 전선 중에는 민족-반민족 전선이 가장 예각적이라 할 수 있다. 뉴라이트는 역사학계의 '과도하고 수구적인' 민족주의를 비판한다. 역사학계는 친일을 용인하는 뉴라이트의 반민족성을 문제 삼는다.

뉴라이트는 등장 초기부터 역사학계의 민족주의적 역사 인식을 친북 노선에 입각한 것이라며 강도 높게 비판했다. 뉴라이트는 무엇보다 먼저 보수 권력의 가장 예민한 이념적 촉수인 한국전쟁을 쟁점화해 역사학의 친북 논란을 이끌어 냄으로써 그들의 전폭적인 지지를 받는 데 성공했다. 즉 역사학계가 '남과 북에 이념과 체제를 달리하는 두 정부가 들어서서 물리적 충돌을 거듭하다가 결국 전면적인 전쟁으로까지 번졌다.'는 수정주의적 관점을 취하고 있어 한국전쟁에서 북한의 도발 책임을 희석하고 있다고 비판한다.

다음으로 뉴라이트는 정통론을 쟁점화해 역사학계가 북한 정통론을 추종하고 있다고 비판한다. 역사학계가 정통성의 기준을 친일파 청산 여부에 두고 건국 과정에서 대한민국은 친일파를 척결하지 못했으나, 북한은 친일파 척결을 통해 민족적 정통성을 확립했다고 인식하고 있다는 것이다. 즉 뉴라이트는 역사학계의 민족주의적 역사 인식을 남북 모두가 아니라 북한에만 정통성을 부여하는 것으로 해석한다. 민족주의는 곧 친북이라는 논리다. 뉴라이트가 볼 때, 북한 사회를 실제로 지배한 이념은 공산주의가 아닌 민족주의이다. 주체사상이 그 대표적 사례라 할 수 있다. 그렇기 때문에 뉴라이트는 역사학계에 공세적 질문을 던진다. 대한민국을 택할 것인가, 북한을 택할 것인가?

이처럼 반공주의에 뿌리를 둔 반북주의는 올드라이트는 물론 뉴라이트에게도 신성 불가침한 신념의 영역이다. 해방 직후부터 보수 권력이 반공과 반북이라는 밖으로부터의 안티테제로만 자신의 정체성을 구성해 오던 습속은 뉴라이트가 등장한 오늘날까지도 여전히 건재한 듯하다. 대한민국을 둘러싼 정치적·경제적·사회적·문화적 환경이 북한과 그 추종 세력인 친북 세력에 의해 좌지우지되고 있다고 보는 매카시즘적 인식이 답습되고 있는 것이다. 이 친북 프레임은 보수 권력 공통 불변의 무기로서 뉴라이트역시 첫발을 내딛을 때부터 십분 활용한 바 있다.

뉴라이트의 친북 프레임에 대한 역사학계의 응답은 역사학자인 이신철의 다음 주장에 잘 집약되어 있다.

북한의 인권 상황이나 독재 체제를 무조건 옹호해서도 안 되지만 대한민국이 장기적으로 평화로운 민주국가로 발전하기 위해서는 북한이라는 불편한 존재가 우리 역사의 동반자임을 부정해서도 안 된다. 평화로 가는 불편한 동반자임을 인정하고 대한민국의 미래를 모색해야 한다(역사교육연대회의 2009, 61-62).

북한의 반민주적인 독재 현실을 옹호한다며 친북적이라고 하는 뉴라이트의 주장에 동조할 수 없으며, 북한을 동반자로 인식하는 민족주의는 남한이 평화로운 민주주의 국가로 발전하기 위해서라도 반드시 필요한 가치라는 주장이다.

뉴라이트가 역사학계에 친북 프레임을 적용한다면, 역사학계는 뉴라이트에 친일 프레임을 적용한다. 친일 프레임의 뿌리는 반일 민족주의이다.

해방 이후 반일 민족주의 전수의 일등 공신은 사실상 역사학계라고 할 수 있다. 일제와 친일파 대 독립운동가와 민중이라는 이분법적 틀을 고수하는 반일 민족주의적 역사 연구와 교육이 과거사를 제대로 청산하지 않은 채 우경화로 내달리는 오늘의 일본에 대한 반일 정서와 결합해 친일 프레임을 탄생시켰다. 물론 반일 민족주의가 '일제 = 친일파 = 우파'를 동일시하는 친일 프레임으로 개조되어 정쟁의 무기로 쓰인 것은 뉴라이트의 등장과 함께 역사 전쟁이 본격화되면서부터다.

역사학계가 가장 강도 높게 비판하는 것은 뉴라이트의 친일 공범론이다. 친일 공범론이란 일제에 적극 협력하고 전쟁 동원에 앞장 선 친일파와 일제의 물자 수탈과 인력 수탈의 대상이 된 조선 민중 모두를 일제의 침략 전쟁에 자발적이든 강제적이든 협력한 공범으로 보는 논리를 말한다. 뉴라이트가 조선인은 온통 일제의 협력자였으니 '모두가 죄인 아니면 모두가 무죄'라는 식으로 몰아가 친일을 희석할 의도를 갖고 있다는 것이다. 나아가 친일파를 일제의 식민 통치와 식민지 근대화 과정에 잘 적응해 근대적 능력을 배양하고 대한민국 발전의 초석을 놓은 근대화 선구자로 둔갑시켜 미화하려 한다는 것이다.

또한 역사학계는 일제 시기가 새로운 근대 문명의 학습기, 근대 문명의 제도적 확립기였다고 찬양하는 식민지 근대화론에 대해서도 강력히 비판한다. 뉴라이트가 일제 시기를 상당한 경제성장이 있었으며 철도·도로·항만 등이 건설되고 교육·위생·의료 부문에서도 상당한 발전이 있었던 시절로 보는 데 대해 경계해야 한다는 것이다. 또한 역사학계는 식민지 근대화론이 '근대화 = 진보'라는 시각에서 식민 지배를 옹호하는 것으로 당시의 근대화가 과연 한국인을 위한 것이었는지를 살피는 주체적 관점이 누락되는 문제점을 갖고 있다고 비판한다.

역사학계의 우려는 친일 공범론과 식민지 근대화론이 결합해 '항일은 독립 쟁취, 친일은 건국 역량 준비'라는 기괴한 도식이 성립될 수 있다는 데까지 나아간다. 적대 개념인 항일과 친일 모두 국가 건설을 위한 애국 활동으로 평가될 수도 있다는 것이다. 어쩌면 뉴라이트는 근본적으로 '근대화 = 경제성장 = 문명화'라는 시각에서 역사적 사실들을 해석하기 때문에 항일보다는 친일에 더 높은 가치를 부여하고 있을지 모른다는 의구심도 버리지 않는다.

이처럼 역사학계는 뉴라이트가 일제 시기와 관련해 반민족주의적 입장으로 일관하고 있다는 점을 집중적으로 비판한다. 역사학계의 뉴라이트에 대한 비판의 핵심은 신주백(2006, 209-210)의 주장에 잘 드러나 있다.

교과서포럼의 주장은 우리 사회에서 갈등을 증폭시키고 학생들의 비판적 사고 능력을 떨어뜨릴 개연성이 아주 높은 위험한 역사 인식이다. 그들은 인정하지 않을 수도 있지만, 일본의 식민지 지배를 미화하고 친일파에게 역사적 정당성을 부여하려 하고 있다. 그들에게서 일본의 역사 왜곡 행위에 대한 비판적 언행을 기대하는 것은 불가능에 가깝다. 그들은 국제 협력과 자주를 대립시키며 국제 협력이라는 이름으로 외세를 추종하는 세력이기 때문이다. …… 더 심각한 것은 국가사를 써야 한다는 명분을 내세우며 반통일적인 역사 인식을 서슴없이 드러내는 이도 있다는 점이다. 드디어 우리 사회에도 분단을 공공연히 주장하고 당연시하는 집단이 등장한 것이다.

뉴라이트는 친일 세력은 물론 분단 세력을 옹호하는 사대주의적 반민족주의 세력이라는 얘기다.

이런 역사학계의 비판에 대해 뉴라이트는 특히 친일 프레임 적용에 민감한 반응을 보였다. 역사학계의 잠재의식이 아직도 일본의 식민지 상태에 머물러 있다는 것이다. 그래서 자신들의 뇌리에 박힌 악마 일본상과 조금이라도 상이한 맥락의 서술을 만나면 용수철처럼 튀어 올라 거칠게 욕설을 퍼부어 댄다는 것이다. 상당히 원색적인 비난에 덧붙여 뉴라이트는 역사학계의 식민지적 지성 상태가 지난 60년간 조금도 개선되지 않았으며 보기에 따라서는 점점 심해지고 있다고 공세를 펼친다. 나아가 이런 역사학계의 뿌리 깊은 반일주의가 일제 시기 역사를 일제 통치와 그에 대한 저항으로서의 독립운동, 즉 침략 대 저항이라는 단순한 이분법적 구도에 갇히게 만들었다고 비판한다.

분단 세력이라는 비판에 대해서 뉴라이트는 다시 친북 프레임을 적용해 역비판한다. 역사학계의 통일 민족주의 사관이란 통일을 여타의 어떤 가치들보다 우선시하면서 민족사 전개 과정에서 최고의 목표와 과제로 설정하는 역사 인식을 말하는데, 이에 충실하고자 역사학계는 통일이라는 궁극적 목표 실현을 위한 민족 공조에 주력하면서 오늘날 북한 체제가 안고 있는 비극적 문제점에 대한 건전한 비판을 외면해 사실상 북한의 지배 세력에게 면죄부를 주는 친북 노선을 걷고 있다는 것이다.

이상에서 살펴본 뉴라이트의 친북 프레임이나 역사학계의 친일 프레임은 역사 전쟁에서 서로에게 치명적인 공격 무기다. 친북과 친일에 대한 대중적 반감의 정도가 서로 우열을 가리기 어려울 만큼 상당하기 때문이다. 두 프레임 모두 민족–반민족 전선, 즉 민족주의 자장 안에 자리하고 있다는 사실에서 한국의 역사 전쟁에서는 민족주의가 가장 첨예한 쟁점을 형성하고 있음을 간파할 수 있다.

좌우 전선을 둘러싼 논쟁 : 민중 사관 대 자유주의 문명 사관

"도처에서 마르크스 망령이 발견된다." 뉴라이트가 역사학계의 민중 사관을 공격하면서 내뱉은 말이다. 분단 이래 한국적 현실에서 '좌파'라는 말은 주홍 글씨로 여전히 탄압의 대상이 되지만, 기득권을 가진 보수 권력으로서 우파는 공격 주체로서의 지위를 누릴 뿐이다. 역사 전쟁에서도 좌우 전선이 형성되었지만, 뉴라이트의 일방적인 공세가 이어지는 양상을 보였다. 다만 뉴라이트가 역사학계를 비판하는 데 그치지 않고 자신의 사관을 제시한 점은 이전의 좌우 논쟁과 다른 특징이라 할 수 있다.

역사학계에서 민중 사학이 부상한 것은 1980년대의 일이다. 민중 사학은 "역사 발전의 주체는 민중이라는 선언적 명제에 기초하여 역사를 민중의 주체성이 확대되어 가는 과정으로 해석하고, 이를 토대로 민중이 주인되는 사회를 건설하기 위한 변혁의 전망을 모색하는 실천적인 학문"(김성보 1991, 49)을 추구했다. 나아가 민중 사학은 "역사를 과학적 변혁 운동 이론에 입각하여 분석 설명하는 사학이면서 동시에 인간과 역사와 사회를 적극적으로 변혁하는 사학"(임영태 1987, 13)을 지향하고자 했다. 그것은 민중 주체의 과학적 마르크스주의를 강조하는 변혁사론의 성격을 띠는 것이었다. 민중 사학은 1980년대 변혁적 분위기 속에서 역사 운동의 방식으로 실천 운동에 기여할 수 있는 토대를 형성했다. 역사학은 물론 시민적 역사교육의 차원에서 민중 사학에 근거한 한국사 체계와 '이야기'(내러티브)는 정치적·사회적 민주화와 함께 확산되어 갔다. 또한 정치학자인 최장집(2009,

183)이 지적한 것처럼 민주화 운동에는 역사적 정당성 확보를 위한 계보학적 토대, 즉 '운동권적 역사관'을 제공하기도 했다.

> 운동권 담론은 조선조 말 동학농민운동, 일제하 민족 독립운동, 그리고 해방 후 통일된 독립 국가를 건설코자 투쟁했던 혁명적 민족주의 운동의 전통을 불러들임으로써 민중 혁명의 이념뿐만 아니라 역사와 전통에서 발견할 수 있는 민중적 에토스를 재생시키고자 했다. 따라서 운동권 담론의 관점에서 민주화는 자유롭고 자주적이며 통일된 민족 독립 국가를 형성하고 이를 위해 헤게모니적인 외세와 투쟁하는 긴 역사적 과정의 한 부분을 의미하며, 일제 식민 시대와 분단국가로 특징지어지는 현대사의 연장선상에서 이해된다.

그 성공적인 과정을 경험한 역사학계에는 보수적 성향이 지배적인 다른 학계와 달리 진보적이고 실천적인 측면에서 강한 응집력을 지니는 독특한 풍토가 형성되었다. 이처럼 1980년대 이후 민주화의 진전은 곧 역사학계의 진보화 과정이었고, 그 기저에는 민중 사관이 자리하고 있었다.

뉴라이트는 1990년대 이후 민주화가 정착되면서 변혁론이 사라지고 시민운동론적 관점이 대중화하는 가운데 역사학계는 여전히 1980년대 '극소수 좌파 운동권'에서 유행하던 민중 사관을 고수하고 있다고 비판한다. 그렇기 때문에 역사학계는 지금도 민중운동을 무조건 찬양하고 민중운동사의 흐름에 따라 한국 근현대사를 재구성하는 편향성을 지녔다는 것이다. 덧붙여 역사학계의 민중 사관은 민중운동을 역사 발전의 중심축으로 보는 북한의 역사 인식과 동일하다며 '친북 좌파'의 색깔론을 덧씌운다.

한편, 뉴라이트는 보수·우파로서 자유민주주의 가치를 전면에 내세운다. 그들이 보기에 대한민국은 해방 이후 깔린 자유민주주의 체제라는 철도의 레일을 이탈한 적이 없다. 해방 이후 이식된 자유민주주의가 성숙해 가는 데 많은 시간이 걸렸지만 국민의 의식 수준 향상과 경제성장과 더불어 자기 완결적 모습을 서서히 갖추었다는 것이다. 나아가 뉴라이트는 대한민국이 근대 문명을 성취한 과정에 초점을 맞춘 자유주의 문명 사관에 따라 한국 근현대사를 재구성할 것을 천명한다. 『대안 교과서』의 주장을 살펴보자.

> 우리는 이 책에서 대한민국이란 나라가 태어나는 역사적 과정에 특별한 애정을 쏟았다. 그것은 이 국가가 인간의 삶을 자유롭고 풍요롭게 만들기에 적합한, 지금까지 알려진 가장 적합한, 자유민주주의와 자유 시장경제에 그 기초를 두고 있기 때문이다. 이 나라는 갑자기 솟아난 것이 아니다. 개화기 이래 수많은 선각자가 기울였던 애타는 노력의 소중한 결실로 태어난 나라이다. 전통 문명에 뿌리를 두면서 이식된 근대 문명을 배우고 익힌 수많은 한국인의 피와 땀으로 세워진 나라이다. 그런 나라가 태어나고 세워지도록 유리한 환경을 제공했던, 이전과 명백하게 달라진, 세계 질서도 마찬가지로 중요하였다(교과서포럼 2008, 6).

이를 다시 해석하자면, 뉴라이트는 한국 근현대사를 통해 성공 국가 한국의 발전상을 자랑하고 싶어 한다. 대한민국의 건국은 이제 한민족이 당당한 근대 국민국가의 주체이며 본격적인 대한민국사의 출발을 선언한 일대 사건이다. 개항기와 일제 시기는 대한민국사의 전사에 불과하며 대한민국 성립의 역사적 의의는 자유민주주의와 시장경제 체제의 확립에 있다. 또한 한미 동맹은 한국에서 자유민주주의와 시장경제를 수용 발전시킬 수 있는 기본 조건이었다. 뉴라이트에게 특히 한국 현대사는 자유주의 문명 사관이 꽃을 피운 경이로운 역사 그 자체이다. 1948년 8월 15일 대한민국이 건국된 이래 자유민주주의, 시장경제 원칙, 평등주의 등이 본격적으로 도입·정착되었고, 교육 수준이 획기적으로 향상되었으며, 미국 등 선진국과의 문물 교류가 확대되면서 전대미문의 경제발전, 정치 민주화 및 사회 평등화 등이 이루어졌기 때문이다. 뉴라이트가 주창하는 자유주의 문명 사관의 핵심어는 자유민주주의와 자유 시장경제이다. 통일도 이 두 가지를 실현할 수 있을 때 의미가 있는 것으로 그 주체는 반드시 대한민국이어야 한다.

뉴라이트의 자유주의 문명 사관에 대한 역사학계의 비판의 핵심은 자본주의가 곧 문명이라는 사관은 황당한 발상이라는 것이다. 뉴라이트는 개항 이후 한국사를 문명화의 역사로 규정하는데, 그들이 제시한 문명의 요건은 사유재산권과 계약의 자유 등 자본주의의 요건과 동일하다. 이에 따르면 한국의 자본주의화에 잘 적응한 자들이 한국의 문명화를 이끈 역사의 주인공이 되는 셈이다. 역사학계가 볼 때, 자유주의 문명 사관은 결국 역사 속에서 승자의 입장을 떠받들고 현실 속에서 강자의 입장을 내세운 신자유주의적인 사관일 뿐이다. 더욱이 자본주의가 곧 문명이라는 것은 자본주의 등장 이전의 사회를 야만으로 본다는 것을 의미하는데, 이는 문명의 의미에 대한 몰이해만이 아니라 자본주의의 의미에 대한 무지를 함께 드러내는 것이기도 하다. 이에 덧붙여 자유주의 문명 사관이 역사 발전의 주체와 동력을 엘리트의 활동에서 찾으며 민중을 우민愚民 취급한다고 비판한다. 이런 지배 엘리트 중심의 역사 서술은 역사학계에서는 이미 폐기처분된 것이다!

이렇듯 민족–반민족 전선의 경우는 상대를 공격할 무기로 특정 프레임이 장착되어 있지만, 좌우 전선의 경우는 상대에 대한 공격보다는 자신의 정체성이 드러나는 각자의 사관을 갖고 다투는 경향을 보인다. 팽팽하게 맞서는 프레임 전쟁과 달리 사관 전쟁에서는 역사학계의 공격보다 뉴라이트가 역사학계에 친북 좌파의 색깔론을 덧씌우며 공격하는 경우가 더 빈번하다는 차이를 보인다.

민주주의 논쟁의 진화를 기대하며

2011년에 발발한 역사 전쟁의 전선은 민주주의 대 자유민주주의였다. 이해에 역사과 교육과정을 개정하면서 교육부 장관이 직권으로 민주주의라는 개념을 자유민주주의로 변경하는 사태가 발생했다. 뉴라이트 계열의 한국현대사학회가 "대한민국의 국가적 정체성이 자유민주주의 체제라는 사실을 분명하게 명시할 것과 그 정체성을 구체화하여 가르칠 수 있는 충분한 내용 구성이 가능하도록 교육과정의 항목을 보강할 것"을 교육부에 건의한 직후였다. 보수 권력의 전사로 나선 교육부가 학문적 검토를 거친 민주주의라는 개념을 권력의 힘으로 자유민주주의로 뒤바꾼 사건인 만큼 격렬한 역사 전쟁을 야기했다.

역사학계는 자유민주주의는 공화당 등 특정 정당의 정강으로 사용된 정치적 개념으로 학문적 검토가 미비한 상태이지만, 민주주의는 미군정기부터 교육과정에서 자유와 평등을 내포한 개념으로 사용되었다고 주장했다. 이에 대해 뉴라이트는 대한민국은 헌법 제4조에 명시된 대로 자유·민주적 질서를 지향하고 있는 자유민주주의 국가임에도 종전의 역사 교과서가 민족주의와 민중주의에 함몰되어 자유민주주의적 가치가 뚜렷하게 드러나지 않았다고 비판했다.

한편, 뉴라이트는 역사학계가 민주주의적 관점에서 오로지 민주화에 최고의 가치를 부여하고 사회와 역사를 민주 대 독재라는 이분법적 시각에서 좁게 해석하고 있다고 비판했다. 민주주의를 단순히 민주화 운동에 의해 실현되는 현상으로 파악하고 민주화를 민족과 민중을 앞세우는 운동 세력의 독점적 성과물이라 인식한다는 점도 지적했다. 민주주의 발전은 경제 발전과 이에 따른 사회계층 구조 변화, 즉 사회경제적 변동과 밀접한 관련이 있는데, 이에 대해서는 관심이 없다는 것이다. 반면에 역사학계는 뉴라이트가 생각하는 민주주의는 결국 평등을 배제한 경쟁에서 이겨 사유재산을 많이 확보한 개인을 위한 자유주의를 의미한다고 비판했다.

뉴라이트와 역사학계의 역사 전쟁에서 민족-반민족, 좌우 전선의 간극을 좁히는 일은 결코 쉽지 않다. 역사의 정치화를 심각히 우려할 만큼 정치권에 정부까지 역사 전쟁에 가담하는 과열 현상 역시 우려스럽기는 마찬가지다. 생산적인 논쟁이 불가능하기 때문이다. 이렇게 역사 전쟁의 쟁점들을 학문적 공론장으로 끌어들여 본격적인 담론 투쟁으로 전환하고자 할 때, 촉매제 역할을 할 수 있는 것이 바로 민주주의 논쟁이다. 앞서 살펴보았듯이 뉴라이트와 역사학계의 민주주의 논쟁에는 민주-반민주 전선이 형성되지 않는다. 서로를 반민주적이라 비판하는 것이 아니라, 서로의 민주주의 자체에 대한 인식의 차이를 놓고 논쟁한다. 이념 논쟁을 넘어 이론적 생산적 논쟁의 가능성이 보인다.

해방 직후 민주주의 논쟁이 만개했다. 새로운 민주주의 국가 건설을 위한 논쟁이었다. 그 이후 민주주의는 여전히 정쟁의 자장 안에 갇힌 채로, 학문적 공론장의 화두로 논쟁의 중심에 서지를 못했다. 민주주의 논쟁 없는 민주화, 그 속에서 이념적 분열에 기반을 둔 역사 전쟁이 발발했다. 다시 민주주의를 돌아보자. 부단한 민주주의 논쟁은 성찰하는 사회를 만들어가는 데는 물론 역사 논쟁의 '정상화'에도 적잖이 기여할 것이다.

참고문헌

교과서포럼. 2008. 『한국 근·현대사: 대안 교과서』. 기파랑.

김성보. 1991. "민중사학은 아직 유효한가." 『역사비평』 제16호.

볼프룸, 에드가(Edgar Wolfrum). 2007. 『무기가 된 역사: 독일사로 읽는 역사전쟁』. 이병렬·김승렬 옮김. 역사비평사.

신주백. 2006. "교과서포럼의 역사인식 비판: 한국근현대사 교과서 비판에 대한 반론." 『역사비평』 제76호.

_____. 2009. "정부수립과 한국근현대사 속에서 광복·건국의 연속과 단절." 『한국근현대사연구』 제48호.

역사교육연대회의. 2009. 『뉴라이트 위험한 교과서 바로 읽기』. 서해문집.

임영태. 1987. 『민중사학의 진전을 위하여』. 한길사.

최장집. 2009. 『민중에서 시민으로』. 돌베개.

18

복 지 논 쟁

한국 복지국가 재원은 어떻게 마련되어야 하나?
'누진적 보편 증세'가 답이다

윤홍식

많은 사람들은 한국 국민은 복지는 원하지만 복지를 위한 세금을 내는 것은 싫어하는 이율배반적인 모습을 보인다고 한다. 보편적 복지를 위해 많은 세금을 기꺼이(?) 부담하고 있는 스칸디나비아 국가들은 물론 유럽의 시민들에 비해 한국의 시민들은 자기밖에 모르는 매우 이기적인 사람들로 비추어진다. 평균적인 노동자에게 부과되는 세금의 비중은 2011년 기준으로 한국은 20.3퍼센트에 불과하지만, 스웨덴 노동자는 42.5퍼센트를 부담하고, 국가 복지가 취약한 미국과 일본의 노동자도 각각 29.5퍼센트와 30.8퍼센트를 부담하고 있다(OECD 2013). OECD 평균은 35.2퍼센트이다. 세금 부담은 안 하면서 복지는 늘렸으면 좋겠다는 마음은 그야말로 놀부 심보이다.

정말 한국 사람들은 놀부 심보를 가졌을까? 한국 사람들은 타고날 때부터 자신과 자신의 가족밖에 모르는 이기적인 유전자를 갖고 태어나고, 유럽, 특히 스칸디나비아 국가의 시민들은 타고날 때부터 이타적인 연대의 유전자를 갖고 태어나는 것일까? 한국 사람의 유전자에 유럽 사람들에 비해 더 이기적인 유전자가 있으리라고 생각하기는 어렵다. 원인은 국가와 시민 간에 만들어진 불신의 역사적 경험에 있는 것 같다. 일제강점기 35년 동안 식민지 정부는 조선인을 수탈하기 위해 권력을 행사했다. 해방 후에도 상황은 변화하지 않았다. 미군정 기간과 미국의 후원으로 탄생한 남한 단독정부는 독재의 문을 열었고, 4·19 이후 잠깐을 제외하면, 1987년까지 독재는 지속되었다. 1910년부터 지금까지 한국 사회에서 국가가 국민을 위해 존재했던 역사적 경험은 거의 없다.

1987년 이후 민주화 이후로 상황이 조금은 나아졌다. 국민의 정부 기간 동안 복지는 (전과 비교했을 때) 유례없이 확대되었고, 참여정부도 국민의 정부를 계승했다. 논란은 있지만 GDP 대비 복지 지출은 이후 지속적으로 높아졌다. 하지만 한국 사회에서 시민은 여전히 자신의 생활을 스스로 책임져야 하는 상황에 놓여 있고, 국가에 대한 불신은 여전하다. 비근한 예로, 이른바 진보 정부라고 불리는 노무현 정부에서 국민연금은 '용돈 연금'으로 전락했고, 이명박 정부는 4대강으로 국민을 기만했다. 박근혜 정부는 대선 공약이었던 복지 정책들을 재정이 어렵다는 이유로 헌신짝처럼 내던졌다. 이런 행태가 반복되는 상황에서 누가 세금을 내고 싶어 하겠는가? 설령 복지 확대를 약속한다고 해도, 상식적 생각을 가진 시민이라면 누가 국가를 신뢰하겠는가? 한국 사회의 독특한 시민운동인 증세 운동은 아마도 이런 불신의 악순환을 끊고 복지 확대를 위해, (국가가 재정상 이유로 할 수 없다면) 시민이 먼저 자발적으로 세금을 더 낼 테니 복지를 확대하자는 궁여지책 끝에 탄생한 것으로 이해된다. 충분히 공감이 간다.

그러나 복지 확대, 더 나아가 보편적 복지 확대의 문제가 단지 재원의 문제일까? 세금이야말로 가장 정치적인 이슈이다. 세금으로 재원이 마련되는 복지 또한 정치적인 이슈일 수밖에 없다. 복지국가의 역사는 단순한 증세의 역사가 아니다. 복지국가의 역사는 자본주의사회에서 해당 사회의 시민들의 삶에 대한 요구가 정치적으로 조직화된 결과이다. 그리고 그 정치적 힘에 따라 서구에서는 복지국가의 다양한 유형이 탄생했다. 한국도 예외일 수 없다. 그렇기 때문에 복지국가를 위한 재원 마련은 단순히 증세 문제가 아니라 한국 사회가 지향하는 복지국가에 조응하는 조세체계를 어떻게 만들어 갈지에 대한 정치적 문제인 것이다. 복지 재원을 확대하면 복지가 자연스럽게 확대되리라고 생각하는 것이야말로 순진한 발상이다. 2011년 기준으로 노르웨이의 GDP 대비 사회 지출 비율은 23퍼센트로 그리스와 같고, 이탈리아의 28퍼센트보다는 5퍼센트포인트 낮다(OECD 2013). 스웨덴의 GDP 대비 사회 지출 비율은 28퍼센트로 이탈리아와 같다. 그런데 우리는 노르웨이와 스웨덴을 보편적 복지국가라고 부르지만, 이탈리아와 그리스를 보편적 복지국가라고 하지는 않는다. 복지국가가 단순히 재원의 문제가 아님을 보여 주는 명백한 사례이다.

이런 문제의식에 근거해 이 글에서는, 첫째, 최근 복지국가를 둘러싼 쟁점 중 복지 확대를 위한 증세와 관련된 쟁점들을 정리하고, 둘째, 친복지 진영이 취할 수 있는 증세 전략이 무엇인지 검토했다. 먼저 다음 절에서는 재원을 둘러싼 논쟁의 의미를 개략했다. 이어지는 절에서는 복지국가의 재원을 둘러싼 쟁점을 정리했는데, 불평등 문제와 관련해 세금과 세출의 역할을 검토했고, 증세와 관련된 세목 가운데 사회복지세와 중요 세목들의 특성들을 검토했다. 뒤이어, 최근 불거졌던 중앙정부와 지방정부의 재원

분담에 관련된 논의를 개략했다. 마지막 절에서 증세를 위한 단계적 방안을 제시하며 글을 마무리했다.

재원 논쟁의 의미

복지국가를 위한 재원 마련 방안의 의미는 단순히 복지 자원의 양을 늘리는 데 있지 않다. 왜냐하면 복지국가의 재원을 어디서 마련할지는 곧 그 나라의 복지국가가 어떤 성격의 복지국가가 되는지를 결정할 수도 있기 때문이다. 예를 들어 국민연금·건강보험 등의 재원으로 활용되는 사회보험 기여금을 기반으로 복지를 확대하는 경우와 (통상적으로) 국민 모두가 부담하는 세금으로 복지의 재원을 마련하는 경우의 차이가 분명하게 드러나기 때문이다. 일반적으로 사회보험 기여금을 기반으로 복지를 확대하면, 복지 대상은 사회보험 기여금을 낸 사람들로 제한될 수밖에 없다. 국민연금에 기여금을 내지 않은 사람들에게 노후에 국민연금을 지급할 수는 없기 때문이다. 반면에 일반 조세를 통해 복지를 확대할 경우에는 복지 대상을 특정 국민으로 제한하기 어렵다.

서구 복지국가의 경우를 보더라도 복지 재원을 어디서 조달하는지와 복지국가 유형은 일정한 관련성을 갖는다. 일반적으로 소득수준, 인구학적 특성 등에 따른 차등 없이 시민 누구에게나 복지를 제공하는 것으로 알려진 사민주의 복지국가 유형으로 분류되는 핀란드·노르웨이·스웨덴 등의 주된 재원은 높은 개인소득세와 부가가치세(일반소비세)를 기반으로 한다. 반면에 독일·이탈리아·프랑스·벨기에·오스트리아 등 이른바 보수주의 복지국가들의 주된 복지 재원은 고용주와 피고용주가 부담하는 사회보장세에 의존하고 있다. 자유주의 복지국가로 분류되는 캐나다·오스트레일리아·미국 등은 전반적으로 유럽 국가들에 비해 세금 수준은 낮지만 상대적으로 높은 자산세를 유지하고 있다.

이런 문제의식에 근거하면 복지 재원 마련은 단순히 복지 재원의 양을 늘리는 문제가 아니라 한국 사회가 지향하는 복지 체제에 조응하는 조세체계를 구축하는 것과 밀접히 관련된 과제라고 할 수 있다. 그러나 안타깝게도 지난 2010년 지방선거부터 2012년 대선까지 복지 확대를 위한 재원 마련 방안의 쟁점은 주로 재원의 양을 어떻게 늘릴지에 초점이 맞추어져 있었다. 새누리당은 물론이고, 민주당(현 새정치민주연합)과 진보적인 정당들 또한 이런 프레임에서 벗어나지 못했다. 예를 들면 2011년에 발표된 민주노동당의 "단계별 조세개혁전략과 복지재정확충방안"이라는 문건에 나타난 현실 인식을 보면, 복지 확대를 위해 재원을 어떻게 늘릴 수 있는지에 초점이 맞추어져 있다. 재원 확보 마련과 관련해 다양한 방안이 언급되고 있지만 그 어디에도 민주노동당이 지향하는 한국 복지국가의 상과 재원 구조가 어떻게 조응하는지에 대한 고민은 없다. 이런 인식은 시민운동 진영에서 공히 나타났으며, 민주당의 재원 마련 방안에서도 유사하다. 결국 얼마를 마련할지와 관련해 대략 30조~40조 원을 마련할 방안을 둘러싼 논의만 분분했다. 반면에 참여연대는 복지 재원과 관련된 논쟁이 자칫 복지 재원 마련 방안과 규모를 추계하는 데 매몰되는 것을 경계하며, 복지국가에 조응하는 재원 마련의 원칙을 도출하는 것이 중요하다고 주장했지만, '몇십조 원'을 마련할지를 중심으로 전개되는 논쟁의 지형을 바꿀 수는 없었다.

복지국가의 재원을 둘러싼 쟁점

복지국가를 위한 재원 마련 방안이 단순히 복지 재원의 양적 확대가 아니라, 한국 사회가 지향하는 복지국가의 상과 조응하는 조세체계의 구축이라는 관점이 전제될 필요가 있다. 이를 바탕으로 지금 한국에서 벌어지고 있는, 복지 재원과 관련된 중요 쟁점들을 정리해 보면 크게 두 가지로 구분된다. 첫째, 어떻게 불평등을 완화할지, 둘째, 복지 확대를 위해 어떤 세목을 증세할지이다.

어떻게 불평등을 완화할 것인가? : 세입 대 세출

1970년대 이전까지 조세의 중요한 역할 중 하나는 불평등을 완화하는 것이었다. 소득이 높은 사람들에게 높은 세율을 적용하고, 소득이 낮은 사람들에게 낮은 세율을 적용함으로써 계층 간 소득 불평등을 완화할 수 있었다. 그러나 1980년대 이후 신자유주의 세계 질서가 지배적 지위를 차지하면서부터 불평등을 완화하는 조세의 역할에 대한 사회적 관심은 약화되었다. 조세는 보다 중립적인 역할을 요구받았다. 대신에 세출, 구체적으로 복지 지출이 소득 계층 간 불평등 완화를 위한 중요한 정책 수단으로 자리잡게 된다. 실제로 에스핑-앤더슨Gøsta Esping-Andersen의 1990년 『복지 자본주의의 세 가지 세계』*The Three Worlds of Welfare Capitalism*에 따르면 사회(복지) 지출은 조세를 대신해 불평등을 완화하는 역할을 담당하고 있다. 특히 이런 현상은 스웨덴·핀란드·노르웨이 등 노르딕 복지국가들에서 나타나고 있다.

〈그림 18-1〉은 일반적 상식과는 상이한 결과를 보여 준다. OECD 국가

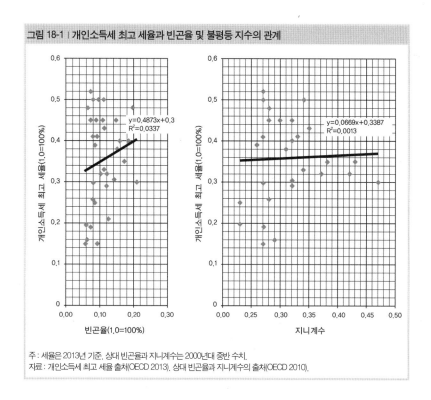

그림 18-1 | 개인소득세 최고 세율과 빈곤율 및 불평등 지수의 관계

주 : 세율은 2013년 기준. 상대 빈곤율과 지니계수는 2000년대 중반 수치.
자료 : 개인소득세 최고 세율 출처(OECD 2013), 상대 빈곤율과 지니계수의 출처(OECD 2010).

들의 개인소득세 최고 세율과 상대 빈곤율(가구 소득이 중위 가구 소득의 40퍼센트 이하인 가구의 비율)과의 단순 상관관계는 정의 관계를 보인다. 소득세 최고 세율이 높은 국가일수록 상대 빈곤율이 높게 나타나고 있다. 물론 실제 세금 부담은 개인소득세의 최고 구간만으로는 설명될 수 없다. 그러나 〈그림 18-1〉은 부자에게 높은 세율을 부과하는 것과 낮은 빈곤율은 일반적인 상식과는 다르다는 것을 보여 주기에 충분하다. 또한 개인소득세 최고 세율과 지니계수 간의 관계를 비교한 옆의 그림을 보면, 최고 세율과 소득 불평등은 거의 관계가 없다.

사실 이런 현상은 너무 당연하다. 복지 지출이 GDP의 25퍼센트를 넘는 상황에서, 복지 지출에 소요되는 재원을 특정 계층에게만 부담지울 수는 없기 때문이다. 지난 2011년 참여연대에서 최상위 고소득자에 대한 증세 방식인 '한국판 버핏세'를 보면 개인소득세에 대한 최고 구간을 신설해 한계 세율을 높이고 법인세를 높여도 증대되는 세수의 절대 규모는 크지 않았다. 참여연대의 '소득세법 일부 개정 법률안'을 보면 연간 임금 소득이 1억2천만 원 이상인 4만6천 명에게 42퍼센트의 추가 구간 세율을 적용하고, 종합소득세 최고 구간을 동일하게 신설해도 추가 세수는 1조2천억 원을 넘지 않는다. 여기에 법인에 추가 증세를 해도 전체 증세 규모는 7조~8조 원 규모이다. 반면에 2011년과 2013년 OECD 자료에 따르면 한국의 2010년 GDP는 미화로 1조4,175억 달러(2013년 12월 기준 환율로 대략 1천5백조 원)이고, 사회 지출 규모는 GDP 대비 9.2퍼센트로 미화 1,304억 달러(대략 138조 원)이다. 한국이 2010년 기준으로 OECD 국가들의 평균 사회 지출 수준인 GDP 대비 22.2퍼센트를 지출하기 위해서는 사회 지출을 GDP 대비 13퍼센트포인트를 높여야 하고, 미화로는 1,843억 달러(대략 195조 원)의 추가 지출이 필요하다는 계산이 나온다. 부자 증세를 통해 걷을 수 있는 추가 세금은 보편적 복지가 아닌 OECD 평균 수준의 지출을 하기 위해서 요구되는 재원의 4퍼센트를 넘지 않는다. OECD 평균 수준의 사회 지출을 하기 위해서도 대부분의 재원을 부자가 아닌 일반 시민들로부터 걷어야 하는 것이다.

정리하면 1980년대 이후 빈곤을 완화하고, 평등을 실현하려는 복지국가의 노력은 신자유주의라는 자본주의의 새로운 흐름 속에서 세입이 아니라 세출(사회 지출)을 통해 실현되고 있다. 물론 복지국가가 세입과 세출 모두를 통해 불평등을 완화할 수 있다면 이보다 더 좋을 수는 없을 것이다.

그러나 복지국가는 자본주의 세계경제라는 어깨 위에 올라타 있고, 자본주의의 세계사적 흐름에 따라 변화해 왔다. '역사학의 교황'으로 불리는 페르낭 브로델Fernad Braudel은 이를 (일견 우리를 무기력하게 하는 말이지만) '가능성의 한계'라는 개념으로 정리했다. 인간은 장기 지속되는 구조에 갇혀 있는 죄수와 같다는 것이다. 브로델이 이야기했던 장기 구조에 해당하지는 않지만, '가능성의 한계'를 1970년대 이후 복지국가가 직면한 상황에 비추어 보면, 1970년대 이후 지속되는 신자유주의적 구조는 복지국가를 규정하는 틀인 동시에, 복지국가의 변화를 제약하는 구조이다. 어떤 개별 복지국가도 이 같은 자본주의 세계경제의 역사적 흐름에서 벗어날 수 없다. 한국도 예외는 아니다. 정의롭다고 해서, 우리가 현재를 규정하는 구조를 넘어 우리가 원하는 방식대로 세상을 변화시킬 수는 없음을 인식할 필요가 있다. 물론 인간의 역사는 시간의 흐름 속에서 인간에게 주어진 한계와 제약을 벗어나는 것 또한 사실이다. 2008년 세계적인 경제 위기가 '가능성의 한계'를 넘어서는 새로운 출발점이 될지도 모른다.

복지 확대, 어떤 세목을 확대할 것인가?

사회복지세 도입은 보편적 복지국가를 위한 재원 마련의 대안이 될 수 있을까? 내가만드는복지국가, 복지국가SOCIETY, 세상을바꾸는사회복지사, 노년유니온 등 일부 시민 단체와 통합진보당(현 정의당)의 박원석 의원은 복지 확대를 위한 재원을 마련할 방안으로 목적세 방식의 사회복지세 신설을 주장하고 있다. 사실 사회복지세는 2010년 진보신당(현 노동당) 조승수 의원이 주장한 바 있다. 조승수 의원이 제안한 사회복지세의 기본 골격은 소득세의 경우 상위 10퍼센트와 법인세 납부 세액이 10억 원 이상인 기업에 부과해 대략 15조 원의 재원을 마련하는 방안이었다. 일종의 부유세 방식을 통한 사회복지세라고 할 수 있다. 반면에 현재 논의되고 있는 사회복지세는 보편 증세 방식에 기반을 두고 있다. 소득세·법인세 등 각종 세목에 추가적인 정률의 세율을 부과하자는 것이다. 그리고 사회복지세를 통해 마련된 재원은 사회복지 확대에만 쓰자는 것이 이들의 주장이다. 박근혜 정부의 복지 공약이 재정 건전성을 이유로 줄줄이 후퇴하는 현실을 고려하면, 이들의 주장에 타당성이 없는 것도 아니다. 시민들의 절박성이 느껴진다. 노인 빈곤율이 OECD 국가들 중 최고 수준인 45퍼센트에 달하는 현실을 고려하면, 목적세 도입을 통해서라도 복지를 확대하는 것은 이제 미룰 수 없는 과제임이 분명해 보인다.

하지만 목적세를 신설해 복지를 확대하는 데는 명백한 한계가 있다. 첫째, 목적세 방식으로 보편적 복지의 재원을 마련한 전례가 없다. 프랑스의 경우 복지를 위한 목적세로 사회연대세를 도입했지만, 이는 저소득계층의 소득을 지원할 선별적 복지의 재원으로 활용되고 있다. 둘째, 사회복지세를 통해 확보할 수 있는 재원이 너무 적다. 한국이 보편적 복지국가가 아닌 OECD 평균 수준의 복지 지출을 하는 데 필요한 재원만도 대략 1백조 원을 훌쩍 넘을 것으로 추정된다. 반면에 사회복지세를 통해 마련될 재원의 규모는 대략 20조~27조 원으로 추정된다. 셋째, 사회복지세는 재원 확장성이 매우 제한적이다. 목적세 방식의 사회복지세를 도입하는 순간, 한국 사회에서 복지 확대에 대한 요구는 모두 사회복지세의 틀 안에 갇힐 가능성이 높다. 넷째, 사회복지세로는 세금을 내는 계층과 복지 급여를 받는 계층을 일치시키기가 매우 어렵다. 현재 한국의 조세 구조에서 사회복지세를 실제로 부담할 계층은 중간계급(중산층) 이상의 사람들인 데 반해, 사회복지세가 중간계급에 복지 급여로 돌아올 가능성은 그리 높아 보이지 않는다. 노인 빈곤과 같은 시급한 문제들이 산재해 있기 때문이다. 설령 중간계급 이상이 백번 양보해, 사회적 연대 차원에서 사회복지세를 도입하는 데 동의한다고 해도, 중간계급이 사회복지세 신설을 통해 무엇을 얻었는지가 명확하지 않다면, 추후 복지 확대를 위해 증세를 다시 도모하기는 쉽지 않을 것이다. 결국 사회복지세 도입은 복지 확대를 사회복지세의 함정에 갇히게 할 우려가 크다. 중·장기적으로 이런 함정은 보편적 복지를 꿈꾸는 사람들에게는 치명적인 위험 요인이 될 수도 있다.

그러면 어떤 세원을 통해 증세를 도모해야 하는 것일까? 본격적인 논의를 하기 전에 먼저 언급할 점은, 복지 확대의 역사는 증세 운동에 의해 이끌리지 않았다는 사실이다. 오히려 복지 확대에 대한 사회적 요구와 합의가 선행되었을 때 이에 따라 증세가 도모되었다. 시민들이 먼저 세금을 더 낼 테니 복지를 확대하라고 한 운동은 역사상 찾아보기 어렵다. 물론 예외는 가능하다. 또한 한국의 특수한 상황에서 복지 확대에 대한 사회적 요구와 합의 이전에 증세에 대한 요구가 선행할 수도 있다. 그러나 선 증세가 복지국가의 역사에서 보편적이지 않다는 이야기는, 그만큼 복지 확대를 위한 증세 운동이 쉽지 않음을 의미한다. 슈타인모Sven Steinmo에 따르면 스웨덴에서도 복지 확대를 위한 증세에 대해 시민들은 물론 사민당 의원들조차 반대했다. 시민들은 자신들은 충분히 세금을 내고 있으니 부자들에게 세금을 걸으라고 요구했다.

그러면 어떤 세원의 증세를 도모해야 하는 것일까? 먼저 법인세를 보자. 법인세를 높이는 것에 대한 국민적 정서는 이중적이다. 일부는 삼성 같은 재벌이 중소기업에 비해 상대적으로 낮은 실효세율을 적용받는 것에 문제를 제기하며 법인세율을 높여야 한다고 주장한다. 반면에 다른 일부는 법인세율을 높이는 것이 국가 경쟁력에 좋지 않은 영향을 줄까 봐 우려하고 있다. 또한 한국의 GDP 대비 법인세 비중은 OECD 국가들에 비해 결코 적지 않기 때문에 오히려 법인세율을 낮춰야 한다고 주장한다. 이는 사실이다. OECD의 "세수 통계"Revenue Statistics에 따르면 한국의 GDP 대비 법인세 비중은 2008년 기준 4.0퍼센트로, 스웨덴의 3.0퍼센트는 물론 OECD 평균인 3.5퍼센트보다도 0.5퍼센트포인트 높다. 그러나 GDP 대비 법인세 비중이 높은 현상은 전체 소득에서 법인이 차지하는 비중이 크기 때문에 나타나는 것이다. 즉 가계소득의 규모가 작아서 발생한 현상일 뿐 법인이 다른 국가들에 비해 세금을 더 많이 낸다고는 할 수 없다. 실제로 통계청 자료에 따르면 1999년부터 2011년까지 연평균 실질 경제성장률은 5.0퍼센트였는데 가구의 가처분소득 증가율은 2.5퍼센트에 그쳤다. 이는 경제성장에 따른 과실의 대다수가 가구가 아닌 기업에 돌아갔음을 의미한다. 이 같은 맥락을 고려한다면 GDP 대비 법인세 비중은 현재 수준을 유지하는 것이 바람직할 것으로 보인다. 대신에 중소기업과 대기업 간의 조세 형평성을 높일 필요가 있다. GDP 대비 법인세의 규모를 유지하면서, 법인에 제공되었던 각종 조세 감면 제도를 대폭 축소하거나 폐지하면 실제로는 법인에 적용되는 실효세율을 높이는 결과로 나타날 것이다. 덧붙여 북유럽 국가들의 경우 법인에 대한 세율을 낮추는 과정에서 기업에 제공한 조세 감면 제도를 대부분 폐지했음을 주목할 필요가 있다.

대신에 고용주의 사회보장세 분담 비율을 높이는 방법도 증세를 위한 유력한 방안 중 하나가 될 수 있다. 왜냐하면 피고용주가 부담하는 사회보장기여금은 OECD 평균 수준인 데 반해, 고용주가 부담하는 사회보장기여금은 OECD 평균의 절반 정도에 불과하기 때문이다. 적어도 고용주의 부담을 OECD 평균 수준으로 높일 필요가 있다. 고용주 몫의 사회보장기여금을 높이는 데 기업이 반대할 명분은 크지 않아 보인다. 2008년 현재 고용주와 피고용주의 GDP 대비 부담 비율이 유사한 국가는 한국이 유일하다. 예를 들어 스웨덴 사례를 보면 피고용자가 부담하는 사회보장기여금은 국민연금이 유일하며, 이조차 소득공제를 통해 되돌려 받기 때문에 실제 부담률은 거의 없다. 스웨덴의 대표적인 사회보험인 부모 보험, 건강보험, 고용 보험 등 사회보험은 전적으로 고용주가 부담하고 있다.

하지만 현재 구조에서 사회보장세를 높이는 것이 복지의 보편적 확대를 의미하지는 않는다. 비정규직은 물론 자영업자 또한 제도에서 배제되기 십상이다. 이런 문제를 완화하려면 사회보험기여금 징수와 계정을 통합적으로 운영할 필요가 있다. 국민연금, 고용 보험, 건강보험 등을 모두 사회보장세 명목으로 통합 징수하는 것은 물론, 계정을 통합적으로 운용해 필요에 따라 국민연금, 고용 보험, 건강보험으로 배분하는 방식이다. 사회보장기여금을 내기 어려운 영세 자영업자와 비정규직의 몫은 일반 조세를 통해 충당함으로써 실업·노령·질병 등의 사회적 위험에 보편적으로 대응할 수 있을 것이다.

소비세로 알려진 부가가치세는 증세와 관련해 '뜨거운 감자'이다. 소비세는 역진세로 알려져 있으나, 엄밀한 의미에서 보면 비례세로 정률의 세금을 부과하는 것이다. 소득이 높은 사람에게든 낮은 사람에게든 정률 세율이 적용된다는 점에서 역진적이라고 분류하는 것이다. 이런 이유로 진보 진영은 대체로 소비세 확대에 반대한다. 보편적 복지국가를 둘러싼 논쟁이 뜨겁게 전개되었지만, 소비세를 높이자는 주장은 한국의 진보에는 금단의 언어에 가깝다. 그러나 부자의 소비량이 빈자의 소비량보다 크다는 점과 소비세로 걷어 들인 세금을 복지 확대에 사용할 수만 있다면 역진성에 대한 우려는 생각했던 것처럼 크지 않을 수 있다. 오히려 소비세를 통해 소득 계층 간 불평등을 완화할 수도 있다. 소비세율(부가가치세율)과 GDP 대비 총 조세 비율은 적어도 지난 30년 동안 정의 상관관계를 유지했다. 이는 지난 30년 동안 복지 확대와 유지에 소비세가 중요한 역할을 했음을 보여 준다. 스웨덴·핀란드·노르웨이·덴마크 등 북유럽의 보편주의 복지국가들에서 소비세율이 25퍼센트 수준임은 잘 알려진 사실이다. 더불어 소비세의 역진적 성격도, 소비세율을 누진적으로 설계함으로써 완화할 수 있다. 식품·의복 등 생활필수품에 낮은 세율을 적용하고, 그 밖의 소비에 정규 소비세율을 적용한다면 소비세로 인한 역진성을 완화할 수 있다.

소비세 증세는 일정 수준까지는 보수도 동의할 수 있다고 생각된다. 한국조세연구원을 포함한 보수 진영의 싱크탱크 등에서는 만약 불가피하게 증세해야 한다면 시장 왜곡이 가장 덜한, 소비세를 통한 증세 방식을 선호하는 것으로 알려져 있다. 한국조세연구원의 "적정조세에 관한 연구"에 따르면 세원을 소득에서 소비로 이전하는 것이 경제에 긍정적이라고 평가하고 있다. 2008년 기준으로 자본·노동·소비 중 소비에 대한 과세가 경제에 대한 부담이 가장 적은 것으로 주장하고 있다. 외국 문헌에서도 소비세는 불로소득으로 생활하는 사람들에게까지 세금을 부과한다는 점에서 복지에 대한 왜곡이 가장 덜한 세원이라고 주장된다(Bettendorf, Gorter and Horst 2006, 36). 그럼에도 소비세는 증세 전략에서 후순위로 배치되는 것이 타당해 보인다. 소비세는 그야말로 국민 모두가 부담하는 보편 증세의 전형으로, 한국 사회는 보편 증세 이전에 조세 부과에 대한 공평성 강화가 선행되어야 하기 때문이다.

덧붙여 보수 정부에서 소비세를 통한 증세를 추진할 때, 친복지 진영의 대응에 대해 신중하게 고민할 필요가 있다. 지난 2013년 8월 정부 여당의 소득세법 개정안처럼 민주당을 비롯한 야권이 '강력한' 반대 의사를 표명할지, 아니면 조세 공평성을 강화한다는 전제와 소비세 증세 분을 복지 확대에 사용한다는 것을 전제로 동의할지 고민할 필요가 있다. 지난 2013년 11월 참여연대 사회복지위원회와 조세재정센터의 연석회의에서 안진걸 협동사무총장이 제기한 정치권·시민사회·노사를 포함한 '범사회연석회의' 또한 소비세를 통한 증세 문제를 사회적 합의 방식으로 해결할 유력한 대안이 될 수 있다.

개인소득세의 누진성을 높여야 한다는 주장이 진보 진영에서 폭넓게 받아들여지고 있다. 조세 공평성 차원에서 일정 수준에서 누진성을 강화하는 것은 필요하다. 하지만 일부 최하위 소득 계층을 제외하고, 모든 소득 계층의 소득세를 높이는 일은 더 중요하다. 한국의 조세 규모가 적은 이유는 누진성이 약하기 때문이기보다는 임금 소득자에 대한 소득세율의 절대적 수준이 낮기 때문이다. 〈그림 18-2〉에서 보는 것과 같이 한국의 개인소득세 최고 세율은 38퍼센트로 OECD 국가들 중 중간 수준의 누진성을 보이고 있다. 하지만 개인소득세의 누진성이 반드시 큰 세원, 높은 수준의 복지를 담보하는 것은 아니다. 예를 들어 스웨덴의 소득세 구조를 보면 연수입이 3만4천 크로네(대략 3백만 원)까지는 소득공제를 받을 수 있고, 소득 상위 20퍼센트를 제외한 80퍼센트 국민들의 소득에 세금을 부과하는 지방 소득세율은 지방정부에 따라 최소 29퍼센트에서 34퍼센트의 정률 세율이며, 상위 20퍼센트에 대해서만 누진세율을 적용한다(Deloitte 2013). 2014년 기

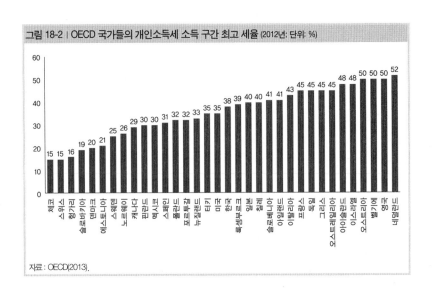

그림 18-2 | OECD 국가들의 개인소득세 소득 구간 최고 세율 (2012년; 단위: %)

자료: OECD(2013).

준으로 연소득 42만8백 크로네(약 6천5백만 원) 이상 소득에 대해 20퍼센트 포인트의 국가 소득세를 부과하고, 다시 60만2,600크로네(약 9천만 원) 이상의 소득자에 대한 5퍼센트포인트의 추가적인 세율을 부과한다. 다시 말해 3만4천 크로네 이상 42만8백 크로네까지는 평균적으로 31.56퍼센트의 정률 세금이 부과된다. 다만 2008년 금융 위기 이후 최근 경향은 소득세에 대한 누진성을 점진적으로 높이는 추세에 있다.

정리하면 소득세와 관련해서는 전체 소득 계층에 대한 세율을 보편적으로 늘리는 동시에, 고소득층에 대해서는 누진성을 강화하는 '누진적 보편 증세'의 전략을 취할 필요가 있다. 그 밖에 금융자산과 부동산에 대한 과세는 그 규모가 크지 않아, 복지를 보편적으로 확대하기 위한 재원으로서 중요성은 상대적으로 낮다. 하지만 공평 과세('소득이 있는 곳에 세금을')를 실현하는 차원에서 금융자산과 부동산에 대한 적절한 세금은 필요하다.

그 밖의 문제 : 중앙정부와 지방정부의 재원 구조

증세 문제를 떠나 2013년 세금과 관련된 또 다른 핵심 쟁점은 지방정부가 제공하는 사회 서비스의 재정을 누가 부담할지였다. 대표적으로 중앙정부와 서울시가 첨예하게 대립하는 양상을 보인, 보육 서비스에 대한 재정 분담이 그 대표적 사례이다. 사실 박근혜 대통령은 지난 2013년 1월 시도지사협의회 간담회에서 "보육과 같은 전국 단위 사업은 중앙정부가 책임지는 게 타당하다."고 언급했고, 이명박 정부 당시 김황식 총리 또한 보육 제도 운영에 따라 지자체의 재정 부담이 늘어나지 않게 하겠다고 했다. 이런 발언은 현재의 중앙정부와 지방정부 간의 재원 구조를 반영한 것으로 판단된다. 서유럽 국가들과 달리 한국에서는 지방자치단체가 제공하는 사회 서비스 재원을 중앙정부와 지방자치단체가 함께 분담하고 있기 때문이다.

반면에 사회 서비스에 대한 중요한 정책 결정 권한은 중앙정부에 있고, 최근 무상 보육 논란에서 보듯 중앙정부의 사회 서비스 확대 결정은 곧바로 지방정부의 분담금 증가를 유발하는 구조로 되어 있다(서울의 경우 2013년까지 중앙정부 20퍼센트, 서울 80퍼센트, 비서울의 경우 중앙정부 40퍼센트, 지방정부 60퍼센트 분담). 반면에 북유럽 국가들에서는 지방정부가 독자적인 세원 구조를 갖고 있으며, 이를 재원으로 지역 주민이 요구하는 사회 서비스를 제공하고 있다. 앞서 언급했지만 스웨덴에서 소득세는 기본적으로 지방소득세를 의미하며, 지방정부가 소득세를 걷어 이를 사회 서비스 등 지역민을 위한 복지에 사용하고 있다.

그러므로 단지 중앙정부의 분담 비율을 몇 퍼센트포인트 높이는 문제가 아니다. 지방자치단체가 지역민이 필요로 하는 사회 서비스를 제공하기 위한 독자적인 재원을 구조화하는 방식인지가 쟁점이다. 다만 지방정부가 독자적인 재원을 확보하고, 이를 근거로 지역민에게 서비스를 제공하려면 최소한 세 가지가 전제되어야 한다. 첫째, 지방자치단체는 지역개발이 아니라 지역민의 복지에 독립적인 재원을 사용해야 한다. 둘째, 중앙정부, 광역 자치단체, 기초 자치단체 간의 역할 분담이 분명해야 한다. 스웨덴 사례를 보면 중앙정부는 소득 보장을, 란드스탄(광역 자치단체)은 의료, 문화, 지역 교통을, 코뮌(기초 자치단체)은 보육, 학교교육, 노인복지, 장애인 복지 등 사회 서비스와 공공 부조, 도시계획, 폐기물 처리 등 실제 시민 생활에 밀접한 업무를 담당하고 있다. 시민에 대한 복지를 제공한다는 점에서 이들 정부 간의 관계는 위계적이기보다는 수평적이다. 셋째, 지역 간 차이를 완화할 제도적 장치가 반드시 마련되어야 한다. 지역 경제 여건에 따라 세수 규모에 차이가 있기 때문에 이런 지역 간 차이를 완화할 수 있는 중앙정부 차원의 대안이 마련될 필요가 있다. 예를 들어 박원순 서울시장이 추진한 서울형 기본 생활보장 제도 등은 재정 자립도가 낮은 다른 시도에서는 추진할 수 없는 정책이다. 지역 간 차이를 완화하는 제도적 장치 없이 지방정부의 독립적 세원을 강화할 경우, 지역 간 차이가 확대될뿐더러 지역 이기주의에 따라 국가 전체의 사회적 연대 또한 위협받을 수 있다.

어떻게 증세할 것인가?

답은 '누진적 보편 증세'이다. 전체적으로 증세는 고소득층이 저소득층보다 더 높은 세율을 적용받는 방식과 모든 국민에게 적용되는 방식이 동시에 추진되어야 한다. 다만 누진적 보편 증세를 단기간에 실현할 수 없기 때문에, 증세 전략은 (도식화의 위험성에 불구하고) 단계적 전략을 취할 수밖에 없다. 먼저 조세 공정성과 공평성을 확보하는 것이 가장 중요하다. 왜냐하면 증세에 대한 국민의 저항은, 공정·공평하지 못한 과세에 있기 때문이다. 고소득층과 대기업에 유리한 조세감면 제도를 대폭 축소하거나 폐지하고, 이명박 정부가 고소득층과 대기업에 혜택을 주었던 감세 분을 다시 원상 복귀할 필요가 있다. 더불어 그동안 적정 과세의 사각지대에 있던 각종 세원에 대해 공평한 세금을 부과할 필요가 있다. 그리고 이렇게 마련된 재원은 소득 계층과 관계없는 보편적 복지 확대를 위해 쓰여야 한다. 공정 과세와 추가 세수분이 국민 모두를 위한 보편 복지에 쓰인다는 경험적 믿음이 확산되면, 2단계로 소득세에 대한 누진적 보편 증세를 추진할 필요가 있다. 과세 기반을 전체 소득자로 확대하는 동시에 누진성을 (예를 들어) 상위 20퍼센트 계층에 대해 강화할 필요가 있다. 여기서 마련된 재원 역시 복지 확대를 위해 쓰인다는 확실한 계획이 제시되어야 한다.

소득세에서 누진적 보편 증세 이후에 3단계로 사회보장세의 고용주 부담금을 확대하는 단계로 나아간다. 이미 증세와 복지 확대의 선순환을 경험한 국민들은 고용주의 부담 수준을 OECD 평균 수준으로 높이자는 데 동의할 것으로 보이며, 기업 또한 이에 반대하기 어려운 정치사회적 여건이 조성될 것이다. 다만 중소기업의 고용주에 대한 부담금을 어느 정도 수준으로 높일지, 아니면 부담을 덜어 줄지에 대해서는 좀 더 현실적인 판단이 필요할 것이다. 그리고 마지막 4단계로 소비세를 높여 보편적 복지에 필요한 재원을 마련할 수 있을 것이다. 대략 향후 10년에서 20년 동안 증세를 통해 OECD 평균 수준의 복지 확대에 소요될 추가 재원을 마련할 필요가 있다.

중세 전략과 관련해 마지막으로 두 가지를 언급하고 싶다. 하나는 증세와 함께 지출을 명확하게 제도화해야 하며, 복지 확대는 반드시 필요한 만큼의 증세를 수반한다는 재정 원칙을 제도화하는 것이다. 다른 하나는 증세 자체를 위한 운동이 시민의 힘을 모은 역사적 경험은 지금껏 없었고, 복지 확대에 대한 요구가 사회적으로 합의되었을 때 증세가 이에 수반되었다는 점이다. 다만 최근 일부 시민 단체를 중심으로 전개되고 있는 복지 확대를 위한 시민들의 증세 운동은 역사적으로 한국만의 독특한 운동 양상이라고 판단되며, 이 운동의 경과와 성과를 면밀히 검토할 필요가 있다.

참고문헌

브로델, 페르낭(Fernand Braudel). 1995. 『물질문명과 자본주의 I』. 주경철 옮김. 까치.

Bettendorf, L., J. Gorter and A. van der Horst. 2006. "Who benefits from tax competition in the European Union?." *CPB Document* No. 125.

Deloitte. 2013. *Taxation and investment in Sweden 2013: Reach, relevance and reliability.* A publication of Deloitte Touche Tohmatsu Limited.

OECD. 2010. *OECD Factbook 2010: Economic, Environmental and Social Statistics.* OECD Publishing.

_____. 2013. OECD tax database. http://www.oecd.org/tax